HUMANITIES AND SOCIETY

一种思想及其时代

以赛亚·伯林政治思想的发展

Joshua L. Cherniss

[英国] 乔舒亚·L. 彻尼斯 著　寿天艺　宋文佳 译

译林出版社

图书在版编目（CIP）数据

一种思想及其时代：以赛亚·伯林政治思想的发展 /（英）乔舒亚·L. 彻尼斯（Joshua L. Cherniss）著；寿天艺，宋文佳译．—南京：译林出版社，2023.4

（人文与社会译丛 / 刘东主编）

书名原文：A Mind and its Time: The Development of Isaiah Berlin's Political Thought

ISBN 978-7-5447-9575-3

Ⅰ.①一… Ⅱ.①乔… ②寿… ③宋… Ⅲ.①伯林（Berlin，Isaiah 1909—1997）- 政治思想 - 研究 Ⅳ.①B561.59

中国版本图书馆 CIP 数据核字（2023）第 014046 号

著作权合同登记号 图字：10-2022-420 号

**一种思想及其时代：以赛亚·伯林政治思想的发展 ［英国］乔舒亚·L. 彻尼斯 / 著
寿天艺 宋文佳 / 译**

责任编辑 张海波
装帧设计 胡 苨
校 对 戴小娥
责任印制 单 莉

原文出版 Oxford University Press, 2013
出版发行 译林出版社
地 址 南京市湖南路 1 号 A 楼
邮 箱 yilin@yilin.com
网 址 www.yilin.com
市场热线 025-86633278
排 版 南京展望文化发展有限公司
印 刷 江苏凤凰通达印刷有限公司
开 本 880毫米 ×1230毫米 1/32
印 张 11.5
插 页 2
版 次 2023 年 4 月第 1 版
印 次 2023 年 4 月第 1 次印刷
书 号 ISBN 978-7-5447-9575-3
定 价 88.00 元

主编的话

刘　东

总算不负几年来的苦心——该为这套书写篇短序了。

此项翻译工程的缘起，先要追溯到自己内心的某些变化。虽说越来越惯于乡间的生活，每天只打一两通电话，但这种离群索居并不意味着我已修炼到了出家遁世的地步。毋宁说，坚守沉默少语的状态，倒是为了咬定问题不放，而且在当下的世道中，若还有哪路学说能引我出神，就不能只是玄妙得叫人着魔，还要有助于思入所属的社群。如此嘈嘈切切鼓荡难平的心气，或不免受了世事的恶刺激，不过也恰是这道底线，帮我部分摆脱了中西"精神分裂症"——至少我可以倚仗着中国文化的本根，去参验外缘的社会学说了，既然儒学作为一种本真的心向，正是要从对现世生活的终极肯定出发，把人间问题当成全部灵感的源头。

不宁惟是，这种从人文思入社会的诉求，还同国际学界的发展不期相合。擅长把捉非确定性问题的哲学，看来有点走出自我囿闭的低潮，而这又跟它把焦点对准了社会不无关系。现行通则的加速崩解和相互证伪，使得就算今后仍有普适的基准可言，也要有待于更加透辟的思力，正是在文明的此一根基处，批判的事业又有了用武之地。由此就决定了，尽管同在关注世俗的事务与规则，但跟既定框架内的策论不同，真正体现出人文关怀的社会学说，决不会是医头医脚式的小修小补，而必须以激进亢奋的姿态，去怀疑、颠覆和重估全部的价值预设。有意思的是，也许再没有哪个时代，会有这么多书生想要焕发制度智慧，这既凸显了文明的深层危机，又表达了超越的不竭潜力。

于是自然就想到翻译——把这些制度智慧引进汉语世界来。需要说明的是，尽管此类翻译向称严肃的学业，无论编者、译者还是读者，都会因其理论色彩和语言风格而备尝艰涩，但该工程却绝非寻常意义上的“纯学术”。此中辩谈的话题和学理，将会贴近我们的伦常日用，渗入我们的表象世界，改铸我们的公民文化，根本不容任何学院人垄断。同样，尽管这些选题大多分量厚重，且多为国外学府指定的必读书，也不必将其标榜为“新经典”。此类方生方成的思想实验，仍要应付尖刻的批判围攻，保持着知识创化时的紧张度，尚没有资格被当成享受保护的“老残遗产”。所以说白了：除非来此对话者早已功力尽失，这里就只有激活思想的马刺。

主持此类工程之烦难，足以让任何聪明人望而却步，大约也惟有愚钝如我者，才会在十年苦熬之余再作冯妇。然则晨钟暮鼓黄卷青灯中，毕竟尚有历代的高僧暗中相伴，他们和我声应气求，不甘心被宿命贬低为人类的亚种，遂把移译工作当成了日常功课，要以艰难的咀嚼咬穿文化的篱笆。师法着这些先烈，当初酝酿这套丛书时，我曾在哈佛费正清中心放胆讲道：“在作者、编者和读者间初步形成的这种‘良性循环’景象，作为整个社会多元分化进程的缩影，偏巧正跟我们的国运连在一起，如果我们至少眼下尚无理由否认，今后中国历史的主要变因之一，仍然在于大陆知识阶层的一念之中，那么我们就总还有权想象，在孔老夫子的故乡，中华民族其实就靠这么写着读着，而默默修持着自己的心念，而默默挑战着自身的极限！”惟愿认同此道者日众，则华夏一族虽历经劫难，终不致因我辈而沦为文化小国。

一九九九年六月于京郊溪翁庄

献给雪莉·彻尼斯和米尔德丽德·斯皮茨

前　言

这是一项关于以赛亚·伯林政治思想的研究，也是一次思想传记写作的尝试。我致力于将伯林置于一系列更为宏观的政治、历史、哲学与文化对话之中，同时也试图从中发掘出其理论独有的闪光点。出于这一目的，我偶尔会绕开关于伯林本人的叙述，转而描写更广阔层面上的战后学界生存状况（虽然伯林本人在这一背景中时刻处于蓄势待发的状态）。这项研究意图表明一种观点，即，只有将伯林思想的灵感源泉、意义与历史价值置于其个人经历与所处的思想背景的二重语境之下进行分析，我们才可能在完整意义上对他的理论进行解读——而这也是我希望能通过本书传达的信念。

此处，我主要将关注的重点置于伯林思想的早期阶段，这大致是出于以下几点原因。首先，伯林的早年生活是其核心观念成形的时期；他此后的著作则往往是这些早期作品的延展与流变。其次，在现存关于伯林的学术著作中，著者往往较少提及或讨论本书所涉及的早期素材：因此对它们的关注或许有助于我们进一步理解伯林的思想。我意图借助这些鲜为人知的材料，还原伯林思想的形成过程；同时，我也希望能以此为线索，展现伯林理论体系中被主流分析所遮蔽，从而遭到忽视与误解的内容。[1]

迄今为止有关伯林思想的阐释大都倾向于关注他的价值多元主义（value pluralism），并将他的形象刻画为一位从“积极”自由手中捍卫“消极”自由的战士。在此基础上，很多评论者则进一步将伯林的思想推导为20世纪中期的一种针对启蒙理性主义（enlightenment rationalism）[2]、完美主义（perfectionism）以及社群主义（communitarianism）[3]的反应。纵然这些观点不乏其合理之处，但它们忽
vii 视了伯林与他早期思想之间的某种微妙的连贯性。而同样应得到修正的，是伯林思想与20世纪50年代冷战政治局面[4]的（正确）关联。尽管伯林的政治理论在第二次世界大战后经历了重要的发展阶段，但他最初的观点实际上形成于第二次世界大战**前**——从第一次世界大战结束到经济危机时期的文化反叛现象，再到20世纪30年代接踵而至的政治骚乱，这些都让伯林意识到政治行为所面临的道德困境，以及政治本身对私人生活造成的扰乱与威胁。他的观点在学界的不断发展中得到了打磨：他尤其受第一次世界大战后英国反哲学唯心主义思潮的影响（虽然英国的唯心主义哲学家本身或许并非伯林政治思想在主观上意图批判的对象）。他早期的哲学著作反映出一种怀疑的、非教条的经验主义

---

1 在我对书中内容进行最后修改时，阿列·杜布诺夫的作品（Arie Dubnov, *Isaiah Berlin: The Journey of a Jewish Liberal*）的出版使本书考察伯林早期作品的切入点失去了其独一无二的地位——我希望这可以作为本书切入点精妙之处的确证。杜布诺夫和我在大致上考察了伯林的同一段生活经历，强调了许多相同的主题，尽管我们的关注点与考察方法仍在很多方面有所不同。

2 See e.g. John Gray, *Isaiah Berlin*; Graeme Garrard, ‘The Counter-Enlightenment Liberalism of Isaiah Berlin’; idem, ‘Strange Reversals’.

3 See e.g. Quentin Skinner, ‘A Third Concept of Liberty’.

4 See e.g. John Gray, ‘The Case for Decency’; George Crowder, *Isaiah Berlin: Liberty and Pluralism*, 2—6, 43—63, 128—129, 188—190; Duncan Kelly, ‘The Political Thought of Isaiah Berlin’; Michael Kenny, ‘Isaiah Berlin’s Contribution to Modern Political Theory’.

倾向，对任何系统化的野心都持不信任态度；同时，他对逻辑实证主义的保留立场也体现出他对还原论的质疑态度，这一点贯穿了他的后期学说。

伯林早年的哲学关切，以及他对共产主义与历史哲学的反思，同样始终围绕着个体之间的沟通理解问题——尤其是在个体持有相互冲突的信仰，或隶属于不同阶层、文化、国籍的条件下。伯林力图坚持，即使并不假定存在一套适用于所有人的终极价值标准，个体跨越障碍进行交流（并产生有效的道德评判）依旧是可能的。正是这种在不同主体间达成跨文化理解与沟通的信念，串联起了伯林第二次世界大战前的哲学著作、第二次世界大战后的政治思想，以及后期作品中关于道德多元主义与历史理解的阐释。这在很大程度上可以与伯林政治学说中的一种隐含的道德平等主义，以及他对人类同情能力的重视联系起来：后者构成了他在道德与人文科学两方面的观念核心。

俄国的思想成果是伯林思想形成过程中的另一主要源泉。尽管伯林对俄国文化与思想的喜爱为人所熟知，但到目前为止只有少部分学者试图在细节层面上将伯林的思想与俄国**学术界**的辩论联系起来[5]；俄国思想家作品中那些引人深思与富于启发性的部分依旧有待研究与发掘。在本书中，我并未穷尽这方面的讨论；但我尝试着进一步理解俄国 viii
思想在伯林理论中扮演的重要角色——并由此从观念史角度对他的作品提出新的见解，揭示其学说中“政治行为的道德困境”这一问题所处的中心地位。面对这类困境，伯林采取了一种不带感情的——但并非无视道德标准的——立场。尽管有人将伯林反对道德绝对主义的立场解读为他本人道德怀疑主义与相对主义的表现，但伯林的作品事实上依然显示出一种对政治伦理的关切；伯林始终试图在相对主义犬儒主

5 See e.g. Aileen Kelly ‘A Complex Vision’; Andrzej Walicki, ‘Berlin and the Russian Intelligentsia’; Gary Hamburg, ‘Closed Societies, Open Minds’.

义与道德绝对主义之间开辟一条温和而不失原则的行动途径。

伯林关于“自由主义已遭到围困，而共产主义正给其带来前所未有的重大政治挑战”的认知，标志着他成为一名“冷战分子”。但伯林并非仅将目光投向“极权主义”[6]，他也同样关注政治上的“管理主义”（managerialism）、技术官僚治国制（technocracy）、家长制（paternalism）以及科学主义（scientism）——他认为这些现象不仅存在于共产主义世界，也同样扎根于西方社会之中。其第二次世界大战后的作品为怀疑主义与个人主义进行辩护，倡导多样性，反对一切关于统一、高效、教条式忠诚与“管理主义”纪律的呼号。尽管伯林认为在他所处的时代，对于这些倾向的“科学的”与马克思主义的表达是最为有力的，但他也同样讨论并驳斥了其余的绝对主义“信条”。

通过将伯林对自由的叙述置于他所处时代的辩论之中，以及他本人关于政治与道德的总体展望之中，我意在表明，与当下为人们普遍接受的观点相反，伯林本人的立场事实上包含了“积极”自由的某些方面。而与此同时，与其他反对极权主义的自由主义者相比，在接纳“积极”自由的某些变体与衍生产物时，伯林则又显得更为踌躇不定。此外，尽管对“消极”与“积极”自由概念的运用具有其政治意图，但实际情况较之人们的一般认知要更为复杂，“积极”自由并不能被简单地划为共产主义、社会主义与进步主义，“消极”自由也不应等同于自由放任的自由主义（laissez-faire liberalism）。

我同样需要就一些我**没有**讨论的问题给予说明。尽管伯林的早期哲学作品与后期成熟政治立场间的联系是本书的一个重要主题，但我并未详细考察他早期的哲学著作。[7]此外，我仅仅分析了伯林的观念史

6 关于这一术语的历史与政治见解，参见 Abbot Gleason, *Totalitarianism: The Inner History of the Cold War*。

7 更为详细的讨论参见 Jamie Reed, ‘Imperfect Reason: A Study in the Thought of Isaiah Berlin’; idem, ‘From Logical Positivism to Metaphysical Rationalism’。

与历史哲学著作中与其政治道德思想有关的部分，而并未将其作为独立的主题单元加以讨论，这使我略过了伯林20世纪30年代思想发展的
一些重要方面，例如德国新康德主义哲学对他的影响。最后，我仅仅粗 ix
略地谈及了伯林的犹太人身份与犹太复国主义运动：即使伯林未在他的思想中明确表述出来，这一主题也依旧不可否认地是他生命的重心之一。[8]以上是我希望能够在其他场合与时机继续展开讨论的问题。其
他的遗漏将是疏忽而非计划的结果。 x

8　关于这一主题，参见Dubnov，*Isaiah Berlin: The Journey of a Jewish Liberal*。

致　谢

本书反映了许多人的工作成果；当然，若有任何问题，责任由我独自承担。首先我希望感谢Henry Hardy 与Jose Harris，是他们二位指导我将博士论文扩写为这本书的。Henry Hardy关于伯林作品的勤奋、严谨的研究为我提供了大量可供查询的资料；没有他的努力——他关于伯林所做的一切学术工作——本书将不可能存在。他的研究的明晰与准确，他对伯林的尊敬、钦佩及诚实的批判态度，始终是我身边的学术诚信典范——他帮助我避免了数不胜数的问题。一直以来他都是一位大方而善解人意的朋友。此外，我也要感谢Henry以及"以赛亚·伯林文学基金会"，他们保障并资助了封面照片的使用权。Jose Harris 是一位令人振奋的学术典范，更是善意的具象化。她广阔的知识面、优秀的判断力与发现问题的能力帮助我丰富了本书，而她也和蔼地鼓励我直面漏洞，让我注意到一些我本会错过的问题（或一些我原本试图逃避的问题）。她耐心地引导我直至我完成这本书，并以身作则地教会了我，作为一名历史学家意味着什么。

我更早时期的老师们也在这本书中留下了他们的痕迹。Joseph Stringer 培养了我对历史、政治的兴趣，使我的思考不至于停滞不前；Carol Lefelt 教会了我如何思考和写作。Steven Smith 温和地引导我学习了政治理论的相关知识，他始终是宽容大度的教育典范以及富有智慧的友人，在重要时刻为我提供精神支持。

我也很感谢（Aline）Berlin夫人、已故的John Clarke、已故的Jerry Cohen、Jean Floud、已故的Stuart Hampshire、已故的Jenifer Hart、Michael Ignatieff、已故的Bryan Magee、已故的小Arthur Schlesinger，以及已故的Pat Utechin，他们与我分享了他们有关伯林的宝贵记忆。我与已故的Robert Wokler讨论了许多本书中的观点；我很遗憾他没有机会阅读最后的成果。

牛津大学博德利图书馆的Michael Hughes十分专业地完成了为伯林文献编目的巨大工程，并和蔼地回答了我的疑问。James Chappel为我提供了许多珍贵的档案信息，他本人也是一位令人愉悦的交谈对象。 xi
此处我也想特别提及Henry Hardy当时的助理，Serena Moore。我也非常感谢 Colin Harris，以及新博德利图书馆的特别馆藏阅览室中的所有工作人员，他们的工作堪称典范；我同样感谢牛津大学其他图书馆中的工作人员。牛津大学的克拉伦登奖学金，以及英国政府的海外研究生奖学金支持了我毕业论文的写作。牛津大学的贝利奥尔学院与历史系是我所在的直属机构，霍利韦尔庄园则始终是我的住所。

我非常感激Michael Freeden、Stuart Jones与Jan-Werner Mueller，在全文的最终版本敲定前，我从他们三位那里获得了许多有洞察力的意见，这使我获益匪浅。Cary Cherniss、George Crowder、Jean Floud、Graeme Garrard、Melissa Harrison、Stanley Hoffmann、Sean Ingham、Ben Jackson、Jennet Kirkpatrick、Matt Landauer、Patti Lennard、Chiansan Ma、Nancy Rosenblum、Ed Skidelsky、Steven Smith、Richard Tuck 阅读并对本书提出了建议和意见，同样感谢牛津观念史小组、纳菲尔德政治理论研讨会、牛津英国历史与政治研讨会、哈佛政治理论研讨会以及由清华大学国学研究院主办的以赛亚·伯林与当代中国主题会议的参与者们；Deborah Cherniss 用敏锐的主编视角从头至尾地研读了本书。

牛津大学出版社的工作人员——包括Emma Barber、Stephanie Ireland、Michael Janes、Marianne Aisha Macoy、Joanna North 与Cathryn Steel——用耐心、关怀以及优秀的工作能力始终支持着这本书直至它出版，并一直用友善与周到的态度对待它的作者。我非常感谢他们以及他们出色的工作。

我也十分感谢以下人员的建议、支持与陪伴：Jonathan Allen、Emily Baldoni、Eric Beerbohm、Padraig Belton、Rebecca and Jonathan Bijur、Chris Brooke、Jonathan Bruno、Davide Cargnello、Francis Czyczowicz、Prithviraj Datta、Allen Dickerson、Arie Dubnov、Len Epp、Michael Frazer、Aaron Garrett、Justin Grimmer、Joe Kochanek、Alison and Andrew Koss、Sharon Krause、Michael Lesley、Margot Lurie、Bradley and Marcia Marcus、Isaac Meyers、Tommy and Nicola Miller、Belina Mizrahi、Eric Nelson、Shmuel and Deborah Potvin、Nick O'Donovan、Gladden Pappin、Carl Pletsch、Sabeel Rahman、Jacob Remes、Patrick Riley、Michael Rosen、Svetlana Rukhelman、Alan Ryan、Andy Sabl、Emma Saunders-Hastings、Noam Schimmel、Simon Skinner、Mark Somos、Lucas Stanzcyk、Marc Stears、Zofia Stemplowska、Robert Stockman、Dagfinnur Sveinbjornsson、Dennis Thompson、Don Tontiplaphol、Kate Tsyvkin、Thom Wall、Eleana Whyte、Nathan Willard、Beth Yale、Paul Yowell、Bernardo Zacka以及Alex
xii Zakaras。特别感谢 Laura Hartmann 在我创作期间给予我的力量与安慰，同时也为我一直以来对她的打扰表示抱歉。

我最后的致谢将给予那些值得最先被感谢的人。Deborah 与 Cary Cherniss 在我生活的所有方面给予了我全力的支持。这本书的存在有赖于他们的人道关怀与无私的爱；我希望它值得他们一直以来的付出。我将这本书献给我的祖母与外祖母，她们二人在本书的创作过程中相继去世了；我很遗憾她们没有见证本书的诞生，我将这一作品归功于她们对我持续关怀的特别成果。我的祖母Shirley 同样提供了灵感与警示。当被问及她对于Michael Ignatieff创作的伯林传记有什么评价时，她说："我喜欢它。我喜欢伯林。"当被问及为什么时，她回答说："因为他不希望自己被低估。我也是如此。"我希望在不贬损伯林的情况下，以可靠、易懂、准确的描述尽可能地展现他的（部分）观点，以及他提出这些观点的（部分）原因。如果我成功地做到了这一点，那么必然是在这里提及的所有人的帮助下完成的；我由衷地感谢他们。 xiii

文献缩写表

没有标注作者的文献，其作者都是以赛亚·伯林。以下作品的完整信息，都可参见本书的参考文献部分。

ARUS	'The Arts in Russia Under Stalin'
CLCD	Reinhold Niebuhr, *The Children of Light and the Children of Darkness*
DCI	'Democracy, Communism and the Individual'
DM	G. V. Plekhanov, *In Defence of Materialism: The Development of the Monist View of History*
E	*Enlightening: Letters 1946–1960*, ed. Henry Hardy and Jennifer Holmes
EF	Raymond Aron, *An Essay on Freedom*
EHM	G. V. Plekhanov, *Essays in the History of Materialism*
FIB	*Freedom and its Betrayal*
FPM	G. V. Plekhanov, *Fundamental Problems in Marxism*
HBIL	'Herzen and Bakunin on Individual Liberty'
HI	'Historical Inevitability'
ISBW	Karl Popper, *In Search of a Better World*
JSE	'Jewish Slavery and Emancipation'
JSMEL	'John Stuart Mill and the Ends of Life'
KM	*Karl Marx: His Life and Environment*

LC	Catalogue of Isaiah Berlin's personal library, Headington House
LTK	'A Letter to George Kennan'
Lukes	'Isaiah Berlin in Conversation with Steven Lukes'
MI Tape [No]	Transcripts of interviews between Isaiah Berlin and Michael Ignatieff
MSB	Isaiah Berlin Papers, Bodleian Library, Oxford
MTS	L. T. Hobhouse, *The Metaphysical Theory of the State*
MVNMI	'Marxist Versus Non-Marxist Ideas in Soviet Policy'
MWRW	'Meetings with Russian Writers in 1945 and 1956'
OI	Raymond Aron, *The Opium of the Intellectuals*
OSE	Karl Popper, *The Open Society and its Enemies*
OTD	J. L. Talmon, *The Origins of Totalitarian Democracy*
OUG	*Oxford University Gazette*
PGR	'Philosophy and Government Repression'
PIRA	*Political Ideas in the Romantic Age*
Poverty	Karl Popper, *The Poverty of Historicism*
SM	*The Soviet Mind*
SPW	G. V. Plekhanov, *Selected Philosophical Works*
T1	Dictated Draft of 'Two Concepts of Liberty', August 1958
TCL	'Two Concepts of Liberty'
TS	Typescript of 'Two Concepts of Liberty'
UD	Isaiah Berlin and Beata Polanowska-Sygulska, *Unfinished Dialogue*
VC	Arthur M. Schlesinger, Jr. *The Vital Center*
WD	H. G. Nicholas (ed.), *Washington Dispatches, 1941–45*
WSUCII	'Why the Soviet Union Chooses to Insulate Itself'

目 录

前 言…………………………………………………………………… 001

致 谢…………………………………………………………………… 006

文献缩写表……………………………………………………………… 010

第一章 “一个不太政治的思想家?”伯林的学术发展(1928—1939)
……………………………………………………………… 001

第二章 战争与和平……………………………………………… 066

第三章 伯林与冷战政治………………………………………… 084

第四章 反对“人类灵魂的工程师”:伯林的“反管理主义”的
自由主义………………………………………………… 112

第五章 在现实主义与乌托邦之间:中庸的政治道德 ……………… 141

第六章 通往自由之路:伯林早期自由观念的形成 ………………… 166

第七章 构想自由:先驱、影响、同时代之人 ……………………… 183

第八章　内部的庇护所：伯林的自由观念 ………………………… 237
结　论　一种思想及其时代…………………………………………… 279

参考文献…………………………………………………………………… 295
索　引……………………………………………………………………… 324

第一章

“一个不太政治的思想家？”伯林的学术发展（1928—1939）

1921年，11岁的以赛亚·伯林和他的父母逃离苏联，途经刚刚独立的拉脱维亚后抵达了英国。伯林于1928年考入了牛津大学，因其在本科阶段取得的学业成就，毕业后他便成为牛津大学新学院（New College）教授哲学的讲师，以及万灵学院（All Souls）的奖金获得者。伯林在回顾自己的学术生涯时，曾谈到自己放弃了哲学而选择了观念史[1]，该言论给人留下了他在第二次世界大战前后的学术作品不够连贯的印象，以至于忽视了他早期的学术生涯。但这是一个错误。伯林后期的思想受到了他青年时期所接触的学术思潮的影响：如牛津哲学学派的学术文化，德国的历史哲学与社会科学，俄国革命前的意识形态背景，以及两次世界大战之间的英国政治文化论辩。

1.1 哲学的根源

伯林的哲学观念的发展反映了同时代英国哲学的发展。唯心主义

1 See e.g. *Concepts and Categories*, vii—viii.

思潮在20世纪初之前是牛津哲学的主流，但之后就被约翰·库克·威
尔逊及其追随者所推崇的“牛津实在论”*与G. E. 摩尔和伯特兰·罗
素的“剑桥实在论”所取代。[2]年轻的哲学家伯林则在当时专心地研究
这一代实在论者的学术作品。[3]在这些学者的影响下，伯林抛弃了在校
1 时“必读”的、唯心主义者常挂嘴边的“黑格尔式”，还声称自己从未真
正地理解他。[4]伯林后来再次指出，唯心主义在逻辑学、形而上学和认识
论领域内引发了诸多“致命的问题与混乱”。尽管唯心主义在美学、伦
理学及历史哲学中或许是错误的，但它仍然总是引人注目且颇具价值。
不过，即使是那些在历史、政治或美学领域产出了有价值的作品的唯心
主义者——如克罗齐和他的“门徒”科林伍德——也未能成为“我们
这个时代的知识创造者”，而他们提出的体系也最终“支离破碎”，这正
是因为他们回避了黑格尔历史哲学中的核心问题。费尔巴哈指出，这
些问题正是20世纪早期英国哲学的核心所在。总而言之，伯林的前人
与同僚们因“心灵”(spirit)这一概念的模糊之处而烦恼：有人认为“心
灵”包罗宇宙万象，但也正因如此这个概念无法解释任何东西；也有人

---

* 关于realism的翻译，本书采用了“实在论”与“现实主义”两种译法，前者用于翻译哲学流派相关术语，后者用于讨论历史与国际关系领域的立场，下文关于idealism的翻译也参见这一原则，即偏向哲学的“唯心主义”与用于政治讨论的“理想主义”。——译注

2 R. G. Collingwood, *An Autobiography*, chapter III; James Patrick, *The Magdalen Metaphysicals*; Peter Hylton, *Russell, Idealism, and the Emergence of Analytic Philosophy*; Mathieu Marion, ‘Oxford Realism: Knowledge and Perception’.

3 伯林熟知W. D. 罗斯和摩尔的作品，他的论文包括了H. A. 普里查德有关义务的课程的笔记，20世纪30年代，他在休谟伦理学课上的笔记中多次提到普里查德与罗斯(包括使用“道德理论建立在一个错误之上吗?”来批判休谟的伦理学)，他重复地提到了摩尔，也非常倚重布罗德(参见MSB 615/14, 34, 38)。

4 Berlin to George Ireland, 23 January 1995, MSB 233/82. Cf. Berlin, ‘My Intellectual Path’, 1—2; Lukes, 66—67; Ramin Jahanbegloo, *Conversations with Isaiah Berlin*, 153 (“当我阅读英国黑格尔派的作品时，我感觉自己飘浮在云层之中，我当时不喜欢这种感觉，现在也不”)。

称“心灵”是某种神秘的实体,只是人们难以得知它的本质,也不确定它是否可知。[5]

伯林与实在论的先驱们否定了唯心主义在处理伦理学问题时所采用的形而上学的、**体系化**的方法——唯心主义者把伦理学理论建立在“有秩序的、有目的的宇宙”概念之上,同时将人类的**终极目标**(telos)也纳入了这种秩序。[6]英国唯心主义者认为,伦理的**终极目标**等同于**自我实现**(self-realization),也就是超越“经验自我”的目的与本能。这种观点源于他们对义务与利益的认知:任何行为只有在对行为主体有益的情况下才是正确的、应强制执行的行为。T. H. 格林把行为主体的利益等同于人类最可能得以满足的实际天性,在未将道德标准降低到利己享乐主义的前提下,解决了维持这种认知所会遇到的困境。而这种利益在之后则进一步被等同于社会的善。真正需要实现,且让行为主体受益的自我并非有别于他人的、“经验的、个体的”自我,而是“所有人都具备的普遍自我或理性”。但牛津的实在论者(如伯林本人在《两种自由概念》中所写的那样)反对“在善恶中做出选择的是真正的自我”这一观点。[7] 2

更广泛地说,实在论者反对F. H. 布拉德利在批判“将某事物与任何另一事物割裂”的论述中体现的学术观念。[8]G. E. 摩尔使用了约瑟

5 Berlin, Review of Benedetto Croce, *My Philosophy*, 575—577. 尽管做出了如此尖锐的批评,甚至让人怀疑杜布诺夫与彼得·斯卡格斯塔(Peter Skagestad)所描述的伯林对科林伍德的认同程度,但伯林仍赞同克罗齐所告诫的抽象化的弊病——它“禁锢”思想,并“孕育”了“神话”的本体,即假定了不存在的实体(Berlin, Review of Croce, 575—576)。

6 See Mary Warnock, *Ethics Since 1900*, 1—10, 29—33; J. H. Muirhead, *Rule and End in Morals*, 4—12.

7 E. F. Carritt, *Theory of Morals*, 50—51, 41—42; cf. Prichard, ‘Duty and Interest’, 22, 36—39.

8 Bradley, *Appearance and Reality*, 128—129. 关于布拉德利,可参见Berlin to Shiela Grant Duff, n.d.(1933?), F 77; ‘Logical Translation’, 67—68。伯林在本科阶段曾上过关于布拉德利的课程(MSB 614)。

夫·巴特勒的陈述——“每件事物都是其自己本身，而非另外的什么东西”——来反驳这一观点；而伯林之后也常在作品中引用巴特勒的说法。[9]尽管这些“力量微小的”哲学家的想法各有不同，但他们仍一致地反对还原论，支持多元论和精确主义。摩尔所持的“道德之善无法还原成其他事物”的观点以及库克·威尔逊反对“把‘预先设想的理论’套用在‘意识的事实’上”的做法，都体现了类似的观点。[10]除此之外，普里查德所坚称的“善与义务的差异源于那些使之成为善或义务的东西”[11]；W. D. 罗斯对“普遍价值理论”的拒绝[12]；以及摩尔本人所坚持的“无论有多少哲学家的先例存在，以牺牲真理为代价追求‘统一性’和‘系统性’并非对待哲学的正当方式”[13]，和罗斯主张的“比起简洁性，对理论而言更重要的是能够反映现实”[14]；以上观点都反映了同样的学界思潮。伦理学领域，这种“反理论”的冲击引发了对于普遍规则的怀疑，怀疑者们认为这些规则无非是可被伪造的预测，而要确定在特定场合下所应做的最好或最正确的事情，则需要悟性以及基于特定场合的判断。[15]

9　Moore, *Principia Ethica*, epigraph (quoting Butler, *Fifteen Sermons*, Preface). 这条格言得到了罗素的赞同，其他人也把这句话与罗素的严苛性关联在一起(Paul Levy, *Moore*, 235)。伯林很喜欢引用(误用)巴特勒的相似话语：“事物和行为本质如此，它们的结果正是应当会出现的结果。”(*Fifteen Sermons*, sermon VII; see e.g. KM 9; HI 102)

10　Quoted in Patrick, *The Magdalen Metaphysicals*, 7; see also Cook Wilson, *Statement and Inference*, 328, 874—875.

11　H. A. Prichard, ‘Does Moral Theory Rest on a Mistake？’, especially at 29.

12　W. D. Ross, *The Right and the Good*, 90.

13　Moore, *Principia Ethica*, 270.

14　Ross, *The Right and the Good*, 19. Cf. C. I. Lewis:“如果真理本是复杂且打破幻想的，那就不应该用更夺人眼球、令人舒适的简单的东西来替代它。”(Lewis, *Mind and the World Order*, 339)伯林对此表示赞同，并为这句话重新组织了措辞：“没有任何先验的理由让人相信，发现的真理一定是有趣的。”

15　See e.g. Ross, *The Right and the Good*, 19, 42; Moore *Principia Ethica*, chapter V *passim*; Carritt, *Theory of Morals*, 139.

这种反“理论”的观点在伯林后期的思想中也有所体现,他的牛津同僚亦是如此。[16]和这些人一样,实在论者呼吁使用日常用语,在这一点上以及他们所支持的新兴多元主义都反映了亚里士多德的影响(与唯心主义者所倾向的柏拉图主义对立的即被称为亚里士多德主义[17])。
以布拉德利和麦克塔加特为代表的唯心主义者们认为日常用语充斥着 3
混乱与不确定性;罗素也同意这一点,因此他的作品试图通过模仿数学的确定性和简洁性来实现语言的变革。然而,摩尔和牛津的实在论者们则认为所有的感悟都源于日常用语,并认为常识信念往往处于理论主张的对立面,例如,道德知识是由“普通人”的观点构成的。[18]对于这些人来说,哲学“唯一合理”的基础是它能够“直接反映我们真正在思考的内容”,“让我们放弃自己对于正确与错误的理解而去选择这些理论,就好比是在让人们否定自己所亲身经历的美好,而去迎合‘只有符合某些特定条件的东西才是美的’”。[19]

虽然伯林会赞同“忠于事实比追求那些如同建筑结构般对称的或仓促达成的简洁性更有意义”[20],但他并不认为这种看待常识的乐观论调能够毫无疑问地成为知识的基础,他还否定了实在论者对先验自明的真理的追求。[21]尽管实在论本身具有影响力且一脉相承,但在第一次

16 奥斯汀的评价是一个例子:“不存在我们能够‘认知’的唯一事物,但存在许多不同的事物。”(Austin,*Sense and Sensibilia*,4)

17 根据这种分类方式,渴望根本上统一的柏拉图主义者倾向于合成与系统化,而亚里士多德主义者则倾向于分析——制造差异,打破统一性(Muirhead,*Rule and End in Morals*,1—2)。

18 Ross,*The Right and the Good*,20—21n.

19 Ross,*The Right and the Good*,23,39—40. E. F. 卡里特从这个角度反对把自我决定论作为我们的价值(merit)、功过(desert)、自责(remorse),他先于伯林提出了“历史必然性”的观点(Carritt,*Theory of Morals*,130,136)。

20 Ross,*The Right and the Good*,23.

21 See e.g. Prichard,*Moral Obligation*,1—16.

世界大战前和第一次世界大战后这两个时期的牛津学派哲学家之间仍出现了明显的代沟。早期的哲学家们更严肃，他们苦恼于各类问题，执着于自己已然逝去的年轻时代，不免给他们的后辈留下乏味和死气沉沉的印象。[22]而年轻一代则批评摩尔的伦理学过于简单，充斥着未经讨论的主张[23]；同时他们认为普里查德的观点似乎也无非是“随机的”论断，“大话”很多而观点却不清晰。[24]伯林虽然不像这些人一样轻视前人，但他确实很少在文章中援引牛津学派老一辈实在论者的观点。[25]他
4 在文中提到过摩尔，甚至也仅是为了批评后者过于依赖先验的假设。[26]

伯林认同在他同时代人中“影响甚广的反形而上学的经验主义”——他们否认任何宣称自己能为证明“世界是纯粹思想的结果”提供信息的东西，怀疑“先验”和“必要联系”的存在。[27]伯林将这一点与对教条的怀疑、对权威的不敬以及反极端主义的自由主义进行了关联。[28]逻辑实证主义（后来也被称为“牛津哲学”或“语言哲学”）提出了对当时削弱了极权主义意识形态的、有关历史和政治的通论的怀疑。因此，激进的经验主义一方面怀疑是否能够在理性的、非主观的基础上寻找到道德，另一方面又在反对意识形态宣传的同时推广自身严谨、负

22 See Ryle, ‘Fifty Years of Philosophy and Philosophers’.

23 G. J. Warnock, *Contemporary Moral Philosophy*, 4—17, 74; cf. P. F. Strawson, ‘Ethical Intuitionism’.

24 Warnock, *Ethics Since 1900*, 39, 49.

25 ‘Logical Translation’, 63; Jahanbegloo, *Conversations*, 153; see also Mathieu Marion, ‘Oxford Realism: Knowledge and Perception’, 503—504.

26 Stuart Hampshire, ‘Nationalism’, 130；毫无疑问，伯林与罗斯一样否定了先验的内涵。

27 Berlin, ‘J. L. Austin and the Beginnings of Oxford Philosophy’, 131—133; Berlin to Frank Hardie, 2 May 1973.

28 Jahanbegloo, *Conversations*, 32; Berlin, ‘My Intellectual Path’, 2—4; idem, ‘Three Strands in My Life’, 257—258. 在20世纪30年代，把经验主义与自由主义联系在一起很常见（see e.g. H. H. Price, ‘The Permanent Significance of Hume’s Philosophy’）。

责任的伦理观。[29]

伯林与牛津的逻辑实证主义倡导者阿尔弗雷德·艾耶尔关系密切,他鼓励艾耶尔宣传自己的观点。[30]但伯林从来就不是逻辑实证主义者:他虽是“这些人的朋友和同盟,但或多或少地持有独立的立场,且始终对于极端的实证主义有所怀疑”。[31]他认为逻辑实证主义是“更新换代的强大动力”,因为它就像以前的**启蒙哲学家们**扫除蒙昧主义的形而上学一般,阐明了哲学的目的。[32]尽管如此,他认为逻辑实证主义者提供的方案,如同所有以找寻“无法推翻的准则”的方式,对人类思想与语言进行一种激进的、使其清晰化和简化的修订行为一样,“注定是失败的”。[33]伯林通过抨击证明原则(verification principle,即除了命题本身的同义反复,只有能够被证明的命题才是有意义的命题)反驳了逻辑实证主义的核心原则。[34]他还否定了艾耶尔的现象学,即一切有关 5
客体的命题实际上就是有关感官信息的命题。[35]与逻辑实证主义立场所主张的观点,即“所有有意义的命题都必须涉及形式的(通过演绎可知)或经验的(通过归纳可证)真理”相反,伯林坚持认为存在“概念真理”——这些真理与经验息息相关但不能由经验所得;他还坚信“存在着诸如特殊性与普遍性、统一性与多元性之类的跨越全体的特性,这些

29 See Stuart Hampshire, *Innocence and Experience*, 6—7, 10.

30 On Berlin and Ayer, see Ben Rogers, *A. J. Ayer*, 58—60, 106, 117.

31 To Morton White, 8 May 1956, E 528.

32 Michael Ignatieff, *Isaiah Berlin: A Life*, 83, 88; Berlin, Review of Julius Weinberg, *An Examination of Logical Positivism*; ‘Verification’, 12; Berlin et al., ‘Philosophy and Beliefs’, 508—510.

33 ‘Verification’, 12; ‘The Purpose of Philosophy’, 30.

34 关于“证明原则”,参见 Ayer, *Language Truth, and Logic*; 有关该原则的重要性,可参见 Alan Richardson, ‘The Scientific World Conception: Logical Positivism’, 394—395。

35 See ‘Empirical Propositions and Hypothetical Statements’.

特性能够描述一切可能的体系”。[36]

更广泛地说，伯林针对哲学本质提出的成熟构想否定了逻辑实证主义的主张——“不存在与自然科学不同的、自成一类的哲学方法或知识”；并反对探索关于知识与意义的本质的系统性解释。[37]伯林的主张也有其政治上的重要意义。逻辑实证主义虽然摒弃了传统的道德哲学，但它既不是非政治的，也不是政治中立的——政界的反对者与拥护者，如左翼分子和反教权主义者都已清楚地意识到了这些观点。但是比起这些特征表明的内容，逻辑实证主义的政治效价（political valence）要更为尖锐，且在这一点上与伯林的主张冲突更甚。维也纳学派研究中的“集体主义、现代主义和技术官僚治国制的框架”把哲学视为辅助合理解决社会问题的一种概念工程（conceptual engineering）。[38]而伯林的战后政治思想主要反对了这种技术官僚治国制。

牛津的实在论者和激进的经验主义者所具有的特征不仅在于他们宣扬的学说，还在于他们的哲学风格：在伦理学或美学上对精确（于伯林而言，这是一种易沉溺的价值）[39]、严谨与诚实十分重视，对大话、回避与混淆不屑一顾——这种风气在摩尔身上表现为“对清晰性的重视、对问题的敏锐以及对学术的绝对诚实”与“不懈并谨慎地追寻完整、
6 专注与精确”。[40]除摩尔外，伯林这一代的哲学家们也赞赏极为仔细审

36 Berlin，‘Error’，19；‘My Intellectual Path’，1—3（cf.‘Induction and Hypothesis’；‘The Purpose of Philosophy’，25—26）. 引出普遍性和统一性与特殊性和多元性之间的对立似乎很关键：这些相互联系的二分概念主导了他之后的思想。

37 See e.g. Rudolf Carnap，‘On the Character of Philosophical Problems’，61；关于伯林后期的观点，参见‘The Purpose of Philosophy’。

38 Richardson，‘The Scientific World Conception’，397.

39 MI Tape 5.

40 Berlin，Review of Weinberg，177. 伯林继续表达了对摩尔的仰慕（Morton White，*A Philosopher's Story*，222）。

慎的普里查德。[41]伯林本人也受到了他严谨、诚实的导师弗兰克·哈迪（Frank Hardie）的影响。哈迪与很多实在论者一样，都是亚里士多德派学者，因此伯林思想中有关亚里士多德的思考很有可能源自这位导师。哈迪后来也撰写过有关自由意志的文章——而这也的确是伯林自始至终在思考的内容。[42]

但是伯林最敬仰的同时代哲学家是J. L. 奥斯汀。奥斯汀对“含糊其词、隐晦、抽象，以及运用隐喻、修辞、行话和形而上学的幻想来回避问题十分反感”。他否定了逻辑实证主义并声称：“对清晰、全面的对比的要求”“消弭了”日常语言能够捕捉到的重要区别，因此他极力“反对粗暴地施加在事物复杂的、难以控制的本性上的一般命题”。伯林与奥斯汀之间存在显著的区别，后者视理性为最重要的价值[43]，并“相信团队协作与系统。但我（伯林）并非如此”。[44]不过伯林仍然欣赏他，因为奥斯汀不是“空谈理论”的人，他在处理问题时会采用“零敲碎打”的方式，针对特定的问题构筑真理，而非倡导某个新的正统观点。奥斯汀本人“与他所批评的对象没有任何联系：他仅是在关注一切置于眼前的问题，并始终做好了受观点引导的准备”。[45]他“为每个问题的到来都做好了准备，并努力使用问题本身的术语来解决问题，而不是

41 See Carritt, ‘Professor H. A. Prichard: Personal Recollections’, 146—147.

42 关于哈迪，可参见F 709—710；Ignatieff, *Isaiah Berlin: A Life*, 49—50；Lukes, 67。伯林之后提到，自己对决定论的异议源于“我自由主义的导师弗兰克·哈迪”（To Morton White, 4 February 1987）。

43 Berlin and Stuart Hampshire, ‘I’m Going to Tamper with Your Beliefs a Little’.

44 Berlin to Noel Annan, 2 October 1978. 与此同时，伯林仍然继续认为自己的学术观与“康德、奥斯汀、亚里士多德、经验主义和分析派运动”相似，与浪漫派对理性的否定相悖（MI Tape 11）。

45 ‘J. L. Austin’, 130—131, 133—134, 141, 142. See also Ignatieff, *Isaiah Berlin: A Life*, 83—86. 伯林始终致力于奥斯汀及牛津哲学（Berlin to Morton White, 27 January 1960, E 718—719；to idem, 12 February 1960, E 720—721）。

使用如同普洛克路斯忒斯之床一般单一的、包罗万象的系统来生搬硬套——这种做法不会让问题的本质发生变化，不会让它与现实相悖，也不会使它因不适配于某种系统而成为伪问题”。[46]和激进的经验主义一样，奥斯汀的方法中也包含了政治与道德。使用“日常用语”的哲学对复杂的、非系统的现存实践的尊重（也同样意味着尊重“语言中大量的模糊之处，以及字词中无法避免的矛盾性”）引发了一种更普遍
7 的怀疑，即习俗与“常识”可能比经典理论中的革命教条更微妙、更具启发性——因而如果忽略了人们实际说话、思考、感受、生活的方式是“很危险的”。[47]

伯林还吸收了历史学领域前辈们的精髓。他在20世纪30年代末期对休谟的怀疑论与经验主义很感兴趣，因此曾打算写一本关于休谟的书。[48]在当时，伯林支持休谟对形而上学的否定，以及对人类现实经验的特征与预想的关注——但是伯林仍为休谟感到遗憾，因为后者对牛顿科学的憧憬让他“混淆了经验心理学与伦理学”，致使他“忽略”了人类道德经验与论断的重要特征。但是伯林眼中的休谟在其他的方面则如同“牛津派哲学家们”一样，比如认为“我们首要的任务是去了解自己在使用的符号所要表达的意思以及符号之间的关系能够证明哪些我们关于这些符号所做的命题”。[49]休谟对“自然必要性”（natural necessity）和目的论的否定得到了伯林的赞赏。伯林支持休谟的以下观点：仅有理性无法揭示道德真理，人类观点的多样性未必源于无知或困惑，且观点间的分歧也未必能够通过寻找到共同目标来解决，因为

46 Berlin to Annan, 2 October 1978; cf. Jahanbegloo, *Conversations*, 151.

47 Jahanbegloo, *Conversations*, 152; Berlin, ‘Empirical Propositions and Hypothetical Statements’, 42; cf. Austin, ‘A Plea for Excuses’, 181—183; *Sense and Sensibilia*, 15.

48 Berlin to Felix Frankfurter, 23 August 1939, F 253 and n3.

49 MSB 615/1.

“差异就是差异，它们真实存在着”。[50]但是伯林反对休谟的“自满”，并对休谟“处于任意时间、任意地点的人类都大抵相同”的论断提出了质疑。伯林也受到了康德观点的影响——“为了能够理解经验，了解特定的精神‘概念和范畴’是有必要的”[51]：康德正确地指出了“我们必须要脱离经验和习惯，仔细审查我们所使用的命题描述中的**主观臆测**”。换句话说，他认为，我们需要寻找出更多在最初进行命题描述时，被认定为“确实如此”的那些事实。[52]但是伯林和科林伍德在这点上有着更为接近的观点，他们将这些臆测看作根据人类的经验随时间形成并发生改变的东西。这个观点对研究伯林的观念史而言尤其重要。

这种有关概念与范畴的观点很可能受到了美国哲学家C. I. 刘易斯的影响（伯林和奥斯汀于1935年用刘易斯的《思想和世界秩序》一书上了精彩的一课）。[53]刘易斯强调（追随了康德的理论），概念和范畴在 8
调和人类经验的过程中极为重要；它们形成于经验与人类认知需求的相互作用中，因此随着时间发生变化。这些概念和范畴之间的共通性为知识沟通留出了空间（如果知识仅仅依靠能够直接获取的感观数据，便不可能形成这种知识上的沟通）。刘易斯进一步主张，存在由通过经验和问询产生的概念组成的多元逻辑体系，这种体系建立在实用主义的基础上，根据经验进行调整或舍弃。[54]在刘易斯的理论基础上，伯林得以将康德的观点运用至实用经验主义中，这让伯林意识到了历史的重要性；同时，这也极有可能是伯林多元主义思想的来源之一。

---

50 UD 204—206; Berlin to Eric Mack, 2 February 1992, MSB 228/38; PIRA 99—100. See also Berlin to Shiela Grant Duff, 1933, F 49; Jahanbegloo, *Conversations*, 111.

51 Jahanbegloo, *Conversations*, 49. See also UD 170—171, 228—229.

52 MSB 615/1; cf. Berlin to Geoffrey Faber, 15 January 1932, F 646.

53 Berlin, ‘J. L. Austin’, 136—137; Berlin and Hampshire, ‘I'm Going to Tamper with Your Beliefs a Little’.

54 See Lewis, *Mind and the World Order*, particularly 81—82, 107, 248; Thomas Baldwin, ‘Logic and Philosophical Analysis’, 422—423.

伯林年轻时的思想，相较于主张实在论或实证主义的前辈而言，已然具有了深刻的历史意识以及对文化与哲学多样性的关注。正因如此，伯林才能够站在局内和局外的双重角度看待问题。[55]20世纪30年代的牛津学派哲学过分地以自我为中心[56]，但伯林因具备自由跨越文化的视野而闻名。他逐渐意识到哲学家们认为只有他们才发现了真理，因此真正富于启发的发现逐渐僵化成为教条，之后只能通过新的发现来彻底瓦解，并在后世遭到抛弃。该认识让伯林在看待自己及朋友们所做的工作时抱有一种讽刺性的自我意识，这引发了怀疑，并遏制了自满的情绪。

除此之外，伯林也格外关注历史和心理的相关知识以及思想的逻辑有效性（logical validity）。因此，伯林在认同同僚们对形而上学理论的怀疑的同时，仍会去了解这些曾因对人类思想和行为产生巨大影响而受到关注的理论。对伯林来说，社会与伦理的问题——个体关系，以
9 及滋养并影响了他们的社会安排和政治压力——而非分析哲学本身的技术难题，才是真正处于核心地位的。伯林所站的角度也比他的同僚们更为全面，因为他不仅关注人类思考中更大的，通常是无意识的假设与方式，同时也关注更广泛意义上的生活与概念、理论之间的相互作用。而这种“整体性”的角度不能很好地适用于诸如奥斯汀着重细微之处的那类研究。[57]尽管这种差别直到20世纪50年代才终于清晰起来，但实际上在20世纪30年代就已经有了苗头。

55 或者伯林得出了如下结论：‘J. L. Austin’，144—145。

56 See A. J. Ayer, *Part of My Life*, 98. 也参见C. M. Bowra, *Memories*, 12—16，该书提到，年轻时的伯林比他的同伴们“对哲学的兴趣更为广泛”，他认为“无论过去的还是现在的思想家，他们不是在某些特定的真空中工作，而是在充满激情和信念的世界中作为某种积极的力量存在”；而斯图尔特·汉普希尔是“充满感觉的人”。这些之后的证明似乎通过伯林现存的兴趣得到了证实；例如他的课程穿插着叔本华、马克斯·舍勒和尼古拉·哈特曼的观点（MSB 615/102，131）。

57 David Pears, ‘Philosophy and the History of Philosophy’, 32, 38—39.

在针对道德伦理的讨论中,伯林起初追随着他的同僚,之后却与他们产生了分歧。伯林的论文《功利主义》(1937)以一篇针对行为主义和证明原则的长篇批评为开头,接着讨论了不同人的知识的问题并总结道,我们能够基于自身思维状态所获得的经验以及对他人状态的认知来陈述其他人的思想。[58]但是该文章的中心问题在于是否可以进行定量比较以及价值是否可以“叠加”。[59]伯林认为功利主义的失败在于它将个人的幸福看作能够进行定量比较和叠加的东西,但被赋予不同价值的状态有着本质的不同,因而无法转变为可量化的内容。例如像“福祉”这样的复杂价值无法被量化,如果将其量化则会让这类复杂的价值变为单一的、可计量的事物:“这是一个由各类特征堆积起来的整体,其中的每一种特征都属于某些特定的个体。”但这不是说价值本身是“无意义的或自相矛盾的”,而是说道德不在数学精确测量的范畴内。[60]

这个观点有其政治内涵。个体之间的满意程度无法相互比较的问题是莱昂内尔·罗宾斯抨击福利经济学以及20世纪30年代英国左翼自由主义的主要学术思想的重要原因。道格拉斯·杰伊则反驳了罗宾斯的观点:否定个体之间的可比较性暗含了唯我论。[61]同样的问题也 10
困扰着哈耶克和弗兰克·奈特。[62]没有证据表明伯林熟知杰伊和罗宾斯的思想(虽然伯林确实与杰伊熟识,同时他也很有可能曾在这一时期见过罗宾斯),且总体而言伯林(尤其是他这样经历过大萧条时期的人)

58 Berlin, ‘Utilitarianism’, 10.

59 Berlin, ‘Utilitarianism’, 20ff. 这个讨论部分针对Ross, *The Right and the Good*(Berlin, ‘Utilitarianism’, 17—18)。

60 Berlin, ‘Utilitarianism’, 24.

61 Robbins, ‘Interpersonal Comparisons of Utility: A Comment’(1938); Jay, *The Socialist Case*(1937), 8—37[该书也是对Robbins, *Essay on the Nature and Significance of Economic Science*(1932)的回应]。关于这场论辩的重要性,可参见Ben Jackson, ‘The Uses of Utilitarianism’, 523—525。

62 See Knight, *The Ethics of Competition*, 41, 79—101.

对经济政策不太感兴趣。[63]不过伯林的顾虑和看法在很大程度上与同时代经济理论的发展相吻合。《功利主义》(虽然并未直接指向经济学领域)表明在杰伊与罗宾斯之间存在着中间地带，一方面支持罗宾斯对“快乐”与“幸福”的简单计算提出的批评，另一方面也认同杰伊的观点——(非量化的)人际比较是可能的。在《功利主义》一文中，伯林坚持认为不可能把其他价值转化为或融合进那些“不明确”的，例如“福祉”或“进步”这样的主流价值中，而这种观点也反映了伯林后期对于价值多元论的阐释。

伯林最为重要的、自20世纪30年代保留至今的伦理学理论研究，他关于休谟伦理学的讲座(1935)的笔记，不仅反映了伯林对于人际间互相理解的关注[64]，还体现在伯林日后的观念中——价值道德性不是天生具有的，它们因被个体采纳成为目标而具有道德性。[65]这些讲座展现了伯林“常识经验主义”的一面——他不断地通过日常道德经验来反驳休谟的理论，因为“反对任何理论的最好理由是该理论并不能解释一个人自身经验中的某一要素，或是相反地，该理论描述了一些不可能发生在人类经验中的内容”。[66]

伯林抨击了这种由艾耶尔等逻辑实证主义者改进，并重新标注为“情感主义”的理论：这些人认为，道德命题除了能够表达情绪反应之外没有任何其他的意义。但在伯林看来，这个观点是“有关道德判断的一种荒谬的说法”，因为正是我们自身实际创造并理解了这些道德命题。[67]相反，伯林坚持认为有意义的道德讨论以及建立在对不同观点的批判性

63 但伯林了解且和一些经济学家——包括休伯特·亨德森、R. F. 卡恩、雅各布·马尔沙克、詹姆斯·米德、琼·罗宾逊以及杰伊和罗宾斯——讨论过这些作品。

64 MSB 615/1—81，96—101 108—110，118—124.

65 MSB 615/3.

66 MSB 615/14.

67 MSB 615/10—12，125.

衡量基础上的自我纠正是有可能实现的。同时,伯林反对把一切道德情操归结为自利的企图,并始终主张,我们赞成或反对某些历史上或小说 11
中的人物和行为(它们并不会影响到我们)是因为它们的**内在**特质。

但是伯林仍然不安地处于情绪主义和道德实在论之间。“终极目的”或“价值”的重要性源于人类对它们的价值或意志的评判,所以它们无法离开人类的认知而独立存在,但同时它们也并非瞬时的或随意的偏好选择。[68]休谟不认为存在某种共同逻辑使所有(公正的)个体得出一个相同的道德结论,而伯林在这一点上受到了休谟的影响。伯林表示,休谟的否定不仅瓦解了源于自然法则的论点,还反驳了不同的道德评判能够融于“普遍意志”的观点,因此对伯林来说这在“某种程度上是正确的”。[69]

伯林早期对现象学、行为主义和情绪主义的怀疑,以及他之后的作品都关注了如何让日常想法和经验免于教条的侵害,后者会使用暴力妨害人们的真实想法和意图,同时让信仰教条的人们失去正常人的理解能力。伯林早期的作品与后期的思想都特别关注该如何确证个体之间存在互相理解与交流的可能性。对伯林来说,相信个体能够理解他人并为他人所理解(同时这些人自己也这么认为)是至关重要的。他不仅提出了“存在不同的思维”这一论断(只有在不同思维存在的情形下,交流才有意义),还谈到了一个人该如何在理解并尊重他人的规范性判断与价值观的同时,而并不认同它们的问题。[70]

伯林在他以休谟为主题的讲座中把这个问题与**同情**(sympathy)相联系,这也是他本人感兴趣的话题。休谟认为同情能够为特定的道

---

68 MSB 615/12—13,21,34. 这些文章通过把价值定位为那些因其本身而存在价值的东西(而非作为实现目的的手段),阐明了伯林“价值多元主义”的本质。

69 MSB 615/35—37;伯林把休谟的观点与对卢梭和康德的否定相关联。

70 MSB 615/49—56,63. 此处伯林引用了阿伽门农牺牲伊菲吉妮娅的故事,黑格尔曾认为该故事是“平等正当的力量与个体之间碰撞”的范式(Hegel,*Aesthetics*,1213)。

德概念及日常行为给出解释，且在他看来是“独树一帜且具有价值的”（尽管这个解释仍不如亚当・斯密的解释那样令人满意）。但休谟的前提是不正确的，因为同情无须建立在假定个体之间存在统一性的基础上，而是建立在他人的感知上。对同情的感悟（insight）与和他人产生**相同的**感受是“完全不同”的；人们所经历的同情是指“我意识到你是
12 你，我是我，我们之间存在着距离，而这个距离让我们站在不同的角度看待问题”（伯林强调，这种差别或距离是“根本性的”）。因而同情并不能类比或简化为个人经验；一个人同情他人，是将他人当作“他人”而非自己来看待。同情与“想象中的感悟”都包括将他人理解为“即使不是全部也至少是一部分”的某种“直接数据”，比例根据熟悉程度而定。但二者也有不同：即使不赞同，人们仍有可能通过想象来领会其他人的目的与动机。且同情也不仅是“领悟与认可”，因为一个人在未意识到自己能与他人共享价值的衡量标准或有相似行为举止的前提下，仍然能够理解并认可他人的思想状态。这种“同情”还进一步包括在将他人的目的归于“他人”的前提下把自己代入这个目的的可能性。从伦理上来看，这一“同情”的概念很有趣，它让人们认识到了以下几点：他人对于自己的重要性；他人的存在以其自身为目的；他人所看重的东西是有价值的。同时，同情的能力与做出建立在同情之上的道德行动的能力本身就是有价值的。同情心让人们有可能代表他人采取相应的行动，但这不是在激励人们去缓解他人的痛苦，因为这种痛苦只针对个体自身（也就是说，“没有道德上的益处”）。伯林主要批评的既包括那种“在自我之中内化他人的”观点，也包括那些过分沉溺于他人的经验以至于失去了自己的特征与经验的情况（这种情况类似于伯林后来所发现的，在第二次世界大战后的进步思潮中一些人在面对社会功用时的自暴自弃）。[71]

71　MSB 615/24—31，49—68，102—107.

伯林接着将道德理论与理解他人以及和他人交流的能力联系了起来。他力求在经验主义的框架下针对这些主题撰写文章，他既不承认超自然力量的存在，也不认同如“同情涉及对他人心灵的直接体验”等夸张的理论，他同时还回避了唯我论与纯粹现象论。伯林坚持认为：第一，对他人的理解包括并建立在意识到这些人的独特性的基础上；第二，这些人的独特性不会对理解他们产生障碍。该观点也与他之后的多元论主张、对同质论的反驳以及对与自己截然不同的思想家所表现出的兴趣相呼应。[72]伯林在其早期作品中为人与人之间的互相理解和交流所做 13
的论证，后来也成为他为自由民主所做的辩护的重要组成部分。

伯林关于休谟的笔记澄清了他晚期提出的多元论中的一个复杂问题：多元论是否会沦为相对主义？伯林否认了这种可能性，因为他坚持认为“价值是客观的”。但他口中的“客观”的含义也是模糊的，而且无法与伯林所认为的“价值是跟随历史变化的人类创造”这一描述相匹配。

在关于休谟的讲座上，伯林针对“价值的客观性与对自然法则（或其他不受时间影响的、非经验性的道德准则）的否定无法兼容”的观点给出了回应：“习得的特点仍然是特点。”价值会发生变化并不代表它们是相对的，就好比用“我们成了色盲或失去了视力”来“证明‘粉色与猩红色是不同的’”。世界上确实存在着一些特定的目的，而我们的生活受到这些目的的控制，这是关于我们本质的客观**事实**。因此价值是“客观的”，因为它们是关于人类本质的事实。

与其说伯林20世纪30年代（及之后）的哲学思考具有建设性，不如说这些思考更具批判性。他早期在牛津学派接受的哲学训练似乎给他灌输了深埋于心的怀疑论。伯林后来描述的“哲学家普遍在寻找完整的思想稳定性中的绝对必然性”在当时就已经对他产生了影响，而这

72 See also Berlin, ‘Error’, 12—14, 17.

对于伯林来说似乎是一种“幻想性的追求”。[73]他之后的作品整体上呈现出这样一种趋势:“在人类行为的任何领域内,任何人声称能够掌握无可修正的事实或原则都是不可信的。”[74]

由此可见,从伯林早期的作品中已经可以看到之后逐渐发展成为其后期思想的核心部分:人类思想与经验之间的关系;将某领域内的标准误用至另一领域的问题;人与人之间的理解、沟通、评价的问题——其中包括历史知识的问题和道德知识的问题。如果世界大战没有爆发,这些问题很有可能会以更清晰的方式呈现在伯林的核心学术关注中。尽管如此,这些问题依然贯穿了伯林作品的核心关注,只是它
14 们与伯林的政治参与和对观念史的阐释更为相关,并且经常被后者所掩盖。

1.2 “我从来不反对道德化”[75]:伯林的道德倾向

在20世纪30年代的多数时间中,伯林都把注意力集中在受到广泛关注的“文化”而非哲学或是政治上。20世纪30年代初期,他担任了大学生文学杂志《牛津展望》(*Oxford Outlook*)的编辑工作;1938年,他与斯蒂芬·斯彭德共同讨论创立《评论季刊》(*Critical Quarterly*);而在中间的那段时间里,他在T. S. 艾略特的《标准》(*Criterion*)杂志以及《伦敦信使》(*London Mercury*)上发表了多篇评论与文章。[76]这些“文化”写作中呈现的思考与倾向塑造了伯林不断发展的政治意识,因此它们也与对其政治思想的理解相关。

对19世纪(广为人知的)理想的反抗对伯林的观念产生了影响。

73 ‘My Intellectual Path’,4—5.

74 Berlin,*Russian Thinkers*,viii.

75 Letter to Mary Fisher,18 April 1940,F 299.

76 Berlin,letter to Spender,5 January 1938.

起先只是一小部分先驱者，之后则是经历了战争而幻灭的那一代人。与伯林几乎同时代的休·盖茨克尔之后回忆道：

> 怀疑主义的爆发，对教条的不信任，对多愁善感和过度情绪化的偏见，或对暴力运动的厌恶。我们曾经[……]怀疑一般观念，尤其是对于那些难以解释的、关于所谓共同利益的观念。我们坚称唯有个人的幸福才是唯一能够为人们所接受的社会目标。就个人价值来说，真理是我们的最高目标，智力的完整性在美德中最为重要。[77]

伯林在很大程度上赞同这一观点，但同时他也认识到，针对早期维多利亚主义的“美学”革命确实限制住了自己。后来他解释道，20世纪20年代早期，维多利亚主义者的道德术语是不受信任的，“善与恶、正与误、宽容与残忍这类词语在学术界几乎是不被允许的”。这些词语在之后由“表达品味体验的用语”所取代。道德评判与道德情操词语的渐隐是一种抑制了“道德热情”的“全新的恐怖”。[78]伯林那一代人对此是认真的，他们试图找出一条重返道德评价，但又要避免回到“维多利亚时代的道德主义”的道路。对令人满意的道德规范的不懈探寻促进了伯林早期思想和人格的形成。 15

在伯林年轻时期的观点中，唯美主义与道德主义、情感流露与情感克制、浪漫主义与怀疑主义、容忍与严格等多种冲突一直并存。他能够“准确、真切地感受到道德观点”，但他“也因自身对每种类型的人类产生的无限好奇心改变了，甚至消除了自己对一些事物的反对；他

77 Quoted in Philip M. Williams, *Hugh Gaitskell*, 13.

78 Berlin to Alice James, 31 December 1949.

对‘善’与‘恶’同样感兴趣,甚至对恶有一种仰慕。他热衷于行为”。[79]伯林具有广泛的同情心,这是因为他本人漫无边际的好奇心。这一点同样反映在他的社会关系中。他与“清高人士阵线”(Prig Front)保持着联系——这是个审慎的、纪律严明的组织,一些有知识的年轻人致力于保卫他们“谨慎的”生活方式并以此反对“不道德的、无纪律的、残暴的破坏者”。伯林也与莫里斯·鲍勒(Maurice Bowra)的“非道德阵线”(Immoral Front)保持着来往,这个组织反对习俗、正经以及偏见,并拥护自由、勇敢、智慧的精神。相较成立初期而言,这两条阵线在后期变得不那么针锋相对了。“非道德阵线”实际上覆盖了“犹太人、同性恋、示威者、少数群体”,以及“被公然排挤的”、受到“市侩的大众观点”谴责和辱骂的人。[80]而“清高人士阵线”在布鲁姆斯伯里(Bloomsbury)的真理与友谊之观点的影响下,投身于全新的、自由理性的美德。尽管如此,鲍勒对夸张和刺激的渴望与“清高人士阵线”的挑剔与讲究依然在性情风格上大相径庭。[81]

之后伯林通过对比二者在反抗“维多利亚主义”时采用的方式,区分了这两条阵线。首先是布鲁姆斯伯里的态度:拒绝虚伪,完全的自由,私密性,成功是不光彩的,公共生活是不重要的。另外还有如温斯顿·丘吉尔、比弗布鲁克勋爵(Lord Beaverbrrok)这类“棘手的年轻保守派”所持有的世俗的、毫不顾忌地充满野心的态度。这些人认为:“任何事情都是被允许的,你完全可以践踏他人,因为获得统治是最重要的事情。”[82]伯林更赞成布鲁姆斯伯里的想法,但他并不乐于成为所谓“铁杆支持者”,因为他非常重视自己所反对的观点之中的优点及自己所赞成的观点之中的缺点。他在仰慕众多布鲁姆斯伯里派

79 Philip Toynbee, *Friends Apart*, 76—77.

80 MI Tape 26.

81 Berlin to Noel Annan, 6 June 1979.

82 MI Tape 13.

人物并和他们保持良好关系的同时[83],却认为布鲁姆斯伯里已经把对人际关系的忠诚变成了一种教条,而这二者本该是相互对立的。[84]伯 16
林更偏好莫里斯·鲍勒“广泛的、赋予人生命般的影响力”,后者在传统和权威之下坚决地捍卫自由,他的智慧与热情破除了一切错误的、自负的、荒谬的东西,并“为真理、人类以及伟大的精神振奋打下了基础”。[85]

伯林对布鲁姆斯伯里的伦理学持保留意见,这一点也体现在他之后关于丘吉尔的讨论中(他没有质疑丘吉尔的残暴心性)。[86]在那篇文章的开头,伯林写道,他年轻时曾在几种思想模型中犹豫过:第一种是以赫伯特·里德为代表的观点——反对“爱德华时代的辉煌假象”及“世界大战”影响下产生的极端爱国主义,重视“真理与理性”、“谦逊、正直、人性、个人自由与情感”,贬斥“错误、造作、暴力、自我吹捧以及虚伪”。[87]另外,伯林在1949年回顾历史时谈道,人们对于他及其同代人的一项误解是认为他们接受了里德等人所主张的纯粹主义方式。丘吉尔的华丽辞藻并不代表他不诚信,相反地,它反映出了一种热忱、诚挚的生活视角,而通过这种视角能够辨认真实、有价值的内容。伯林意识到这两套伦理都符合逻辑,他认为“人们可以透过不同的窗户来观察生活,没有任何一种视角必然比其他的更为清晰、模糊或扭曲”。他的

83 See e.g. Berlin,‘Memories of Virginia Woolf’. 伯林之后将弗吉尼亚·伍尔夫定义为他在20世纪30年代认定的英雄之一,还形容伦纳德·伍尔夫(《维柯与赫尔德》一书的受献者)是“神圣的”(MI Tape 9)。

84 Berlin to Jean Floud,26 July 1969.

85 ‘Maurice Bowra’,154,156,15—19.

86 Ignatieff,*Isaiah Berlin: A Life*,197.

87 ‘Winston Churchill in 1940’, 1—2; Herbert Read, *English Prose Style*; C. K. Ogden and I. A. Richards, *The Meaning of Meaning*; Vincent Sherry, *The Great War and the Language of Modernism*,23—77.

多元主义正是在这样的领悟下得到了完善。[88]

伯林虽然仰慕像鲍勒、丘吉尔、托斯卡尼尼等强势且不愿妥协的狠角色，但他也意识到这些人是欺凌者，而他自己厌恶欺凌与残暴。只有在这些人把“不妥协”的精神用于实现更崇高的理想而非个人的野心和虚荣心的前提下，伯林才会真正地仰慕他们。[89]他欣赏这些人的所谓“崇高性”(sublimity)，但仅仅是在它是人性的时候；自然界的“崇高性”在伯林看来，与“纳粹的主角们及道德霸凌不无关联。这种崇高性带来了反动的浪漫主义、日耳曼人、骑士制度以及危险丛生的美丽”。[90]

伯林对19世纪遗留思潮的抗争也有着政治含义。他发现充斥着19世纪自由主义概念中的乐观主义“极为恼人”。[91]但是他欣赏这些人
17 积极的道德参与，因为他们的目标不仅在于描述、分析或解释自由，还包括去发现和宣告如何寻找到自由(以贝多芬与托尔斯泰作为例证)，同时这些人始终遵从“资产阶级的价值观”，不去“僭越任何个人权利”。[92]这样的态度既适用于私生活中的人际交往，也适用于政治。伯林提到，“这个世界上最让我厌恶的是某个个体对另一个个体的侵犯、人们把他人作为达成目的的手段，以及情感利用与自相残杀”。[93]伯林的很多最有力的、最发自内心的政治作品都针对了此类权利僭越，不过他更把这些看作政治危机而非个人问题。

伯林最早在《一些普洛克路斯忒斯》[94]一文中发表了类似于他

88 ‘Winston Churchill in 1940’, 2—3; see Noel Annan, ‘Introduction’ to Berlin, *Personal Impressions*, xxi.

89 Ignatieff, *Isaiah Berlin: A Life*, 35, 56—57.

90 Berlin to Elizabeth Bowen, before 26 August 1936, F 191.

91 To Shiela Grant Duff, n.d., 1933, F 77.

92 To Cressida Bonham-Carter, 1938(?), F 273.

93 To Ben Nicolson, September 1937, F 256.

94 除非特别标明，后续段落中的引用都来自这篇文章。

中后期世界观的内容,那时他只是一名21岁的大学生。他在文章中指出:“每项精神活动只应由针对该活动本身设立的目的及标准来评判。”因此,在评判某一精神活动时,使用“从另一种具有不同本质的精神活动中产生的标准”是错误的。这反映了伯林“反强制主义”(anti-Procructeanism),且他不同意把曲解过的模式或要求强加于一个抗拒的、复杂的现实之上。[95]这同时也表明,他从年轻时开始便希望能以古典的、理性主义的方式捍卫学术秩序及批判理性。

虽然这篇文章以亚里士多德的《尼各马可伦理学》开场(或许反映了哈迪与牛津实在论的影响),但对这篇文章最直接的影响源于当代,且是消极的。伯林批评了诸如温德姆·路易斯之类的评论家,因为他“将愉悦与非愉悦的心理学标准用于讨论形而上学的问题,但后者的标准本应是现实。这种做法体现了一种错误的、有问题的学说,即愉悦就是真理,真理就是愉悦”。伯林同时抨击了如斯宾格勒一样的**文化哲学家**,后者试图“解释唯一性”并主张“多样性虽然存在,但真正重要的事实是,在多样性之中包含了不断发展的统一性”。这对于批判来说是一种错误的前提:因为“判断任何事物是否可以批评不在于它与其他事物共有的部分,而在于能够决定该事物与整体事物系统之关系的、个体上的、独特的差异”(唯一性、个体性以及私密性之间的相
互关联在伯林的政治思想中非常重要)。现实是具体而独特的,因此理 18
解现实需要精确性而非综合性;每一项活动都“从其自身产生,遵从它本身的、独自的标准,所以有必要使用针对单个事物的独特标准来进行批判”。

《一些普洛克路斯忒斯》阐释并捍卫了伯林的学术批评理想,即根

95　Jonathan Allen, Review of *The Sense of Reality*; idem, ‘Isaiah Berlin’s Anti-Procrustean Liberalism’.

据公认的、可靠的参考标准,“通过对个体对象进行坚定、明确、严格的考察来建立相应的秩序”。这在本质上是一种古典的看法,强调了秩序与明确性。[96]当伯林还在上学的时候,他以“鼓吹‘内部奴隶制’和失败主义”为由抨击浪漫主义和哲学上的反理性主义(以及神秘主义)。[97]年轻的伯林担心非理性主义会模糊人类的视野,一旦如此,便“没有任何确切的、尖锐的、有序的事物能够存活下来”。他指责亨利·柏格森对不确定性的推崇及德国形而上学论者的模糊修辞,并主张“批评、审查与分析”。放弃批判性的判断而去寻求某种通往一切现实的单一途径是“对学术的蓄意背叛”,这种做法反映了“人们彻底不再渴望赋予思想任何价值;不愿去辨别是非;不愿意通过经验消除无政府主义或将秩序纳入任何思考方式”。[98]

T. S. 艾略特在当时很有影响力,他的《标准》杂志对伯林学生时代的学术生活起到了至关重要的作用。伯林曾给艾略特寄过一份《牛津展望》——很有可能是包含《一些普洛克路斯忒斯》的那本。[99]伯林第一篇刊载在非学生期刊上的文章,就发表于1933年出版的《标准》杂志上。[100]同时,艾略特为秩序与批判性辨别所做的辩护似乎也是伯林思想的起点。[101]

但伯林与艾略特在几个重要方面产生了分歧。最显著的分歧在

96　因此伯林引用了朱利安·班达和欧文·白璧德,他们皆为古典主义辩护,并致力于对抗非理性主义的复兴。

97　Berlin,‘Freedom’,636.

98　On Bergson, cf. Berlin to Shiela Grant Duff, c.1933, F 77;‘Impressionist Philosophy’. 伯林之后对柏格森的反理性主义更有认同感,认为它像早期的“浪漫主义一样抨击”了把个别事件归于某些统一的规则之下的行为(‘Equality’,89n1)。

99　Berlin to T. S. Eliot, 27 May 1930, F 22.

100　Berlin, Review of Havelock Ellis, *Views and Reviews*.

101　See Eliot,‘The Function of Criticism’, 69—70, 73; idem, *The Sacred Wood*, 8, 13, 64, 158; Timothy Materer,‘T. S. Eliot's Critical Program’, 54—56.

于,相对伯林及与他处在统一战线的反教权的政治左倾人士而言,艾略特保守的、与宗教相关的社会哲学显得古怪又残暴。[102]甚至在他们共 19 同拥护的“古典主义”上都有明显的不同。古典主义在艾略特看来,意味着去相信毋庸置疑的权威,抨击邪恶的浪漫主义的“做一切你所喜欢做的事情”的观点。[103]伯林会用“做一切你所喜欢做的事情”和“生活的目的就是生活本身”为自由辩护,而这些在艾略特眼中是“愚蠢”的观点。[104]伯林在年轻时就支持怀疑论,否定权威(也就是教会的回应)。[105]不过伯林和艾略特之间最重要的差异是后者认为“排除异己”是具有价值的。艾略特认为连贯的、具有可持续性的传统有助于社会与学术界的健康发展,而这建立在人的同质性及信仰统一的基础上;但这个观点受到了外国人口的拥入以及当时社会上出现的大量“犹太自由思想家”的威胁。[106]伯林作为一个外来的犹太自由思想家并不赞同这种想法。[107]当然,虽然年轻时代的伯林仍维护理性并重视秩序,但那时他已经敏锐地意识到了多元性的存在,并因此担心错误的秩序可能会被强加于社会之上。伯林的关注点从审美领域移向政治领域,促使他最终转向对政治思想的研究。他研究了第二次世界大战时期的文化悲观主义,以及通过主张回归统一性与秩序的方式来

102 伯林对宗教信仰的怀疑、反感在他去牛津之前就已十分明显(see e.g. Berlin, ‘Freedom’)。

103 ‘The Function of Criticism’, 71.

104 Eliot, ‘The Humanism of Irving Babbitt’, *Selected Prose*, 282.

105 伯林在其早期创作的故事“鹈鹕打仗:战争与和平的传奇”中表达了这种反叛的、个人主义的、对权威的怀疑。参见 Dubnov, *Isaiah Berlin: The Journey of a Jewish Liberal*, 46—47。

106 Eliot, *After Strange Gods*, 15, 19—20; *Notes Towards the Definition of Culture*, 81; Peter Dale Scott, ‘The Social Critic and his Discontents’, 66.

107 伯林还表达了自己对艾略特的批评(参见 Berlin to Stephen Spender, 25 April 1936, F 166; to Elizabeth Bowen, 14 September 1936, F 196; cf. to John Hilton, mid-October 1936, F 206)。

回应这种悲观主义。这让伯林意识到，对价值的假设，对社会、文化、学术的统一性，以及对引导思想的单一准则或理论的需求最终会发展为对于现代生活，尤其是自由政治的不满。伯林在当时就已倾向于反对这种根深蒂固的臆测，他把统一性看作一种可能会引发政治危机的
20 错误。

1.3 “时间本身在某种意义上是未完成的”：政治意识及危机

伯林在政治上的觉醒比较缓慢，对他来说，真正的转折点出现在第二次世界大战时，尽管在20世纪30年代后期已有这种趋势。[108]伯林在转向政治研究的过程中，重复了许多与他同时代的人曾走过的道路，只不过他更加审慎、从容。1928年，伯林刚来到不关心政治的牛津，那时他的政治观点仅限于“基本支持自由主义运动及进步的力量”。作为俄国1917年革命的亲历者，他比同时代的其他人对意识形态问题更为敏感（同时也更能够抵制共产主义的诱惑），只是这种意识并未在当时转变为政治活动。[109]虽然伯林本人“倾向于投给工党”，但“很惭愧的是”，他并不关心政治。[110]在1931年的经济冲击之后，更加严肃且关注政治的一代人代替了20世纪20年代那群漠视政治的唯美主义者。伯林则属于介于二者之间的群体（这个群体里有奥登、斯彭德、艾耶尔及奥斯汀），这些人与那些对政治敏感的、支持左翼的后辈（伯林的朋友们：斯图尔特·汉普希尔、克里斯托弗·希尔、本·尼科尔森），而非那

108 直到1940年开设“18世纪政治理论”这门课之前，伯林从未在教学中关注过政治（OUG 70，553）。

109 ‘Malraux，the Russians of the Thirties，and Many Other Things’，391.

110 Jahanbegloo，*Conversations*，7，10；MI Tape 10.

些被称为“牛津的智慧”的前辈,有着更多的共同点。[111]鲍勒也将伯林列为“新一代人”,并认识到

> 有一种邪恶的力量正在摧毁他(伯林)高度重视的文明……虽然其生活的中心在牛津,但他会从这个中心向外延伸出去并关注在其他地方发生的事情。政治完全不是他唯一的兴趣,甚至都称不上是他主要的兴趣,但他不会也不能拒绝参与这种挑战。国外的暴力事件以及国内的冷漠态度越来越困扰着他,而他与朋友在牛津创建了一种新的严肃关注。[112]

但是伯林不像他的年轻朋友们那样热衷于政治。他对纳粹的兴起感到焦虑甚至恐惧,但他不觉得有掺和其中的必要。[113]他显然更关注 21
纳粹对自由民主造成的威胁而非经济危机。他并非不关心大萧条给人们带来的苦难,只是他对于经济的近乎冷漠的态度自始至终都没有改变——这点与早期的自由思想家以及他的同代人形成了鲜明的对比。这导致伯林的理论观点与他的实际作为产生出了奇怪的分歧。在理论层面上,他对“集体主义”免疫甚至站在对立面上,但另一方面,他支持工党的经济政策,反对和他本人所持的自由主义、个人主义观点相近的自由放任政策。[114]

伯林不愿加入共产主义阵营,他轻视英国的共产主义,但并非充

111　Berlin to Noel Annan, 6 June 1979; Annan, *Our Age*, 4. 论伯林这一代人的政治化,可参见 Annan, *Our Age*, 188—189; Brian Harrison, ‘Politics’, 399—340; Neal Wood, *Communism and British Intellectuals*, 51—52, 100—106; John Sutherland, *Stephen Spender*, 95。

112　Bowra, *Memories*, 185—186. 然而鲍勒表示伯林的政治意识最开始关注的是巴勒斯坦和俄国(*Memories*, 184)。

113　Jahanbegloo, *Conversations*, 9; MI Tape 8.

114　‘The Pursuit of the Ideal’, 12.

满敌意。他将共产主义看作“由一群饥渴的知识分子创造的听上去很不错的神话故事”。[115]伯林非常认真地对待着马克思及其思想，直到他在第二次世界大战后访问过了苏联，对共产主义的异议才真正成为他学术生涯中的驱动力。年轻教师时期的伯林似乎认为自己是自由左翼。他和道哥拉斯·科尔的“粉色午餐”组织有联系。[116]他反感甚至鄙视保守派和他们“习以为常的政治欺诈”。[117]伯林在政治上既支持自由党也支持工党。[118]他敬佩投身左翼的朋友，但同时也认为他们过于感情用事，不适合政治的严苛标准。[119]他轻视那些“守旧的、喋喋不休的社会主义鼓吹者”，赞扬像盖茨克尔和埃文·德宾一样与众不同的社会主义者，因为他们给出了从道德和学术角度来看都值
22 得赞扬的分析，而不是沉迷于教条。伯林认为R. H. 托尼也具有这种品质。[120]

不过和托尼不同，伯林没有受到同时代的左翼领袖的影响。他认为科尔令人生畏，之后又称科尔的演讲并没有给自己带来很多收获。[121]

115 See Berlin to Stephen Spender, 26 February 1936, F 154; letter to Spender, 25 April 1936, F 167. 克里斯托弗·希尔建议珍妮弗·威廉斯努力吸收伯林加入共产党（Jenifer Hart, *Ask Me No More*, 70），这表明至少他的一些左翼朋友认为伯林是“我们中的一员”。

116 Jahanbegloo, *Conversations*, 7.

117 Berlin to Stuart Hampshire, undated（1935？）, F 146.

118 伯林写道，为了牛津大学的选民，应该为工党候选人投票，因为根本没有一个值得选择的自由派候选人（to Marie Berlin, early November 1935, F 140; 候选人对“犹太人”的同情似乎也吸引了伯林）。

119 See Shiela Grant Duff, *The Parting of Ways*, 55. 伯林似乎反对格兰特·达夫（Grant Duff）的“托尔斯泰式多愁善感”，因为这种情绪完全被动且毫无用处，而不是因为他认为支持失业者的事业本身就是一种欺骗（参见Klemens von Klemperer, ed., *A Noble Combat*, 29）。

120 Berlin, report to Faber and Faber on Gaitskell and Evan Durbin, *Wages and Labour Policy*, 21 November 1932, F 647—648.

121 MI Tape 8.

他与科尔的同事盖茨克尔及经济学家詹姆斯·米德交往更为密切。[122]伯林同时也表达了对伦纳德·伍尔夫的崇敬之情并把他看作20世纪30年代里唯一一个与自己想法“大致相同”的主流政治学学者——他们都是“反共产主义者,反法西斯主义者”。[123]伯林为伍尔夫《洪水过后》一书撰写了评论,并赞扬了伍尔夫在谈论当时最为核心、紧迫的政治问题,即自由与权威的冲突时所展现出的“完整性与广度”。[124]

伯林也很欣赏牛津大学新学院的掌门人H. A. L. 费希尔[125],他代表了一种传统、自由的信仰——“激情地追求目的[……]的可能性,个人关系不因持续不断地分析而发生变化”。[126]几乎没有证据表明费希尔曾在思想上影响过伯林,但他与作为后辈的伯林确实有着相似的观点。费希尔最著名的论断是人们不可能在历史中找到“预先确定的模式”,只能无奈地面对“接踵而至的突发事件”。对于历史学家而言,“唯一的安全法则”在于意识到法则是缺失且不确定的,以及始料未及和无法预见的部分对于事件的重要性。进步虽然出现了,但它不是一种“自然法则”,因为倒退也同样有可能发生——“一代人打下的基础可能会在下一代人手中不保”。[127]伯林反对历史必然性及乐观主义或悲观主义的哲学观。费希尔的历史著作将这种怀疑论与猛烈的、自由主义的道德评判结合在了一起;而伯林之后对自由主义的美德和理想的倡导,以

122 Harrison, ‘Politics’, 397; for Berlin on Meade, see Jahanbegloo, *Conversations*, 8; 伯林在写给伯纳德·威廉斯(Bernard Williams)的一封日期仅简单地标注为“10月13日”的信中提到了盖茨克尔:“盖茨克尔是我遇到的唯一一个在其他方面并不太残忍的政治家。”

123 MI Tape 16.

124 Berlin, Review of Leonard Woolf, *After the Deluge*.

125 See Ignatieff, *Isaiah Berlin: A Life*, 59—60.

126 Berlin, letters to Mary and Lettice Fisher, 18 April 1940, F 298—299, 301—302. Cf. Harrison, ‘Politics’, 409; Annan, *Our Age*, 175; Jahanbegloo, *Conversations*, 7—8.

127 Fisher, *A History of Europe*, v.

及对道德评判不能脱离历史分析的坚持，都可以被解读为印证了费希尔思考问题的方法。[128]

尽管伯林始终关注着传统自由主义，但他仍受到了危机意识的影响：这种危机意识塑造了他同代人的看法，也是这些人与支持自由主义
23 的前辈之间的区别所在。他对现代政治最完整的表述体现在《文学与危机》中（他于1936年向《伦敦信使》投稿但未被采用）[129]，这部作品反映的正是上述危机意识。伯林将时人普遍的心理状态特征归纳为“不确定感”，并受到“紧迫感”和“不安全感与惊恐感”的控制。在伯林同时代的文人（奥登、斯彭德、戴·刘易斯）的作品中同样充斥着“灾难即将到来的感觉”。相对于那些拥护形式的、与政治无关的艺术概念的文人，伯林更倾向于站在这些参与政治的诗人一边，他坚持认为艺术家的职责在于“以最适合的方式准确、直接地表达出个人经历”。这不是要求艺术家们陶醉于自我；相反这要求艺术家超脱并抹去自我，也就是说，艺术家本人要“完全地脱离他的作品”，因为他要像相机一样精准地记录下自己的经历。这种艺术完整性要求准确地反映出在一个“社会与政治问题极其重要以至于能够影响一切”的社会中，“政治在何种程度上影响了个人经历”。

真正的艺术家在这种社会中只有两个选择：一是“假装一切都已结束，否认自己将继续担任”艺术家，让自己的艺术转变为“政党的武器”。这是一种“社会再保险形式”，是一种为了安全而选择提前涉险的方式；这也“等同于艺术的自杀”。另一个选择是记录当下“即时”的经验，“在它冷却之前，在场景尚未完全改变之前”。伯林同代人的作品中所具有的“未完成或半完工”的特质反映了以下事实：“他们的经

---

128 See e.g. HI, *passim*. 伯林没有公开支持费希尔，而卡尔·波普尔这么做了，参见 *Poverty*, 109。

129 Published in the *TLS*, 27 July 2001, 11—12；作品的历史在哈代的社论中有所叙述。其后的引文均来自这篇文章。

历之所以未完成,是因为时间本身从某种意义上来说就是未完成的。"

这个观点建立在一个对于伯林后期思想极为关键的概念上,即"现实感"——在排除了扭曲的先入之见的前提下认识世界的能力。伯林在《文学与危机》中提出:以一种迫使人们忽视自己所见所感的方式来构想艺术的本质,是在蒙蔽和伤害自己。他赞扬了奥登、斯彭德等人,因为他们关注了"自己实际所生存的世界",让"我们这一代人中的敏感个体意识到了由全新的人与人之间的关系建立起来的独特性"。那些忽略社会动荡的艺术家是在逃避他们的责任,否认他们的感知和感觉,只为达到最终不可能实现的超脱。

《文学与危机》的另一大特征是把俄罗斯的**学术界**作为参照标准。
伯林把象征主义诗人亚历山大·勃洛克[130]视作"纯粹的"、非世俗的、挣 24
扎着回应世间动荡的艺术家代表。伯林指出勃洛克在一个受保护的、私人的、最终成为囚牢的世界中感受到了束缚,进而将对自由的渴望描述为对居所,以及对逃离使人窒息的、狭小的、有限的空间的渴望。他还注意到勃洛克关于知识分子的自欺欺人的人性倾向的描述:

> 在他们做任何一件事情的时候,他们总感觉到在自己身后的某处有一些东西正慢慢地显现出来,仅这些东西便能够**解决一切疑问与痛苦**;如果没有这个最终解决方案,那么就没有任何值得去做的事情,一切都变得没有意义了。[131]

这个片段尖刻地论述了自由主义者的推诿以及知识分子的胆怯。但同时这篇文章也为身为自由派学者的伯林提供了分析、批评极端主

130 勃洛克自1910年开始越来越关注公共事务;他最初支持十月革命,之后又选择了相反的立场。

131 伯林在此处引用了'Stikhiya i kul'tura'('The Element and Culture'),350—351(感谢亨利·哈代提供的这些书目资料)。着重标记为笔者所加。

义以及政治责任的缺乏所需要的材料，即对人类的困惑和痛苦的“最终解决方案”（勃洛克语）[132]的追求。

伯林对艺术与政治的反思也反映出了他对于自由的焦虑。他认为审查制度即使在道德上是合理的，仍然会带来一些问题。但是这种审查制度必须维持纯粹的“负面性”：这样艺术家们便有理由不把他们的作品展现给公众，而不是被迫去以连他们自己都不相信的理由进行艺术创作。审查制度“或许是可悲的，但不是致命的，它不会杀人。然而告诉作家该说什么、该如何去说则是要求他们违背自己的天性”。伯林正是在对这种逼迫个体“违背他们天性”的做法的担忧，以及试图反抗这种做法的意愿的驱使下开始涉足政治的。

在这个时期，伯林认为保存精神自由的内在空间进而保留个体的完整性，比仅仅保存政治自由更为重要。因此他强调精神自由不应受到外部强加的意识形态的影响，因为后者与个人公开表达自己观点的自由相悖。但他也反对以自我保护为由，“撤退回内部堡垒”的行为。[133]
25 《文学与危机》不仅呼吁保护个人自由，也警告人们以内在自由为名实施自我约束会产生破坏性的后果。这部作品也反映了一个在日后支持个体有脱离政治生活之自由的人对政治参与的价值的辩护。[134]

《文学与危机》中提到了伯林后期所关注的问题，但该作品中最值得注意的部分在于它描述且在一定程度上预见了即将到来的灾难。伯林的语气既是同情的，也是疏离的：他理解，他感同身受，他试图让他人的观点更易领会，但是他没有直接地表达出来。尽管这篇文章的语气很冷静，但它仍然反映出伯林后期作品中所没有的、半启示录式的强烈

---

132 伯林多次重复地使用了该词（e.g. PGR 75；TCL 212，215；‘Introduction’，42；‘The Pursuit of the Ideal’，15），这进一步激发了俄国知识分子以及纳粹的“关于犹太问题的最终解决”。

133 TCL181.

134 See e.g. ‘Introduction’，49，53；as well as TCL 176—178.

预感。文中对处于巨变边缘的文化的描述,对审查制度进行思考的意图,以及由不断迫近的精神毁灭带来的真实恐惧,反映了伯林后来所说的,充斥着经济危机、意识形态极端主义、政治无能的“糟糕透顶的岁月”的文化和智识氛围的影响。[135]伯林的很多同僚因正义的缺失及对民主的绝望而选择投身共产主义;他们“预见了未来的灾难”,并试图寻找一种能够助他们渡过此劫的哲学思想。犬儒主义、理想的破灭、道德上的愤懑以及对“科学”地理解政治的渴望催生了这些人对共产主义的向往。[136]20世纪30年代的共产主义思想及与其相关的政治思想具有以下几个共同特质:宣称自由主义已死;苏联就是物质文明、精神文明以及文化现代主义的代名词;人们坚信个人的重要性远不及政党和革命事业,且前者是后两者的附庸;以及通过暴力识别真实性。[137]

如果这些观点未随时间流逝而消失,那么它们对于很多智慧且充满善意的人来说,是令人信服的。人们之所以相信共产主义,是因为他们致力于平等、社会正义和解放,且厌恶资本主义所带来的灾难。伯林本人认识到了这一点;在之后的几年中,他完整地了解了共产主义,并 26
断言“但凡有心之人,都会在‘可怕的20世纪30年代’受到某种形式的引导”。[138]在理想幻灭的苦难岁月里,共产主义成为正义与效率、理想主义与现实主义的结合体。它赋予了追随者们条理清楚的、兼容并包

---

135 Berlin and Hampshire, ‘I'm Going to Tamper With Your Beliefs a Little’.

136 Richard Crossman, ‘Introduction’ to Arthur Koestler et al. *The God that Failed*, 10; see also Spender's contribution to the same, particularly 244; Hampshire, *Innocence and Experience*, 10; and Hart, *Ask Me No More*, 61—75. 关于同时期英国知识分子对共产主义吸引力的表述,参见Spender, *Forward from Liberalism*; James Strachey, *The Coming Struggle for Power*。关于伯林自己后来对于共产主义吸引力背后的推动力的分析,参见‘Malraux, the Russians of the Thirties, and Many Other Things’, 385—386。

137 See George Watson, *Politics and Literature in Modern Britain*, 65—69; François Furet, *The Passing of an Illusion*, 149—155, 191, 202, 271, 287, 303, 516—517.

138 ‘Malraux, the Russians of the Thirties, and Many Other Things’, 391.

的组织原则——当然还有行动。[139]这让共产主义成了替代似乎陷入无能与自我怀疑中的自由主义的选择。正如苏联官方所说：

> 马克思列宁主义理论的力量在于，它能让党在任何情形下把握正确的方向，使得党能够理解当前所发生事件的内在联系并预测这些事件未来的发展方向，不仅认识到它们现时正如何发展、向何处发展，同时还意识到它们未来必会向何方发展。[140]

在弥漫着绝望的年代里，共产主义既提供了确定性，又带来了希望。马克思主义对历史进步的描述成了一种世俗的神正论，向人们证明了历史发展道路确实存在着。[141]支持马克思主义的生物化学家李约瑟宣称：

> 即使苏联自身伟大的民主会覆没，其在整合与组织方面所获得的长足进步不会停止；无论意识的起源会受到怎样的破坏，目的始终是明确的。我们所期待的整合与组织的更高阶段，背后有着所有进化的权威。[142]

李约瑟的观点反映了“千禧年主义”，他把斯大林的国家看作“伟大的民主”，同时还将科学理论运用到了社会之上。在两次世界大战的间隔时期，英国左派的话语受到了技术官僚治国制所强调的效率、卫生保健及客观性的影响，这些人提倡运用知识服务社会，还将科学进步与

139 Wood, *Communism and British Intellectuals*, 106—110.

140 *The History of the Communist Party of the Soviet Union*, 355.

141 参见汉普希尔将共产主义描述为几个“救赎故事的世俗版本”之一（*Innocence and Experience*, 7）。

142 Joseph Needham, *Integrative Levels*, 59.

社会控制联系在了一起。学术活动也需要根据社会政治目的来组织、集中与引导。[143]

很多具备科学思维的激进分子认为自己是启蒙思想的继承者。这种自我想象逐渐转变为科学精英主义,该主义重提由弗朗西斯·培根 27
提出的建造“所罗门的房子”用于指导学习,并建议由“科学家组成的上议院”来取代议会的上议院。在《如果我是独裁者》一书中,朱利安·赫胥黎提倡使用“某种由科学管理的社会来取代非科学的政治游戏”;赫伯特·乔治·威尔斯则描绘出了以科学的方法组织的国家,由少部分科学精英对居民进行分类,从而让他们在社会中承担不同的工作。J. D. 伯纳尔设想了一个科学的乌托邦,在这个乌托邦中,“每个大脑都认为自己是整体中的一部分”,如此一来人性就能克服“个体的限制”。伯纳尔坚持认为,人类内心的混乱与相互冲突的欲望必须要被终结;欲望必须与外部世界的现实保持完全的和谐。只有通过科学专家组成的统治集团的操控才能终结人类思想与信念上的混乱,才能把社会转变为“人类动物园”。伯纳尔支持那些主张人类的善始终存在于历史向更高层次的组织进化的过程中的人。他认为价值无法支配或决定进步;但进步能够支配或决定价值。[144]两次世界大战期间的学者所拥护的、建立在历史发展的进步论之上的科学主义及道德相对主义成了伯林后期思想的主要抨击对象。

20世纪30年代英国政治话语的另一特征是对“目的与方法”之间联系的关注,这一点对伯林后期的观点产生了重大影响。为了消灭“现存的所有罪恶并最终建立一个自由的世界”,“人们不需要个体的命

143 See Wood, *Communism and British Intellectuals*, 121, 123—126, 131.

144 Wood, *Communism and British Intellectuals*, 60, 126—128, 139—144, 146; Bernal, *The World, the Flesh, and the Devil*, 53—54; cf. Harold J. Laski, *A Grammar of Politics* (1925), 17, 43; Eric Hobsbawm, *Interesting Times*, 100; Krishan Kumar, *Utopia and Anti-Utopia in Modern Times*, 230—242.

运或方法的其他方面，只需要考虑方法本身的有效性。历史从不关注那些不与它站在同侧的人”。共产主义者要求“与历史站在同侧”的人“让‘当下’服从由未来支配的行动”。因此，共产主义的支持者“既能坚定地相信人性这一终极目标”，又能忽略掉“成千上万的囚徒及奴隶……在‘现在所做的一切都是为了未来所有人都能在共产主义之下获得自由’的观念下，这些人的性命变得抽象了起来”。这种想法让人们从现时的情绪混乱、道德困惑，以及“恐慌与焦虑”中解脱了出来。在这个过程中，个体变成了用于“维持党派机器运转的原材料”。在这
28 种观点下，经验只能被用来描述一个确定结论的某一方面。共产主义麻痹了这些支持者，引导他们认为反对者“令人讨厌、不合理、没有存在的必要，这些人的生活就是许许多多错误的命题，你会希望像用铅笔画掉一个糟糕的段落一样，用铅弹消灭这些敌人”。因此很多共产主义者“只把自己与同僚的事业看作真实的，而把其他目标及这些目标的拥护者看作过时无用的理论立场下的抽象化例子”。[145]

人们逐渐渴望打倒法西斯，并因此相信在代表正义的行动中使用暴力是合理的。伯林并不打算认同对暴力的使用——即使是为了正义的事业。[146]但他认为，在保卫西班牙共和国时采取暴力抵抗是正当的。虽然亲自去西班牙参与战斗不是他的个性会做出的事情，但是他确实少有地向政治激进主义进行了妥协——他为参与共和国武装的人收拾了包袱。[147]伯林坚定地属于反法西斯阵营；他作为“万灵学院”的年轻研究者中的一员，反对英国在1935年墨索里尼占领阿比西尼亚时表现出的冷漠及之后对希特勒的绥靖政策。[148]

145　Stephen Spender, contribution to *The God that Failed*, 236, 238—242, 244, 254—255, 266, 271. Cf. Hampshire, *Innocence and Experience*, 10.

146　Annan, *Our Age*, 184—185.

147　MI Tape 7, quoted F 188; Berlin to Shiela Grant Duff, 10 August 1936, F 188—189.

148　Ignatieff, *Isaiah Berlin: A Life*, 72—75; Harrison, ‘Politics’, 406.

但是在政治上唤醒伯林的关键事件不是绥靖政策,而是该政策未能避免的战争。第二次世界大战将伯林逐出了他的人际关系网:“从战争开始的那天起,曾经占据我的生活的私人关系及个人事务就被无限推后,甚至几乎不存在了[……]我的私人世界在许多地方都出现了裂痕。”他发现自己“变得暴力了,且开始有了非同寻常的公共意识”,他宣称,“不关心这场对一切艺术及思想具有决定性影响的冲突的结果”是“可恶且愚蠢的”。在公众事件的影响下,他的内心充斥着一种少有的欲望——并不是想去观察或分析,而是想直接去参与——“我非常希望自己能够在伟大的历史进程中以某种方式贡献自己的力量”。[149]在美国任职的日子里,伯林深入体验了实际的政治生活;战后他前往苏联访问时目睹了斯大林统治之下俄国知识分子的磨难与恐慌,这些激发出了他的道德使命感,在此之后,他进入了自己学术生涯最高产的一段时期。 29

无论如何,伯林的思想已经转向了政治——以及观念史。在最初的阶段,他关注的问题恰好是马克思与马克思主义。

1.4　学术资本:俄国思想家及卡尔·马克思

以赛亚·伯林第一部成熟的作品《卡尔·马克思:生平与环境》于1939年印刷出版。该书体现了他对观念史,对政治、伦理以及历史哲学之关系,对马克思及马克思主义的最初阐释,同时也反映了俄国思想对伯林本人观点形成的重要性。

俄国的马克思主义理论家普列汉诺夫对《卡尔·马克思》一书及伯林本人的思想发展产生了巨大的影响。[150]在美苏冷战最胶着的时

149　Letter to Marion Frankfurter, 23 June 1940, F 304—306.

150　伯林拥有普列汉诺夫的俄语作品集以及本书所引用的《为唯物主义辩护》一书的英文版。

期，伯林依然赞扬普列汉诺夫是“一流的思想家”，称其“敏锐的、一丝不苟的、大胆的智识”远胜过与他同在俄国社会主义阵营之内的盟友们。[151]伯林对“俄国马克思主义之父”竟有着这样的评价，着实令人惊奇。伯林一直非常认可普列汉诺夫的思想的连贯性及其中蕴含的力量，但实际上，伯林所认可的、普列汉诺夫思想中的这些方面，显然与苏联正统阵线所倡导的理论相悖；在普列汉诺夫于1903年背叛了理论上“绝对正确的”列宁之时，当局就已将其列为“堕落者”。伯林将普列汉诺夫与苏联正统理论之间的分歧描述为两种德性的对立：普列汉诺夫兼具“人性与道德”，投身于“对真理和自由的追求”，憎恶“残暴与犬儒主义”；而列宁则倡导一种新型极权暴政。[152]在20世纪犬儒主义与残暴行径盛行的大背景下，伯林对普列汉诺夫的赞赏就是对19世纪唯心主义的含蓄辩护。这也可以看出伯林本人对于马克思主义的态度比人们所普遍想象的更为矛盾，此外，他对启蒙理性主义与19世纪进步主义的喜爱也比人们通常认为的更大。具备革命性的马克思主义，无论是从其优势还是劣势来看，都本应是启蒙运动的继承者，但布尔什维克主
30 义彻底摧毁了这一切。[153]

对于年轻的伯林而言，普列汉诺夫的理论不是政治辩论的工具，而是知识灵感的来源。在普列汉诺夫的引导下，伯林关注到了那些他日后将会支持或反对的观点。

普列汉诺夫的历史作品塑造了伯林对于观念史的认知，他与其他俄国革命者之间的争论引导伯林发掘出了自己政治思想中的核心问题，因此伯林的作品里有着极其鲜明的俄国特色。伯林认为，普列汉诺

---

151 Review of *In Defence of Materialism*, 257—258; FPM 130.

152 Review of *In Defence of Materialism*, 260—261; cf. Berlin, letter in the Slavonic Review 28(1949—1950), 608—610.

153 Review of *In Defence of Materialism*, 262. Cf. John Plamenatz: *From Marx to Stalin*, 29—30, 48.

夫是引导自己了解18世纪法国唯物主义者的关键人物[154]，因此在有关启蒙运动时期的**哲学家**，有关黑格尔、维柯、赫尔德，有关民族主义思想及马克思的问题上，普列汉诺夫和伯林的观点惊人地相似。[155]普列汉诺夫关于启蒙运动决定论与黑格尔整体论的讨论引发了诸多实质性问题，如个人在历史中应扮演怎样的角色，以及自由与决定论的问题。

虽然伯林汲取了普列汉诺夫诸多关于观念史的叙述，他仍然反对后者的决定论。对普列汉诺夫而言，那些把历史发展归功于“伟大人物”的人表现出了知识分子的自负。但在伯林看来，这种观点是有价值的——不仅反映了浪漫主义框架下病态的“精英主义”，同时也是一种对个人创造力的宝贵认知。[156]在普列汉诺夫的影响下，伯林也关注到了一元论的命题，即“真理仅有一个，错误数不胜数”。[157]普列汉诺夫坚定地认为，“解释不同现象仅需某一特定的原则”，而其他任何解释都是“毫无价值的”。[158]但这种一元论却最终成为伯林一生都在抨击的

154 FPM 129—130. 伯林之后称：“我所了解的关于启蒙运动的一切都源于普列汉诺夫。”（MI Tape 24）

155 See EHM 3—164 *passim*, 167, 175, 180, 204—206, 209, 258, 270—271; DM 30—31, 39—40, 50—54, 91—96, 104, 122—123, 146—148, 188—189, 193, 202—204, 206—207; ‘For the Sixtieth Anniversary of Hegel’s Death’, SPW I, 423. Cf. KM 29—31, 64—65, 40—81, 117—138, 209—232; PIRA 15—17, 39—46, 49—62, 68—73, 77, 86—87, 95—96, 223—228, 235—248, 250—259, 272—273; FIB 11—26, 54, 79—93, 95—96, 98—103; ‘The Philosophy of Karl Marx’, 115—117, 120—125. 反过来，普列汉诺夫的论述也紧紧追随着马克思的《神圣家族》(cf. Robert Wokler, ‘A Guide to Isaiah Berlin’s *Political Ideas in the Romantic Age*’)。

156 DM 123, 126, 128—129, 141, 201, 208; see EHM 80, 176; FPM 150—152, 158—170, 172—177; ‘For the Sixtieth Anniversary of Hegel’s Death’, SPW I, 423—424, 426—428. 关于伯林的态度，参见 ‘European Unity and its Vicissitudes’, 176—180, 185—195, 199—202。

157 EHM 33. Cf. e.g. PIRA 98; FIB 28; ‘The Apotheosis of the Romantic Will’, 553; ‘Nationalism: Past Neglect and Present Power’, 581; ‘My Intellectual Path’, 8.

158 DM 28.

观点。

普列汉诺夫谈论并抨击了一些后来对伯林产生了影响的思想家，
31 其中包括伯林口中的“一个真正的伟人”，格奥尔格·齐美尔。[159]齐美尔从社会学角度解释了伯林的道德多元主义，他将人类的经验描述为“碎片化”的，且受到了无数不可调和的冲突的影响，其中一部分是悲剧性的，另一部分则可追溯至多样的、丰富的、深刻的起源。[160]齐美尔对启蒙运动的叙述也和伯林十分相似，二人都坚信个体之间存在自然的和谐，且对人类最终将具有的完美状态充满了信心。此处的完美包含了统一性——因为如果人是完美的，那么他在任何方面都将是没有缺陷的——进而人类之间存在的差别也能得以消除。齐美尔认为这种完美性与自然的机械论构想相关，即将每个个体看作在总体的宇宙规则指导下运行的个例。这也是为什么启蒙运动关注“把人置于总体的、统一的人类中，而非将人看作历史的、个别的、具有差异的个体”。齐美尔注意到并批判了以下观点：真实的、更高级的自我，即所谓“内核”存在于每个个体之中，且在个体之间并无差异：“无论是天性、理性或是人性，都是人类所共有的。当个体认识到自己具有的自由及个性时，便能通过人类的共性找寻到真正的自我。”伯林之后对于浪漫主义的描述——对个人独特性与独立性的反叛——也是齐美尔的观点。[161]这些元素是伯林对“理性主义者”、“浪漫主义的”自由概念，以及对更广泛的现代观念史进行阐释的核心部分。

普列汉诺夫与**俄国民粹派**针对历史发展和政治事件开展的辩论影响了伯林观点的形成。这场辩论是对伯林的观点产生过影响的俄

159 Berlin to Geoffrey Faber, 4 January 1932, F 642.

160 Donald N. Levine, ‘Introduction’, in Georg Simmel, *On Individuality and Social Forms*, xxxviii—xliv, xlii.

161 Simmel, ‘Freedom and the Individual’, in *On Individuality and Social Forms*, 219—224. 这篇文章借鉴了齐美尔关于康德的书。

国政治思想和经验中的关键部分。第一部分的影响源于古怪的孟什维克流亡者所罗门·拉赫米列维奇，他是伯林一家的朋友，伯林学术风格中的俄国部分便是受到了他的影响。他劝告伯林要在自己的作品中形成“政治的、道德的及智性的热情”。[162]这种热情，对“传统、偏见、宗教[……]教堂以及传统观点的反叛”，对思想力量的信仰，愿意投身于痛苦的自我追寻，这些都是俄国**知识分子**的特征。[163]伯林对这一切很有同感，他打算试着将持怀疑态度的、某种意义上保守的英国哲学家的特质，与在道德上热忱的、激进的俄国学者所具有的**学术特质**结合起来。 32

安杰伊·瓦利茨基认为伯林“把自由主义的俄国式理解移植到了英国的土地上”。在他看来，这种“俄国式”自由主义只能作为一种“可选择的立场”供人采纳。[164]伯林之所以选择这种立场，可能是因为他能由此进一步讨论在分析哲学与社会科学中受到边缘化的道德问题，把重点放在对决定论的否定之上，并避免倒向古典自由主义或社会主义。俄国的自由主义者作为反权威知识阶层的一分子，他们与权威之间的关系比西方的自由主义者与权威之间的关系要更加敌对；这些人与学术圈内的其他成员不同，他们不仅害怕沙皇式的压迫，还担心群情激愤与革命的狂热。对这些俄国自由主义者而言，该采取怎样的手段，总体上是个更加尖锐的问题。[165]

不过伯林不觉得自己的“温和自由主义”是俄国式的，他认为这理应是“尤其西方化的”。[166]他认同像屠格涅夫这样试图理解事物的全

162 Rachmilevich to Berlin, 29 October 1935, MSB 104/191.

163 MI Tape 26; cf. ‘Three Strands in My Life’, 255—256; FPM 129.

164 Walicki, *Russia, Poland, and Marxism*, 20, 17. See also Crowder, *Isaiah Berlin: Liberty and Pluralism*, fn. 2, 27—35.

165 MI Tape 26.

166 Ibid.

部方面而不追求确定性（并因此像哈姆雷特一样矛盾[167]）的温和但焦虑的自由主义者，但同时也欣赏更为激进的思想家。这些思想家中最重要的一位是他的“英雄”亚历山大·赫尔岑，后者将激进派的信念、勇气，以及对妥协和非正义的不耐烦，与自由主义的平衡结合在了一起。赫尔岑是一个“不狂热的革命者”，伯林崇拜（且羡慕）他的奉献，也同样理解他的矛盾与疑虑。[168]作为一个“理想主义与怀疑主义的古怪结合体”，赫尔岑不仅激烈地抨击过资产阶级自由主义，也曾是个充满怀疑和嘲讽的自由主义悲观主义者。[169]这和伯林本人所遇到的困境相似——他温和，内心充满怀疑，反对暴力，因混乱而感到焦虑，无法单纯地、全心全意地投入；以及他的道德理想主义，对信念和英雄主义的崇拜，以及不时产生的对于信仰的渴望。赫尔岑与伯林都在某些事情上
33 体现出了犹豫的一面，但前者意识到了二人共同的人道主义信念中在政治上更为激进的部分。[170]但在幻想破灭的情形下，赫尔岑仍然保留了一些革命性的、宣扬公有制的信仰。伯林则没有那么多需要克服或保存的幻想；他不受积极行动主义和党派性的束缚，因而能够选用更具同情心的视角，而不是像赫尔岑那样最终只能成为参与某项事业的士

167 See Berlin，‘Fathers and Children’，*passim*. 屠格涅夫在《父与子》中描述了浪漫主义的、思想开明的基尔萨诺夫与“虚无主义的”巴扎洛夫之间的对比；之后伯林在《卡尔·马克思》书中对比了18世纪30年代的浪漫主义革命者与马克思；以及浪漫主义与理性主义、科学主义的对比。巴扎洛夫所说的“我向你保证，对不同个体的研究根本不值得这么大费周章。所有人在灵魂和躯体上都是相似的。人类像是森林里的树：没有任何植物学家会想去研究每一棵桦树”，这里面包含了伯林所反对的普遍化的、反个人主义的科学主义精神（Turgenev，*Fathers and Sons*，160）。伯林在20世纪30年代曾反复阅读屠格涅夫的作品，还订购了俄国小说家的照片集（F 42，44，80，83，232）。

168 See Crowder，*Isaiah Berlin：Liberty and Pluralism*，32.

169 Berlin，‘Alexander Herzen’，201，208.

170 Berlin，HBIL 105，108—109；‘Alexander Herzen’，188—190，207；Jahanbegloo，*Conversations*，177.

兵而已——尽管他本人充满了复杂性。[171]

伯林于20世纪30年代末期研究马克思之时,在伦敦图书馆中发现了赫尔岑的作品;阅读了这些作品之后,他“真正体验到了什么是社会和政治观念的历史”。[172]同时,赫尔岑对于生活与政治的严苛道德标准,也成为伯林在“学术以及道德上的参考”。[173]赫尔岑针对“在我们的时代里已经发展成熟的罪恶提出了最尖锐的、感人的且在道德上令人生畏的指控”:这些罪恶中最为恶劣的是“用意识形态来抽象化人的生命”,并借此“在祭坛上牺牲人的生命”。[174]赫尔岑坚持认为,个人是“社会中真正的单体”[175],价值本身就是个体的追求,一旦脱离了个体,便不再具有任何价值。个人的生命不应该成为追求更远大的目标的过程中的牺牲品,因为生活的目的就是生活本身,而不是服务于抽象的概念或去追求遥远的、不了解的目标。赫尔岑坚持主张反目的论的、“非形而上学的、经验的、‘幸福论’的个人主义”,因此他尊重自由、人的尊严,以及直接、有形的个体幸福,反对为追求权力而放弃个人体面。他的道德性在于他脱离了一切教条(从功利主义到康德主义,到科学主义再到尼采对超人的崇拜);并认识到了“绝对的价值”与“变化”。[176]

赫尔岑预见了未来将会出现对(构成了伯林早年学术背景的)哲学唯心主义的反叛,他还反对科学至上主义,反对对价值中立以及在伯林时代占主导地位的政治“现实主义”的追求。伯林“比我自己所说的

171 See HBIL 101—102;‘Alexander Herzen’, 199—200, 202—203, 205—207; Jahanbegloo, *Conversations*, 180.

172 Jahanbegloo, *Conversations*, 12—13; UD 17.

173 Berlin to Stuart Hampshire, July 1937, F 239; to Lillian Schapiro, August 1941, F 378.

174 ‘Alexander Herzen’, 209, 193, 200, 197; see also HBIL 89—90, 102—103.

175 Herzen, *From the Other Shore*, quoted HBIL 89.

176 HBIL 95, 100, 111—112; cf. HBIL 93—94, 103—104;‘Alexander Herzen’, 195—197; Jahanbegloo, *Conversations*, 45—46; UD 109.

34 还要欣赏”赫尔岑“完全的，甚至显得有些单调的道德说教，还有他的才思，他的恶意、想象力、人性以及放纵不羁的态度”，伯林认为，对赫尔岑的研究让自己从讲究实际的、“科学的”、愤世嫉俗的马克思研究中解脱了出来。[177]但赫尔岑不仅是一个个性火暴的道德主义者，还是一个机敏的思想者，他“意识到，在关于文字的文字与关于真实世界中的人或事物的文字之间存在着重要的区别”[178]；他坚持认为抽象“是很容易的，而人类易受到批评与否定的影响”。[179]赫尔岑的言论或许帮助伯林形成了后者思想中的一个核心论断：“根本不存在任何特定的理论、教义、对于生活的阐释；也不存在能够为实际问题提供正确的解决方案的某种简单连贯的、结构清楚的纲领”，因为“人的生活和人际关系对标准的程式和清晰的方案来说太过复杂；试图把个体放置在某个理性框架下，最终只会带来惨重的损失”。人类的复杂性、无规则性甚至是脆弱性都具有价值，因而应该防止“在人类的这些特质上强加束缚”。[180]

赫尔岑把这种道德主张与历史哲学结合在一起，为伯林提供了对付同时代援引历史必然性理论的共产主义者们的武器。赫尔岑坚持认为(用伯林最喜欢的一句话来说)：“历史没有剧本。”历史的进程未被决定；人类的状况是即时发生的，是偶然的，“生活……不能做出任何保证”。人的力量和人类的成就同样真实且脆弱，因而“我们必须尽力做到最好；我们总有失败的可能性”。因而赫尔岑并不认为“为了未来的幸福，现在可以遭受苦难”的想法是合理的，也反对当时社会盛行的末世论，也就是把一切责任都转移到历史身上。[181]赫尔岑将道德与哲学

177 Berlin to Cressida Bonham-Carter, 28 August 1938, F 279.

178 HBIL 89; ‘Alexander Herzen’, 209.

179 HBIL 91, quoting ‘From the Other Shore’; cf. HBIL 112.

180 ‘Alexander Herzen’, 191—193, 205; cf. ‘Alexander Herzen’, 201—202, HBIL 86—87, 111—112.

181 HBIL 90—94, 99—100; ‘Alexander Herzen’, 194—198, 201; UD 55.

主张、怀疑论以及人文主义结合在了一起；这种思考问题的方式及其结论给伯林树立了榜样，他后来也抨击了“以历史为借口”的行为。

赫尔岑是一个激进的人，当然也是一个革命者。但是伯林从赫尔岑的作品中提取的那些要素却构成了温和的自由主义，例如他警告说，以革命性的专政取代沙皇统治是“用一个枷锁替代另一个枷锁”。[182]鉴于之后出现了布尔什维克的独裁，这个观点似乎具有预见性；它也暗含了伯林日后用于反对“积极”自由理论的自由派主张——维护自由的 35
关键之处不在于让正确的人拥有权力，而在于对这些可能会施加在个体之上的权力加以确定的限制。[183]赫尔岑是贵族子弟，是资产阶级民主政治所批评的对象；但他没有对不公正或精英主义视而不见。他反对把人民大众理想化，也就是反对知识精英将自己信仰的价值投射在人民身上。[184]赫尔岑是激进的、有一定乌托邦想法的贵族，他为伯林提供了很多思想的原材料，让后者最终构建出温和的、反精英的、反乌托邦的自由人文主义。

尽管普列汉诺夫与更接近赫尔岑学说的民粹主义有着根深蒂固的矛盾，伯林仍然宣称普列汉诺夫是赫尔岑“唯一的、真正的继承人”。[185]民粹主义者是激进的、革命的，他们反对历史必然性，而普列汉诺夫是个决定论者，更是渐进主义者。[186]普列汉诺夫反对民粹主义者抛弃“抽象”的合法权利[187]的行为，他坚持认为这些权利是让人类获得幸福的“必要条件”，并抨击了布朗基主义(Blanquism，相信革命的精英们能够

182 HBIL 89;‘Alexander Herzen’,193,199; UD 110.

183 See e.g. TCL 209.

184 HBIL 88—89,94—98; Walicki,*Russia, Poland, and Marxism*,117.

185 Review of *In Defence of Materialism*,258.

186 See EHM 55—57.

187 这个观点和伯林之后争论的“形式自由”与“真实自由”的对立(常见于马克思的思想中)相似。

代表工人阶级），他声称工人阶级必须解放他们**自己**。而工人阶级要解放自己，就需要接受政治行动方面的教育，而不是服从革命的精英。[188]他指责民粹主义者故意忽略了严峻的现实，牺牲了人民的利益，从而换取安慰性的完美想象。[189]这与伯林之后针对乌托邦支持者们的批评十分相似。但是普列汉诺夫所坚称的“残酷现实”却是伯林所抨击的“幻象”，即历史必然性。普列汉诺夫试图把政治理想建立在历史发展的科学之上：政治行动应该随着历史的潮流进行；所有抵抗现实的人都会沦为“荒谬的堂吉诃德”。对必然如此的社会秩序提出抗议，就像因为不愿意生活在球体上而去抗议“世界是圆的”一样荒谬。[190]

基于这种历史哲学，普列汉诺夫不仅反对革命性的激进主义，他还
36 因此支持伯林所厌恶的政治暴力。“暴力的革命，‘血流成河’，绞刑架与处决，火药与炸药——这些都是令人痛苦的‘景象’。但既然它们无法避免，我们又该做些什么呢？暴力总是新社会诞生时期的助产士。”社会主义应该尽力减轻这种生产时的“阵痛”以及“阵痛”的持续时间；但“阵痛”始终是存在的。[191]这种观点是伯林后来主要抨击的对象。

尽管伯林认定普列汉诺夫在总体思想层面有其优越性，但并不认为后者的看法总是会比民粹主义者的更为出色。例如，N. K. 米哈伊洛夫斯基对马克思主义与历史决定论做出的合理批评，普列汉诺夫没有反驳而是歪曲了这一批评。[192]伯林之后谈到，他对决定论的反对态度来自民粹主义者对他产生的影响：

---

188 *Our Differences*, SPW 140—141, 143, 179; cf. FPM 128—129, 131—133. 伯林指出，普列汉诺夫之所以反对恐怖主义和独裁，不是因为他在道德上厌恶这些，而是因为他相信这两者会给革命的目标带来灾难（FPM 131）。

189 DM 276.

190 SPW 184—185, 187, 469—470, 474; cf. FPM 128.

191 SPW 125—129, 377；关于普列汉诺夫的冷酷无情，参见 PITC 70。

192 Berlin, Review of *In Defence of Materialism*, 260.

> 一切扰乱谨慎预测的东西以及对“现在引导我们走向未知的方向的是强大的非人类力量”的总体假设都让我非常开心。俄罗斯知识分子心中所想的那些始料未及的、偶然的东西——就像是我所相信的其他事物一样——都给我带来了无穷无尽的快乐。[193]

伯林强调了这些论辩与政治的持续相关性以及道德上的重要性。他在1960年写道:“民粹主义者与马克思主义者之间的争斗看起来和英国社会主义中惊人的内部矛盾有着莫大的关系。”[194]

对自由派的伯林来说,民粹主义者是一群奇怪的前辈。他们中的很多人相信,采取暴力手段是很有必要的[195];有些人是激进的折中者,他们主张通过社会安排让所有个体需求并收获同样的东西,且只会渴望自己所能够获得的东西。[196]这种观点让伯林认识到,并开始抨击极端的、均一化的平均主义,以及将自由等同于仅追求可满足的欲望的观点。[197]但民粹主义者“激情充沛”的道德理想主义也吸引了伯林的注意,他赞同这一后来被他称为“民粹派人文主义”的主要特征:包括对“民主”的深度信仰(对自由主义来说同样重要),即权力正在不断腐化,权力的集中是自我延续的、是强制性的,而理性的劝导是更可靠、更 37
公正的社会改革方式;人们应反对家长式作风,即在大众身上强加“正确的”看法。同时,民粹主义者在伯林之前便否定了以下观点:“循着历史前行,忽视个人的道德顾忌,在无法回避的情形下使用暴力或是胁迫性手段是合理的、必要的。”[198]

---

193 Berlin to Nicolas Nabokov, 25 June 1970, MSB 271/52.

194 Berlin to Martin Malia, 10 December 1960.

195 FPM 127—128.

196 See Walicki, *The Controversy over Capitalism*, 42—44.

197 See Berlin, ‘Equality’, 90—93.

198 ‘Alexander Herzen’, 221—222, 224, 231; FPM 126—127.

伯林的观点与两个更为“温和”的民粹主义者的思想尤其相似：米哈伊洛夫斯基和P. L. 拉夫罗夫。尽管伯林意识到了米哈伊洛夫斯基对现代性的敌意以及对找回失去的个人和谐的渴望，还将拉夫罗夫把历史视作“因人类理想和行动而形成”的观点称为“幼稚的”，但伯林依然认为二者在道德上值得尊敬，且他们的观点都能够纠正决定论及唯物主义还原论。拉夫罗夫推崇的历史哲学及社会科学的观点源自康德，与巴登学派的新康德主义观点尤其相似，而伯林在年轻时深受后者影响。[199]

俄国的黑格尔主义推崇“理性的必然”，他们认为应该从历史发展的进程中获取价值，且个体应该附属于“特定的整体”。但拉夫罗夫坚持认为历史事件有它们自己的独特之处；在历史中人们能够找寻到很多价值或意义（或通过历史学家赋予价值或意义）；一个人不该从现实中提取价值，而应该将理解现实的意义，与价值关联起来。更具争辩性的是，米哈伊洛夫斯基宣称：“没有任何一种哲学体系像黑格尔的体系一样如此残酷、轻蔑地对待个体。”[200]伯林后期对黑格尔学说的敌意很大程度上受到了俄国民粹主义者的影响，他日后批判的社会科学领域内的“价值中立”也正是拉夫罗夫和米哈伊洛夫斯基所反对的。[201]

同时，伯林欣赏拉夫罗夫和米哈伊洛夫斯基在个体的自我提升与社会改革的道德律令的基础上提出的人道理想主义。他们反对为了历史的需要去牺牲个体的生命，同时认定集中的、未经审查的、专制的权力在本质上是腐败的。如同拉夫罗夫所写：

---

199 伯林在1932年表达了对巴登学派最著名的理论家海因里希·李凯尔特的仰慕（Review of Leonard Woolf, *After the Deluge*）。

200 Plekhanov, DM 294, quoting Mikhailovksy in *Russkoye bogatstvo*, October 1894.

201 See Berlin, ‘The History of Russian Revolutionary Ideas’; ‘The Development of Social and Political Ideas in Russia (1825—1925)’, Lectures 23 and 25; Enrique Krauze, ‘An Interview with Isaiah Berlin’, 13—14.

> 历史和心理学已分别向我们展示和证明,一切没有限制的权力与独裁统治将会让最好的人民置身于水深火热之中。每个独裁政权都被强制力与盲目服从的工具包围;独裁政权用武力遏制的 38
> 不仅是反动分子,还有那些不认同其方法的普通人民。[202]

这个观点影响了伯林之后参与的有关政治伦理问题的讨论。

伯林(后来)关于民粹主义的论述揭示了其政治、伦理及历史观点的形成。他认为民粹主义者是“福利国家概念的创始人”,因为他们既反对“支持中央集权的马克思主义者”与“支持放任自由主义、允许工厂主奴役大众的人”,又反对“残暴的、无道德的,对个人自由、个性及多样性怀有很深的敌意的社会达尔文主义者”。[203]伯林的态度和这些民粹主义者有些相似,他也支持福利国家,同时反对自由放任主义[204]以及同时代的进化思潮中科学至上的、管理主义的、家长制的部分。

俄国的思想既给了伯林灵感,也给了警告。除了普列汉诺夫的马克思主义决定论和部分民粹主义者拥护的革命恐怖主义,俄国思想里还有一些一元论的、乌托邦的内容,它们与伯林之后作品中的观点截然相反。虽然伯林排斥陀思妥耶夫斯基的黑暗性[205],但是他仍受到了后者的强大影响。这种影响源自《群魔》中革命的残暴性,或许更有可能源自伊万·卡拉马佐夫通过“退票”来反对的观念,即天堂的实现可以为痛苦的苦难辩护。[206]

202　Lavrov, *Russian Social-Revolutionary Youth* (1874), 40—43, quoted in Plekhanov, *Our Differences*, SPW 302.

203　‘Alexander Herzen’, 214, 222, 230.

204　See Walicki, *Russia, Poland, and Marxism*, 43—44.

205　Jahanbegloo, *Conversations*, 173.

206　伯林在写给乔治·凯南的极为私人的信件中提到了这篇文章,可见其对伯林产生的影响(LTK 338); cf. PITC 86; Berlin to Annan, 2 October 1978。

伯林从20世纪50年代开始撰写关于俄国思想家的著作，而在此之前的20世纪30年代，他对观念史的研究主要集中在马克思身上。伯林早期的学术道路很难解释他为何选择为“母校的图书馆”撰写有关马克思的著作。而在观念史、政治或社会学理论方面，他从来没有写过相关内容或做过相关演讲。在接受写书的任务之前，伯林对马克思的作品了解甚少。他之所以接受这一（来自费希尔的）[207]任务，是因为他觉得这样就能够逼自己进一步研究马克思在历史上处于里程碑地位的思
39 想；或许他也希望借此机会让自己从纯粹的哲学和在万灵学院获得奖学金的非生产性乐趣中脱离出来。这个机会同时也帮助，或者说是逼迫伯林去发展他自己的学术个性。正如他自己预期的那样，伯林在撰写有关卡尔·马克思的著作的过程中，“从牛津的学术体系中脱离了出来[208]，进入了一个完全不同的新宇宙”，这个过程也为他提供了在之后的学术生涯中可以依赖的“学术资本”。[209]

通过对马克思的研究，伯林进入了历史研究领域并对历史主义产生了了解，之后历史也成了他思想中的重要部分。伯林在日后的学术生涯里始终认为历史哲学与道德哲学、政治哲学息息相关。在这一点上，伯林运用的方法与他的核心关注点保持一致：他通过历史来理解观念，反映了他对人类道德与政治经验中所体现的历史性的关注。《卡尔·马克思》一书体现了伯林作品的核心思想，即历史在观念中的重要性：历史塑造了观念，观念也塑造了历史（后者与马克思的理论正好相反）。虽然观念起源于物质条件与精神上的依附，但它们本身也具备自己的力量。正如伯林在书的结束段中所写，马克思主义

207 费希尔在其他人拒绝之后选择伯林来写书的原因仍不明。

208 Letter to Spender，5 December 1932，F 43.

209 Ignatieff, *Isaiah Berlin: A Life*, 71. 关于《卡尔·马克思》的写作，可参见 Ignatieff, *Isaiah Berlin: A Life*, 70；F 76，115，129—130，160，199—202，218，246，271。

> 反驳了“历史的进程由观念统治”的说法,但其自身历史对人类事务产生的影响削弱了这个观点的说服力[……]因为马克思主义在改变迄今为止关于个人与环境及同伴关系的普遍看法时,甚至明显地改变了这种关系本身。

马克思主义是“各学术派别中最为强大的,‘它永久性地改变了当前世界里人们思考、行动的方式’,这也正是它值得研究的原因”。但是,与构成当代世界的其他意识形态一样,人们无法通过传统的马克思主义理论来理解这种现象。[210]

伯林关于马克思思想的叙述重点在于它继承了启蒙运动的理念,包括“自由探索的灵魂”及“无条件相信理性的力量能够解释并优化这个世界”。[211]启蒙时代的哲学家们相信,“理性 40

> 永远是正确的。任何问题都存在着唯一的正确解答[……],这不仅适用于解决物理或数学问题,也同样适用于处理伦理、政治、个体和社会生活中的问题。只要找到这个正确解答,接下来只需要用技术手段把解决方案转变为现实即可。但首先,要清理妨害社会进步的“老对手”,还要教育人们在行动时听取客观公正的科学家给出的建议,因为这些人的知识建立在理性与经验之上。只要能够做到这些,那么通向新千年的道路将一片光明。[212]

(伯林叙述下的)启蒙思想认为天性是和谐的,一切的不和谐都源于人类的错误和恶念。对人类而言,“只要人们的视线不受阻碍,努力

210 KM 249.

211 KM 48,42.

212 KM 43.

不受阻挠，他们就会去追求美德与知识。正义与平等将取代专制和特权，竞争将转变为合作，幸福与智慧为全世界所共有”，“理性的自由发挥”使“人类的才能得到充分发展”，进而实现“和平、正义的政府与人类的繁荣”。[213]

以上内容简要概括了伯林后期关于一元论、科学主义、理性主义与乌托邦主义的描述。虽然此处仍缺少他本人的评论，但他的观点可从他的文章中略知一二。伯林在一篇文章中提到，教育能让人实现完全的理性与善这一观点不再成立，他特别选用了沙皇亚历山大一世的例子来证明“有见识的独裁君主”仍然不可能做到完全开明。[214]俄国的专制暴政让伯林早已了解并反对盲目乐观地看待启蒙思想的作用。

伯林认为启蒙思想和决定论也有所关联。根据启蒙思想，人类是自然客体，人类的行为可以通过“一般可验证的物理假设”来解释（由此可看出逻辑实证主义的显著影响）。[215]德国的浪漫派反对这种自然主义和科学主义。《卡尔·马克思》一书认为，这些反对者之中最伟大的那位是被称为“现代最名垂青史的人物”的黑格尔。[216]黑格尔不认为自然科学中运用的方法在其他经验的领域内依然有效，他支持“从完
41 全形而上学的角度看待自然与个体”。[217]从伯林后期的作品来看，他应该认同黑格尔对启蒙思想中科学主义的不满，也理解后者针对“一种人格或一个历史时期有着自己的特质”且“这些特质在某种意义上都是独特的，并只能存在一次”[218]的观点所做的解释，但伯林并不认同与这

213 KM 42，46；MSB 415/63.

214 MSB 413/213.

215 KM 43—44.

216 MSB 415/101.

217 KM 48—50. 伯林在早期的文章草稿中把这种风气与浪漫主义相关联，这表明此时的伯林认为黑格尔是浪漫主义运动的核心人物（MSB 415/98—99）。

218 KM 52，56.

些相关的整体论和反经验主义。[219]

黑格尔另一个区别于启蒙思想的观点在于,他认为冲突是自然发生的,因此不可避免;对他而言,“每个冲突过程都代表着两种无法兼容的力量因互相搏斗而产生的永恒矛盾,且在冲突中二者都实现了更进一步的发展”,战争、革命及惨重损失都是无法避免的。[220]伯林认可这种必然性和冲突在人类生活中的核心地位,但他并不认为冲突能够推动实现更高等的整体性。根据伯林的理解,黑格尔认为历史在遵循着某个必然的过程,因此谴责这个必然过程中的任何一个步骤都是不理性且无用的。世界上不存在什么既邪恶又有必要的东西,任何真实存在的东西都因为其真实存在而合理。[221]

虽然《卡尔·马克思》一书不像伯林后期作品一样强调黑格尔观点的残忍之处,但该书确实强调了黑格尔如何影响了自由的意义变化。黑格尔嘲笑在历史潮流中对自由的诉求,因为这反映了人们渴望逃离构成个体自我的现实:“想要逃离这种现实等同于想要去除人的特质,因此这是一个自我矛盾的需求,只有那些不明白自己需要什么的人,以及对个体自由有着极其幼稚的主观看法的人才会提出这样的需求。”在这种观点下,“真正的自由”

> 在于找到个体所处特定时间与空间下所必须服从的法则,在于努力发挥出个体的理性潜能,即个体的守法天性,若能实现,则个体的自我及个体“有机”所属的社会都将得到提升。[222]

鉴于此,伯林在1938年就已经明确了他日后有关“积极自由”的

219 See KM 51,54,56—57.

220 KM 57—58.

221 KM 58—60,65. See chapter 5,below.

222 KM 60.

叙述中的重要组成部分。

马克思以一种更经验、更唯物的方式继承了黑格尔“个体服从于更大力量”的观点。他尝试通过观察社会的运转而不是关注“个体的主观经验”来科学地分析社会。他认为人类的价值和判断是由质料因
42 引起的自然现象，同时，判断事物是好是坏，是正确还是错误，都取决于它们与历史进程在何种程度上相符或不符。黑格尔所认为的自由概念等同于“有关必要性法则的知识”也得到了马克思的赞同：“只有理性的存在才能真正自由地做出选择。如果其中一个选项会导致他自身无法抗拒的毁灭，他便不能自由地选择。这是因为若要说这种行为是自由的，就是在否认它有悖于理性。”[223]

伯林对马克思主义中精明冷静、实证主义的方面的强调，部分受到A. D. 林赛的温和批评，后者认为伯林不够重视马克思“预言性的方面”。林赛坚称：“没有人会注意不到马克思的激情——但我可以庆幸地说——这种激情并非纯粹对科学的热情。”伯林给出了回应，他认为马克思对无阶级社会及历史进程的想象是形而上学的而非道德上的，这种想象建立在相信世界“是有秩序的，且受制于一个不可改变的、不可重复的进程”的基础上。马克思“厌恶”社会中出现的“愚蠢、失序及自以为是”，因为这个社会“混乱且有辱于人类本该形成且某一天终将形成的人格尊严”；如果这是一种“道德上的热情，那么对我而言它有别于人们通常所说的秩序”。[224]马克思对秩序的热情以及智识上的自信，让他强加给了世界一个无法持续下去的理论模式。他并未完全扭曲自己所搜集的事实，不过在他的手中，这些事实“在适应复杂的辩证模式的过程中发生了奇特的变化”。这种辩证法“不是一种易受到

223 KM 134，136；MSB 415/202，272；MSB 413/246—249.

224 Lindsay to Berlin，15 October 1939，quoted F 296；Berlin to Lindsay，31 October 1939，F 296—298.

事实证据影响而增加或减少可能性的假设,而是一种形而上学的信仰,通过特殊的、非经验的、历史性的直觉得知其真实性”。尽管马克思在现实主义方面有所成就,但他本人也是一个因对自己观点的真实性以及宇宙的理性秩序的信仰,而对重要的现实视而不见的理论家的典型例子。[225]

伯林对于马克思的态度是有一些矛盾的。马克思的观念是“清晰明确的、激烈的,他不容许结论中存有任何模糊之处”,他“对外界麻木,自信且坚持己见”,他的内在精神生活“平静、简单且稳定。他眼里的世界简单来说就是非黑即白的”。马克思和伯林截然不同,前者所猛烈抨击的内容正是后者所青睐的。但是伯林赞扬了马克思的学术正直,他关于现实的意识(在不受他自己的理论干扰的情况下)以及他与“自己所处的、无理的、充满怀疑的、让一切人类关系变得庸俗且退化的 43
社会”进行斗争的勇气。伯林坚持认为马克思不是极端分子或乌托邦式理想家,而是一个思想透彻的社会理论家。[226]马克思也能算是20世纪的人物,他是该世纪中出现的反抗个人主义和自由理想主义的大旗的缔造者;马克思“厌恶一切多余的、渐进的、无定论的东西,他追求的是简单、直接、一次性解决所有问题的强力行动模式”。[227]这样的观念应受到重视,但它并非伯林所赞同的观念。伯林青睐其他“更悲剧性的人物——这些人受到了马克思从未经历过或理解过的学术及道德冲突的折磨,也更深地受到了自身所处时代之弊的影响”。伯林自20世纪30年代开始的书信表明,在家中时他很可能感觉自己身处19世纪中期。根据他自己的叙述,在这个时代,“情感得到了极大的重视,整个一代人都沉迷于男人、女人的个人经历,这些经历与由整个群体或社会中

225 KM 137; cf. KM 178, 215.

226 KM 88, 247—248. 对马克思最充满敌意的描写,参见Plamenatz, *From Marx to Stalin*(e.g. 13—16)。

227 MSB 413/341—343.

的生命构成的外在世界完全对立”。[228]伯林晚期的多数作品既试图矫正过度的浪漫革命派，也在马克思主义（及其他）的抨击下为唯心主义做辩护。

《卡尔·马克思》表明了伯林对观念史的兴趣，尤其是他对启蒙运动及历史主义兴起的回应；同时，相对于科学主义的、冷静顽固的德国人和马克思主义者，伯林更偏好浪漫主义和唯心主义的俄国激进派。这本书也预见了伯林在日后将越来越反对历史必然性学说，他认为这种学说的根源是无根据的、形而上学的假设，且涉及道德的残酷性，这些思考为他之后关于一元论的描述打下了基础，并导致他（含蓄地）支持多元的人文主义。

1.5 弯曲的木，错综的根：多元主义的起源

自20世纪70年代末伯林著作集出版开始，针对伯林的讨论重心集中在了他的价值多元论上。价值多元论是指真正有内在价值的、客观的价值观，在起源与/或理据（justification）上是多元的（因此价值之
44 间互相独立），这些价值无法用任何常见的衡量标准来表述或转换，也没有任何稳定的等级体系能够对这些价值进行排序，且价值之间很容易产生（有些时候是无法解决的）冲突。[229]尽管很多人讨论过多元论观点的合理性及其背后的含义，但很少有人写过伯林是如何产生这个观点的。尽管伯林多元主义的倾向在《一些普洛克路斯忒斯》一文中已十分明显（该文中主张的是方法论上而非道德上的多元主义），人们仍然无法找出一个唯一的、公认的来源（没有证据表明伯林的多元主义源

228 KM 247—248，140—141.

229 For Berlin's own formulation，see TCL 213.

于他所阅读的马基雅维里、维柯或赫尔德的作品[230])。伯林的多元论最终反映的是由他全部的人生经历塑造出的个人性情,但他观点的形成过程始终无法被清晰地还原,也无法追溯至某个特定的影响或事件。[231]不过关于伯林初期多元论的形成确实有几个可能的来源。首先是《一些普洛克路斯忒斯》引言里提到的多元论原型的出处——亚里士多德的作品。[232]此处对亚里士多德的引用也反映了牛津实在论对伯林的影响,因为亚里士多德是该学派思想中的核心人物;另一位牛津学派推崇的思想家约瑟夫·巴特勒,则是另一个可能来源。[233]

伯林的多元论反映了现实主义者反对理想主义的普遍学术敏感性。多元论倾向于在不同事物间做出清晰的区分,且质疑一切试图融合或化解这些区别的做法——而这种做法在摩尔的表述中是“为了寻找到‘统一性’和‘体系’;在我看来,合理的哲学不应以牺牲真理为代价”。[234]摩尔进一步给出了一个颇具影响力的说法,存在“数量庞大且类型丰富的”本质之善(其本身为善的事物,相对于作为手段达成其他目的的事物)。这个主张背后体现的观点是,世界上存在着多样的具备善的**事物**。摩尔把善看作事物所具有的单独的、简单的属性,因此他脱离了一种过分简单化的“附加(additive)功利主义”,即把乐趣等同于一个可以铸造并衡量的硬币。但如果善只是不同事物所具有的单独的、简单的属性,那么便没有办法用善来计算、比较不同的事物。这一点在

230 ‘The Pursuit of the Ideal’, 7—10; ‘My Intellectual Path’, 7—9.

231 伯林写道:“我不知道为什么我总是对一神论充满怀疑,但我就是如此。或许是性格上的问题,但就是这样。”(‘My Intellectual Path’, 7; cf. Alan Montefiore and Nick Rankin, ‘Lunching with Isaiah’, 104)

232 “世界上存在多种多样的追求,艺术与科学,因此它们的目的自然也是丰富的。”(Aristotle, *Nicomachean Ethics*, I. 3)

233 伯林在关于休谟的讲座中讨论了巴特勒所坚持的观点,即存在多元的、相互分离的、内在的价值(MSB 615/16, 28, 78)。

234 Moore, *Principia Ethica*, 270.

摩尔（显然是一元论）的道德义务观中也有所体现：在他看来，判断一
45 个行为是否正确取决于该行为是否最大限度地扩展了善的存在和善的经验。[235]该观点同时反映出摩尔进一步的主张：全人类所做的斗争是为了达到某种目的，这个目的必须呈现出某种单一的状态。除此之外，存在着某些行为能够让作为一种简单事物之属性的善达到极致，这也意味着即使世界上存在着多种可称为善的事物，但这些事物中的善并不是异质或不可调和的。因此伯林指出，摩尔的非多元论让他难以解释真实存在的、深层次的道德分歧。[236]

虽然摩尔运用多元论解释了善，但他仍然坚持从一元论的角度来看待人类的义务。伯林的牛津同僚W. D. 罗斯则认为，善**与**义务都是多元的。[237]伯林对罗斯的评价不好不坏[238]，同时他对罗斯"通过纯粹的反思能够找到真理"的观点有所怀疑。[239]由此可见，伯林肯定注意到了罗斯作品中的多元论。罗斯著名的《正当与善》（*The Right and the Good*）一书认为，世界上存在着相互之间无法**简化**的、多元的**得到初步证明的**义务——这些义务是独立的、分离的，是道德需求的潜在对手。罗斯同时强调，人们必须在"异质的善"和与义务对立的要求中**做出选择**，而这一观点也构成了伯林多元论的重要方面。[240]但罗斯的多元论在两个方面"弱于"伯林：首先根据伯林的标准，罗斯看待善的角度仍是半多元论的（semi-pluralistic）。罗斯认为存在一（小）部分的多元价值——正义、无害的享乐、美德以及知识——其中每一项价值都无法再简化，

235 See Moore, *Principia Ethica*, chapter VI *passim*.

236 Hume notes, MSB 615, 3.

237 Jonathan Dancy, 'From Intuitionism to Emotivism', 696.

238 "罗斯先生不算是我的朋友，我们关系融洽但不算亲近。罗斯先生运用的方法拨开了政治学的迷雾，并提出了清晰、坦诚但浅尝辄止的结论。"（Berlin to Charles Webster, 28 January 1957, E 567）

239 Berlin to Hardie, 2 May 1973.

240 *The Right and the Good*, 23—24.

这些价值中的善存在于自身之中,不指向其他的善或更高等的原则。但他与伯林的不同点在于,罗斯并不否认能够对这些善进行确定的排名:美德是最高的,无害的享乐则是最低的(正义与关系相关,不是一种思想状态,因此不适合这个衡量标准)。[241]至于正当性的问题,罗斯(及其他同时期的道德直觉主义者)认为,即使无法从总体上对这些义务进行排名,也仍有可能通过仔细关注特定情况下即时性的、与道德相关的特征来判断何种义务最具约束性。 46

但是伯林所强调的不仅是价值的多元性与异质性,还有价值之间潜在的冲突。伯林的这种观点可能源于普里查德的主张(伯林曾听过他的课),即公正的行动与道德的自我培养是不同的,甚至有时是互相冲突的两种目标;同时也可能源自普里查德的以下评论:(政治)观点的不同立场会要求不同的价值观,每一种立场都应无视其他立场所要求的价值或原则。这基于一种普遍的假设,即一次仅能服从于一种特定的立场,但在不同的事件中可能会存在不同的立场,在某个特定的事件中也可能会“同时出现不同的立场”,因此每一种争议性的观点或原则都可能是合理的。[242]罗斯在关于义务的叙述中也强调了多元论的这个方面。在20世纪30年代,伯林注意到了布罗德的提议(并借此反对休谟),即正义可能与幸福相冲突——而由于“我们同时赞同这两者”,我们的“思想中会出现矛盾的碰撞”。[243]

初期的多元论(或未完成的多元论)在摩尔、普里查德以及罗斯的笔下不断发展,并由普里查德的门徒E. F. 卡里特搜集整合(伯林曾阅读过卡里特的作品,他认为这些作品即使称不上非同寻常,也能算是相

241 See *The Right and the Good*, 134—141.

242 Prichard, ‘Green’s Principles of Political Obligation’, 80—82, 84—85.

243 MSB 615/76(apparently referring to Broad, *Five Types of Ethical Theory*, 97—98). 考虑到这些观点可能相互冲突而无法全部得到满足,布罗德总结说,这些观点需要妥协(*Five Types of Ethical Theory*, 132)。

当不错的[244])。初期的多元论认为:"一个人因事物本身而产生了对于这些事物的欲望,我们也已证明了将所有这些欲望归结为对快乐的渴望是错误的。个体承担着很多不同的义务;虽然人们确实应该探寻是否存在某种普遍的标准来确定这些义务究竟是什么,但我们不能理所当然地认为这些义务生来就是如此。"[245]卡里特与普里查德及罗斯一样关注义务之间的冲突,他们认为**规则**无法处理这类冲突,而唯有在特定场合下产生的直觉才能够解决这些问题。道德规则看似建立了道德需求的普遍性,但这种普遍性实际上是特殊的。的确,"人们对一致性的渴求引发了他们的错误行为,而如果不存在这种理论指导,这些人便不会犯错"。"一切都取决于情况本身",伯林对道德评判进行了这样的总结。[246]

虽然对规则的否定没有影响到支持直觉主义的前辈们,但它却在
47 伯林面前摆出了更多的问题。直觉论者坚信,在任何给定情况下都存在着能够由直觉发现的、正确的行为方式,因此根本不需要任何规则。但伯林十分怀疑这种道德直觉所具备的能力,他认为就真实存在的价值冲突而言,直觉,也就是正确的道德洞察力,无法确定出单一的正当行为。伯林对伦理学中**规则**的价值也很矛盾。进一步说,伯林认为规则确实是道德实践的重要特征。"一些最低限度的普遍规则是人类社会存在的必要条件",这"几乎是一条通用的"(虽然是"经验上的")规律;同时,"个人及政治的道德在很大程度上是根据规则构思的"。[247]这种观点表明,尽管伯林明确表达了多元论的观点,但他并没有完全摒弃在《一些普洛克路斯忒斯》中所提出的规则和标准。然而,遵守某种

244 Berlin to Henry Price, 18 December 1944, F 512.

245 Carritt, *Theory of Morals*, 75.

246 Carritt, *Theory of Morals*, 114, 116—118; cf. Berlin, 'The Pursuit of the Ideal', 18.

247 'Equality', 85.

规则就是“归于某种单一的模式”;伯林的作品整体上仍然反映出他赞同浪漫派对“强加规则与以普遍规则为由去合并本质上独特且无法兼容的情况”的反对。[248]这表明在伯林的观点中存在着深刻且持久的矛盾——“理性地”服从规则与“感性地”反对规则之间的矛盾。[249]伯林针对这种矛盾给出的回应与直觉论者的特殊本能有些类似,也就是说,“理性”(或理性的一部分)存在于“应用、组合、调和总体原则并在其中做出选择的艺术之中”;这是“艺术”而非“科学”,因为原则上根本不存在针对这一点所做出的“完整的理论解释(或证明)”。或许某些“具体案例”能够提供较好的理由,但普遍的判定规则无法做到这一点。[250]

尽管直觉论者的道德理论认为真正的善可能是互相冲突的,当伯林(通过马勒伯朗士,而非他同时代人的作品)了解到这个看法时,却声称这是一个“古怪而有趣的观点”。[251]在他开展关于休谟的讲座时,似乎就已接受了这一观点。伯林引用了布罗德的观点:休谟所叙述的正义未能解释正义和其他价值之间所经历的冲突(或者广泛而言,义务与目的之间的冲突)。因此伯林认为休谟对正义的叙述是“为实现幸福而
特设的伎俩”;他提出了和休谟相悖的观点,即平等或其他与正义有关 48
的价值以自身为目的,这些价值与实用性背道而驰。[252]因此,伯林多元

248 ‘Equality’,84,89.

249 我将在第四章中讨论这种矛盾及其政治含义。

250 ‘Equality’,83.

251 Berlin to Elizabeth Bowen, 30 November 1933, F 72[伯林此处主要指的是马勒伯朗士的*Treatise of Nature and Grace*(1680)]。同一文章中包含了伯林(第一次引用自康德)最喜欢的格言:“人性这根曲木决然造不出任何笔直的东西。”

252 伯林在他首次明确讨论多元论时举了同一个例子:平等和实用是截然不同的、内在对立的价值(‘Equality’,87)。他这样做实际上是站在了卢梭和孟德斯鸠一边,反对边沁,也(隐隐)反对休谟,他主张一些特定的错误——如奴隶制——其问题不仅在于让受害者们不幸福,还在于否认了他们作为人类的平等权(‘Equality’,88)。

论的一个重要来源就是他与休谟之间的争斗以及他所赞同的布罗德、普里查德和罗斯等人对休谟所持立场的批判——他们认为义务是多元的，且具有潜在的冲突；目的有其内在的价值而不是因其所发挥的作用而具有价值。当然伯林还指责休谟“忘记了他自己目的中的多元性，而后又突然假定世界上只存在一种可能的目的，即社会幸福”；他还总结说，“罗斯所遇到的困难”——据推测正是他的多元论——是合理的。[253]伯林认为，道德经验的真实情况是，“我们意识到自己关注了一些特定的终极目的，而其中一些是相互冲突的”。[254]

伯林似乎尤其关注反驳休谟关于正义的叙述中所暗指的不平等[255]，这一点与当时的政治相呼应。伯林注意到了英国左派中产生的分歧——一方认为社会主义建立在对平等的道德承诺之上，而另一方则认为社会主义基于经济效益。伯林的评论（以及他之后的作品更倾向个人道德而非经济政策）表明他本人更认同前者的观点。[256]因此伯林早期的多元论让他倾向于基于纯粹道德考量而非秩序、效益或公众实用性的左派自由主义，或者说，社会民主。与此同时，对平等要求的反思进一步强化了伯林的多元主义观念，即在真正的价值之间也可能会产生冲突——因为追求平等可能会与自由、个性以及平等本身相矛盾。[257]

伯林的休谟讲座说明他熟知上一代英国直觉论者的作品；尽管伯林不同意这些人的观点，但他仍将它们与自己建立的与休谟的观点相
49 对立的早期多元论联系在了一起。另一方面，伯林成熟时期的多元论比直觉主义者更彻底地坚持价值之间的潜在冲突与不兼容性。

其他一些哲学家主张的立场与伯林后期的多元论相近，甚至可以

253 MSB 615，21，38—45.

254 MSB 615/48.

255 MSB 615/45.

256 See Berlin to Geoffrey Faber，21 November 1932，F 648.

257 ‘Equality’，86—88.

说是极为相似。很多作者(如英国的实在论者)通过拥护多元主义来反驳与唯心主义相关的(形而上学的、本体论的、逻辑的)一元论。唯心主义者提倡的一元论,与实在论者和实用主义者所主张的多元论之间的论辩是19世纪与20世纪之交哲学领域内的主流,虽然之后迅速衰弱[258];但在牛津仍存留着这场论辩的痕迹。与此同时,多元主义的传统也开始在美国迅速萌芽。

伯林在其学术成熟期所敬重的一位思想家,威廉·詹姆斯,就是其中一个(矛盾地)反对唯心主义一元论的人。[259]詹姆斯因主张“多元宇宙”而闻名,此外他还支持价值的多元观等内容。他认为世界上存在很多有价值的东西以及很多正当的生活方式,没有任何一个单独的角度或生活模式能够囊括这些东西;以及,某个单一的系统无法让生命“从无价值中解脱出来”。虽然詹姆斯试图克服这种单一性,但他也认识到所有价值不可能完整地融合在一起;不同的生命与时代也因此将继续对价值保留无法相容的(这是詹姆斯没有用过的术语)主张。詹姆斯还认为**冲突**、**挣扎**及不完整性都是防止生活平庸或停滞不前的必要经历。[260]

詹姆斯还制定了关于道德和社会的规定,这些规定也暗示着伯林的政治愿景将与多元论联系在一起。这些规定是“消极的”,因为它们“阻止我们进一步宣告除了我们之外的其他存在形式是无意义的”并“命令我们要容忍、要尊重那些无害的、以他们自己的方式享受兴趣和快乐的人,无论这看起来有多么难以理解。不要干涉他人:完整的真理或完整的善都不会展现给某一个观察者,即使每一个观察者从他所

258 C. E. M. Joad, ‘Monism in the Light of Recent Developments in Philosophy’.

259 “詹姆斯关于决定论,及其他很多事情的看法是非常正确的。”(to Morton White, 4 February 1987)

260 James, *Talks to Teachers on Psychology*, 229, 240—241, 247, 265—268, 270—274, 295—296, 300.

处的位置都会获得一部分优于他人的洞察力”。詹姆斯在深入理解了人类正当目标的多元性后，开始拥护自由即不干涉这一原则，“与他人交往时要学习的第一件事是，如果他人寻求幸福的方式没有用暴力来
50 干涉我们寻求幸福的方式，那么我们也不要去干涉他们。没有人能够深刻地理解一切理想；因此人们不应该冒昧地去干涉或评价他人。人类非正义的、残暴的行径多数起源于人们自负地互相教育，人类性格中的这种特质甚至令天使哭泣”。[261]伯林的《两种自由概念》中的核心观点，以及他后期总结中体现的总体视角正是如此，“人与人的性情之间存在差异，过度追求共同的规则会让人无法包容或尊重人类的内在生命”。[262]

伯林当然熟知詹姆斯的部分作品，但是没有证据表明他曾读过詹姆斯谈及多元论并运用多元论为“消极”自由辩护的文章，或约翰·杜威后来讨论道德多元论的文章。[263]美国哲学家斯特林·兰普雷克特于1920年1月提出的观点更接近伯林后期的价值多元论，二者使用了几乎一致的语言来表述观点。[264]尽管伯林和兰普雷克特在观点及语言使用上极为相似，仍然没有任何证据证明伯林曾了解过兰普雷克特不怎么有名的文章；A. P. 布罗根于1931年讨论的价值多元论也是同样的情况。[265]虽然就作品之间的相似性而言，这些美国哲学家有可能影响了伯林，但没有证据显示这些人是伯林多元论的实际来源，尽管目前看来伯林很有可能从C. I. 刘易斯的作品中了解过詹姆斯与杜威的多元论倾向（刘易斯的作品中包含多元论的要素，尽管这些要素与道德价值

261 James, *Talks to Teachers on Psychology*, 263—266.

262 ‘Introduction’, *Liberty*, 49.

263 Dewey, ‘The Virtues’.

264 See Lamprecht, ‘The Need for a Pluralistic Emphasis in Ethics’; ‘Some Political Implications of Ethical Pluralism’.

265 Brogan, ‘Objective Pluralism in the Theory of Value’.

无关)。

亨利·柏格森(尽管令伯林反感)的作品是另一个可能的来源。伯林1935年所写的(尽管充满敌意的)评论中提到了柏格森所提出的两种“真实且无法调和的道德”。[266]

还有最后一个可能性相对小一点的来源是伯林对马克思作品的阅读。马克思显然不是价值多元主义者,但是马克思所强调的冲突,以及20世纪30年代真实存在的政治冲突或许让伯林比他的实在论者前辈 51
们更加敏锐地意识到了冲突是人类生活中无法消除的元素。[267]就伯林的多元论以及他思想的其他特征来看,很难,也不一定能确定出其观点的“唯一促成者”;而且把伯林的哲学实践与他所处时代的政治社会环境割裂开来也是极其危险的。

在20世纪30年代末期,伯林后期的思想已经初现端倪。接下来我们需要确定的则是助长这些思想的推动力,培育思想的土壤,以及这些思想发展、进化的方式。 52

266 Berlin,‘Impressionist Philosophy’,490.

267 这是伯林终身的伙伴和同僚,斯图尔特·汉普希尔的主张,他认为自己的多元主义部分来自对马克思著作的阅读及对20世纪30年代冲突的目睹(Stuart Hampshire, interview with author, July 2001)。

第二章

战争与和平

伯林在第二次世界大战中的经历并未改变他信仰的内容，也没有使他接触到新的思想观点。但这些经历的确使他沉浸在政治的环境之中。他的父亲门德尔（Mendel）总结了战时服役对伯林的影响："你发展了你的个性，走出了牛津大学的象牙塔，与更广阔的世界建立了联系[……]你获得了关于政治与外交的知识，并且不再会被轻易地误导。"[1]

这些经历同样使伯林将目光转离了学院哲学，后者在逻辑实证主义的影响下——尤其在牛津——变得愈加同社会与政治理论格格不入。伯林在逗留美国期间保持了对哲学的兴趣，至少参加了一次受维也纳学派启发创立的纽约哲学圈（New York Philosophical Circle）的聚会，并花了相当长的时间在华盛顿与W. V. O. 奎因探讨逻辑实证主义。[2]在1943年11月的一次前往哈佛大学的访问中，逻辑学家H. M. 谢费尔曾向伯林谈及，哲学唯一可能获得进步的方向在于数理逻辑——一个伯林自认无法胜任（或有动力研究）的方向。[3]在1944年3月下旬飞回

1 Quoted F 357.

2 White, *A Philosopher's Story*, 222; Berlin to Maurice Bowra, 7 June 1945, F 572.

3 Berlin, 'Author's Preface', *Concepts and Categories*, vii—viii; cf. Ignatieff, *Isaiah Berlin: A Life*, 131.

英国后，伯林发现他不得不在没有外界刺激的帮助下重新思考人生轨迹。事后回想起来，伯林发现自己在内心深处对于解决哲学问题并未抱有极大的热情——这也反映在他对所谓重要问题的“最终解决方案”所持有的某种怀疑态度上，认为这种方案既不可能存在，也不得人心，因其必然会限制人类自由的范围；这一特征在他后期的作品中得到了非常充分的展现。伯林也认识到，真正困扰他且使他感到兴奋的是“道德与社会的主题”——尤其是19世纪知识界讨论的问题，伯林认为它们“不仅与现代世界，而且也与总体的人类生存状况息息相关”。[4] 53

然而实际情况远比他这番关于信仰转变的言论要复杂得多。伯林已经开始讲授政治思想的课程，并出版相关文章；人们认定他已对政治思想产生了兴趣。[5]尽管1944年后期他离开哲学界，转而研究观念史的决定已成为一个显而易见的事实，但他起初涉足后一领域是出于“对社会与政治思想的研究热情”这一点却鲜为人知。[6]另一方面，伯林同样未曾否定他早期的哲学观点。纵观第二次世界大战后的哲学发展，他宣称“很少有机会能让黑暗被如此迅速与富有成效地驱逐”[7]；尽管他始终用中立的语言描述英美（及斯堪的纳维亚）哲学与欧陆哲学之间越来

4　Berlin, interview with Frans Boenders, 1979, quoted in F 489; see also F 700.

5　此处的依据在于：在G. D. H. 科尔当选新创立的奇切利社会和政治理论教授（Chichele Professorship of Social and Political Theory）的十五天后抵达美国的一封信函（据伯林所说）表明，伯林曾被推荐参选该职位（伯林最终在十三年后继承了科尔的位置；参见Berlin to Herbert Nicholas, 13 July 1944）。

6　1944年10月上旬伯林在给赫伯特·哈特的信中提出，他意图“半抛弃”哲学，“因为我无法找到一个令我信服的理由，去研究任何除数学哲学外的先验哲学——我对此既不擅长又没有任何兴趣——或者花三十年时间致力于推翻某个形而上学的错误，或者任何诸如此类的徒劳事”（F 497）。他之后又在信中写道：“我尤其厌恶柏拉图、亚里士多德、伦理与政治（甚至是康德）。”（letter to Hart, 23 February 1945, F 534）这挑战了此前认为伯林是为了探讨伦理与政治而转向观念史研究的观点——尽管这可能是由于这些内容属于牛津政治与道德哲学中的常规阅读与主题，不像俄国知识界那样让伯林感到志趣相投。

7　‘The Trends of Culture’（1949）.

越大的“鸿沟”，但伯林依旧透露出一种对前者的偏爱，认为英美哲学是有别于欧陆哲学“无法渗透的黑暗”世界的一抹亮色。[8]此外，直至1950年，伯林始终没有停止教授“纯粹”哲学主题——大都与知识理论相关——的哲学课程。

但伯林**的确**将关注重心从哲学转向了观念史与俄国历史。在牛津缺乏俄国专家的背景下，伯林开设了关于俄国历史的课程，并亲自教授“19世纪社会与政治、哲学与文学方面的俄国思想”。[9]自1949年起，他曾多次表示希望撰写一部多部头作品来研究别林斯基及其圈子——但这一计划最终除去几篇精彩的论文外，仅仅止步于一个愿望。20世纪50年代前期，他转而研究18世纪后半叶到19世纪初的欧洲观念史，并被委托撰写《牛津欧洲史》中1789年到1870年的欧洲观念史部分；这一计划同样没有完成。而与此同时，他的授课主题也呈现出从哲学向
54 观念史与政治理论的（逐步）转移。[10]

8 ‘Nineteen Fifty: A Survey of Politico-Cultural Trends of the Year’; see also Ignatieff, *Isaiah Berlin: A Life*, 174, 322n.19.

9 Berlin to Donald McKay, 14 March 1947, MSB 115/109—116.

10 在这段时间内，伯林教授的课程包括：

1946:“物”（与约翰·奥斯汀共同开设；OUG 76, 693）；“19世纪早期欧洲政治与社会思想”（ibid.）。

1947:“贝克莱关于外部世界的理论”（OUG 77, 258）；“激进知识界1825—1881：西方思想”（高年级学生课程；ibid., 572）；“知识理论的问题”（ibid., 933）。

1948:“知识理论的问题”（OUG 78, 277）；研究生课程，与弗里德里希·魏斯曼共同开设（Berlin to the Board of the Faculty of *Literae Humaniores*, 4 December 1948）；“19世纪道德与政治思想”（OUG 78, 615）；“历史概念与门类”（研究生课程，与艾伦·布洛克共同开设；ibid., 975）。

1950:“贝克莱关于意义的理论”（OUG 80, 290）；“可证实性”（研究生课程，与弗里德里希·魏斯曼共同开设；ibid., 1024）。

1951:“黑格尔与马克思的政治理论”（研究生课程，与G. D. H. 科尔共同开设；OUG 81, 290）；“19世纪早期欧洲社会与政治思想”（ibid., 655）。

1952:“西方政治思想，1750—1850”（OUG 82, 697）；“空想社会主义者，（转下页）

伯林的政治意识在他于华盛顿担任英国大使馆政治观察员的时期得到了进一步发展。这一经历使他认识到实际判断与无法预测的意外的重要性，以及妥协与平衡的必要性。这或许也加强了他的政治保留态度（political reticence），让他在关注政治的同时，依旧与其保持一种讽刺式的距离。尽管伯林已经意识到政治不仅仅是奇观（spectacle），但他仍然更倾向于做一名观察者而非亲身参与者。

对美国政治局势的亲身经历，以及于罗斯福新政时期同美国政客与记者结成的友谊，增强了伯林关于进步的、福利国家式的自由主义的信念。抵达美国后，伯林将罗斯福与一种充满活力的民主乐观主义（democratic optimism）联系在了一起，这与20世纪30年代英国自由主义者的绝望色彩形成了鲜明对比。对美国政治界的进一步熟悉使伯林更加确信了自己对于罗斯福的评价：他认为后者是一位政治天才，“不仅是一位非常聪慧、开明、在智性与感性上都无比慷慨的人，而且不惧怕未来，敢于在它到来之时提出要驯服它”。[11]罗斯福可以是狡诈的、善于操纵的、不坦率的；但他并非冷酷无情，他的行为是在真挚、自发、非教条的人道主义冲动的引导下做出的。他的存在为伯林提供了一个治国之才的典范。 55

作为一名外交官，伯林必须充当大英帝国的辩护者，这一经历导致他日后对英国抱有一种美国式的谨慎态度。他的工作使他接触到

（接上页）1789—1870”（研究生课程，与G. D. H. 科尔共同开设；ibid.，1116）。

1953：“自由主义的道德预设（孔多塞、康德、密尔、摩尔）”（研究生课程，与斯图尔特·汉普希尔共同开设；OUG 83，308）。依据约翰·罗尔斯回忆（他参与了这门课程并对其印象深刻），最后一节课也包括了卢梭的《社会契约论》、赫尔岑，以及凯恩斯的两篇论文（Thomas Pogge，*John Rawls*，16）。

伯林也就迈斯特、马克思、圣西门、1905年俄国革命开设了独立课程（OUG 80，643；OUG 82，1115；Berlin to his parents，12 September 1947；最后一个很可能是艾伦·布洛克组织的系列讲座中的一部分，参见OUG 77，934）。

11　Letter to Marie and Mendel Berlin，12 December 1941，F 387.

（甚至参与到）许多以“仁善”（benevolence）之名为帝国主义进行的辩护[12]——他在后期作品中对这种辩护明显缺乏同情心。作为一名尽职的公仆，他并未公开反对英国的帝国主义政策；但他的确报告了美国对此提出的批评。这一行为并不总是受到欢迎：一位外交部官员评价说，伯林总结美国对英国不满的行为，带有一种“犹太人面对另一种族遭受排挤时的**幸灾乐祸**”。[13]

伯林本人在接触这些美国式批判的过程中大有收获，即使他的上级并非如他所想。我们发现伯林曾转述克莱尔·布思·鲁斯攻击英国对于印度的统治的演讲：

> 演讲者请听众们想象动物园里的动物，每只动物每天可以得到一夸脱牛奶及所有必需的维他命，还能够享有完善的管道工程、铁路、电力系统等。是什么使得动物们期盼自由呢？当它们要求自由、抗议说不想要牛奶时，监禁它们是完全正确的选择。可以每天给它们提供两夸脱牛奶，但必须保证它们的脑中没有关于自由的荒谬念头；而当被囚禁的不是动物，而是人时，确保他们没有逃跑的迹象就显得更为重要。[14]

伯林在他的报告中强调了屈辱感与自卑情绪对人造成的伤害，这将成为他后期作品的一个核心主题。[15]他对鲁斯演讲的转述，与他在20世纪40年代后期与50年代的政治短文中表达的观点存在显著的相似

12 See Susan Brewer, *To Win the Peace*, 40, 126—128, 132—135, 137—140, 158—160, 163—167, 172—177, 180—198.

13 Quoted F 400.

14 WD 234（report of 14 August 1943）.

15 See Berlin, ‘Things which Americans Hold Against the British’, c. 6 July 1942, F 400—403.

性，二者都强调了剥夺自由造成的非人化影响，以及个体沦为餍足却奴颜婢膝的从属物的危险。

伯林尤其为英国在巴勒斯坦实行的政策所困扰。作为一名犹太复国主义者，他始终是英国与犹太复国主义领导层之间的沟通渠道。双方都试图让他为己所用。他大体上做到了成功斡旋于双方之间，尽力避免出现偏帮一方反对另一方的局面。但他的确曾有一次站在犹太复国主义运动的阵营反抗英国政府：他泄露并彻底破坏了一项谴责犹太复国主义的煽动性并主张在同盟国战胜轴心国之前先搁置巴勒斯坦问题的英美联合决议。这种夹缝中的经历可能增加了伯林对复杂冲突及 56
政治妥协的认识。[16]

尽管伯林的战时经历使他精通达成妥协的技巧，但他并未因此成为一个极端的怀疑论者；这种倾向的缺乏，也标志着他日后会反对将操控作为政治手段。伯林对操控的厌恶明显表现为他对（亲英、自由主义）时事评论员沃尔特·李普曼的敌意，后者支持专家与精英对公众的操控。李普曼建议，英国应通过"讲故事"的方式向美国大众推销他们的观点；而伯林的朋友费利克斯·弗兰克福特则敦促英国发展公众教育，推广民主价值。[17]伯林认同弗兰克福特对李普曼的低评价[18]，且很可能在这次冲突中支持了前者的阵营。被李普曼所认同且欢迎的，即统治者站在被统治者中间"制造共识"的能力，将会在伯林的政治作品中被反复提及。

---

16 See Ignatieff, *Isaiah Berlin: A Life*, 116—118; WD 235; F 440—451.

17 Brewer, *To Win the Peace*, 99—100. For Lippmann's views, see his *Public Opinion and The Phantom Public.*

18 Berlin to Lady Daphne Straight, 20 November 1944, F 499—500; to Herbert Nicholas, 13 July 1944. Cf. Berlin to Arthur M. Schlesinger, Jr., 1 October/early November 1956："生平第一次，我意识到沃尔特·李普曼的言论是有道理的。我几乎认不出我自己。"

伯林战时经历中最神秘的地方之一，在于他对纳粹屠杀欧洲犹太人这一事件所做出的反应。[19]从半个多世纪后的今天回顾，伯林声称他早在1933年就已经“充分认识到纳粹的恐怖”；他“知道这是一起史无前例的、恶劣的事件，并且从未设想过我们与之和平共处的可能性”。[20]这一点可以从他与他的朋友亚当·冯·特罗特以及他们的其他许多朋友，就特罗特于1934年为犹太人在德国法庭遭遇的不公正待遇辩护一事发生的争论中得到证明。但伯林之后声称，尽管他已意识到希特勒企图使犹太人承受“可怕的痛苦”，并已“预见到即将发生的骇人听闻的恐怖”，但直到1944年他才真正获悉体系化的灭绝计划。[21]伯林从华盛顿发出的急件曾提及针对犹太人的暴行——但都从英国政策的立场出发，似乎对此保持着一种无动于衷的态度。他关于解放布痕瓦尔德死亡集中营的急件中没有一次提及“犹太人”(jew)这个词语。[22]这并不令人惊讶：报告由英国大使哈利法克斯伯爵签署，并且往往也由他进
57 行编辑与删改。但更令人诧异的是，伯林在私人信件中竟同样对这些暴行只字未提。[23]

为什么伯林在写作中几乎没有提及他的同胞在战时所遭受的巨大痛苦？为什么他没有在之后的作品中正面讨论这一切？对一位高度关

19 See e.g. Clive James, ‘Guest From the Future’.

20 MI Tape 8.

21 Jahanbegloo, *Conversations with Isaiah Berlin*, 19—20.

22 See e.g. WD 240 (Dispatch of 28 August 1943); ibid., 551—552 (Dispatch of 28 April 1945); Ignatieff, *Isaiah Berlin: A Life*, 122.

23 更令人寒心的是，伯林拒绝对维克多·格兰茨代表拯救纳粹恐怖全国委员会(National Committee for Rescue From Nazi Terror)所做出的努力施以援手。格兰茨希望能与美国的类似组织取得联系，或直接在美国组建起这样一个组织，为此他曾咨询伯林的意见；而伯林则回复说，作为一名英国官员，他认为为一个致力于“使政府参与行动”的组织提供咨询并不合适，“无论这一组织抱有何种良善与富有建设性的意图”(Gollancz to Berlin, 6 October 1943; Berlin to Gollancz, 10 November 1943, MSB 111/87, 109)。

注自由及其对立面的政治理论家而言，纳粹的种族灭绝似乎是一个无法回避的话题——对于众多同族人的亲属已在拉脱维亚惨遭杀害的犹太人而言尤其如此。或许是这种恐怖过于巨大，距离故土过近，以至于他无法用冷峻、分析的态度对其加以陈述。伯林厌恶残忍，并对暴力有着强烈的抵触情绪，这一点可追溯至他孩提时期目睹俄国革命的亲身经历[24]；或许他无法容忍在这场充满残忍与暴力的**浩劫**之上做过多的停留。他也曾声明，对于所发生的一切，他没有任何原创性的观点可以表达，并对此解释道："我和所有人有着完全一样的感受[……]在如此巨大的丑恶面前，一个人还能说什么呢？"[25]既已无话可说，他便始终保持着这种沉默的姿态。[26]

这种沉默并不意味着纳粹主义的恐怖没有对伯林的思想产生任何影响。诚然，正如叶礼庭（《伯林传》的作者）所说，"是斯大林，而非希特勒，犯下的罪行激起了伯林最为尖锐、最富独创性的回应"；伯林之后向诺埃尔·安南坦言，他认为斯大林比希特勒更糟糕。[27]毫无疑问，考虑到伯林本人的俄国背景，以及（苏维埃或其他形式）共产主义在他的左倾知识分子小圈子中激起的同情心理，此时此刻，分析、重估马克思主义思想与共产主义实践似乎的确称得上是一个比谴责纳粹政权更为急迫的任务；相比之下，后者的种种劣迹在战后已表露得足够明显。

但纳粹主义的罪行依旧在伯林的思想体系中留下了印记，促使他在1945年以后采用更为严肃的口吻撰写作品，并更倾向于从道德角度评价政治。纳粹主义对伯林政治道德观的塑造体现在一封1950年致乔治·凯南的信件中，伯林在其中阐明了日后将作为他作品基石的道德信念： 58

24 Noel Annan, *The Dons*, 217.

25 Jahanbegloo, *Conversations with Isaiah Berlin*, 21.

26 See the sensitive discussion in Ignatieff, *Isaiah Berlin: A Life*, 120—123.

27 Ignatieff, *Isaiah Berlin: A Life*, 123; Annan, *The Dons*, 218. 正如安南所解释的，令伯林尤其反感的，是斯大林政权的犬儒主义态度，以及道德败坏。

> 当我们读到纳粹将孩子，或是成年男人和女人装上运往毒气室的火车，却告知他们说这是在移民至某个更为快乐的地方时，我们的恐惧达到了一个前所未有的高度[……]受害者在快乐的无知与施虐者的笑颜中迈向了他们的末日[……]

尽管并未花大笔墨加以分析，但伯林的确意识到了汉娜·阿伦特与普里莫·莱维在纳粹死亡集中营里的所见所闻：在毁灭受害者人性与躯体的基础上所创建的一整套全新的道德体系。这类恐怖是“无法描述的”。但是，可以在一定程度上分析、追踪、揭露与驳斥这一被用来为上述行为辩护的思想。而这也将会成为伯林战后作品的重要主题。但此类作品的大多数并没有将矛头对准已被击败的纳粹主义，而是指向了当时仍在逼近的苏联共产主义的威胁。

伯林在1945年作为临时一等秘书前往莫斯科英国驻苏联大使馆的访问经历，被许多人（包括他本人在内）视作他人生轨迹中的关键时刻。这种认知必须根据上文所提及的，伯林思想受到的重大且持续的影响加以修正。但他重返俄国的经历的确是一个契机。知识层面的认识与第一手经验毕竟是不同的；伯林现在获得了后者，切身体验了无处不在的政府监视，以及教条对所有意识角落无孔不入的渗透。[28]他与鲍里斯·帕斯捷尔纳克和安娜·阿赫玛托娃的会面，以及他对于他们工作与生活环境的清晰认识，“永久地改变了”他的世界观。[29]对伯林来说，与俄国学术界的苦难遭遇同样意义重大的，是这群人即便面对高度迫害也依旧坚守道德尊严的不屈行为。这既帮助伯林认识了罪恶本身，也使得他对犬儒主义的态度有所免疫。[30]

---

28 Berlin to Judith Shklar, 31 December 1980, MSB 214/292; Ignatieff, *Isaiah Berlin: A Life*, 136—137, 141—142.

29 MWRW 252.

30 Berlin to Shklar, 31 December 1980, MSB 214/292.

伯林意识到，苏联文化已达到“政府控制正统”（State-controlled orthodoxy）的极致，陷入了一种要塞心理（garrison mentality），一味地追求“不再有争论，人们思想不再受干扰的情况［……］无论是对高层次的文化修养和自由争议的空间的追求，还是对公民自由与基本人权的关注，这些内容在政治战线的高度警惕下都不会被接纳。主旋律必须 59
由合法当局奠定；作家与艺术家［……］则必须对其卑躬屈膝、俯首称臣”。多年后他会回忆起，一对不知名的年轻夫妻曾在等待火车时告诉他，所有试图对社会问题公开发表意见的人都“像是被扫把清理走了一样，我们不知道那些人身上发生了什么；没有人在之后见过他们，或是听到过他们的任何消息”。[31]

这种心声的袒露，的确可能发生在昏暗火车站台上的一次与陌生人的对话之中；大多数与伯林会过面的人都必须更加小心。和外国人，尤其是西方国家大使馆的成员的交往，是“极度不鼓励的”。伯林意识到了这一点，并努力做到小心谨慎；但在某些情况下，他的谨慎来得太迟。他事后非常后悔自己对那些与他会面的人造成了伤害——例如阿赫玛托娃，以及他的叔叔列奥·伯林：“每当我听到这些人日后的遭遇时，我都会感到良心的谴责，责怪我自己当时没能抵制诱惑，接触了这些我人生中遇到过的最纯善、最讨人喜欢、最能引起我共鸣，也最令我触动的人。”[32]这次访问使他对于那些幸存下来的人抱有了一种责任感。[33]对于那些与他交好的人可能经历的命运，伯林几乎不抱有任何幻想：他报告说苏联的作家“普遍被认为是需要密切监视的人，因为他们可能散播、交换危险的思想”。苏联当局并没有意识到“质询自由（freedom of enquiry）的不可分割性，该自由是无法被限制在规定边界之

31　MWRW 201，219.

32　MWRW，210.

33　Ignatieff，*Isaiah Berlin: A Life*，167.

内的”。所有的思想与表达，都必须为国家及其统治思想服务。自由不仅仅因当下的镇压而遭到限制，20世纪30年代的大清洗残留的精神与道德伤疤也有着同样的效果，当时的幸存者们“沉默与紧张地端坐着，生怕触犯了某些红线”。即使是在最为叛逆、有个性的艺术家那里也“几乎不再有斗争”：“苏联的现实太过如履薄冰，政治义务太具有压迫性，道德问题过于不确定，而服从所带来的物质与道德上的补偿则具有令人无法抗拒的诱惑力。”[34]

但俄国人依旧保留了西方世界中绝无仅有的纯洁性与“对知识的热切渴望”。[35]伯林重返这片他儿时故土的经历，培养了他对民族性的见解。他写道：“革命”通过将俄国隔离开来，确保了其文化与西方文化的显著差异性，甚至是“大相径庭”。[36]而让伯林真正感到震惊的，是那些他所遇见的艺术家身上迸发出的爱国热情，例如阿赫玛托娃与帕斯捷尔纳
60 克在明知会失去自由的情况下，依旧拒绝离开祖国的行为——这是一种结合了西方文化并明确拒斥沙文主义的爱国主义。[37]这或许增强了伯林（在犹太复国主义运动时已经成形）的信念，即，国家认同与集体归属感是一项人类不可或缺的需求，而这种需求并不一定是狭隘或邪恶的。

伯林对俄国的印象从来不是单纯的怀旧；在悼念鸟儿羽毛的同时，他也并未忘记那只濒死的鸟。旧的知识界“受到一群[……]农奴大众的支持，关于这些人已有很多叙述与讨论，但是，正如马克思主义者与其他异议者所正确指出的那样，这些大众的真实情况只有极少部分为人所了解；而那些在大众看来最为他们着想，替他们的利益辩护的善良之人，事实上则最不了解他们”。列宁的政策“意在帮助群众成为

34 ARUS 10—11, 16, 6—7, 15, 25; cf. MWRW 202.

35 MWRW 204—205.

36 ARUS 1.

37 MWRW 240.

完全意义上的人，实现独立自主，让他们的平等地位得到认可”。[38]伯林试图去理解他所反对的对象的行为动机，而这一关注帮助他意识到，可怕的不公正在某种程度上或许恰恰是渴求公平正义所导致的结果。此外，尽管他自然地站在知识分子一边，在精英圈内也如鱼得水，但他对精英统治的罪恶同样敏感。他对家长制与技术官僚治国制表露出的明显厌恶，不仅仅源自他对邪恶暴君的抵制；从那些他所同情之人的失败与谬误中，伯林同样看到了这些制度的弊端。

尽管伯林看到了革命爆发背后的苦衷，但一次他会在多年后回忆起的事件，依旧让他深切地认识到苏联共产主义的问题，以及当时知识界的卑躬屈膝和意识形态的僵化趋势。作家伊利亚·塞文思基，因被当权者指责其异端观点而急于表明服从态度的情况下，在一次演讲中宣称“我知道我们在西方被称作顺从者（conformists）。我们的确是。我们顺从是因为我们发现，无论我们多少次不遵守党的指令，最后的结果永远证明党是正确的，而我们是错误的”。伯林（在不知道这次演说背后压力的情况下）争辩说，自由讨论并不会给一个真正民主的政治机构带来危险。针对他的言论，一位列宁的前助理回复说，苏俄是一个科学管理下的社会：

> 如果在物理学中不存在自由思考的空间——一个质疑运动定律的人显然会被当作无知或疯狂——那么为什么我们这些发现了历史与社会法则的马克思主义者需要在社会领域中允许自由思想呢？会导致错误的自由不是真正的自由［……］真理带来真正的解放：我们比西方的你们更加自由。[39] 61

38　ARUS 26—27.

39　MWRW 212. 这响应了列宁的宣言：“那些自认实现了科学发展的人，不会容许存在旧思想与新思想携手并行的自由空间，而永远会致力于让新思想取代旧思想。”（*What is to be Done?*，14）

伯林或许记住了这番言论，因为它包含了伯林后期思想体系的一个中心命题，即，一个认定自己的知识权威不可撼动的信仰体系，极有可能滑向暴政。这也进一步增强了他对马克思主义中的“实证主义”部分，以及孔德实证主义中的极权主义倾向的强调。这一见解将伯林早期的怀疑论哲学观联系到了他从自由主义角度出发对意识形态与权威的批判，以及他依据多元主义原则对道德确定性的拒斥。他反复强调确定性的危险，维护人们表达异议的自由；并反对将科学模型应用到其所不适用的思想与生活方面。

甚至早在1945年返回俄国以前，伯林就将苏联挂念于心。伯林并不是强硬的反共产主义者，且在战时报告中曾对“不负责任”的反共产主义者表露出批判甚至敌对的态度。[40]他支持一种更为温和、更切合实际的反共产主义，在对斯大林统治不抱幻想的同时，也意识到了与苏联合作的必要性——这一态度的典型代表，就是美国官员中伯林的朋友与“主要盟友”，外交官与苏俄专家查尔斯·波伦；伯林将他评价为“我迄今为止所认识的最讨人喜欢的、天才的、正直的、有魅力的人之一”，非常敬佩他的学识与决断，并与他持有同样的见解。[41]但当第二次世界大战步入尾声时，即使是温和的反苏联主义立场也处于孤立无援的状态。俄国的牺牲与成功，引发了一大波对苏联的声援，以及反对

40 See e.g. WD 172.

41 C. E. Bohlen: Close Study of Soviet Leaders’. 关于波伦对苏联和美国外交政策的看法，可参见T. Michael Ruddy, *The Cautious Diplomat*, 8, 16—19, 23—25, 41—43, 45, 56, 69, 85—87, 161—164。关于伯林和波伦的友谊，可参见Berlin to Joe Alsop, 11 February 1944, F 481; to Sir Anthony Rumbold, 11 January 1945, F 520; to idem, 24 January 1945, F 521—522; to Marie and Mendel Berlin, 13 August 1946（？）, E 13; to idem, 22 August 1947（？）, E 38; to Arthur Schlesinger, Jr., 21 December 1949, E 145; to idem, 18 May 1951, E 231; to idem, 27 August 1953, E 387; to Joseph Alsop, 29 December 1949, E 159; to Hugh Trevor-Roper, 6 September 1950, E 196; to Edward Mead Earle, 9 May 1951, E 228—229。

批判的声音。[42]支持安抚苏联，指责英国为抵抗苏联影响而构筑铁幕的行为，直至1946年初斯大林的不妥协态度让亲苏派退却之前，都依然是美国舆论专家的主流倾向；亲苏派的溃退让伯林感到十分满足。[43] 62

的确，随着20世纪40年代步入尾声，第二次世界大战后最初几年"平和、冷静、忧思的氛围"已让位给"焦虑，以及间或对新一轮战前（而非战后）时期的到来而产生的急性抑郁"："文化斗争（Kulturkampf）真枪实弹地开始了，双方都怀有不相上下的愤懑，对对方不抱有任何同情与慈悲。""两个世界"降生于世，它们分别名为民主的西方与共产主义的东方，"政治立场的不同并未逐渐消退，反而以一种更为尖锐的方式，在以所谓'铁幕'为标志的前线爆发了"："无论持自由主义立场的人们对他们所生活的半资本主义系统的残忍与不公正有多么厌恶，他们与那些温和的右翼反对者的相似之处，都远大于他们与共产主义俄国统治者和警察制民主所具有的共同点。"这种存在于"形形色色的自由主义者及民主人士"与共产主义拥护者之间的"绝对的""强烈而不可调和的"冲突，是"宗教改革及其余波以来"规模最大的信仰之争。[44]

当时的世界充斥着对极权主义独裁政体的恐惧、现代战争的暴行、西方知识界对共产主义的幻灭、对苏联之威胁的焦虑等；在这样一个世界中，乐观主义是不合时宜的。[45]阿瑟·施莱辛格将这一阶段的气氛描

42　关于英国亲苏派舆论的主旨，参见Paul Addison, *The Road to 1945*, 134—141; Angus Calder, *The People's War*, 347—351; William Harrington and Peter Young, *The 1945 Revolution*, 107—108。关于这一时期更广泛意义上的亲苏情绪，参见 François Furet, *The Passing of an Illusion*, 340, 348—352, 361, 372, 374, 384—385, 396, 422。

43　Berlin to Frank Roberts, 20 February 1946, F 622.

44　Quotations from Berlin, 'The Trends of Culture'.

45　Cf. K. D. Bracher, *The Age of Ideologies*, 189; Raymond Aron, *The Dawn of Universal History*, 203, 225—228, 231—232, 236—242.

述为“紧张、不确定、无所适从”[46]；奥登则赋予了这一时期一个令人难忘的称谓——“焦虑的年代”。一位作家宣布“欧洲的整个人文主义传统”遭遇了“西方历史进程中自希腊罗马秩序倾覆以来的最大危险”。[47]这种悲观主义可能会衍生出一种末日图景；但它也同样鼓励人们为自由、民主与人格尊严献身，并对政治权力与可能性有一种清醒的认知。[48]那个时代的一位敏锐的分析家回忆说：“没有人希望重新经历一次20世纪30年代。我们受够了思想上的耻辱。”[49]在英国，战后文化受到以奥威尔和库斯勒为代表的严肃、“坚决、正直且激烈的反极权主义”态度的影响。[50]然而无论这一切有多么重大的政治意义，人们的精神食粮趋于贫乏的事实依旧无法改变。旁观者们倾向于将受到战争重创的英国描
63 述为一个充斥着“美德、忧郁”与“生活灰暗面”，“缺乏思想灵感”，“被沮丧情绪所包围”的岛屿。[51]

尽管伯林对许多战后思想中正统与温和的态度表示赞同与支持，但他依旧认为这一氛围显得过于死气沉沉，也感到现存的其他政治出路并不具有足够的吸引力。他认为，工党的大西洋主义与反共产主义程度不足，但同时又“难以断言保守党会对穷人或其他少数群体以礼相待”。因此“工党政府的胜或败”都将是“糟糕的”。[52]与战前同样，他的政治关切反映出一种对文化的执着，正如他多年以后写道的：“我

---

46 Schlesinger, VC 1, 10.

47 Bernard Wall, ‘Britain and the Crisis’, 75.

48 Bracher, *The Age of Ideologies*, 192—193.

49 Judith Shklar, ‘A Life of Learning’, 272; cf. Aron, *The Dawn of Universal History*, 192—193.

50 George Watson, *British Literature Since 1945*, 5—6.

51 Wall, ‘Britain and the Crisis’, 61, 72; Stephen Spender, ‘British Intellectuals and the Welfare State’, 427; R. H. S. Crossman, ‘Towards a Philosophy of Socialism’, 1, 5.

52 Berlin to Rowland Burdon-Muller, 2 March 1950, E 179; to Marion Frankfurter, 5 January 1950, E 164.

[……]认为政治上的目标、观念及组织架构，与文化经历和发展方向密切相关。”[53]（与此相对地，他始终与经济因素保持相当的距离——正如他在战前所做的那样。）伯林对他所处年代的文化潮流的印象——这在1950—1952年间他为《大英百科全书》(*Encyclopaedia Britannica*)撰写的三篇长文中有十分全面的阐述——展示了他政治思想发展的诸多内容。[54]

伯林评价说，1949年“缺乏前进的动力，如同一艘无法航行的帆船，海上的风并不足以推动它向前行驶”。[55]当时，写作的主要特征是“不受教条或任何运动式热忱的影响，属于一种谨慎的人文主义，既尊重科学的真理与方法论，又强调个人的内心生活”。西欧的“总体氛围”充斥着“焦虑，力图避免一切夸张、义愤、表露真情的思想”，以及一种“努力不被任何激进思想的浪潮裹挟”的坚定决心。这一年的文化成就，尽管各有其长处，但“没有打开任何崭新的窗口，也没有为新技术手段的应用开拓新领域”。道德上的体面并没有带来艺术与思想上的成就。库斯勒、西洛内与奥威尔作品中呈现的主要政治倾向，是一种“对政治处方与准则的总体不信任，以及对即便理解或同情具体条件下特定个人或组织所处的窘境，却不去改变教条思想而造成非人道结果的强烈恐惧”。[56]回避痛苦被认为比“独立人格的发展”更重要，因为关 64
于后者的讨论往往带来冲突与挫败。自我保护超越了其他所有关切。之后的一年延续了这种“文化上的平庸与政治上的困顿”[57]，且被“对生

53 Berlin to Shklar, 31 December 1980, MSB 214/292.

54 一位牛津的哲学讲师被邀请撰写此类概述性文章，这既体现出伯林思想视野的广度，也显示出他在美国思想界权威人士中的声望。

55 Ensuing quotations from Berlin, ‘The Trends of Culture’.

56 作为例子，伯林引用了艾略特、阿诺德·汤因比、朱利安·班达、路易·阿拉贡、保罗·克洛岱尔、弗朗索瓦·莫里亚克、西蒙·德·波伏瓦、让-保罗·萨特、阿尔贝·加缪，以及卡尔·雅斯贝斯与马丁·海德格尔（‘The Trends of Culture’）。

57 Ensuing quotations from ‘Nineteen Fifty: A Survey of Politico-Cultural Trends of the Year’.

活目的的痛苦质疑”所支配。而在这种严肃的氛围中，代表性人物永远是因其“道德严谨”与“固执的正直”而成为典范的、“不受腐蚀的”奥威尔。[58]

但是，伯林指出：“如果某一时期的社会主流是针对前一时期的教条式确定性与正统思想提出的质疑、剖析与批判，那么按照规律，随之而来的就是充斥着信仰与非理性主义的新时期。”[59]到了次年，“人们对宗教与类宗教[……]事件的高度关注与思虑，几乎成为一种垄断事业”。这次宗教复苏的新颖之处在于其强调“生活中更污秽的一面”，用一种充满“恐怖与暴力”的现实主义手法描绘“社会关系与个人经历中最令人反感的方面”。与精神分析学和马克思主义一样，这种基督教的“现实主义”力图营造出一种正在“穿透[……]现象表面到达其背后最丑恶深处”的印象；唯一与前两者不同的是，基督教的“现实主义”所强调的“混乱、非理性、畸形的暴力与病态生长的状态”，最终会归因于“上帝神秘莫测的操纵”而非人类历史或无意识。这种信仰主义的“现代神正论”力图“拒斥理性与经验分析，并认为与那些坚定但陷于愚蠢、软弱、邪恶而无法揭示真理的分析相比，信仰是唯一能真正发掘
65 出意义和目的的有效途径”。

而在主流思想冲突的背后，共产主义与新正统神学之间实际上具有一种本质上的相似性。马克思主义已经从曾经那种“批判的、理性主

58 伯林之后写道，他对奥威尔持有“极大的敬意”，认为奥威尔的后期作品是“我们时代对左翼（以及在我看来，右翼）暴政的最佳警告”（Letter to unknown correspondent, MSB 228/251）。伯林在1950年的概述中引用的其他作家包括：萨特、加缪与德·波伏瓦（他们的“虚构的形而上学–心理学小说”，避开了“尖锐的、日益加剧的危机”）；艾略特；雅斯贝斯与西蒙娜·韦伊（他们的作品被描述为黑暗、痛苦与混乱）；以及格奥尔格·卢卡奇，他作为苏联阵营的马克思主义理论家中最卓越的代表而被引用（‘Nineteen Fifty: A Survey of Politico-Cultural Trends of the Year’）。

59 此处以及后续引用，参见Berlin，‘Nineteen Fifty-One: A Survey of Cultural Trends of the Year’。

义的维多利亚时代学说”转变为“一种狂热的反宗教”，“一种过分简化的、教条式的狂热信仰，依赖于对简单公式的无限重复，以及对可见的、神圣不可侵犯的权力的崇拜”。这种信仰间的冲突（一方明显倾向神学，另一方则高度世俗化）导致“自由主义、世俗主义与包容的人文主义”在“腹背受敌”的情况下“被持续缓慢地粉碎消解”。[60]坚持忠诚与怀疑态度的双方都意识到了这种“卷入不可避免”。这种政治考量至上的共识，与19世纪自由主义者及其布鲁姆斯伯里继承者的主张形成了鲜明的对比，后者普遍更重视“私人领域的价值，以及艺术与个人理想的培养”。

伯林发现他陷入了一个左右为难的境地，一边是注重私人生活与价值的传统思维模式，另一边则是当代社会对政治责任感的需求。第二次世界大战后，伯林依旧与其他自由主义知识分子积极讨论的国际事务保持了一定距离——欧洲一体化运动、关于核裁军的辩论，甚至是组建联合国的进程（尽管在1945年旧金山会议上，伯林曾作为一名英国政府官员参与过《联合国宪章》的起草）。然而，伯林在20世纪40年代后期与50年代初的作品，已展现出一种与当代政治主要意识形态及道德问题密切相关的敏锐视野（无论这种联系是以多么间接的方式呈现，又以多么怪异的方式发生）。伯林对当代大事件的回应，无论是积极参与还是持保留态度，都反映出他在公众生活与意识形态教条的压力下维护个人自由的努力——也是他试图对战前作品中的避世倾向做出更正的一种尝试。 66

60 伯林提到了赫伯特·巴特菲尔德、阿诺德·汤因比、T. S. 艾略特、C. S. 刘易斯、弗朗索瓦·莫里亚克、雅克·马利丹、卡尔·雅斯贝斯、马丁·海德格尔、雷茵霍尔德·尼布尔等人的著作；格雷厄姆·格林、W. H. 奥登、克里斯托弗·弗雷、威廉·福克纳等作家有关宗教主题的处理；对克尔凯郭尔、陀思妥耶夫斯基、马丁·布伯、尼古拉·别尔嘉耶夫等人兴趣的增长；小威廉·法兰克·巴克利的名望（伯林几乎是过分挑剔地避免提及他的名字）；以及《党派评论》（*Partisan Review*）中有关宗教的讨论。

第三章

伯林与冷战政治

3.1 冷战自由主义的政治思想[1]

伯林现在看似是一位典型的冷战自由主义理论家。但是他得以获得这一身份，部分是由于他回避了宣传员与辩论家的角色。[2]伯林在参与与疏离之间维持着一种艰难的平衡立场；在“非共产主义左派”的历史中他始终存在，但并未扮演核心角色。更为激进的反共产主义者也注意到了这一点，他们蔑视伯林，将他视作“投机分子”，认为他“不是一个真正的斗士”。[3]面对这些声讨，伯林并不悔改，反对斗争始终是他观点的核心组成部分。正如他所写道的：“我不认为对共产主义的正确回应是一种同样具有狂热、激进等特质的反信仰。”[4]

---

1 我用“冷战自由主义”(Cold War liberalism)这一术语将我所描述的立场与自由主义的其他变体区分开来；用“自由派反共产主义”(liberal anti-communism)将同一立场与其他形式的反共产主义作区分；用“非共产主义左派”(non-Communist Left)代指自由主义的、极端的与社会民主派的反共产主义者所共同组成的政治潮流。

2 Arthur M. Schlesinger, Jr., interview with author.

3 Quoted in Jennifer Stonor Saunders, *Who Paid the Piper?*, 385.

4 Berlin to Herbert Elliston, 30 December 1952, MSB 131/301—302.

“非共产主义左派”这一标签本身，以及将支持非共产主义左派政党作为美国的战后欧洲政策之基础的主张，是伯林与波伦的思想产物。[5]
尽管非共产主义左派最初是于1947—1948年间作为美国政治与思想生
活的重要组织出现的，彼时伯林远在牛津[6]，但他的朋友阿瑟·施莱辛格
仍写道：“一段非共产主义左派运动的完整历史，需要包括以赛亚·伯 67
林这位出色的牛津大学讲师的核心参与。”[7]在回应这一言论时，伯林以他惯有的风格评论说：“我无法相信[……]非共产主义左派在作为一个可笑的华盛顿式词语（Washington phrase）之外还有其他含义[……]在我不了解我本人和其他所有人在其中所扮演的角色[……]之前，我有可能参与进一个大事件之中[……]吗？”[8]在报告亨利·华莱士的一次演讲时，他讽刺地指出华莱士曾声称：

> 最应该为他（华莱士）的垮台负责的，不是别人，而是我[……]根据他的说法，我以一种狡诈的方式逐渐获得了美国自由主义者的信任[……]并通过向他们兜售非共产主义左派的可怕标语，造成了[……]美国进步运动的内部分歧，导致了一系列左翼分裂的连锁反应。如果不是这颗被我悉心埋下的炸弹，美国的

5　See e.g. Berlin to Phil Graham, 14 November 1946.

6　美国非共产主义左派出现的催化剂，是亨利·华莱士作为受美国共产主义者支持（依据反对者的指控，也受其操纵）的进步党候选人，对时任总统，反共产主义的自由主义者哈里·杜鲁门提出的挑战。非共产主义左派成立的标志性事件包括“美国人争取民主行动组织”（Americans for Democratic Action）的成立，以及小阿瑟·施莱辛格的宣言（“非右，非左，但是一个重要的中间点”）的出版（发表于《纽约时报杂志》，1948年4月4日）。国际非共产主义左派在欧洲的地位得到巩固（美国人在其中扮演了重要的角色）的重要时刻，是1950年在柏林召开的文化自由代表大会的成立会议——尽管文化自由代表大会中也包括了立场更为保守的反共产主义者。

7　Schlesinger, VC 168.

8　Berlin to Schlesinger, 21 October 1949, E 134.

> 进步运动或许能够齐心协力，一举获得成功。而如今，这一运动已几乎完全瓦解，是我孤身一人借助骗术与傀儡破坏的。[9]

归属于非共产主义左派是一种自我身份的确认；这不仅标志着反对苏联共产主义，还意味着反对一切马克思列宁主义的分支流派。这同样标志着对国内与国外的"左翼"[也就是说，广义上社会民主的（但并不是无政府主义的）]计划的支持。尽管在其宽泛的领域内，非共产主义左派在原则与政策方面都存在极大程度的意见不合，但归纳出一种大致的意识形态仍然是可能的。在欧洲，自由主义（与社会主义）的反共产主义者尽管并非不批判美国，但依旧属于大西洋主义者与北约支持者。[10]依据雷蒙·阿隆的说法，对于许多非共产主义左派人士来说"反资本主义是一种信条"；斯彭德则坚持"没有任何一种对共产主义的批判动摇了反对资本主义的论断"。冷战自由主义者们通常支持中间偏左派政党与福利国家理念，反对限制公民自由；他们中的许多人公开指责带有任何意识形态色彩的高压政权（例如伯林就支持佛朗哥治
68 下西班牙与南非的抵制运动）。[11]随着麦卡锡主义的兴起，自由主义的反共产主义者在自我定位的过程中愈加反对更为极端或保守的反共产主义者。[12]

冷战自由主义同样牵涉到一系列彼此相关的思想、特质与心态。

9 Berlin to Phil Graham, 21 June 1947, E 28.

10 Peter Coleman, *The Liberal Conspiracy*, 53, 65；关于美国自由主义的反共产主义，参见Kevin Mattson, *When America Was Great*。

11 Berlin to Rowland Burdon-Muller, 7 October 1952; Berlin, with others, 'S. A. Boycott'. See also Aron, 'Transatlantic Relations'. 关于非共产主义左派的政策偏好，参见Coleman, *The Liberal Conspiracy*, 11—12, 21, 29, 53—54, 64（此前阿隆与斯彭德的引文皆摘取自此）; Malachi Hacohen, *Karl Popper: The Formative Years*, 502—503。

12 Schlesinger, interview with author; see e.g. VC 10; Mattson, *When America Was Great*, 72—75, 79, 81; Coleman, *The Liberal Conspiracy*, 33, 45.

其中最为显著的是对“自由”与“民主”的支持[13]，以及对共产主义政治与思想的声讨。追随卡尔·波普尔的意见，这一倾向赞颂“开放性”的思维，并攻击一切“封闭的社会”与狭隘视野。正如一位历史学家所写的：“僵化（rigidity），无论衍生出怎样的意识形态，永远是无比棘手的［……］复杂性与细微差别比起对绝对真理的探求往往能产生更为深刻的人生见解。”这衍生出一种对简单化趋势的总体性恐惧，以及对一切强硬派与极端主义者的反对。[14]因此莱昂内尔·特里林呼吁人们认可“多样化、可能性、复杂性与难题”；而雷茵霍尔德·尼布尔则将宽容称赞为一种美德，认为其不属于怀疑一切的人，而属于那些“知道他们自己的信念不一定正确，或并非绝对正确”的人。[15]

冷战自由主义思想的一个主要攻击对象是“意识形态”。“意识形态”是力求对社会特性给出包罗性阐释的信仰系统——且这一思想系统往往倾向于向其追随者施加强制力量。意识形态在两个层面产生作用：首先是作为集体行为的源头，为人群提供目标与方向；其次是为“当权者”所用的“控制术”。尽管拥护者们往往标榜意识形态存在的逻辑必要性，但在总体上这一信念仍然被认为是非理性的。[16]与此相对，冷战自由主义者赞美独立思考与批判性思维，颂扬不受约束的求知欲所带来的乐趣，以及思想间的互动与交锋。[17]这种对开放性的褒赞反映在他们构建政治哲学的努力上：他们试图以多样的且往往立场悬殊的思想资源为基础，发展出一种切实可行的政治哲学。伯林在这方面

13　关于定义这些术语的尝试，参见本书第七章。

14　Mattson, *When America Was Great*, 39—40.

15　The Liberal Imagination, xv; Mattson, *When America Was Great*, 42—43.

16　See e.g. Feliks Gross, ‘The Mechanics of European Politics’; 5; R. M. MacIver, ‘Introduction’, xiii—xiv; Trilling, *The Liberal Imagination*, 286; Hannah Arendt, *The Origins of Totalitarianism*, 460—479.

17　Coleman, *The Liberal Conspiracy*, 54.

十分有代表性，正如他在给施莱辛格的信中写道：

> （我）最终将会发展出一种赫尔岑与阿克顿思想的可怕混合物，或许还将加入少许激进实证主义与存在主义的元素。不会有
> 69 任何在各方面更加糟糕的状况了——哦，我忘了加入少许尼布尔；尽管他的思想本身尚可接受，但这一加入将使得整个混合思想产物更加堕落。[18]

伯林是向新教神学家雷茵霍尔德·尼布尔的思想影响致敬的众多冷战自由主义者中的一位。伯林曾回忆过1940年在抵达美国后与尼布尔的会面。尼布尔谈及“英国、美国，尤其是苏联时那种冷静而不狂热的态度，他富有锐利批判性的洞见，都远胜于我在很长一段时间以来听到的一切想法［……］我们在战时与战后的会面是我生命中最快乐的时刻之一［……］在我漫长的一生中从未遇见过如此完善地具备正直、仁善、勇气品质的人［……］他对个人与社会都有着深入的理解，看得到人们身上所具备的美德、邪恶、希望、恐惧、力量、软弱”。[19]

尼布尔思想的中心论点在于一种对谦逊的呼吁，并以此对抗一切傲慢与自以为是：“民主最为可怖的危险之一，源于一种道德理想主义者的狂热心态，后者往往未曾意识到个人利益因素会导致理想的腐蚀。”[20]这种对道德虚荣心的批判是冷战自由主义的另一特点。根据伯林的朋友，反法西斯难民加埃塔诺·萨尔韦米尼的说法，民主建立在承认人性弱点的基础上，而独裁的维持则有赖于对“永

---

18 Berlin to Schlesinger, 12 January 1955, E 470.

19 Berlin, undated letter to unknown correspondent (July 1992), MSB 228/250; Elisabeth Sifton, *The Serenity Prayer*, 254—255, 259—260.

20 Niebuhr, CLCD 151—152.

远正确”(infallibility)的强调，以及对德性衡量标准的垄断。[21]伯林后来声称，尼布尔“关于每位男人和女人身上存在着无法克服弱点的理论，让我产生了深切的共鸣——这有别于那些信仰乌托邦与最终解决方案的人，他们的理念往往会导致灾难与流血”。他接受了尼布尔“人性并不完美”的信念，也认同在进行政治考量时将人性的弱点与邪恶纳入考虑范围的做法——但这种赞同并不包括对支撑这些信念的神学理论基础的认可；伯林始终对后者保持抗拒。[22]因此，他并不像尼布尔一样在人类本性的问题上陷入彻底的悲观主义之中。[23]然而，这两人都是典型的冷战自由主义者，强调制约与平衡，以及对民主的承诺——尼布尔将其描述为“一种寻找关 70
于无解问题的大致答案的方法”——作为拒斥“最终解决方案”的出路。[24]

这一立场与美国实用主义的开放性立场之间的密切联系，也为阿瑟·施莱辛格所关注并认同。伯林与施莱辛格曾在1943—1944年间的冬天相见[25]，二人在私人交际、政治立场与思想发展方面都十分亲近。比起伯林，施莱辛格更近似一位激进分子，他曾十分著名地将自由主义称作一种“值得斗争的信仰”；而伯林则对信仰和斗争都持否定态

21　Salvemini，‘Democracy Reconsidered’，258—264. 萨尔韦米尼，和伯林一样，也强调“霸凌”的邪恶之处：“如果某个人喜欢欺凌弱者，并做好了向一切更强者屈服的准备，那么这个人必然渴望一位独裁者。而如果某人既不喜欢欺凌他人，又不希望遭受霸凌，那么此人将忠于民主机构。这二者之间的选择，取决于个体尊重自我与他人的程度。”关于伯林与萨尔韦米尼，参见 Ignatieff，*Isaiah Berlin: A Life*，191；Berlin to Conor Cruise O'Brien，24 June 1991，in O'Brien，*The Great Melody*，618。

22　See Berlin to Morton White，6 February 1959，E 674.

23　Berlin，undated letter，July 1992，MSB 228/250；Schlesinger，interview with author. See also Berlin to Ursula Niebuhr，30 October 1952，E 28.

24　See e.g. CLCD 65，73，78—79，118；Berlin，‘The Pursuit of the Ideal’，17—19；‘Introduction’，47.

25　See Schlesinger，*A Life in the Twentieth Century*，281—282.

度。[26]相较之下，施莱辛格更具有承担责任、寻求机会、直面掌权诱惑的心理准备，并且和掌权者保持着密切的联系。他在政治上远见卓识并愿意积极参与论辩，工作努力，文笔优雅，拥有一套极富代表性的思想体系[27]——这使得他足以在《生命中枢》(*The Vital Center*, 1949)一书中承担起冷战自由主义发言人的职责。[28]

施莱辛格将他的作品描述为一种自由主义自20世纪30年代以来经历的“重新审视与自我批评”过程的产物。法西斯主义驱散了进步的“幻象”，在原本的位置留下了关于“充斥着焦虑、愧疚与腐败的维度”的深刻认识。这一点加上对自由民主价值(尤其是“个人诚实正直的终极品质”)的再确认，在新政成功推行的背景下，最终引发了催生战后自由主义“根本信念”的“觉醒”运动。尽管极权主义让很多自由主义者变得更加悲观，但它也再一次证明了自由主义传统观念(即一切权力都不值得信任，人们有必要对其进行限制)的正当性。美国的自由主义者总结说：“人类在道德与智慧层面上都不是完美的，因此不能放心地将绝对权力交到任何人手中，无论这一受托对象是公众还是个人，无论行使这一至高权力的出发点是道德还是智慧。”[29]

和许多同时代的人一样，施莱辛格认为极权主义诱惑的源头可追溯至一种欲望：将自由的负担与个性化的焦虑，替换为“在某个坚定持久信仰的驱使下，身处运动统一体中的安全感与同志情谊”。为了反对这一观点，他责令自己的同时代人“即刻成长起来，舍弃关于千禧年的幻梦”。他写道，极权主义允诺了“一个崭新的天堂与尘世”，致力于
71

26　伯林会在之后评价施莱辛格的反共产主义为“狂热的”(MI Tape 23)。

27　施莱辛格在之后提及，他的观点受到威廉·詹姆斯的实证主义、尼布尔的奥古斯丁主义，以及伯林的自由主义与多元主义的影响(Schlesinger interview with the author)：他本人的思想发展因此与冷战自由主义的思想谱系巧妙地重合。

28　See Irwin Ross, ‘Liberalism’s Enemies’, 400.

29　VC xxi—xxiii, 169.

"抹去那种使人类意识到自身局限性的悲剧性洞见。作为替代，那个世界创造了一种崭新的人类，他们无情、坚定、外向，不再有任何疑虑或谦恭，且坚定地认为自己永无过失"。为反对这一倾向，施莱辛格提出应将民主作为一个"过程，而非结论"，并坚信问题"将永远困扰我们，因为一切重大命题都必然是无法解决的：正因如此它们才变得重要。良善恰恰源自尝试解决这些问题的努力与挣扎，而非对任何决定性解决方案的徒劳企盼"。尽管比起价值层面的冲突，施莱辛格更关注群体与利益间的冲突，但他将冲突与自由、多样性联系起来的主张，以及将统一与一致视作对自由的某种威胁的观点，预示了伯林的多元主义思想的各个方面。两人都强调适度与灵活的重要性，支持一种关注"人类尊严"的政治，并致力于寻求"人性与自由的价值，在最大程度上确保个人自由，促进自我实现"[30]——但和尼布尔一样，施莱辛格对公民道德重要性的强调远多于伯林。[31]

很难说伯林对《生命中枢》究竟产生了多大的影响。施莱辛格并没有在致谢中提及伯林，而后者也直到其正式出版后才真正见到这本书。但二者观点的一致性显示，施莱辛格曾经与伯林探讨过他书中的论点："你会发现书中的新内容很少。我打心底里希望自己是在上个冬天之后而非之前写作这本书，那样我就能更多地剽窃你的观点。"[32]《生命中枢》与伯林后期所持的立场有很多相似之处：对乌托邦主义的反对，"消极"的自由观，在包容冲突方面的坚持，以及为政治"正统"所做的辩护。

另一位常常被拿来与伯林对比的重要的冷战自由主义者是雷蒙·阿隆，法国的著名思想家。尽管阿隆通常被认为是一位温和的自

30　VC 53—54，43—50，55，254，173，255—256.

31　该主题也参见 Mattson，*When America Was Great*。

32　Schlesinger to Berlin，2 October 1949，MSB 278/2.

由主义右派，他本人却将自己定位为左倾知识界的一员。[33]伯林自己也处于相似的窘境之中；两人都经常在思想上与政治上感到孤立。作为一位赞颂“人与人之间开放与平等精神”[34]的自由主义者，阿隆支持多元主义，主张“所有好的事物并非总是连贯一致的，而许多好的事物凑在一起[……]则可能产生反面效果”，并拒斥那些“半真理”（half-truths）的宣扬，反对“以有力但片面的直觉为基础做出的预言”。[35]这些批判
72 的矛头大多指向“意识形态”思维模式，而在阿隆看来，这种倾向的主要特征表现为“伪理性或理性主义的千禧年论”以及对顽抗的现实强加秩序。[36]阿隆同样讨论了谦逊与自满的分歧，将马克思列宁主义与“民主自由思想”间的差异视为“自满与谦虚”的区别，认为前者属于信仰者，“断言普遍真理的存在，拒绝在已经知晓的事物与渴望的目标之间做出区分”，而后者则是“批评家”，“深刻意识到激情的危险，以及现实本身固有的模糊性可能设下的陷阱”，“将持续不断地质疑他自己构筑的命题、模型与结论”。[37]与伯林同样，阿隆倾向于将政治上的恶果归咎于哲学思想的谬误，他解释说：“历史的崇拜者们造成了[……]知识与道德的浩劫，但这并不是因为他们受到某种好的或坏的情绪的支配，而是因为他们秉承了错误的理念。”[38]这种思维方向启发了两人将对反自由主义观点的理解揉入自由主义的原则之中，在理论与实践间建立起联系；但这也可能导致在政治分析中对非思想因素作用的低估（比

33 Aron, *Thinking Politically*, 300; Tony Judt, *The Burden of Responsibility*, 137, 143—144.

34 Aron, *Thinking Politically*, 303.

35 Stanley Hoffmann, ‘Raymond Aron (1905—1983)’, 6, 8.

36 Aron, ‘On the Proper Use of Ideologies’, 1—3. 阿隆提出了一套与伯林相似，但比伯林更为尖锐与鲜明的现代意识形态谱系，并将其描述为使用圣西门的方法追寻卢梭的目标（‘On the Proper Use of Ideologies’, 4）。

37 Aron, ‘On the Proper Use of Ideologies’, 13.

38 Aron, OI 159.

起在社会学方向更为敏锐的阿隆，这一弱点或许给伯林带来了更大的困扰）。

尽管（或者正因为）他们的思想具有如此多相似之处，伯林和阿隆在个人关系方面始终较为疏远。起初，阿隆曾给伯林留下了十分深刻的印象，被后者评价为"我所见到过的[……]最为睿智、悲伤、敏锐、富有同情心、因现实主义而幻灭的人[……]一位坚定、敏锐而安静的智者，令人印象深刻的政治观察家"。[39]而他之后又主张说，尽管阿隆是"当下最为杰出卓越的记者"，但"他作为一位思想家或一位严格意义上社会学家的名声不会持续很久"。[40]的确，阿隆"在理论方面没有创作出任何引人瞩目的成果"；伯林对花费精力阅读阿隆关于历史哲学与社会科学的作品表示后悔，认为那是在浪费时间。[41]对于这种他对阿隆缺乏热忱的状况，伯林感到十分愧疚，并写道"我非常尊敬他，对他的观点也无太多异议"，但坦言"我无法在阿隆的思想中获得快乐"，也不 73
能在阅读他的作品时获得享受。[42]在阿隆身上，他看到了一个"理性、温和、超然"的"人物形象，他支持文明的生活、理性的方法，以及一切与法国启蒙时代相关联的事物"。[43]这值得尊敬，但相比之下，浪漫主义者与俄国人更为阴暗、炽烈的展望则更加引人入胜。阿隆的观点过于冷漠、枯燥，以至于无法吸引伯林。尽管阿隆怀有一种强烈的道德感，但却对"道德主义"不屑一顾，并小心翼翼地将这种倾向从自己的分析

---

39 Berlin to Vera Weizmann, 10 April 1952, E 299; cf. Berlin to Sam Behrman, 11 April 1952, E 301.

40 Berlin to Colin Hardie, 21 September 1971; cf. Berlin to Schlesinger, 8 July 1957; Lukes, 96.

41 Berlin to Richard Wollheim, 24 January 1958, E 610—611.

42 Berlin to Alan Bullock, 26 October 1971, MSB 247/90; to Jacob Talmon, 9 May 1960, MSB 286/30; to idem, October 1960, MSB 286/32.

43 Berlin to Hardie, 21 September 1971. 这回应了阿隆对自己所持的价值观的阐述，参见 *The Committed Observer*, 265, 268。

中剔除。[44]而虽然反对一切自以为是、一厢情愿的妄想，伯林却更倾向于从道德角度进行思考。纵使二人视界相似，他们的禀性却有所差异。但两人都将参与与疏离的立场相结合，试图在冷酷的“现实主义”与狂热的信念之间寻求一个恰到好处的平衡点。在这一方面，他们展现了战后自由主义体系内部的张力：一方是对自由主义理想的信奉，另一方则持怀疑论乃至“中立”的立场。

3.2 伯林与冷战政治

这种糅合了反共产主义情绪和谨慎疏离态度的立场，贯彻了伯林政治参与的整个过程。伯林认识著名自由派反共产主义文化组织——文化自由代表大会的核心人物，并与其中一些非常相熟；但他本人与这一组织并无密切的联系[45]，也不愿参加任何成员聚会，认为其所有活动都充斥着“波兰尼-茹弗内尔[……]式的气氛；我并不希望谴责这一点，但身处其中我甚至无法呼吸”。[46]伯林定期订购许多由文化自由代表大会支持的出版物，并协助促成了许多作品的创作。他自然而然地参与了由好友斯彭德编辑的《文汇》(*Encounter*)的创作[47]，但始终是一位间或而非定期的撰稿人；而在斯彭德发现自己遭到欺瞒，《文汇》事实上受CIA支持而辞去主编职务以后(1966年)，伯林也随即断绝了与该出版商的联系。但他与文化自由代表大会出版物的交集偶尔也会

---

44 Aron, *The Committed Observer*, 163—165.

45 Berlin to Alan Bullock, 22 November 1966.

46 Berlin to Talmon, 9 May 1960, MSB 286, 30; cf. Nicholas Nabokov to Berlin, 28 October 1954, MSB 270/100.

47 伯林从1953年10月《文汇》初次出版以来就已参与其订阅(MSB 748, 45)，并向斯彭德写道，“你现在编辑出了整个欧洲与美国最出色的期刊”(8 January 1957)。他同样持有数本文化自由代表大会出版的《苏联评论》(*Soviet Survey*)以及《科学与自由》(*Science and Freedom*)。

引发轰动。一个例子就是1950年的《20世纪的政治观念》的德文版在 74
德国杂志《月份》(*Der Monat*)上的刊登经历。为获得伯林的供稿,《月份》的主编梅尔文·拉斯基告诉伯林说,数以千计的《月份》杂志(及其重印本)将流入苏联控制下的德国。这一版的翻译是如此受欢迎,以至于《月份》重印了五千册,在苏联控制区的大学"特别发放"。而出于"群众的需求",该文此后最终又追加重印了第三版。[48]如此,在美国中央情报局的经济支持下,伯林的思想传播到了苏联控制区。[49]

伯林对英国学术界思想生活的影响,主要在于他对共产主义潜在内涵而非政治激进主义的批判;而即使在这一方面,他的观点也比哈耶克、迈克尔·波兰尼、H. B. 阿克顿等人更加温和与间接。伯林始终与后几位保持着一定的距离,正如他与好战的阿瑟·库斯勒保持距离一样。[50]他的那些非共产主义左派的朋友——斯彭德、汉普希尔、艾耶尔——都倾向于支持反极权的社会民主党,对英美持续的不平等现象与意识形态的趋同压力持批判意见。伯林认为自己与欧内斯特·贝文志趣不相投(这在很大程度上源于后者的巴勒斯坦政策),并认为他某段时间的同事理查德·克罗斯曼"不是一位值得尊敬的好人"[51];相比之下他与盖茨克尔,以及社会民主党的威廉·海特与格拉德温·杰布更

48　Marjorie Dickson to Berlin, 28 September 1950; Lasky to Berlin, 28 September 1950; Lasky to Berlin, 7 February 1951; Lasky to Berlin, 24 March 1951; Lasky to Berlin, 4 November 1952(MSB 264/1—6).

49　文化自由代表大会进行的活动中最具争议性的地方,依旧是其秘密接受美国情报机关提供资金的行为。与斯托纳·桑德斯(Stonor Saunders)的影射相反(*Who Paid the Piper?*, 385—387, 471),并没有确切证据证明伯林直接参与了情报界的事务,或知晓中央情报局(CIA)对《文汇》的资助;但有足够的证据可以表明,当一切真相被揭露时,他的确感到惊讶与愤慨(Berlin to William Hayter, 16 May 1967; to Spender, 19 May 1967, MSB 283/95);也参见Ignatieff, *Isaiah Berlin: A Life*, 199—200。

50　伯林认为库斯勒广受赞誉的《中午的黑暗》(*Darkness at Noon*)"在道德上有所歪斜"(George Fischer to Berlin, 1 November 1949, MSB 252/203)。

51　To Ursula Niebuhr, 5 March 1949, MSB 118/136—138.

为亲近。[52]

美国的冷战自由主义知识分子、政客与记者似乎形成了一个更具凝聚力的团体；由于熟悉新政理念，且与其参与者在第二次世界大战时有过政治联系及之后的长期密切交往，伯林与这一组织间的联系或许比任何英国知识分子都更加亲近——且他与这群人似乎也比英国的任何政
75 治派系都要来得投缘，无论是在社交还是在思想方面。[53]他20世纪40年代末与50年代初最亲近的朋友包括施莱辛格、移民作家纳博科夫、波伦，以及好战的专栏作家约瑟夫·艾尔索普。他还熟识乔治·凯南[54]，《华盛顿邮报》(*Washington Post*)的出版商菲尔·格雷厄姆，出生于意大利的法学家与主编马克斯·阿斯科利，以及"或许是所有人中最好的"[55]、美国对外政策统治集团实际内部刊物《外交事务》(*Foreign Affairs*)的主编汉密尔顿·费什·阿姆斯特朗，伯林在该杂志上发表了许多讨论当代政治的作品。伯林似乎并未与英国的许多政治公众人物或记者保持十分亲密的关系；与他交往最深的政客、记者与"公共知识分子"主要是美国人，而他最亲近的英国朋友则主要是(左倾、国际主义)大学教师。

哈里·杜鲁门成功当选总统，这体现了非共产主义左派的政治理

52 See e.g. Berlin, draft for Britannica survey of the year 1952, MSB 429/179.

53 伯林与美国新政支持者的私人联系可以追溯至20世纪30年代，他在罗斯福的顾问费利克斯·弗兰克福特于1933—1934年间拜访牛津时与后者成为好友。通过他与弗兰克福特——后者在哈佛法学院曾经教授过许多重要的新政高级官员——的友谊，伯林结识了后期会组成美国非共产主义左派的许多人。

54 伯林与凯南之间的联系，远不如他与波伦的关系来得亲密；前者是严肃的、神经过敏的知识分子，后者则是更倾向于灵活变通的实用主义者。凯南蔑视人民民主的观点而支持精英统治：伯林评价说这种政策将会创造出"一个由一群险恶的萨拉查组成的政府"；此外，伯林质疑，如何保证所有成员像凯南一样睿智且无私？(Berlin, quoted in the *Saturday Evening Post*, 19 February 1955, 128)关于伯林对波伦与凯南之区别的分析，参见 John Lewis Gaddis, *George F. Kennan*, 214；关于相似之处的分析，参见 Gaddis, *George F. Kennan*, 291, 418；Bohlen, *Witness to History*, 174—177。

55 Berlin to Joe Alsop, 29 December 1949.

念——尽管阿德莱·史蒂文森，1952年（以及1956年）落选的民主党候选人，才是这场运动中更具代表性的人物。伯林与史蒂文森并不熟识；但他认识一些与后者有交集的人——包括施莱辛格与玛丽埃塔·特里（史蒂文森的情妇）。当他在《星期日泰晤士报》（*Sunday Times*）中对史蒂文森的《伟大号召》（*Call to Greatness*）发表赞许评论时，伯林进一步发展了他的立场，并对好战的、恐吓式的态度发出了警告。美国面临的主要危险包括“焦躁、傲慢［……］对快速解决方案的迷信”，以及“利用公众对简单的解决方案与迅速、廉价之结果的渴望而滋生的，相信存在‘绝对的对或错、黑或白’的致命信仰”。和伯林一样，史蒂文森支持“同情、谦逊的态度，以及温和运用权力的做法”——他警告人们，不能寄希望于“任何万全之策或快速的解决方案，期待它们解决那些或许只是作为过去历史时期之副产品而出现的问题，事实上后者更可能随着 76
历史的演进自然消失”，或是被“无人能预料到的其他问题”代替。[56]

伯林与美国政治领导人的密切关系，他对英美伙伴关系的支持，以及对英国反美主义的批判[57]，遭到了左派与右派的联合声讨。[58]“被双方同时当作出于难以理解的动机而亲美的叛徒咒骂”是一次令人沮丧的经历，而这也让伯林更不愿在争议性事件中公开发表立场：

> 很明显，持有政治立场毫无益处，除非这是一件再简单不过的事［……］细微的差别不过是一种麻烦，不可能被清晰地表明，而对它的关注和强调则被当成困惑或逃避［……］不值得纳入重大道德问题的讨论范围：后者理应黑白分明，将参与者拉入两大对立阵营的一方或另一方。我永远都不会理解或相信这些观点，因此

56　‘Calling America to Greatness’.

57　See Berlin, ‘The Anglo-American Predicament’.

58　See e.g. ‘Mr Berlin’, *Evening Standard*, 3 October 1949, 4.

也不应在此类主题上持有自己的意见[……][59]

这一分析部分正确；而它也明显是为自己的思想服务的产物。

对伯林而言，政治责任感是紧张与不安的一个重要来源（他曾在关于俄国知识界的作品中对这一主题进行过探索）。[60]伯林对政治勇气怀有敬意，并且尊重政治活动家；但若涉及对此类活动的亲身投入，他本人则显得过于温和、谨慎与怀疑。[61]他的作品在很大程度上受到政治行为本身内置的道德冲突与窘境的影响；但他对当下局面却未做出任何公开的声明。他致力于在写作中避免政治上的偏袒，对反自由主义思想家表示理解与同情，并指出自由主义者自身的盲点。而他在非政治主题方面的写作，也受到政治道德问题的影响。他关切而疏离，投入但谨慎，始终热情，但也一直对成为政治宣传员或运动人士的可能性保持警惕。[62]这反映出一种横亘于世俗倾向与哲学式超脱的浪漫主义理想之间的深刻冲突。前者支持现实主义观念与对世俗事务的参与，承认权力的负担，也愿意接纳一个不完美的世界，并始终坚持保持政治与道德纯洁性的尝试是一种不负责任的行为；后者则认为个体的内在世界远比公众世界更有价值、更值得重视，将对邪恶之物的非难提升到一种近乎苛求的
77 地步，并反对权力的追求与行使过程中出现的一切欺瞒与骗局。

撇开伯林温和而模糊的态度不谈，他所坚持的“苏联为万恶渊薮”这一认知显然具有不容置疑的力量。他宣称：“为达成一定程度上的客观性，我必须缓和自己强烈的反共产主义倾向。”“朋友在莫斯科与列宁格勒被残忍处置”的具体事实，让伯林很难做到“不在公共场合爆发[……]我收到的一切关于人民的消息都让我感到如此愤怒，仿佛在

59 To Schlesinger, 21 October 1949; to Katherine Graham, 11 January 1950.

60 See e.g. ‘Artistic Commitment’ and ‘Fathers and Children’.

61 Arthur M. Schlesinger, interview with author.

62 See Ignatieff, *Isaiah Berlin: A Life*, 199—200, 231, 237.

催促着我将它们诉诸笔端”;“正在发生的一切是如此肮脏污秽、令人嫌恶,甚至到了语言无法形容的地步——诗人、音乐家遭遇的那种凌迟般的羞辱,在某种意义上甚至比被直接射杀更为糟糕。但我不可以继续谈论下去了”。[63]伯林对苏联的低评价中所包含的深度,事实上进一步增强了他的温和倾向;他并未对苏联的滔天罪行表露出惊讶,因为他“或多或少已对此有所预见”。[64]

伯林有关政治参与的模糊态度,以及对卷入争议性观点所持有的警惕心理,反映出一种对公众宣传的排斥:这源自他对他人意见的焦虑,以及对那些近乎荒谬的批评的敏感。[65]伯林曾在1949年6月28日于曼荷莲女子学院(Mount Holyoke)对联合国机构发表过一次题为“民主、共产主义与个人”的讲演,而他对公众宣传的排斥,从他对这次讲演的相关新闻报道的回应中就可见一斑。讲座本可大获成功:这是可确认的、伯林就其观点所做的最完善的一次公开发声;是他为怀疑与人道的自由主义所做的一次彻底辩护,本该成为他日后政治思想的典型标志。但冷战时期的怀疑气氛,以及伯林对公众宣传的极度敏感与紧张,将此变成了一场僵局。

伯林拒绝让媒体引用他在讲演中使用的原话,害怕其中的观点会为他的俄国友人带来麻烦(这体现出他一贯的避免公开评价苏联政策,仅仅匿名发表观点和意见的做法)。[66]但他的确接受了一次《纽约时

63 Berlin to Joseph Alsop, 1 July 1949; to Ruth Lawson, 30 June 1949; to Phil Graham, 14 November 1946.

64 Berlin to Burton Dreben, 22 January 1953.

65 伯林将此视作自己最大的失败之处(See e.g. ‘Frageboden’)。

66 See e.g. Berlin to Hamilton Fish Armstrong, 16 August 1951:“由于我曾在苏联有亲朋往来(我希望依旧如此),也拜访过生活在那里的无辜的文人,因此我始终选择不直接以我本人的名义发表任何与苏联相关的文字,因为这很容易就会为与我交谈过的人们遭致灾祸[……]有人命悬于此,我显然会选择压下一切,而不是在此处做出妥协。”对于被谈论到的特定演讲,他写道:“我拒绝授权媒体引用我的讲座内容[……]因为我认为如果我这么做,可怜的帕斯捷尔纳克等人就会遭到射杀。”(Berlin to Kennan, 30 June 1949)

报》(*New York Times*)记者的采访。在他看来,最终成稿的新闻报道[67]
78 让他看起来像是"一个怯懦的小人,将自己的真实想法隐藏在一番不具说服力的漂亮话背后"。他对此十分愤慨,且生怕美国国务院或联邦调查局(FBI)的那些"头脑呆板的官员"会就此将他认定为一位亲共产主义者。[68]在新闻报道面世的第二天,他给编者写了一封信——这封信在一周后得到发表[69]——抗议说他强调过俄国革命不只是一次重要的历史事件,且"在某些方面是一场灾难";马克思主义是一项"半废止的19世纪"教条,但依旧值得人们谨慎研究,因为它"在支持者与反对者中间都造成了重大影响";他进一步提出,"人们没有理由禁止对[马克思]观点的研究,只要负责人能够以足够具有批判性的眼光,将马克思主义中大量存在的错误与歪曲纳入考量"。"而最重要的是",他坚持研究马克思主义的学生"必须持有一种有距离的、分析的立场,而无论如何不能陷入一种说教的态度;而如果马克思主义必须被驳斥——这种驳斥在我看来是可能并可取的——首先它则需要得到理解与认识"。在大学中讲授马克思主义是可取的——而这项工作不应仅由坚定的马克思主义者承担。[70]伯林额外提及了"狂热的马克思主义宗派",并将他讲演的主旨总结为对"任何形式的民主思想与马克思主义教条之间的非兼容性"的强调。关于这番发表在美国主流报纸上的激昂陈词可能会对他的俄国友人造成什么影响,伯林的真实想法不得而知。

67　John F. Fenton, 'Study of Marxism Backed at Parley'.

68　Berlin to Kennan, 30 June 1949. 伯林或许同样关注宣传报道会在联合国机构与哈佛(当时他任教的地方)产生怎样的反响(See Berlin to Ruth Lawson, 30 June 1949, MSB 119/186; to Alsop, 1 July 1949; to Alice James, 16 July 1949)。

69　Berlin, 'Attitude on Marxism Stated'.

70　这些文字的背景,是一场关于马克思主义者是否应被允许在美国大学任教的辩论。自由主义的反共产主义者在这一事件中分裂为不同阵营,许多学者因此失去了他们的工作。

和他惯常的表现一样，伯林很快就为这封信感到后悔，为“公开声明我与安全的大多数（safe majority）立场一致而感到羞愧［……］当四处的异端者正在被烧死时，声明自己的忠诚并不是世上最勇敢的行为［……］尤其是当一个人不赞成这种异端裁判行为的时候；当一位同事指出“为避免懦弱的指责，我或许招致了更多负面评价的时候，我认为他非常正确［……］我感觉自己是一个傻瓜”。[71]尽管这并不是一起大事件，但它依旧值得关注，因为这既揭示出一直环绕着伯林本人并极大影响了他政治参与状况的焦虑心理，又反映出总体的时代氛围。 79

伯林承受着来自双方的压力：一方面他必须表明自己的立场，而另一方面则需要避免过分张扬地宣扬这一倾向。他同样致力于保持一种学者式疏离与公正无私的立场。[72]伯林作为一名冷战斗士的身份并非从一开始就尽人皆知。因此，他在1947年曾被邀请参加一场国家和平委员会（National Peace Council）在牛津组织的会议（在反共产主义者眼中，这是事实上亲苏联的众多会议之一）[73]，并被指控曾在一封致《纽约时报》的信函中为斯大林的行为“致歉”。[74]考虑到这些误解，伯林对于自己身处两派拒绝妥协的极端主义者之间的微妙调停地位的哀叹，似乎就是可以理解的了。

造成这种困扰的原因之一，是伯林在支持政治左倾温和派做法的同时，依旧声明了一种明显保守的知识分子立场。伯林将他自己的位置描述为占据了“哲学与政治上，左翼运动中最贴近右翼的极端边

71 Berlin to Alice James, 16 July 1949.

72 See George Fischer to Berlin, 20 July 1949, MSB 252/190.

73 并不令人惊讶地，伯林拒绝参与此次会议（Gerald Bailey to Berlin, 2 January 1947, MSB 115/1; Bailey to Berlin, 10 January 47, MSB 115/13）。

74 C. Dickerman Williams, letter to editor, *New York Times*（responding to Berlin, ‘A Sense of Reality About Russia’）. 当施莱辛格写信给迪克曼·威廉斯表示反对这一攻击时，他回复道：“如果有人向我发问，那么我的推测是，伯林博士的方法与［……］E. H. 卡尔教授近似。”（MSB 278/9—10, 16—17）

缘”。但是当那些“明显不属于”左翼运动范畴内的人“对我的这一立场加以指责时，我唯一能做的事就是把守住围墙”。[75]但伯林感到他需要把守的实际上是两面不同的墙：一方面他必须防范西方的自由与社会民主，与此同时又需要对共产主义保持警惕。这两种立场并非完全互斥；但一个人很难同时为这二者发声争辩——尤其是当这位持立场者本人不是一名天生的战士的时候。

尽管他本人对政治参与和个人出版表现出超乎寻常的谨慎，但伯林关于俄国与苏联的研究依旧在西方，尤其是美国，产生了重大的影响——这大部分源自伯林在年轻学者间的个人号召力，他曾通过他与哈佛大学俄国研究中心（Russian Research Center）的联系，以及与政策制定者的友谊结识了很多此类学者。在俄国研究中心的成员中间，伯林尤其尊敬俄国历史学家迈克尔·卡尔波维奇，一位俄国政治西方化、民粹主义、自由主义社会民主传统的代表——伯林对这些观点与倾向表示同情与赞成。和伯林一样，卡尔波维奇也致力于反驳这样一种观点，即，
80 根深蒂固的反自由主义使共产主义在俄国不可避免，且在文化上符合国情。[76]

有关对苏外交政策的辩论对西方政策界尤其重要——这也反映出西方政治决策者之间的分歧。在美国，这些分歧主要存在于不同程度的现实主义与理想主义，以及反共产主义者内部的强硬派与温和派之间。强硬派更偏向于采取对峙的政策；许多人认为应该用武力“击退”共产主义。温和派则强调耐心与克制的必要性，主张应多采用外交手段与经济援助：美国必须“构想并向其他国家展示出一幅我们希望看

75 Berlin to Morton White, 15 March 1954, quoted in White, *A Philosopher's Story*, 227.

76 See Karpovich, 'Historical Background to Soviet Thought Control'; Philip Mosely et al., 'Michael Karpovich'; David Engerman, *Know Your Enemy: The Rise and Fall of America's Soviet Experts*, 153—159.

到的、更具有积极意义与建设性的世界图景”。[77]“现实主义者”认为苏联主要受物质利益驱动;“理想主义者”则主张意识形态扮演的重要角色。“理想主义者”提倡外交政策应当反映自由、民主价值。“现实主义者”则争论说一切外交政策都应基于对美国“核心利益”的考量:政治的落脚点究其根本在于权力(power)而非理想(ideal)。[78]在这种局面下还出现了一种中间立场,它结合了现实主义与理想主义的观点,以尼布尔、施莱辛格等自由派反共产主义者为代表,提倡一种以道德为基准的现实主义,该立场既认可限制,也重视同盟。[79]外交政策上的“自由主义者”支持诸如马歇尔计划等切实可行的、道德的努力,而反对针对苏联的绥靖政策,以及秘密支持第三世界独裁者等自私的手段;同时也强调外交政策与内政的关联性。

后一种倾向的典型代表是凯南的主张,即,为了取得“外交胜利”,美国必须“坚持我们自身关于人类社会理念及建构方式的设想”,因为“与[……]苏联共产主义的合作可能带来的最大危险,就是我们可能会允许自己成为与我们的合作者一样的人”。凯南代表许多自由主义者发声,强调在“勇敢、公正、客观,以及拥有[……]在情感上不被挑唆与迷惑的坚定决心”的基础上理解共产主义的必要性。凯南同样指出意识形态在苏联的一系列行动中所扮演的角色。作为马克思主义者,苏联统治者坚信资本主义的冲突将不可避免地导致战争,而与“完全意义上的反动派”相比,“人民的错误朋友”与“非共产主义左派”才是更为危险的敌人。因此,克里姆林宫相信“有必要对国外的社会主义与社 81
会民主领导者发动无情的战争”。而尽管这一分析似乎致力于强调马

77　Kennan, ‘Long Telegram’. See also John Patrick Diggins, *The Proud Decades*, 77, 83; John Judis, *Grand Illusion*, 102.

78　See Lippmann, *U.S Foreign Policy*; idem, U.S. War Aims; Judis, *Grand Illusion*, 84—88.

79　Mattson, *When America Was Great*, 76—79.

克思主义对俄国立场的影响，凯南却进一步提出，克里姆林宫对国际事务近乎“神经过敏”的态度事实上是基于一种“俄国传统中的、与生俱来的不安全感”。马克思主义是一块“遮羞布”，为本质上非理性的政策覆上一种“道德与思想上的体面”假象。事实上苏维埃人并不相信客观真理的存在，认为“一切事实的陈述，都不过是为达成某项不可告人的目的而采取的手段”。但正是这种愤世嫉俗的怀疑态度，以及将俄国的目的遮掩在“马克思主义虚饰”之下的需求，使马克思主义成为一股不可忽视的力量，因此“没有人应轻视苏联事务中教条的重要性”。尽管承认了意识形态的重要地位，凯南却主张要用一种冷酷理智的“现实主义”政策予以应对，如同一位精神科医生对一位精神疾病患者所做的那样。无论苏联在意识形态上的僵硬与偏执到了何种程度，其领导层都不会赞成不必要的危险；“在对手拥有足够强大的力量，并明确表示已经做好使用这份力量的准备时”，他们通常会选择退让。应迫使苏联的行为变得可以用常理推断，在外部遏制与内部压力的双重影响下使其手段趋于温和，并最终从内部瓦解它的力量。[80]

凯南的“遏制”政策，就此成为冷战期间美国在很长一段时间内采取的政治方针。但关于这种“遏制”具体意味着什么，争议依旧存在。支持侵略与遏制的两方始终无法达成一致；遏制派中主张激进与克制这两种不同路线的也都大有人在；甚至在力推温和遏制（moderate containment）的派系内部也不乏意见相左的现象，如以凯南为代表的严守原则的一方，与以波伦为代表的主张灵活变通的另一方之间。[81]

伯林正是在这种冲突观点共存的语境之下发展了他本人对苏联的观点与看法。他针对苏联政策的第一份重要声明是1946年6月27日在

80　此前的引文出自Kennan, ‘Long Telegram’.

81　Kennan, ‘Long Telegram’. See Diggins, *The Proud Decades*, 66—67, 84—85; Judis, *Grand Illusion*, 75—76, 88—89, 116—117; Mattson, *When America Was Great*, 78.

查塔姆研究所（Chatham House）发表的一场题为“为何苏联选择孤立自己”的演讲，其观点与凯南四个月前从莫斯科发出的“长电报”十分接近。[82]伯林随后在一次关于共产主义的发言（20世纪40年代晚期）[83]和一篇关于“苏联政策中的马克思主义与非马克思主义思想”的论文 82
（1952年）中进一步发展了他的观点。[84]但他关于苏联政策的最完善、系统的阐释体现在《人为的辩证法》（“The Artificial Dialectic”）之中，后者在1952年（以“最高统帅斯大林与治国之道”为题）发表于《外交事务》上。在承认苏联政策受到多方面因素影响的同时，伯林仍然坚持，是马克思列宁主义决定性地塑造了苏联领导人赖以理解世界、制定政策的“基本范畴”。作为国家宗教的替代，苏联发展出了一套国家哲学——并且此后一直受到“一种对事实的盲目性”的困扰，“这也影响了作为狂热秩序受害者的人们”。苏联的政治构成导致对“中心教条”的严格遵循成为必要，因为“对一个雇佣了[……]数十万名职业煽动者，并需将观点用孩童与目不识丁者可理解的语言表达出来的系统而言，核心真理的模棱两可是无法接受的”。“干扰破坏意识形态的基础”就是危害整个系统，即使斯大林本人也不能被允许（或允许他自己）做出这种行为。[85]

遵循马克思的观点，苏联人相信一切社会形态都由当时盛行的经济发展水平决定；历史发展是通过阶级斗争促进的，需要依次经历几个不同的阶段；一切人类思想与信念都是经济结构的产物。他们将生活视作一场漫无止境的挣扎，并坚称“为使个人发展与历史进程相协调，

82　See Henry Hardy, ‘Preface’, SM xxvii. 如哈代所说，伯林是在得知了听众组成并获得了活动保密性的保证之后，才同意参与这一事件。

83　MSB 599/12—14; referred to here as ‘Communism’.

84　Cited as MVNMI；这次讲话的文稿自行标注了页码；此处我指代的就是这些页码。

85　‘The Artificial Dialectic’, 99—100, 105, 114; WSUCII 91—92; MVNMI 1—3, 11—12, 16, 22—27, 47.

必须毫不退缩地完成面前的任务”。在他们看来,历史是一系列持续的冲突斗争,而他们自己则是最终存活的胜利者;他们把个人视作军队中的战士,而将其他非共产主义的国家看成生死决斗中的敌手。他们拒绝一切跨越阶级进行对话的可能性:顺应历史“进步阶梯”的人得以面对真相,相比之下,反其道而行之者则遭到欺骗,因而他们的意见不值得听取。这样一来,“就没有对任何事进行争论的必要。另一方的所有观点从根源上就是错误的”。在列宁之后,马克思主义“以一种[……]精神科医生对待病人的方式”对待与其相左的意见:病人“会持续不断地说话,但那些话自始至终都不值得聆听”,仅仅是作为诊断的依据而已。这种观点向其追随者允诺了一种必然的成功,并给他们提供足够
83 的理由,使他们有借口对另一方的观点充耳不闻。[86]

苏联领导层继续追随马克思主义理论,设想出一种在革命性与非革命性情况之间互相转换的模式。在前一种情况下,他们致力于清除无用的同盟者,并采取侵略性的行动。而面对后者,他们则力图通过组建临时同盟获得力量,披上人道主义与自由主义的伪装,从而在笼络左派潜在对手的同时,“用一切最有力、最真诚的,关于自由、人性、进步与正义的辩护”羞辱右派。但他们自始至终不曾以侵略者自居。依据他们的预期,衰退的资本主义国家会在绝望中对他们发动攻击:苏联的政策始终以维护安全为目标,目的是应对一个将不可避免地对苏联产生敌意的西方。这就引向一种“误解的恶性循环”,双方都不断针对另一方的行动采取反制措施,并以此来证明自己预想的合理性,指责对方在一开始就策划了这一系列行动。[87]

伯林的政策处方并不像他的分析一样完善。他最初的提议是,既然言语上的策略不奏效,那就只有诉诸行动才能说服苏联。英国必须

86 ‘Communism’,12—13;MVNMI 4—7.

87 ‘The Artificial Dialectic’,102;WSUCII 91—93,96;MVNMI 8—9,27.

“将苏联与其他一切强国置于同一平面上对待，而不计较其古怪的非互惠式作风[……]除却无法忍受的挑衅以外应不对对方给予任何回应，而且需要坚定地将注意力转向所有符合我们的与世界的关键利益的事件”；“强硬的谈判”会产生短期的效果，但从长远来看只会加深俄国对英国的不信任，因此只能作为一种不得已的最后手段。如果英国人能坚定地保持自我，苏联就不会发动攻击；而如果这一局面可以维持足够长的时间，那么苏联的扩张主义也将逐渐消退。[88]唯一合理的、可持续的、在不发动战争的前提下**遏制**共产主义的路线，就是等待苏联内部局势发生变动。伯林将这描述为一种“妥协的方式”（modus non vivendi），“一种永恒且恼人的非战争状态”。这一状态的维持需要平衡、灵活变通、“平庸的治国术”（ordinary statecraft），以及足够的耐心、果断与“坚韧的神经”。这一观点并不仅仅通过对苏联政策的评估产生，而且建立在伯林整体的历史观基础上；他由此声称“历史变化是如此剧烈与迅速，以至于以固定的思维模式思考的人，最终将不可避免地使自己陷于懊丧”。[89]伯林接受了关于苏联动机的“意识形态”诠释，并拒斥了一些“现实主义者”提出的、关于苏联会因追寻自身利益而做出合理表现的观点；与此同时，他又主张一种温和的“现实主义”外交政策，平衡了道德上一丝不苟与谨慎的态度。他的做法更接近于用一种非意识形态的途径与思路，来打一场意识形态的战争。 84

伯林认为，苏联的外交政策必须结合苏联社会的现实状况加以解读，而后者正是“我们时代最重要、最不人道，以及[……]最未被人们充分理解的现象”。他试图从文化与思想的角度观察分析苏联的生活现实，因为他在这一领域积累了专门的知识，同时也相信这些是西方知之甚少，但在很大程度上影响了苏联现状的重要因素。此外，苏联系统

88　WSUCII 96—97；notes for WSUCII，MSB 568/6—7.

89　MVNMI 28—29，41，43，45.

的本质，在于其始终致力于控制个体的思想与感受：一切活动的最终目的是“训练出一种特定模式的公民，一切精神与物质资源都在为这一目标服务”。[90]而在这一体系中处于核心地位的资源就是文化，因此文化研究有着关键的政治意义。苏联人强调效率、爱国主义以及无条件的服从。为达成这个目的，民众被“持续不断地灌输思维”；政府“对这种规定的模式所强加的服从，已超过一切已知的严格管理的样例”。从本质上说，苏联政权带有一种惩罚性质，以及幼化公民的倾向——就像一所专制的寄宿学校，希望通过间或抽打学生来让他们“从乳臭未干的小男孩成长为成熟的男人”，并将公民自由看作“一项武断的决定，就像将特权许诺给学生们一样”。为苏联大多数普通民众认同的简化版的马克思主义，就像公立学校中的宗教思想，“只有少部分人积极地信仰它们，余下的大多数则是在被动地接受观念的灌输”。[91]

伯林对苏联统治的分析，主要围绕“人为的辩证法”这一概念展开。苏联的政策刻意追寻一条“曲折的路径”，以使国家发展保持一种不断变动的不稳定状态，让一切对政权的质疑与反对无法稳固地扎根。这基于一种预设，即，通过革命建立的政权往往受到“具有自毁倾向的雅各宾狂热主义与后革命时期的消沉和犬儒主义”的双重威胁。对此，斯大林的精明回应是构建出两个彼此交替的阶段：刻板与强制正统（forced orthodoxy）的阶段一，以及放松缓和的阶段二（或解冻期）。阶段性的宣传活动是让人民始终处于控制之下的必要手段；但这类活动往往将权力置于追求净化的政治狂热分子手中。清除了所有的污秽，也就意味着破坏了一切促进增长的因素；狂热者最终甚至会将查探的范围延伸至党派领导人的工作与生活之中。这时候，就有一只“神圣的手从云端降下中止审讯”，将政权从自己仆从的手中拯救出来，使其免

90 ‘The Artificial Dialectic’, 118; ‘The Trends of Culture’.

91 ‘The Trends of Culture’; MVNMI 46, 93—94.

于毁灭，克里姆林宫也看似被允许回应民众的诉求；这就为斯大林树立起一个将孩子从“过激间谍”手下拯救出来的慈父形象。结果将会是“倾泻而出的感激之情”，人们关于“领导人良善、智慧、无所不见”的 85
信念就此重塑。[92]放松同样是谨慎的，因为过度的高压恐怖只会招致沉默，而这意味着“谍报机构的大军”将没有可上报的内容：“静水流深，在水面平静而［……］深不见底的时候，其下则可能有暗潮涌动。”只有给个人与组织提供亮明意图的空间，领导人才能掌握当前的处境，以及“究竟清除哪些特定的人才是正确的决定”。在掌握了足够的情报后，“断头台就能再一次开始运转，而议论者则归于沉默。灰暗体系中的囚徒们，在经历过一小段幻境般的轻松生活后，又被迫扛起这一繁重的包袱”。而当一切变得“即使是对苏联公民而言也过于阴沉的时候，‘路线’就会再次做出调整，在非常短的一段时间内［……］生活会在一定程度上重新变得生动丰富起来”。[93]在这种生活规则之下，苏联社会将始终被维持在一种“永久性战时动员”的状态中。[94]

伯林坚持，这一过程并非自发形成，而是人为引导的产物，其成功有赖于斯大林残酷的政治智慧。而尽管伯林表示在斯大林死后苏联的政治体系或许会走向崩塌，但他也同样警告说：“那些相信这一无情的、压迫性的系统不可能长久存在的人，不过是在自欺欺人罢了。”只有与“经验性观察或历史实际”相分离的“道德乐观主义”才会认为“这种邪恶必定会［……］腐化实施者，使其无法长期保有权力，从而自行消解整个系统”。这一体系得以存在，是因为人类难以遭到彻底意义上的毁灭，而在抵抗堕落的过程中则永远显得过于软弱。只要留有一丝“喘息之机”，人们就会“觉得生活尚可——哪怕仅仅是尚可——忍

92　MVNMI 18—21；‘The Artificial Dialectic’，105—109.

93　‘The Artificial Dialectic’，113—114. 需要注意，此处的“生动丰富”是与强制服从和单一关注点进行对比的结果。

94　‘The Artificial Dialectic’，110，112，114，117.

受一切,并恢复到原本生存、劳作甚至是享乐的生活节奏中”;他们会竭力“适应环境,将它们视作正常的存在状态,并以此为基点继续规划生活”。即使是在“最可怖与有辱人格的背景之下”,生活依旧可以继续,“也总会有一些使人感受到真切的愉悦之情的时刻”。苏联政权的丧钟远未敲响:它会继续存在,“直到人性中更好的一面挺身而出,坚持证明
86 自己”;而对于这一变数将如何发生,伯林并未做出任何表态。[95]

3.3 结论

同共产主义的对抗激励了伯林的创作,并对他的政治观念产生了不可忽视的影响。若非1945年伯林对共产主义统治有过亲身经历,从此对共产主义政策义愤填膺,并对西方的亲共产主义情绪感到恼怒,政治将不会在他的思想生涯中占据如此核心的地位。但伯林并非一位完全意义上的冷战斗士。这其中的部分原因在于,尽管伯林的理论对他所处时代的政治与思想潮流多有回应,但他始终保留了一片他个人独有的思想领域——这一领域在一定程度上由冷战背景所塑造与影响,但其中的核心观念早在后者出现前就已存在,且其思想深度也不仅仅停滞在对共产主义的声讨上。此外,伯林在童年时期对共产主义的亲身经历,早就将他与许多其他反共产主义者区分开来。他缺乏那种投身反共产主义事业的热忱,因为他不像其他人一般对共产主义的所作所为感到震惊与愤怒。他与传统知识界的渊源使他先一步与恐俄倾向划清了界限,而同时又让他对俄国的堕落感到尤其痛苦。他的反共产主义思想既是个人情感驱使的结果,又是原则性的产物。

---

95 ‘The Artificial Dialectic’, 115—118;当伯林写下这些内容时,他想到的是凯南(Berlin to Hamilton Fish Armstrong, 30 October 1951 and 16 November 1951, quoted in Hardy,‘Preface’, SM xxxi—xxxiii)。

与尼布尔、施莱辛格、阿隆、乔治·奥威尔，悉尼·胡克、阿瑟·库斯勒等人相比，伯林并未将自由派反共产主义的思想置于非常中心的地位。他也并非仅仅追随冷战的潮流。的确，冷战的开始将许多西方自由主义者推向了伯林已经在的高度。伯林对共产主义的批判，源自他对19世纪俄国思想的恰当吸收与内化。在其他人忙于阅读奥威尔、尼布尔与波普尔时，伯林早已从赫尔岑、拉夫罗夫与米哈伊洛夫斯基处接受了相似的教诲与启发。他是以一种哲学家的视界与（一定程度上的）超然态度在研究马克思主义。这也使得伯林（和阿隆一样）与一些其他的冷战知识分子相比态度更为温和，更关注细节。而尽管他本人对小集团（coteries）有着独特的嗜好，但伯林从来都不是一位党派人士：他甚至认为自己不可能顺从且无芥蒂地遵循任何一条政党路线。

最后，伯林的自由主义思想超越了共产主义与反共产主义这一框架所涉及的范畴。如果他是一名共产主义的反对者，那么与此同时他也对自己所处时代的西方社会有着批判性的洞见。在他冷战早期阶段的作品中尤其处于中心地位的，是对逐步兴盛的服从主义与功能主义风气的关切与焦虑，以及对思想界与政治界不断偏向管理主义、技术官僚制、科学至上主义等倾斜的担忧。 87

第四章

反对“人类灵魂的工程师”：伯林的“反管理主义”的自由主义

4.1 “对事物的管理”：战后思潮中的管理主义

第二次世界大战后，政治思想的特征涵盖了以下几个内在相关的论辩：个体自由与社会凝聚力之间的张力，社会科学的方法与可能性，以及由新的社会组织模式引发的现代社会的变化。这些论辩影响了伯林的思想，并塑造了他与自身所处时代的关系。伯林认为自己的写作是在反对当时战后学术界的普遍趋势，而对这种趋势的评价与反驳也塑造了他的学术著作。

首先，我会介绍当时伯林所针对的学术背景，以更好地论述我的观点。我将重复使用一些术语来描述这些相互关联但截然不同的现象。在我看来，用下定义的方式开始论述是最佳的方法。

管理主义是指把“科学的”官僚式管辖方式，沿着由现代商务发展而来的路线应用于整个社会之中。此处我把“管理主义”描述为一种把个体作为达到某种更大目标的手段的倾向。

计划（planning）手段的支持者把“计划”定义为“一些公众权威

在有意识地深思熟虑之后做出的关于经济（或是其他方面[1]）的偏好选择”。“计划”旨在寻找到实现目标的方法，从而达到确定的目标[2]；与此同时，这个社会的管理权掌握在计划者手中。 88

技术官僚治国制是指让具备特殊技能的精英参与法则的制定。这些专家所拥有的技能让他们能够掌握社会的确定目标并提供达到目标的最佳方式。

调节（conditioning）是指系统化地使用心理学方法来塑造个性。

科学至上主义有着两层意义。从哲学上说，“科学至上主义”是指自然科学的方法优于一切非科学的方法，且能够运用于经验的方方面面。从政治上说，它是指使用科学的手段来处理人类的问题。

自20世纪30年代以来，计划手段在英国逐渐兴起。战争的危急性加速了计划手段的发展，这是因为战争需要政府的广泛调控、蓬勃的民族凝聚力和对政府有效管理能力的信任。[3]计划手段的很多部分受到了英国唯心主义的影响——“积极”的自由概念，整体性的、分工明确的社会观，以及对公民义务、美德、自我实现、公众精神（public spirit）和社会凝聚力的关注。虽然唯心主义在哲学领域每况愈下，但它在20世纪

1　应当对“特定的经济计划”和“将计划手段整体运用到社会生活中”二者进行区分。伯林的批评针对将“计划”这一理念运用到塑造思想和性格上，而不针对经济计划。虽然后者在第二次世界大战之后成了政策争论的中心，伯林却时常对该话题保持沉默。

2　Barbara Wootton, *Freedom Under Planning*, 6, 8.

3　详见A. J. P. Taylor, *English History 1914—1945*, 299；John Stevenson, *'Has Planning a Future？'*, 233—244；Jose Harris, ‘Political Ideas and the Debate on State Welfare, 1940—1945’, 253；Julian Huxley, ‘The Growth of Group-Mind in Britain Under the Influence of War’, 337—350；Paul Addison, *The Road to 1945*；Angus Calder, *The People's War*；以及Harold L. Smith, ed., *War and Social Change*。战争期间对于“计划手段”的宣传，详见：Harold Laski, *The Rights of Man*；William Beveridge, *The Pillars of Security*；G. D. H. Cole, *Fabian Socialism*；idem, *Plan for Britain*；Herbert Morrison, *Looking Ahead：War-Time Speeches*, 144—172；Laski, Harold J., *Will Planning Restrict Freedom？*；E. H. Carr, *The Soviet Impact on the Western World*, 20—63。

40年代的政治和社会思潮中仍具有一定的影响力。[4]“新自由主义”在当时也颇有影响力，它坚信人与社会之间的（内在）和谐，并认同政府行为和社会关系对个体自我实现的重要性，同时也关注科学理论（尤其是进化理论）在社会中的应用。[5]

这些思想学派并不必然会促进“管理主义”，但“费边主义”是个例外。悉尼·韦伯认为政府治理将会“逐渐变成训练有素的专家们的
89 业务”，它需要“严格的服从与纪律”。“每个个体完美、恰当的发展”并非“自身个性的培养”，而是“以最佳的方式为庞大的社会机器提供微小的支持”。[6]韦伯夫妇主张“精心设计组织的社会……从改良人类的角度出发，将科学运用到人类关系之中”并根据“高等的知识储备和管理能力”进行权力的分配与实施。效率应当成为“政治科学”（science of politics）的“唯一目的”；自由应当由“训练有素并针对不同任务而得到合理分配的人”来“谨慎地管理”。这样的要求不是奴役，而是“自由之母”。[7]

很多英国左派的支持者批评这种言论，其中包括奥威尔、托尼、伯特兰·罗素以及社会主义联盟中的工党学者，他们警告说，“管理主义下的社会”无法“以对待人类的方式对待普通民众，而是把大众作为实

4 详见Jose Harris, ‘Political Ideas and the Debate on State Welfare, 1940—1945’; Jose Harris, ‘Political Thought and the State’, 18—20, 23—24。唯心主义和新自由主义的部分，详见Peter Clarke, *Liberals and Social Democrats*; Michael Freeden, *The New Liberalism*; idem, *Liberalism Divided*; James Meadowcroft, *Conceptualising the State*; 以及Marc Stears, *Progressives, Pluralists, and the Problems of the State*, 28—46。

5 有关唯心主义者和实证-科学至上主义的思潮，详见Jose Harris, *Private Lives, Public Spirit*, 227—228, 239, 245—246, 250；例子请参见J. B. Coates, *A Common Faith, or Synthesis*, 15, 27, 29—30, 38。

6 引自W. H. Greenleaf, *The Ideological Heritage*, 359—360; ibid., 392。

7 W. H. Greenleaf, *The Ideological Heritage*, 397—399, 401—402, quoting Beatrice Webb; Marc Stears, *Progressives, Pluralists, and the Problems of the State*, 43, quoting Sidney Webb.

现某个目标的手段"。[8]但是人们对于管理和控制的热情在第二次世界大战后仍持续走高。在1943年左右，曾经的"战后的世界将会成为一个计划中的世界"假设变成了"普遍的情况"；而在十年之后几乎可以冷静地断言，（在美国）"所有人都相信计划的力量"。[9]甚至连政府调控的反对者也认为需要"调整"以适应社会的非个人需求。[10]

为计划手段所做的辩护主张个体和社会之间的和谐，同时呼吁把个体看作国家的一部分。这就是在向每个"组成英国人口的个体单元"提问："你对什么有益？你能够完成哪些有用的、值得去做的事情？当你身处一个每位成员都有职责去做有用之事的民主社会中，你需要获 90
取怎样的帮助？你又适合去做什么事呢？"该观点对于个体在社会中所扮演的角色的看法，完全不同于"我们必须尽一切所能去帮助……每个人完全地发展他或她的个性"。[11]爱德华·霍列特·卡尔直白地写道：

---

8 Socialist Union, *Socialism: A New Statement of Principles*, 55—56; Socialist Union, *Twentieth-Century Socialism*; Harris, 'Labour's Political and Social Thought', 22—23. 罗素对于社会服从性所带来的压力的批评，请参见Bertrand Russell, *Authority and the Individual*。英国新左派（伯林的学生查尔斯·泰勒是该派系的奠基人之一）转向更"人文主义"的马克思主义概念，也反映了对技术官僚治国和实证主义的反对。

9 Harold J. Laski, 'Choosing the Planners', 101; Robert A. Dahl and Charles Lindblom, *Politics, Economics, and Welfare*, 5. 保守派对于计划的宣传，请参见Robert Boothby et al., *Industry and the State*; Harold Macmillan, *Reconstruction*; idem, *The Middle Way*; 以及Jose Harris, 'Political Ideas and the Debate on State Welfare, 1940—1945', 239—246。自由派对于计划的支持，请参见Michael Freeden, *Liberalism Divided*, 118, 137—142, 162, 351—356。

10 参见F. A. Hayek, *Individualism and Economic Order*, 24, 32; 以及idem, *The Road to Serfdom*, 151。哈耶克认为人类服从"非人类的力量"是必要的，因为一个复杂的文明"基于个体会让自己去适应他无法理解起因与本质的变化"。哈耶克思想的这个部分，以及更广泛的自由放任主义，详见Eric MacGilvray, *The Invention of Market Freedom*, 68—73。

11 G. D. H. Cole, 'Plan for Living', 3, 9—10; Leyton Richards, *Planning for Freedom*, London: Allen & Ulwin, 1943, 42, 61.

“教育独有的、最基本的目的是让个体觉得‘为自己考虑’的观点是过时的。几乎再没有人会质疑，儿童必须要在他的国家的官方意识形态下接受教育。”[12]与此同时，言论风向也发生了转变，从整体的理想转向对于效率的注重，自由主义的“文化”与传统的人文主义教育则成了社会组织运行过程中脱离实际的阻碍。[13]

很多人认为极权政治的兴起源于个人主义造成的混乱，只有社会融合与统一才能拯救自由民主。[14]民主社会的存活依赖“人们广泛地，最终甚至是全人类共同地接纳某个贯通全球社会与经济体系方方面面的道德准则”。自由主义，以及它对于“松散结合”的社会形式的倡导带来了“精神的空虚”，因此“值得怀疑”。文化和心理上的“力量”，与社会和经济上的“力量”一样需要得到控制——极权国家在认识该问题上，领先于自由民主的国家。[15]

卡尔·曼海姆作为上述观点最有影响力的支持者之一，指出自由主义中“多元的目标与价值以及……对于生活中的重要问题所持的中立态度”，反映出的是信念的缺失。[16]“评判标准”的多元变得愈加“不可忍受”，尤其是在“必须进行简单的‘是’或‘否’选择”的情况下。民主的存活依赖于约定俗成的价值观。[17]在曼海姆看来，信念的多元化

12 E. H. Carr, *The Soviet Impact on the Western World*, 103.

13 G. D. H. Cole, ‘Plan for Living’, 12—14; Barbara Wootton, *Testament for Social Science: An Essay in the Application of Scientific Method to Human Problems*, 56—57; Karl Mannheim, *Freedom, Power and Democratic Planning*, 104—105, 173—180.

14 John Dowey, ‘The Crisis in Human History’; Waldo Frank, ‘The Central Problem of Modern Man’.

15 J. B. Coates, *A New Faith*, 15, 17, 23, 27, 33—34, 53.

16 有关曼海姆对于英国的影响，参见 Wolf Lepenies, *Between Literature and Science*, 328—333。

17 Karl Mannheim, *Diagnosis of Our Time*, 7—8, 12—15, 25; idem, ‘Planned Society and the Problem of Human Personality’, 259.

是有害的，且需要根除，这是因为在现代世界中，“没有任何一个角落还未受到社会组织普遍原则的渗透”。[18]社会的变化会让人类的本性发生变化，而后者也是保证社会变革成功的必要条件：“社会的重构只可能通过重塑人类来实现。”最新发现的“社会技术”提供了“控制社会的方法”，社会教育因此能够“进入更深层的自我”：“心理进程曾被认为是完全属于个人的，但现在它很有可能会被置于公众控制之下”。[19]曼海姆便如此宣传了他的“通过社会学获得救赎的福音”。[20] 91

曼海姆并非唯一一个这样看问题的人。很多人认为政治的失败源于缺乏从自然科学中获取的某种知识。[21]在20世纪30年代的英国，有激进人士宣称：“我们不仅相信科学进步的终极力量能够带领我们走向乌托邦，还坚信，根本不存在使用了合理的社会计划手段之后还无法解决的问题。”[22]虽然对科学地管理或分析社会的信仰，也伴随着对苏联的“科学”社会的支持，但是科学主义自身并不仅限于极左的学术圈。有人批评说，科学似乎是“唯一”在人类的社会问题上“具有决定性发言权的存在”，而大众也“被训练成会全盘接受‘科学所说的一切’”。与此同时，宣扬“客观性”的社会科学“不再满足于仅描述出人类所做的

18　Karl Mannheim, *Diagnosis of Our Time*, 79, 114. 而伯林坚持认为，世界上需要更多“角落和裂缝”，参见 Isaiah Berlin, ‘Political Ideas in the Twentieth Century’, 91。

19　Karl Mannheim, *Diagnosis of Our Time*, 1—4; idem, *Freedom, Power and Democratic Planning*, 6, 190.

20　Jean Floud, *Function, Proposes and Powers in Education*, 7—8; cf. idem, ‘Karl Mannheim’, 41—42, 48—52, 57—61.

21　参见 Cole, ‘Plan for Living’, 24, 32; Karl Mannheim, *Rational and Irrational Elements in Contemporary Society*, 5—8; Barbara Wootton, *Testament for Social Science*, 1—2; Michael Polanyi, *The Contempt of Freedom*, 27—34。伯林提到通常人们认为“社会学在等待属于它的牛顿”，但他认为“在开始幻想‘哥白尼’出现之前，应先寻找到‘欧几里得’和‘阿基米德’”（Isaiah Berlin, ‘Historical Inevitability’, 160）。

22　George Woodcock, *Dawn and the Darkest Hour*, 15.

事情,它还清晰地意识到,自身具有操纵和调控的能力”。[23]

对科学的信仰催生了人们让掌握“专业知识”的技术官僚来制定政策的呼声。[24]伯林将这种倾向追溯到了圣西门与孔德,这两人的思想在伯林的同时代人看来“比通常认为的更加深刻”[25],并在20世纪50年代早期让他们重新产生了兴趣。[26]孔德和圣西门坚信应该由具备专业技术的官员来治理国家,因此他们质疑自由主义关于“思想自由”的
92 理想。孔德认为,科学旨在以确定的真理知识来替代无事实依据的观点。观点分对错,如果是错误的,那么就不应该被接受。学术的自由与多样性阻碍了理性的社会组织所需要的社会团结。当社会由掌握真理的人来领导时,便不再需要“思想自由”。[27]就像科学家C. H. 瓦丁顿宣扬的那样,“变得古怪,或与周围的人格格不入并非……科学的价值所在”。[28]

在战争期间,科学家们进入政府和军队并实行科学的政策指导成为现实;而战争结束后,政府依旧在行政管理方面依赖于这些专家的

---

23 Lionel Trilling, *The Liberal Imagination*, 182, 224—227.

24 Barbara Wootton, *Freedom Under Planning*, 166—168; Robert A. Dahl and Charles Lindblom, *Politics, Economics, and Welfare*, 6—9; Karl Mannheim, *Diagnosis of Our Time*, 19; W. H. G. Armytage, *The Rise of the Technocrats*, 276.

25 Isaiah Berlin, 'Historical Inevitability', 95.

26 参见F. A. Hayek, *The Counter-Revolution of Science*; F. H. M. Markham, *Henri Comte de Saint-Simon*; J. P. Plamenatz, *From Marx to Stalin*, 10—14; idem, *German Marxism and Russian Communism*, xiv—xv, 16—17, 74—76, 118—119, 153—154, 308—314; John Bowle, *Politics and Opinion in the Nineteenth Century*, 101—133; M. M. Dondo, *The French Faust*; Frank E. Manuel, *The New World of Henri Saint-Simon*。鲍尔、普拉梅纳茨和马卡姆在他们各自的书中感谢了伯林的帮助。

27 参见Auguste Comte, *Early Essays on Social Philosophy*, 50, 56—57, 68—72, 96—98, 132, 190—192。

28 引自F. A. Hayek, *The Road to Serfdom*, 143。

建议。[29]伯林曾反复引用斯大林的用词——“人类灵魂的工程师”[30]；其他人也提出应该给这些工程师掌控人类的权力。[31]这反映出人们想要远离党派冲突。[32]对于很多人来说，社会科学的目标是以关于方法的讨论取代关于原则的讨论——并通过这种做法消除价值观冲突。[33]在科学知识无法平息此类冲突的时候，社会性技能便能让社会的管理者通过调停的方式达成多方共识。它与以下两种心态息息相关但又有所不同：第一种是源自道德的乐观主义信念，相信科学能够制服政治的险恶和社会的顽疾；另一种则是脱离了道德考量的对权力和控制的追求。治疗现代社会顽疾的人道主义理想与对权力的渴望共同形成了对管理主义的广泛拥护；且这两种特质，有时会同时出现在同一个体的身上。 93

本质上相互对立的问题分析和解决方案常常同时存在，并共同支配着一个时代的学术。有些人认为社会要更好地融合才能防止其毁灭，另一些人则认为社会太过有序、统一了。一些人认为社会上的恶源于异化、虚无和不规范的状态，而其他人则认为，教条的确定性、对服从的要求以及日益增长的标准化需求才是社会所面临的最大危险。主张后者的人说道：“我并不认为我们所面临的危险是无政府统治，我们真

29　参见 W. H. G. Armytage, *The Rise of the Technocrats*, 277—278; Calder, *The People's War*, 462—463, 469—474; William Harrington and Peter Young, *The 1945 Revolution*, 83—91。很多政治理论家也曾受雇为英国社会计划战时动员；这鼓励了政治理论本身的专业化的、技术官僚化的视角（Rodney Barker, *Political Ideas in Modern Britain*, 140—141）。

30　这句话反复出现在伯林的写作中（例如：PITC 82; FIB 125; ARUS 17, 135; PGR 73; ‘My Intellectual Path’, 17）。它也被雷蒙·阿隆（‘The Future of Secular Religions’, 196; OI 197—198; *The Century of Total War*, 367）和哈耶克（*The Counter-Revolution of Science*, 94—95）引用过。关于这句话的历史，参见 SM 135n.1。

31　See Armytage, *The Rise of the Technocrats*, 219—260, 263—264, 286—302; Wootton, *Freedom Under Planning*, 147.

32　See Wootton, *Testament for Social Science*, 57—58; B. F. Skinner, *Walden Two*, 194—195, 267.

33　See Dahl and Lindblom, *Politics, Economics, and Welfare*, 5—18.

正的危机是暴政。”[34]

关于社会统一和融合的趋势自然离不开苏联，斯大林不就说过，“真正的布尔什维克的勇气在于掌控、克服自我，并让自己的意志服从于集体意志，也就是党派的意志”。[35]但是在西方社会中，很多人也越来越担心人的个性将会逐渐消失。[36]1955年，米兰召开了文化自由代表大会，学者们在大会上思考并讨论“自由的未来”时，服从主义逐渐取代共产主义成为学者们抨击、辩论的对象。[37]在20世纪50年代末，朱迪丝·施克莱总结了被她称为“失败的浪漫主义”的观点：“外部世界正在冲击独特的个体。社会正在剥夺我们的自我。今日的整个社会都是极权主义的。”[38]

这种看法显然是在反击极权主义下的心理胁迫与控制。即使出于善意，运用科学手段来对人类进行控制仍直接引发了过度的恐慌——一个自由派记者甚至认为，“在这个可怕的时代中，最可怖的危险不是”核战争或共产主义的扩张，而是“心理手术（psychological surgery）和人类精神世界的逐渐消失”。[39]莱昂内尔·特里林称，自己担心社会学或许会成为“塑造稳定暴政的方式”，因为“理解的行为”变成了“控制的行为”。[40]阿道司·赫胥黎警告称，追求效率会引发新的极权主义，“全能的政治掌权者与他们的经理控制了奴隶——这些人无须他人胁迫，

---

34 Edwyn Bevan, quoted in Roland Stromberg, *After Everything*, 10, 145. Cf. Alexander Gray, *The Socialist Tradition*, 512; Leo Strauss, *On Tyranny*, 207—210.

35 Quoted in Schlesinger, VC 56.

36 See e.g. David Riesman et al., *The Lonely Crowd.*

37 Mattson, *When America Was Great*, 141, 145.

38 Shklar, *After Utopia*, 18.

39 Edgar Ansel Mowrer to Berlin, 28 June 1950, MSB 123/202.

40 *The Liberal Imagination*, 182, 224—227; see also Niebuhr, *Faith and History*, 13, 92—94; Spender, *The God that Failed*, 260.

因为他们热爱自己的奴隶状态”。[41] 94

或许哈耶克是最坚持不懈地批评管理主义的人。他针对计划手段的大部分批评都源于对家长制的反对，他认为“应尊重个体在自己的世界中，**以人的身份**把认识到自己的观点和品味视作最重要的事”，并支持“人们应该发展自身的天赋和爱好”。[42]道德的存在有赖于个人主义：“受良心激发的责任感，对自身职责的主动认知，决定要把哪些自己重视的东西给予他人，勇于承担自己所做的决定带来的后果，这些都是‘道德’的关键所在。”[43]这几乎正是伯林后期的观点。哈耶克与伯林的相似点还在于，二者都谴责让一切行动都为单个基本目标服务的风气。计划手段预设了“能够合理安排所有不同价值观的完整伦理准则”的存在。这种设定建立在有关人类福祉的错误理解以及无用的认识论目标之上：因为任何个体思想都不可能完全理解“来自不同人的、无限多样的需求，并为其明码标价”。将多个个体纳入考量范围后定下的共同目标“永远只能是全人类需求中的极小的一部分”。这是由于“价值的衡量标准只能存在于个体的思想之中”，因此只能存在一部分的价值标准；且因为每个人的利益点都不同，这些多元化的价值标准“不可避免地存在差异且时常互相矛盾”。相信可能寻找到“客观上”对别人来说最好的东西，是受人误导的，也是傲慢的。个人应该成为“他自己目标的最终裁决者”，且“要由他自己的观点来引导其行为”。[44]虽然伯林对哈耶克有所顾忌，但是他仍旧认同后者的这一观点。[45]

41　Huxley, ‘Foreword’ (1946), *Brave New World*, 12.

42　*The Road to Serfdom*, 11; see also ibid., 40—41.

43　Hayek, *The Road to Serfdom*, 156—157.

44　Hayek, *The Road to Serfdom*, 42—44, 48, 153; cf. *The Counter-Revolution of Science*, 50—52.

45　See Berlin to Burton Dreben, 22 January 1953, E 357.

4.2 逆流而上：伯林对管理主义和科学至上主义的回应

1949—1953年间，伯林把政治写作的焦点放在了当时社会中的管
95 理主义与家长制、科学至上主义与技术官僚治国制、操纵与调控上，而这些社会趋势，也进一步影响到了伯林之后的作品。伯林担心，在未来会出现一个“极端井然有序的世界。在这个由理性支配的、等级森严的完美社会里，每个人都在严格划分的区域内欣然完成自己的工作”。[46]东方社会与西方社会都“鼓励制定纪律，从而让人类更好地适应预先规划好的社会生活”。由此看出，在当时“个人是某种社会环境或社会形态的组成要素”，而不是具有优先权的个体，也不允许“基本不受指引地”追求自己的目标。[47]

这些焦虑也反映在《民主、共产主义与个人》一文中，该文支持个人主义反抗威胁到了自由民主世界的服从主义和家长制。伯林解释说，从乌托邦的视角看无阶级的国家，“冲突自动消除，人与人之间互相‘调和’，因此政府不必存在”。而与此相反，民主基于认可“互相不匹配的不同理想之间必然存在着不稳定的平衡。这种平衡的根本在于认识到人类的志向在正当性的问题上是平等或几乎平等的，没有任何一种理想必须服从某个单一的、不可批评的原则”。技术官僚治国制的立场和极权主义的立场一样，反对从民主与个人主义的角度看待人类的本性。支持技术官僚治国制的人主张科学至上主义、集体主义的观念，他们认为人类受到非理性的力量控制，因此需要由统治者来指导、塑造。这种观点的基础在于：存在一条能够由“足够睿智以至于了解

46 HI 112; cf. JSMEL 228.

47 ‘The Trends of Culture’.

历史走向的专家”寻找到的正确途径；无论个体的灵魂有着怎样的“追求、理想和志向”，都将通过改造走上既定的道路。背离这个方向之人“的想法不值得倾听……他们是进步之路上应被扫除的障碍”。这一点与自由民主是相悖的，因为它否定了民主赖以存在的基础：“每个人在原则上都能够给个人以及社会的问题提供答案，且每个人的答案都与其他人的答案一样值得尊重。与所有人都实现交流并非不可能，因为人们能够劝说他人调整目标，并意识到他人目标的价值。”[48]

至此，我们能够了解到伯林政治思想中的一系列核心主题：尊重个体平等的道德价值；倡导价值多元化；并坚持认为在平等的人类个 96
体之间，有着基于共同的规范判断能力和相互理解能力而进行交流的可能性。

除了技术官僚治国制的精英主义和科学至上主义，伯林还反对了当时要求形成统一与共识的风气，并为道德个人主义（moral individualism）做出了辩护。他断言，“个人经验”比“社会的非人需求”更有价值；而“即使不同的生活志向无法相互调和，它们在有效性与价值上仍是平等的”；同时，国家应该在民众的生活中“掌握尽可能少的权力”，民众应该自由地决定“什么是与自己的目标相一致的东西，该做的事情以及该如何生活”，因为“判断立法与更广泛的社会行动正确与否的最终标准是个体的道德意识”。漠视人类本性的人将社会视作“劳教所”；很多西方人采用了一种更为温和的视角，把社会看作“一个巨大的医院，所有人都是病人，每个人都受到某种疾病或失调的折磨，而教育的职责在于治愈或是缓解这些病痛”。伯林并不反对社会服务。但他坚称，这类服务只在“为个体自由地追寻他们心中决定要做的事情提供必要帮助”之时才是可取的，但实际上他看到的是具有普遍威胁性

48　DCI 3—4，1—2.

的“温和的奴役”与“无私的创造性力量的逐渐萎缩”。[49]

伯林在《美国大学的学术生活》(1949)一文中也表达了自己对于过度的公共意识所产生的束缚的担忧。伯林在哈佛教书时，人们的普遍态度是“除非一个人的行动能够明确地为社会福利添砖加瓦，不然就非常需要证明其正当性”。这也反映了某种工具主义思维，即“方法取代了目的，没有什么值得去做的事情，也没有什么因为其本身而存在的东西”。伯林反对这一点（详见他后期的多元论），他主张像真理或善良这样的价值应该成为绝对的目的，它们本身就是有价值的。[50]

但是伯林对个人主义和集体主义的支持者之间的冲突有着复杂且矛盾的态度。作为多元论者，他认为个人主义和“集体安全”都自证了正当性，因此二者之间需要达到一种平衡。[51]伯林所处的社会在保持社会团结与适度统一的问题上存在出现重大错误的风险；因此更需要宣传个人主义的价值观。但同时也要运用“社会调控的措施来减少混乱
97 与贫穷，对人类发展而言这两者与盲目的服从同样致命”。当然，“技术的进步使计划变得更为理性且更具强制力”。[52]只是在治疗疾病的过程中，疗法本身可能会变得比疾病更为有害，就像如果社会管控成为目的本身，会导致愈来愈严重的压迫。警惕“一边倒”非常重要，要为社会团结与调控设限，并牢记与这二者不相符的价值观也有其存在的必要性。最重要的是，必须保留选择权——而伯林一度担忧这一点是否能够实现。

《20世纪的政治观念》一文背后有两个主要的影响来源。第一个重大影响，如同伯林之后指出的，源于“斯大林最后数年所采取的政

49 DCI 1—5.

50 ‘The Intellectual Life of American Universities’, 756, 753.

51 See Berlin to Marion Frankfurter, 17 August 1950.

52 PITC 91.

策”。[53]另一影响是美国和英国的政治文化形势。他认为1950年的世界“充满僵化的规则和法律，以及激烈的、不理性的宗教”。个体几乎没有犯错的余地：为了消除冲突，出于善意的家长式作风使可供个体选择的空间全面缩水。为了理解这些倾向背后的意义，伯林把注意力集中到了他所谓“统治20世纪的、危险的全新观念”上。过去的日子里都是些令人苦恼的问题，如人类生活的目的和意义是什么。很多思想家认为，这些问题的答案和解决方法都是存在的；即使是像休谟一样对该观点有所怀疑的人也仍然认可讨论这些问题的重要性。但20世纪的全新之处在于，这些没有答案的问题带来了“不断加重的压力”，如同“心理**疾病**般需要治疗”。阻止人们继续询问这些问题的最佳方式是“让问题消失”。这就是“因神经衰弱和失调产生的当代人的普遍焦虑”。[54]

通过制造困惑来消除困惑的办法源于人们对于缓解痛苦的欲望。这种方法试图“从心理上排除做出选择的可能性”来回避“选择”这一行为，从而使人“不受打扰地完成对社会有用的工作”。“人生目的是什么”等问题成了人们眼中“精神躁动的表现形式，会损害个体的心理健康。当过多的人开始讨论这些问题时，整个社会的健康也会受到影响”。社会之中唯一有价值的活动是“平稳运转的机器般的社会组织为它的成员满足基本的生存需求”。“为了尽可能减少个体之间的摩擦 98
从而让人们都能够自由地、‘最佳地’使用他们的资源”，措辞与观念必须进行相应的调整。[55]

伯林控诉过很多自己同时代的人，因为在这些人所致力形成的社会状态下，“**技术过关的专家们**（例如冲突的**调解者**、身心和谐的提倡者、服务于统治者的**工程师和其他科学领域的专家**）能够相对轻易地操

53　PITC 55n.

54　PITC 90—91，76.

55　PITC 78—79.

纵”人类的行为。这种倾向“把一切问题简化为**技术**问题”，尤其是关于“如何‘控制个体的心理状态或经济能力，从而让该个体对社会最为满意’的问题”；因此这“需要压制个体所可能产生的疑惑和他们对全盘计划的抗拒”。越来越多的人愿意将“生活中的一大部分交由他人控制，这些控制者有组织地将人类活动稳定在可控范围内，从而更容易地将他们训练为完整体中可互换、可预制的零部件”。这既不平等，也不自由：它不仅“否认了全部或至少是大部分人所具有的理性的、有创造性的天性”，同时也“阻碍了人们作为有创造力的、自我导向的生命体的不断发展”。伯林承认，“如同先前一样，我们所处的时代充斥着危机，任何能够减少人类内部和人与人之间的不必要失调的事物都广受欢迎”。但是为此付出的代价是“极其高昂，甚至是致命的”：贬低“无私的好奇心，如果它太麻烦；贬低追求知识，如果它太令人不安；或者贬低为了自己的目的发展个人才能，因为这在某种程度上是对社会责任的逃避；当社会的目的本身最终必须包含这种目标时”。[56]

《20世纪的政治观念》一文得到了凯南的赞赏。凯南在信中提到，他对极权主义注定的失败保有谨慎乐观的态度。他写道，那些寻求操控人类的人，本身也是人类，因此他们不可能“脱离这个彰显人类多样脆弱性的世界，而站在一个超人类的平台上”操作。极权社会不会比个
99 人主义的社会更稳定；权力集中在少数人的手上——就是把所有鸡蛋放在由脆弱的“人类”芦苇编织而成的篮子里。但是“多个这样的篮子始终强于单个或寥寥几个；在个人与自身能力相匹配的世界里，至少自尊能够得以保存”。操控人类的邪恶之处在于它破坏了这种自我尊重。幸运的是，人类控制、迫害其他人的力量是有限的。极权主义意识形态

56 Quotations from PITC 76—79, 81—83, 85—88. 伯林将美国、斯堪的纳维亚部分地区和英联邦排除在他的特征定性之外（PITC 83—85），这或许是为了回避他早期在美国撰写的作品所引发的争议。

所依存的狂热信念无法持久，反而会随着时间流逝而销蚀，进而衍变为犬儒主义：“人们虽然默许，但他们不会再相信了。”[57]

伯林的回应反映了他的主张，“以下的基本道德准则是一切的基础，每个人都**有能力选择**自己想做的事情，变成想成为的人”，通过“刻意干预人类自由”操控人类去做不符合其自身愿望的事情是“极其恶劣的”。伯林担忧自己所处的社会也将会变得与纳粹相似，即“一部分人在并不了解实情的情况下，被他人**干预**、操控了自己的意志。这些人最终失去了自由之人的地位，甚至不再成为人”。伯林无法忍受

> 监狱看守者们在清楚意识到自己所作所为的同时玩弄受害者，将自己的权力建立在被害者所受的折磨之上，通过制定不平等的道德条约来摧毁受害者的个性。也就是说，看守者将受害者视作物品而非有动机、有看法、有目的、有内在价值的主体。[58]

“终极的恐怖”是指通过破坏人们对于选择的渴望来摧毁他们的灵魂。伯林再次提到了目的与手段之间的问题——但这次他关注的不是在人类行为的目标设定方面出现的本末倒置，而在于把人类看作手段而非目的。

> 未来不是惠及人类的天堂，无法保证永恒的和谐，因此我们将人类作为手段来使用——我们改造人类，让他们按指令做事，并不
> 是为了他们自身的利益，而这背后真正的原因只有我们这些肆意 100
> 控制他们的操纵者才能够理解。[59]

57　Kennan to Berlin, 26 April 1950, MSB 123/41—47.

58　LTK 336—337, 339.

59　LTK 340.

这是令人无法接受的。像处理材料一样对待人类是最恶劣的道德扭曲之一，其带来的最严重后果是纳粹工业化的大屠杀制度。但这是"我们国家也不能免除的，且普遍存在的思想与态度最极端扭曲却也最典型的形式"。以加工材料的方式来改造人类从而让他们顺应社会压力的类似想法，也曾在西方政治社会思想最开明、最人性化的时期中隐蔽地出现过。[60]

伯林的**抗议**反映了康德的伦理学对他产生的影响。虽然伯林从未认同康德一元论的、理性主义的道德理论，但后者深深影响了他对于人类尊严的认识。在康德的影响下，伯林反对"利用个体来实现不属于他们自己，而属于操纵者的目标，以及用对待物品、工具的方式对待自由的个体从而剥夺他们的人性"。这种形式的镇压是"不平等的特殊形式"。康德反对这一点，他"强烈呼吁，即使可能导致痛苦或牺牲，人类仍然应该为自己做决定，发展道德自由"；同时他坚持认为，"任何迫使人类违背自身愿望的行为以及一切思想控制和思想教化，都在否认人成为人的原因以及人类自身的终极价值"。[61]

康德的道德理性极大地影响了伯林对家长制的批判。伯林不信任"社会中大权在握的管理者以及有自信能够有条不紊地安排他人命运的人"。[62]家长制的前提是坚信"人类是儿童。我们必须首先将他们圈养起来，建立特定的机构，让他们遵守规矩"。这种看法或许出于客观甚至善意，但"最终会导致糟糕的结果"。[63]受到家长制支配的人实际

60 LTK 343; cf. PITC 88.

61 'The Apotheosis of the Romantic Will', 222; 'Kant as an Unfamiliar Source of Nationalism', 238—239; TCL 184.

62 'Montesquieu', 149.

63 'Conversations for Tomorrow'. 反对家长制的后果之一，是形成了一种与计划手段的支持者们的主张相悖的教育理论。对伯林来说，教育的目的不是"灌输服从"，而是站在其对立面的自由决定与选择之权力的发展。教育旨在"教导人们自己解答问题的技能"而不是给他们强加答案（LTK 342; DCI 3—4）。

上遭受了人格侮辱，这正是要“把追求自由放在首位的核心原因”。[64] 101

家长制的一大特点是用医学术语来解释人类的问题：“如果人们希望达到有序的、没有痛苦的、令人满足的、自我存续的安宁状态，他们就绝对不能越界，否则将会患上神经症、精神障碍、精神错乱并需要相关方面的治疗。”“治疗”困惑与怀疑的最佳方式是“让患者不再受该问题的困扰”，换句话说，就是“像拔掉疼痛的牙齿一样解决问题，而不是拆开缝合的伤口。这种方式并未处理患者的问题，而是将该问题直接从患者的意识中消除”。西方的很多人道主义机构和个体使用“几乎完全是医学上的术语”来构想“人类的核心利益”，他们认为有必要让“专业的治疗师”介入：“医生、经济学家、社会工作者、诊断专家、工程师以及其他专业人士都应帮助患病者以及处于困惑中的人。”[65]

4.3　实证主义、决定论及人文科学

由此可见，伯林反对使用医学术语来看待及解释人类的不满、疑惑、异常状态与社会规则，这是因为他意识到了将科学与技术的模型套用在人际关系之上所产生的扭曲效果。20世纪50、60年代，伯林始终在关注运用科学的方法来研究、管理人类的问题。那些“因自然科学领域产生的巨大进步而冲昏头脑”，并试图建立“社会的科学”的人让伯林十分苦恼。[66]他反对这些人的想法，并坚称“很多东西无法通过科学来掌握”，而且以完全科学化的方法来理解人类经验是“人类所提出的最为荒唐的主张”。[67]

伯林对科学主义和理性的信念做了区分。伯林否认“原则上人类

64　‘Introduction’, 54.

65　PITC 78, 87; ‘The Intellectual Life of American Universities’, 758.

66　‘The Concept of Scientific History’, 106—107.

67　‘The Sense of Reality’, 21, 48; ‘Introduction’, 19.

的天性是一个无法探究的谜团”这一说法，因为他相信“充分的关心、耐心以及敏感性——毫无疑问还有谦逊和细致”能让人“解答出最复
102 杂的谜团，前提是这个人有足够的天赋并持之以恒地做出努力”。然而，这些谜题“只有由特定的人（而非某一群人或整个文化群）在特殊情况下以某种特定的方式才能解开，而不是像那些误用了仅在他们自己的领域内有效且有价值的科学技术的人所轻率地假设的那样，可以应用于大多数人或整个文化圈”。[68]伯林反对“像使用十字转门一样看问题（进行‘非黑即白’的判断），他们把无法由科学检验的观点看作虚构与谎言，而非真正的知识”，这是因为“任何试图建造‘十字转门’的做法最终都会导致教条主义，并否认真正的事实”。[69]

伯林的批评并非全无指摘之处。他承认“自己热衷于揭穿将科学理性主义运用于人类问题上时产生的假象”，也坦言，“我确实认为社会学在原则上是不可能实现的，它只是一个建立在错误类推之上的疯狂的梦想”。[70]他写道：“很多混乱的、令人困惑的，甚至有时是欺骗性的内容在‘社会科学’的不同分支中蔓延。在这个全新的领域中，真正有意义的内容很少，而可行的想法就更少了。很多老生常谈的事实摇身一变就会成为新的发现。”[71]这些尖酸的评论不仅反映了他的学术判断，某种意义上来说也是个人的宣战声明。伯林在哈佛时谈道：

> 学界出现了社会学这样不成熟的，甚至在很大程度上是假冒伪劣的学科；与此同时，商人强调实用技能而非学习本身的重要性，妨碍了人们在大学中学习“如何做事”“如何调节心理”“如何规划自己或者他人的生活”等学术传统。无论是在美国还是欧洲，

---

68 Berlin to Henry Luce, 1 June 1950, E 181.

69 Berlin to Myron Gilmore, 26 December 1949, E 151.

70 Berlin to Meyer Schapiro, 5 January 1953, E 420.

71 ‘The Intellectual Life of American Universities’, 751.

对私利的追逐以阴险的方式取代了真正的客观知识。[72]

虽然伯林在美国的学术经历让他对“科学至上”尤其敏感，实际上他在刚去哈佛时就已经开始“强烈地怀疑”新兴的社会科学。[73]在美国的经历的确推进了伯林反科学至上主义的思考，但真正的诱因还在别处。

第一个显著的原因是（学术界的）科学至上主义和管理主义。伯林注意到了美国学界的风气，他写道：“发放到科学以及伪科学领域的奖金”原本“应该用于帮助个体或群体调节他们与同伴之间的关系。”[74] 103
另一个因素是共产主义。如我们所见，很多人将共产主义看作“科学的”、管理社会的方法。伯林对马克思主义的认知受到了普列汉诺夫与列宁的影响，因此他很关注马克思主义中的“科学”要素。伯林在苏联社会中的亲身经历则进一步巩固了这样的认识。

伯林对科学至上主义的忧虑也反映了哲学和政治理论的发展。很多人认为，自第二次世界大战结束到约翰·罗尔斯的《正义论》发表的这段时期中，规范性政治理论进入了“衰落”的状态，有时甚至在“腐化”或“衰亡”。[75]在人们对民主有一定共识的情况下，没有什么必要对政治理论进行规范，因此很多人认为根本不需要建立规范的理论：他们认为，真正需要的是由中立的、机械式的方法而非早期社会改革者的道德准则来引导的行动。[76]另一方面，两次世界大战让人们意识到原始性

72　Berlin to A. H. Smith, 23 September 1949, MSB 120/52.

73　Berlin to Hamilton Fish Armstrong, 6 December 1948, E 64.

74　‘The Intellectual Life of American Universities’, 759.

75　Leo Strauss, ‘What is Political Philosophy？’, 12; Peter Laslett, ‘Introduction’, *Philosophy, Politics and Society*, ii.

76　David Morrice, *Philosophy, Science and Ideology in Political Thought*, 2; Harris, ‘Political Thought and the State’, 23—25; Shklar, *After Utopia*, vii.

与非理性的存在，社会上不仅出现了**关于**政治理论的悲观主义，同时人们也对政治理论本身产生了悲观的情绪：“人们几乎无法相信政治行动中的理性力量能够达到其所追求的目的。”[77]规范的政治理论也与现代的意识形态有所关联，朱迪丝·施克莱解释道：

> 意识形态会引发狂热和妄想，因此我们不应该再谈论它。相反，我们应该要求自己阐明政治语言，解决学术上的困惑并分析最主要的概念。这样我们就能够帮助政治规划者认清他们面前的选项，从而做出合理的选择。我们要理清意识形态中的混乱，形成简明的、理性的阐释方式。[78]

伯林反对这样的看法，他坚持认为政治理论始终有其用处。他既不把政治看作寻求共识的尝试，也不把政治冲突视为**利益**纷争，而是将政治定义为终极**价值**之间的矛盾。他坚称，如果人类价值观、政治以及政治研究在本质上就是有争议且规范性的，那么这样的分歧无法避免。
104 意识形态与政治理论之争都是无法回避的。[79]与伯林同为冷战自由主义者的人们期盼着“意识形态的终止”，同时倡导以更为高级的“零碎的社会工程”手段来取代意识形态纷争，而伯林与他的同道在这个方面产生了分歧。[80]

---

77 Shklar, *After Utopia*, viii—ix.

78 Shklar, ‘A Life of Learning’, 272—273（施克莱在文中提到，伯林不同意这种“政治理论已死”的观点）；也参见Michael Walzer, *Just and Unjust Wars*, xi—xii。

79 TCL, 166; ‘Does Political Theory Still Exist ?’, 149—150.

80 不同的作家在谈到“意识形态的终结”时所表达的是不同的内容。一些人赞同伯林的观点，反对忠于教条的系统。其他人希望政治用于实际辩论的话题——如何在人们对哪些目标值得追求的问题上形成更广泛共识的时候实现这些目标（Edward Shils, ‘Letter from Milan’; Daniel Bell, *The End of Ideology*; Aron, ‘On the Proper Uses of Ideologies’）。

政治理论所面临的另一个挑战来自逻辑实证主义。逻辑实证主义宣称“伦理科学不可能存在”，因为“伦理评判仅仅是情绪的表达”。[81]逻辑实证主义的观点认为，所有的问题，要么能够通过实证研究进行回答，要么就属于语言学领域的分析问题，但伯林反对这一论点[82]，他认为政治理论能够处理真正有意义的，但无法通过实证的或形式上的方法解决的问题。[83]他坚持认为价值评判和事实判断从根本而言是不同的，但前者并不是毫无意义的、主观的或脱离理性讨论的。

伯林在《逻辑转化》(1950)一文中谈到了逻辑实证主义的问题。在伯林看来，逻辑转化是“损害”西方哲学的那些“重大谬误”中“最持久的顽疾”，它希望“把**表面上**属于不同种类的观点转化为同一种类”，换句话说，一种任何“好的”观点都必须符合的范例。逻辑转化源于对“绝对正确的观点之下的绝对可靠的知识”的渴望，但这带来的“致命后果”便是人们开始追逐“绝对的确定性”，排斥或贬低一切可改变的东西；而如果所有可改变的东西都“被清除了”，那么一切也都将不复存在。[84]这种观点反映出伯林前后思想的一致性，在第二次世界大战前他抨击普洛克路斯忒斯主义的计划手段（此处指的是“在退化甚至毁灭的痛苦之中，强制持有某些观点，遵从某种统一的模式，以此夺走人们最重要的作用以及差异”[85]），在战后他则批评人们对确定性和安全性的渴望，此类观点也在他之后的多元论中得到延续。[86]

虽然伯林是在为政治理论辩护，但他反对科学至上主义最主要的

81 Ayer, *Language, Truth and Logic*, 116; see also Ayer, *Language, Truth and Logic*, 111—113. 拉斯利特认为逻辑实证主义是政治理论之死的罪魁祸首(Laslett, ‘Introduction’, *Philosophy, Politics and Society*, ix)。

82 See T. D. Weldon, *The Vocabulary of Politics*, 192.

83 See Berlin et al., ‘Philosophy and Beliefs’, 510.

84 ‘Logical Translation’, 56—58, 70, 72, 77—79.

85 ‘Logical Translation’, 80.

86 See ‘Logical Translation’, 77.

105 原因还是历史（因为历史总体上处于人文科学领域内的重要位置）。[87]他坚称，历史旨在成为一种“内在的”而非“外在的”知识，历史不能“通过完全行为主义的方式，即根据因果关系”来书写，也不能在历史中“消除动机、目的、失败、理想的结果，以及或正或邪、或成或败的苦难与辉煌”。“历史意识”的形成需要深刻的洞察力，要能够“专注于特别的事件、人物或情景，而不是把这一切作为用于归纳论点的例子”，同时也要敏锐地觉察到“每个情境中的特别之处”。历史力图“传达更多的不同点（而非相同点），并绘制出事件与人物的独特集合”。由此可见，伯林进一步否定了归纳这一方法，因为他坚信，只有通过“着眼于真实事件，不惧怕破坏原则（严格遵循规则会带来荒谬的答案）地指出事实所在”，“才能够确定‘什么是什么’”。[88]这种观点影响了伯林叙述人文科学的方式与研究政治的方法。

伯林历史论述中的核心部分是他坚决反对决定论，他把决定论与集体主义联系在了一起。他认为这些思想非常危险，人类的能动性与责任会因此大打折扣，个体权力遭到剥夺并失去了尊严。伯林进一步指出，在他本人所处的时代里出现了一种典型的社会价值构想，“根据蕴含历史、种族或民族特质的，基于事实的假设和形而上学的信条，什么是良好的、正确的、必需的、可取的、适合的东西能够通过科学的方式推测出来”。根据这种观点的设想，“一个由个体组成的特定群体在几乎称得上是玄妙的非人力量的影响下，只会向唯一一个方向前进”。[89]这些批评不仅指向伯林公开提及过的人（如黑格尔、孔德、斯宾格勒、汤因比、卡尔），同时也暗含了上文所述的社会趋势。从社会学知识的角度来看，“我们

87　伯林关于历史的写作，可参见Ryan Hanley，‘Political Science and Political Understanding’；James Cracraft，‘A Berlin for Historians’。

88　Berlin to Myron Gilmore，26 December 1949，E 151；‘The Concept of Scientific History’，135—136；‘The Sense of Reality’，24；FIB 99.

89　PITC 85；cf. FIB 74，85—86，92—95.

的方法、得出的结论以及相信这些结论的原因”，“完全或大体上由我们的阶层、我们所在的群体或其他任何可供选择的组织所处的发展阶段来决定”，但人们会因此认为“所有的特质和行为都源于非理性与无意识的起因”，而这正是伯林反对社会学知识的原因。如“集体主义精神”“20世纪的神话”“当代价值观崩塌”（有时称作“信仰危机”）等时兴的概念 106
就变成了“无法经实证考验的虚构事物”，同时这些概念作为“言谈方式带来的新柏拉图主义和诺斯替主义的鬼魂、天使及恶魔充斥了整个社会”，并因此创造出一种“伪社会学神话”，一种“新的泛灵论”。[90]

由此可见，伯林认为针对历史和社会决定论的信仰不是真正科学的，而是建立在“伪科学”以及“大量未经证实的图像和明喻”之上的，如将世界看作“单一的、包罗万象的等级结构”，一个“和谐的金字塔”——其中必须包括确定的个人和事件在这一模式中的位置。决定论反映的并不是实际经验，而是类似“能够对万物进行完全解释、说明的神正论式的自负，它们承诺会将人文科学同化为自然科学，以追求世间万物的统一架构”。决定论的理论源于对确定性的追求，以及对实现“通过监禁获得的和平、令人满足的安全感、找到人在宇宙中的合适位置”，同时逃离“由无序的自由带来的痛苦的冲突和困惑”，并进入“与道德无关的、客观的、统一的庞大整体”的渴望。决定论让人们“感觉自己成了一个有序系统中的一员”：“我们是军队中的军人，我们不再因孤独而痛苦。我们的队伍在行军，既定的目标不由我们来选择；权威消除了怀疑。”如果没有选择的自由，“也就不存在焦虑，我们也无须承担责任”：“当我们着眼于更庞大的整体时，这个整体将站在我们的位置承担起责任。”过去被视作邪恶的行径如今变得“正确、有益，因为这些行为对整体而言是必要的”。这个说法可以算是“最完美的托词”之一，它使人不必去面对“人类需要承担责任的事实，也不必认识到人类真正

90　HI 158—161.

的自由其实是有限制的”。[91]

由此可见，伯林对社会自由和政治自由的关注让他反对历史决定论。有人认为，决定论最引起伯林反感的一点在于它对自由的怀疑，具体来说就是伯林所认为的最根本的自由：在不同选项之间进行选择的能力。[92]

伯林有关历史理论的写作与他之后在道德和政治哲学领域内的作品的核心主题相关联，即一元论与多元论的对立，以及自由的本质。这些历史理论作品也涉及伯林在20世纪30年代不太知名却十分重要的学术目标：维持道德评判的可能性。伯林指责道，接受决定论就是以
107 “道德评判与历史行为不匹配”为由否定道德评判、努力以及自尊。[93]他主张，与人类事务相关的一切都需要使用“能以常用语包含并表述的道德范畴和概念”来进行评判。道德评判无法避免，而错误也同样如此：“评判是一定要的，我们会为自己做出的判断承担风险，如果我们做得过火了或被证明判断是错误的，那就接受纠正，而如果我们是诚实的人，就会撤回错误的评价。”[94]

伯林不是唯一一个认为历史决定论会打击政治自由的人。哈耶克指出，历史决定论是最有影响力的、最险恶的、最普遍的当代思潮之一。[95]雷蒙·阿隆的整个学术生涯始终关注着历史哲学。和伯林一样，阿隆坚持“应单独考虑每个问题”并指出了“价值的多元性”，而认识到这一点就不会“默许过度的怀疑主义”，也否定了“任何声称自己了解人类命运之关键的主张”。[96]阿隆认为，“每个历史碎片”都是“无穷无

---

91 Quotations from HI 104, 128, 131, 160, 162—165; cf. Aron, OI 323.

92 See HI 109—110, 130—131; FIB 88—90.

93 See HI; ‘The Concept of Scientific History’, 115—116, 141, 163—165.

94 HI 163, 152; see also Hanley, ‘Political Science and Political Understanding’.

95 *The Counter-Revolution of Science*, 196—197.

96 Aron, *The Century of Total War*, 93—98, 159—165; *War and Industrial Society*, 3; *Thinking Politically*, 303; OI 157.

尽的”，其中的内涵“因关注角度和现实维度的变化而多种多样”。单一的历史过程或意义是不存在的，因为如果“每一个历史瞬间都有着多重意义，那么从整体上来看，怎么可能只存在一种历史？”[97]未来“总是未决定的”，尽管人类的自由“受到人类情感、历史遗留物以及集体奴役状态所限制”，但“我们并没有被迫提前进入一个令人厌恶的体系”。“自由之处”的存在为人们自己有意识地做出选择留出了空间，“每种人类行为都是在不同选项中做出选择的结果——虽然是偶然性带来了这样的结果，但这个结果并不受制于偶然性”。[98]

几乎没有思想家像卡尔·波普尔一样将政治理论和历史哲学结合在一起，并形成了重大影响。历史决定论是《历史主义的贫困》一书中的核心话题，也是《开放社会及其敌人》一书的主题所在。波普尔在《历史主义的贫困》中写道：“不计其数的男人、女人和儿童因法西斯主义信仰历史命运中无法改变的法则而受害。”伯林和波普尔的关系虽不算十分亲近，但也还算不错。伯林称赞了《开放社会及其敌人》一书并 108
表达了对该书的感谢，同时还在《两种自由概念》的初期草稿中提到了波普尔，但是以更为评判性的眼光。[99]根据两人之间的通信，在20世纪50年代，他们的讨论主要关注科学哲学，只是简略地提到历史哲学，而政治理论就更少了。[100]在政治上，他们俩都重申古典自由主义的观点：限制政治权力比由正确的人掌控权力更重要。[101]波普尔抨击了那些信

97　OI 136—138，159—160，184.

98　OI 182，184.

99　伯林形容《开放社会及其敌人》一书具有无与伦比的独特性与力量，包含了“针对活着的人撰写的哲学与历史方面的批评”。

100　参见波普尔写给伯林的信，no date，MSB 121/170—171；8 May 1950，MSB 123/71；12 June 1950，MSB 123/159；24 October 1952，MSB 130/263；24 May 1953，MSB 134/132；no date，1953，MSB 135/116；31 July 1953，MSB 135/117；Berlin to Popper，19 February 1952。

101　Popper，ISBW，219—220；Berlin，TCL 208—212.

仰"权力和奴役他人"、尊崇**成功和效率**的人,并且和伯林一样反对一元论倡导多元论。他坚称正是因为"人们认为只有一种统一的想法,并相信只有一种统一的信仰",才会"导致恐怖、无人性的行径"。而西方文明的伟大之处就在于它相信不同的、多样化的观点。[102]

波普尔认为多元论应追溯到康德[103],和伯林一样,他也将自由民主的道德核心与康德的观点联系在了一起:人类价值观的意义源于道德主体能够自由地做出决定。[104]波普尔比伯林更坚定地拥护康德,他将自己描述为"启蒙运动最末位的落后者",一个坚持知识解放的理性主义者(这一点与伯林不同)。[105]波普尔认为理性主义与非理性主义之间的冲突是"我们这个时代最重要的学术甚至是道德事件",而他坚定地站在理性主义一方。[106]虽然他批评"乌托邦主义"像使用工具一样对待人类,但他仍主张使用更"科学的"、更有技术含量的方法来引导人类及社会,因为科学在得到**正确理解的**前提下,能够适用于生活的方方
109 面面,而这是伯林所不愿意接受的。[107]

相反,伯林并没有像波普尔那样完全坚决地反对"整体论"。伯林区分了形而上学整体论和标准整体论,以及"经验性与描述性"的论点:"人类的观点和行为在很大程度上受到其他过去或现在的社会成员的习惯影响",以及"任何试图影响人类和判断人类行为的努力"都必须要考

---

102 ISBW 211—213. 波普尔在几个方面表达了对伯林的多元主义的支持——所有这些都遵循着伯林在《两种自由概念》中对多元主义的阐释,正如哈代向我指出的那样。

103 ISBW 138.

104 See Popper, *Poverty*, 78, 150—152; ISBW 132—133, 207.

105 ISBW 148—149, 204—206. See Hacohen, *Karl Popper*, 61, 518.

106 Popper, OSE II, 224. 波普尔对理性主义的叙述和伯林的截然不同,参见 OSE II, 224—231。

107 *Poverty*, 58—59; OSE II, 60—63, 105, 129—145. 波普尔思想的这个方面,可参见 Noel O'Sullivan, 'Visions of Freedom', 66。

虑传统上的以及非理性的因素。[108]受赫尔德关于大众的观点（以及他自己作为俄罗斯犹太移民的经历）的影响，伯林认为文化和国家是由共同的历史和特质统一起来的独特整体，但这个观点对于波普尔而言十分可憎。[109]波普尔始终反对浪漫主义、民族主义，以及他认为能够归于历史主义的一切，但伯林在这些方面的立场显然更为模糊、灵活，且更为包容。

伯林意识到了这些差异。虽然《开放社会及其敌人》和《历史主义的贫困》都“强有力地、准确地”且“无比清晰地”揭露了“形而上学历史主义的谬误”，但波普尔“在我看来低估了自然科学的研究方法与用于探究历史或共识的手段之间的差异”（哈耶克的《科学的反革命》“虽然有其夸大之处……但在这个问题上更加有说服力”）。[110]伯林警告波普尔，科学理性主义可能同样会变得危险且有误：“科学反启蒙主义带来的压迫并不少于历史主义，而在我们的时代它具有更高的威胁；科学反启蒙主义可以如同历史主义一样扭曲科学方法和人类性情。”[111]之后，他又批评称，波普尔将科学的方法与目的应用在政治中，是根本无法得出政治理论的。[112]因此伯林比波普尔更为抵制科学主义，更赞同民族主义的诉求，也更热烈地反对家长制。所有这些观点都影响了其浪漫主义思想的形成——这在伯林的自由主义理论家同行中是很少见的。

4.4　结论

伯林在第二次世界大战后有关政治、文化的写作中解释了他所认

108　HI 100n.1；cf.‘The Concept of Scientific History’，114，139—140.

109　See FIB 77—78. 关于波普尔，可参见 Hacohen，426—427，437—438，472。

110　HI 101n.2.

111　Berlin to Popper，16 March 1959，E 681—682. Cf. David Weinstein and Avihu Zakai，‘Exile and Interpretation’，*passim*；UD 179—181.

112　Berlin，interview with Polanowska-Sygulska，April 1988.

110 为的自由主义特征：反感一致性，并担心“治疗式”、家长式的管理所带来的巨大压力；他始终认为自由选择和多元价值是不可或缺的；强调个体在受保护的空间内追求自己的目标是十分重要的；倡导适度的怀疑、对多样性的包容、尊重他人的自由（包括异见与不正当行为）。这些承诺与伯林的价值多元论紧密相连，他的多元论关注多样性和选择，并认定一致性与人类的道德经验是不兼容的。这一观点可以追溯至20世纪30年代，但确实是第二次世界大战后的文化和学术思潮激发了他的写作，让他产生了更为深刻的认知。对极权主义的关注以及对科学至上主义和家长制的反对也引导了伯林在乌托邦主义和“现实主义”的
111 对立浅滩之间航行的尝试；并让他对自由产生了更进一步的思考。

第五章

在现实主义与乌托邦之间：中庸的政治道德

伯林对乌托邦主义的批判众所周知[1]；相比之下，他对“现实主义”的持续反对则较少引起人们的注意与探讨。后一种思想倾向早在伯林现存最早的文章（写作于其12岁时）对政委乌里茨基的刻画中就已展现得淋漓尽致。乌里茨基“表现得像一个狂热信徒，在签订死亡判决时连眼珠都不转一下。他的座右铭是‘目的使手段变得合理’。为达成计划，他在任何事物面前都从不停步”，并把人分为“两种类别”：挡路的人，以及服从他的人。[2]这一童年时代的描写，已经包含了极权主义意识形态与无情的“现实主义”伦理标准的许多核心特征，也是伯林之后的整个思想生涯都致力于对抗的。

5.1 “大军”的对立面：伯林对“现实主义”的拒斥

伯林指出，“当代思想领域大致”存在两种“强有力的学说”：决定

1 See Berlin, ‘The Pursuit ofthe Ideal’; Michael Walzer, ‘Ought We to Reclaim Political Utopianism ?’

2 ‘The Purpose Justifies the Ways’, 334.

论与相对主义。二者都打着“洞察事物本质”的旗号，拒斥“最具人性的道德或政治信念”。决定论声称“能够发现某种人类社会中真正客观存在且固定不变的生活与思想模式，并以此引导我们走向理智”；相对主义则主张，所有的准则都是特定社会的“胜利者”根据自身需求制定的，除此之外不存在任何一种能够衡量人类行为的道德标准。[3]伯林声称，极权主义意识形态的核心基于一种信念，即“对人类精神而言，只
112 存在一种健康、有效率的生存状况”：对历史必然性法则的服从。“只有在个体精神处于发现唯一真理的正确路径上时，其观点才被认为是有价值的。”[4]

伯林对决定论与相对主义的不赞同，在他批判共产主义的过程中扮演了核心角色。他将共产主义思想与决定论和目的论的历史观相关联，认为在该观点解读之下的历史是一段走向某个确定、可发掘方向的过渡过程。而这将孕育出道德相对主义：正如E. H. 卡尔所言，共产主义的一大特征就是主张“彻底的相对主义”，认为“一切都是相对于历史进程中某个特定阶段而言的”。[5]这一信条为列宁等共产主义理论家所接受，并由此衍生出一系列理论，即，那些历史的“胜利者”将理所当然地化身为正确的代名词，而“失败者”则成为错误的象征；人们没有理由去尝试理解反对者的思维，或对凯旋方以外任何人的意见洗耳恭听。这成为共产主义站在民主对立面的核心论据之一，因为后者“自始至终不认为历史指定的个体具有引导、统治其余人的特权地位”。对人类社会的相对主义式解读认为，所有文化本身都处于封闭的信仰系统中，拥有不同信仰的个体之间不可能实现相互理解或达成有意义的交

3 HI 155.

4 DCI 4.

5 Carr, *The Soviet Impact on the Western World*, 92—95; cf. Berlin, ‘Socialism and Socialist Theories’, 98—101; ‘Marxism and the International in the Nineteenth Century’, 118—139; ‘The Philosophy of Karl Marx’, 115—125.

流；这同样与民主理念大相径庭，后者恰恰坚信人类之间存在共同点，能够在同情的基础上互相理解。因此，伯林对同情心理的支持，不仅是在矫正人文科学中的科学至上主义倾向，也是在对抗相对主义，维护自由民主思想。[6]

决定论与相对主义的理论，最终都可能导向一种怀疑论的“现实主义”。[7]此处，伯林区分了两个层面的“现实主义”。一种是关于现实的正确认知，其避免了感性曲解（emotional distortions）。另一种“更为邪恶”的现实主义则意味着，当人们自认是“现实主义者”时，他们实际上是在“为自己不寻常的残暴行径开脱”。在这种意义上，“现实主义”等同于“残酷与野蛮，往往会接纳通常意义上被认为不道德的行为，且不会因软弱的情感与道德考量而动摇”。[8] 113

从第二种“现实主义”（通常称为“马基雅维里主义”）衍生出的观点，构成了战后思想中具有重大影响力的一种潮流。它认为，无论“公理”（right）与“强权”（might）在何种情况下发生冲突，“强权”都将是胜出的一方。在实践中，原则永远只是为依赖权力维持的现状而进行的辩护；因此，政治理论的唯一用途，就是作为“一种操纵的技巧”存在。如此，“现实主义”一词就与政治理论的灭亡，以及工具主义和管理主义的执政方式联系在了一起。[9]与实际上的乌托邦倾向相反，管理主义和极权主义是乌托邦主义与“现实主义”的混合产物，既包含对人力与知识的绝对信心，同时也包括对人性中轻信、天真、愤世嫉俗等弱点的

6　DCI 2.

7　我将这一立场称作“现实主义”（realism），是为了与“哲学上的现实主义”（philosophical Realism）有所区分。

8　‘Realism in Politics’, 134; FIB 96. 伯林之后会在“不可或缺”的“‘真正的’现实主义”与作为低劣行为之委婉说法的“现实主义”之间做出区分（Letter to unknown correspondent, MSB 228/250）。

9　See Franz Neumann, ‘The Concept of Political Freedom’, 160—161.

蔑视。

其他自由主义者同样对“现实主义”发出过声讨。波普尔就谴责过“**历史相对主义**”，主张其否认了人类道德的统一性，并提出正是历史决定论导致人们对偶发状况轻易地束手就擒；他也同样憎恶对权力的崇拜（并将其称为“人类最糟糕的偶像崇拜之一”）。他声称“我[……]对很多圣徒的好感高于大多数——或几乎所有的——政治家[……]因为政治方面的成就总体上不曾给我留下什么好印象”，而“**权力政治（power politics）的历史就是国际罪行与大规模屠杀的历史**”；并坚持“成功不应被顶礼膜拜[……]它不能成为一切事件的裁决者[……]而我们也不能被其迷惑”。[10]哈耶克也指出，“似是而非的‘现实主义’，乃至怀疑主义”以及“对‘无法抗拒之潮流的宿命论式接受’”正大行其道；他本人则致力于攻击主张“一切道德原则都是时代的产物，只有能被直观证明的原则才成其为有效”的“彻底的道德相对主义”。[11]阿隆对此表示赞同，但进一步将矛头指向“革命神话”中糅合了相对主义与道德正当性诞生的思想产物，指责这种力图通过暴力手段改变现状，并导向最终解决方案的观点，在实际上“消弭了道德不妥协与恐怖主义之间的距离”，将“崇高的目的”作为使用“反抗手段”的正当理由。当暴力“自认服务于某个同时具备历史性与绝对性的真理时”，其非人化程度将攀升至顶峰。[12]

决定论、“现实主义”与管理主义间的联系并非狂热自由主义者的主观臆造。西方有两位著名思想家尤其赞同“现实主义”与管理主义：詹姆斯·伯纳姆与E. H. 卡尔。伯林始终对这两人保持密切关注：
114 在1951年时，他感叹说，“历史上不会有其他任何一个时期对欺凌者致

10 OSE II, 202, 204—205, 208, 213—223, 236, 240, 257, 270, 274.

11 *Road to Serfdom*, 1—3, 32; cf. *The Counter-Revolution of Science*, 198—202.

12 OI 135, 156—157, 199—200.

以如此敬意，每当受害者委顿一分，颂扬欺凌者的赞歌也就更洪亮一分（也多一分真诚）——请参阅E. H. 卡尔、库斯勒、伯纳姆、拉斯基的例子”。[13]伯纳姆（一位前托洛茨基支持者，后期转变为激进的反共产主义者与保守主义者）坚持道德中立的立场：“我们的任务不是去评价（极权主义）是好是坏，表达自身的喜好或厌恶，而是将其与社会现状结合在一起分析。”从一种“科学”的出发点来看，“谎言、残忍、恐怖主义与野蛮”是“人类历史的正常[……]组成部分”，必须予以接受。相应地，用“科学主义”或“现实主义”方式来管理社会，则是因为这提供了一种获得**权力**的方式。[14]

尽管伯林对伯纳姆的作品有所注意，但他最为关注的始终是卡尔。伯林和卡尔维持了一段四十年以上的波折友谊，用批判的眼光审视彼此的作品，并曾在20世纪60年代早期参与了一场关于历史哲学的漫长公共辩论。当卡尔对苏联的同情态度使他很难保留原先的学术职位时，伯林也试图帮助他寻找工作和出版的机会[15]，并将卡尔描述为一位“具有出色能力的卓越的人”，赞扬了他的“热情”“独立”“进行严谨研究的能力”，以及“清醒睿智的头脑和敏锐的观察力”；并声称卡尔的学术与文学表现“总是令人敬畏[……]足以使他跻身一流”。尽管自认“被卡尔那种崇拜权力的价值观所惹恼（尤其当这种价值观被资产阶级自由主义者，以及所有阶级中的道德正派人士采纳的时候）”，但他依然

13　LTK 343—344. 在其他地方，伯林将这种“现实主义”与特赖奇克、帕累托与法西斯主义相联系（MSB 630/2）。

14　*The Managerial Revolution*, 7, 146, 195, 263—264; see also ibid., 68—131, 181, 185—187, 190—194; *The Machiavellians*, 294, 304. 伯纳姆对英国左派的影响，促使奥威尔指责他向“可怖的、不可遏制的力量”表现出“屈服与顺从”；这展示出“当下被称为‘现实主义’的思潮的传播，对当下的现实观念造成的不可忽视的损害”（Orwell, ‘Second Thoughts on James Burnham’, 170）。

15　Berlin to Carr, 14 May 1949, MSB 247/132; Berlin to Anna Kallin, 29 March 1953; Berlin to Noel Annan, 15 October 1953.

认为卡尔的错误“比[……]广为接受的许多观点更加有趣、引人深思以及[……]有价值”。考虑到其作品的重要性、他出众的能力——以及他遭受政治迫害的经历,卡尔理应得到帮助;因此“假如有任何学术
115 职位,他是候选人而我是掌权者,我一定会选择他”。[16]

尽管如此,卡尔面对自满、伪善的自由主义建制派(liberal establishment)时展现出的严阵以待的立场,以及伯林将卡尔视为他所厌恶的政治制度的辩护者的印象,这一切都通过公开辩论得到了展示。卡尔反对伯林表现出的——在他眼里的——政治逃避态度,批判后者“对当代社会一切令人不适与不中意的现实吹毛求疵”,并认为伯林对狂热倾向的声讨恰恰反映出他缺乏一种坚定的信念[17];伯林则坦言说自己对这番批判抱有“轻微的愤慨”,虽然他曾“多次在此处、在美国,为卡尔辩护”[18],但依旧必须声明,卡尔的攻讦“使我愈加相信我的观点比我之前以为的更加正确,因为他的作品明显有许多我一直以来试图进行分析的症状,而他又理所当然地将我的文章视作对他根本立场的抨击”。[19]

伯林对卡尔的态度有些矛盾,一方面将他描述为“一位非常好的人,值得褒赞,一个有着良好修养的家伙”[20],但同时又反对他那种“拿理想主义与感伤情绪开玩笑——有时是十分无情的玩笑——的做法,以及他那种讥讽的,甚至带有蔑视意味的现实主义倾向”。[21]伯林谴责卡

16 Berlin to R. F. Kahn, 12 December 1952, MSB 131/208—211. 关于伯林与卡尔的关系,可参见 Jonathan Haslam, *The Vices of Integrity*, 65, 158—165, 168, 170。

17 Carr, ‘The New Scepticism’.

18 Berlin to Alan Pryce-Jones, 15 June 1950; see also Berlin to Schlesinger, 18—24 February 1951, E 223.

19 LTK 343.

20 Berlin to Annan, 15 October 1953.

21 Berlin to Kahn, 12 December 1952, MSB 131/208—211.

尔“市侩的、廉价的政治立场”[22]；并以一种更为宽容的口吻，指出后者“对有悖于理念的事实，以及反知识分子的实践家所持有的略显庸俗的[……]偏爱”，认为卡尔有一种“强硬且坚定的现实主义倾向”。[23]他曾公开警告说，尽管卡尔的《苏维埃俄国史》“称得上是多年以来所有语言写成的著作中有关这一主题做出的最重要贡献”，但若最终成书，将会“成为我们时代所面临的一项最为艰巨的挑战，其矛头直指历史书写过程中对于客观真理与公平正义的理想”。[24]

伯林的敌意带有一些政治色彩。他不太可能向卡尔发表的“苏联从未忽视人性”的声明大度点头，或对后者赞赏布尔什维克主义“在追随者中间培养起忠诚与自我牺牲精神”的立场表示支持。[25]而俄国思想中赞扬自由主义、个人主义传统的观点，不会对卡尔关于俄国自由观的集体主义式刻画表示赞同，也不会同意共产主义是俄国文化的一 116
项恰当衍生物。[26]这的确是争论的焦点所在——且在苏联的同情者与反对者两大阵营的对垒过程中十分常见——也是伯林关于俄国思想的作品所讨论的。[27]在更广义的层面上，伯林的自由个人主义（liberal individualism）主要致力于反对卡尔的民主观：后者认为民主并不意味着限制政府控制，而是代表着集体利益的真正实现，因此“民主与专政独裁并不存在本质上的不相容性”。[28]

伯林的道德个人主义与卡尔的政治集体主义，在两人关于历史哲学的辩论中得到了展示。伯林批判卡尔忽视个体地位，而卡尔则指责

22 Berlin to Annan, 13 January 1954.

23 Berlin to Kahn, 12 December 1952, MSB 131/208—211.

24 Berlin, ‘Soviet Beginnings’. 卡尔的回应是，感谢伯林“给出了迄今为止最为重大与智慧的评论”（Carr to Berlin, 11 December 1950; MSB 247/141）。

25 Carr, *The Soviet Impact on the Western World*, 19, 86.

26 Carr, *Democracy in International Affairs*, 12—13.

27 Aileen Kelly, ‘A Complex Vision’, xiii—xxiv.

28 *Democracy and International Affairs*, 5—6.

伯林发展出了一种关于反动的“伟大个人”(Great Man)的历史学说。卡尔承认个人的重要性(而他对列宁的刻画也的确符合这类“伟大个人”式的描述)。但在他看来,个体只有在对历史进程抱有恰当认知的时候才成其为重要。[29]卡尔将历史视作迈向社会的最终理性管理的一段旅程——而这种理性管理就是“历史进步的显著标志”。[30]但这种进步并没有给任何个人层面的种种顾虑,或关于自由的异想天开留下任何自由发挥的空间。[31]

卡尔对进步的坚定信念首先源自他的历史观,在他看来,人类历史只有在被当成某种遵循可见规律的过程时才是可理解的。对进步的褒赞同样来源于某种道德信念,或需求。卡尔高度自我揭示地指出,马克思主义思想内部存在一种“高度现实主义与相对主义的历史进程分析”与“对终极目标绝对不妥协的信念”之间的二元对立,而马克思主义正力图以因果历史发展“化现实为乌托邦”,来缓解这种对立冲突。[32]在他的自由主义信念被第一次世界大战所动摇后,卡尔转变为一位“现实主义者”;但他依旧需要相信某些事物。[33]正如他所承认的:“对某种进步的信念依旧环绕着我,而这是伯林[……]与我之间的主要分歧[……]在我看来,黄金时代的光辉正照耀着我们的前路;伯林则或许
117 认为它恰恰位于我们的身后。”[34]

29 See e.g. Carr, *A History of Soviet Russia* I, 6—7, 22—25, 99; III, v; *What is History?* ,54.

30 *What is History?* ,142,146.

31 Carr to Berlin,25 January 1950,MSB 247/138.

32 *The Bolshevik Revolution*, Vol. I,249.

33 Haslam, *The Vices of Integrity*,47,299—300; Ved Mehta, *Fly and the Fly Bottle*,190.

34 Mehta, *Fly and the Fly Bottle*, 187. 卡尔在之后写道:“或许世界已经分成两派,一方是犬儒主义者,认为没有任何事物是有意义的,另一方则是乌托邦主义者,致力于在某种宏大但无法证实的未来假设的基础上建构一切意义。我更倾向于后一种。”(Quoted in R. W. Davies, ‘Notes Towards a Second Edition’, *What is History?* ,177)

和许多人一样，卡尔怀着对自由社会中不平等与不公正现象的深恶痛绝而转向了苏联。但同时他也为苏联的强大所吸引（正如他曾在20世纪30年代被纳粹德国所说服一样），钦佩那种果断的（甚至是狂热的）自信，以及使一个落后社会摆脱泥淖向前发展的巨大成就。[35]被这种“现实主义”与进步理想的混合信念所驱动，又为效率与力量所折服，卡尔最终成为“现实政治”（realpolitik）与集权国家的支持者。

伯林尤其反对卡尔对于“无情”所表露出的赞同态度。伯林控诉说，在其“冷静判断与学术严谨”的背后，卡尔已经“深陷‘世界历史性人物’（Welthistorisch individuals）施加的魔咒而无法自拔，这些人对权力的本质有着清醒的认识，知道如何予以争取，以及在获得权力后应如何加以运用”。这种“对胜利的推崇”与“以获胜者视角”看待历史的倾向，使卡尔“缺乏对另一阵营的同情，无论对方是对抗之下的输家，没有揭竿而起的羸弱者，还是在他看来根本在朝着错误方向努力的人”。卡尔的历史观点充斥着“对殉道者与未取得成功的少数群体的极度反感”；在他眼中，这些人的行为就相当于将自己从历史见证者之列除名。[36]他非常典型地将历史的受害者视作

> 被历史恰如其分地对待了的弱者与废物，作为忤逆潮流的存在，这就是他们应得的下场。只有胜者拥有被倾听的权利；余下的[……]德国特质（Deutschtum）、白人的负担（White Man's Burdens）、美国纪元（American Century）、游行的平民（Common Man on the March）等理念的批判者和牺牲品……都不过是历史垃圾……[37]

35　Haslam, *The Vices of Integrity*, 47—49, 72—75, 79, 86—87, 94, 98, 128, 134, 147, 241, 259, 299—300; Mehta, *Fly and the Fly Bottle*, 190; Carr, 'Fifty Years On'.

36　Berlin, Review of Carr, *Studies in Revolution*; idem, 'Soviet Beginnings'.

37　LTK 343.

卡尔“并不排斥为极端主义者辩护，无论在他眼里那些人是多么愚蠢，或是误入歧途”[38]，因为他“在很大程度上受到20世纪自黑格尔以来开始流行的[……]蔑视自由主义的思潮影响”。和黑格尔一样，卡尔的口吻显示出，对主宰历史的冷峻法则带来的后果加以谴责是一种非常“幼稚的”行为。[39]的确，伯林将卡尔视作黑格尔的追随者，并经常
118 把他称为黑格尔的辩护人。[40]

在论及“黑格尔式现实主义”时，伯林的文章洋溢着道德上的义愤，指责其“将成功与正确混为一谈”。黑格尔式的解读将“历史”等同于“一支在康庄大道上前进的庞大军队，其余一切未实现的可能性、一切殉道者与空想家都会被毫不留情地抹杀”。与不可避免的历史潮流相对抗，简直是“自杀式狂热，一种无可比拟的愚蠢[……]不具备身为成年人的资格”。道德可以在理性中找寻源头，正如其在历史中能够得到具象化展现一样；因此那些在历史行进的过程中“只因见到悲剧、革命、毒气室、人类的痛苦经历就坐立不安的人”，“不仅是卑劣而目光短浅的跳梁小丑，且毋庸置疑应被排除在道德的行列之外”。当这一观点被应用于历史研究时，人们就往往“从胜利者而非受害者的视角”看待过去发生的事件。而应用于政治领域时，它则会导致“良善、正确与成功等概念的混淆”，使人们理所当然地认同“碾碎反对者的正当性”，并“过分崇拜力量本身”。黑格尔的历史哲学是“法西斯主义等公开开展力量崇拜之运动”的源头，“这类思想会（以各自的方式）从历史上的

38 Review of Carr, *Studies in Revolution.*

39 卡尔后来指出，主张历史学家应重视评判（赞扬或谴责）个人性格的观点——他认为伯林就持有这一立场——是“幼稚的，或至少是过度孩子气的”（*What is History?*，45）。

40 ‘Soviet Beginnings’. 伯林在私下里将其描述为“E. H. 卡尔最符合黑格尔观点的，以俄国革命为题的作品——这令我感到厌恶”（To Edgar Wind, no date, E 210—211）。

成功引申出道德正当性”。[41]

作为对黑格尔的解读，这无疑是有缺陷的。[42]然而，伯林最主要的关注角度并不在于训诂，而在于实践：他力图指出当代政治事件背后信仰因素所扮演的角色——并通过揭示后者的运作原理和过程来与之对抗。伯林的攻击目标包括对共产主义抱有同情态度的知识界人士，及共产主义本身；前者“坚定不移地相信共产主义终将获得胜利”，认为“与黑格尔式——必然‘不愉快的’——历史进程抗衡的努力是毫无意义的”[43]；后者则始终坚持一个“基本命题”，即，一旦有人知晓了人类生活方式和社会组织的原则，“他就能——以理性之名——无情地将这种 119
原则强加在他人身上：如果对方是理性的，那么他们自然会在自由意志之下表示认同；如果对方不同意，他们就一定是非理性的”。[44]

因此，对“现实主义”与决定论的攻击，构成了伯林冷战时期理论的重要组成部分。但从他将伯纳姆与库斯勒都囊括入“现实主义流氓”之列就能看出，他对“现实主义”的质疑已经超越了冷战阵营对立的讨论范畴。“现实主义”与进步信念之间的黑格尔辩证法式结合，同时具

41　FIB 90—91，95—98.

42　这种观点也在第二次世界大战时期与战后广为传播。的确，这最早可以追溯至第一次世界大战，以及霍布豪斯的《形而上学的国家论》(*The Metaphysical Theory of the State*)与杜威的《德国哲学与政治》(*German Philosophy and Politics*)等作品。在第二次世界大战期间，E. F. 卡里特谴责黑格尔为“强权即公理”原则辩护的做法(Carritt, ‘Reply’，43)；该原则被囊括入许多纳粹主义的思想谱系之中(e.g. W. H. McGovern, From Luther to Hitler)。波普尔极富影响力的战时思想批判了黑格尔的历史决定论与“道德实证主义”——在黑格尔看来，“除了当下奉行的道德原则以外，不存在其他任何道德标准；存在即合理，所有当下的状况都是好的状况；因此，强权即公理”(OSE II，206；cf. OSE II，27—80)。哈耶克同样批判了黑格尔将自由定义为对必然性的自愿认同与接纳(*The Counter-Revolution of Science*，200)，而这也与拉斯基的观点相一致(*Liberty in the Modern State*，11)。

43　Berlin to Talmon，30 December 1952，E 355.

44　DCI 1.

有革命与保守的色彩：一方面它对历史前进的步伐怀有近乎无情的认同与信仰，并以此作为革命狂热主义的基础；另一方面它也鼓励“对权威、领袖以及演说家的服从与狂热追随”——尽管这种特性为许多“极端”运动所有，但其本质上依然属于保守的、为集权主义辩护的思想，目的是打压一切可能导致动荡与变革的因素。[45]

伯林尤其反对“现实主义”中目的使手段合理化的观点；在他看来，事实上“不正当的手段会消解一切正当的目的”。[46]由于现实主义及其辩护者偏好采用“目的证明手段”作为论据，第二次世界大战后的许多自由主义、反极权主义思想家在很大程度上都受到了“目的证明手段”这一思维框架的影响；如卡尔所述：“和其他极权主义哲学与宗教思想类似，布尔什维克主义倾向于将目的作为手段合理性的依据。如果目的是绝对的，那么人们将无法从道德角度对任何服务于该目的的手段加以谴责。”[47]但对“目的证明手段”思维模式的高度关注，同样揭示出自由主义者自身所处的窘境：他们的确曾经用称得上暴力而无情的手段击败了纳粹主义[48]，并面临着用同样极端的方式对抗共产主义的可能性。这就使得关于手段正当性的辩护变得愈加困难起来。[49]

对“目的证明手段”观点的不赞同，在当时主要体现在反对功利主义，以及回归康德学说的思想转向上。[50]如我们所见，伯林(以及波普尔)支持康德的观点，认为人是自己的目的，因此仅仅把他们当作手段

45 PIRA 256. 伯林指出，“德国人将会”因为这种“狂热的唯命是从”而“变得臭名昭著”。

46 Berlin,‘Fathers and Children’,299.

47 Carr, *The Soviet Impact on the Western World*, 92.

48 例如，用燃烧弹焚烧德国城市的行为。

49 See e.g. Koestler,‘The Crisis of Our Times’; Hayek, *The Road to Serfdom*, 109—111; Popper, *Conjectures and Refutations*, 358—363.

50 有关这一趋势，参见 H. L. A. Hart,‘Between Utility and Rights’, 198; idem,‘Utilitarianism and Natural Rights’, 196。

看待是对人格尊严的亵渎，对人性的根本否定。这同时否定了功利主 120
义与历史主义的观点：因为“所有这类保证中——无论是功利主义描绘的天堂，还是人类置身于有机整体中所能抵达的某个永恒完满的未来——令人无法信服的一点，就是将人作为工具与手段看待”。[51]他对此加以补充，主张唯有真正的人性价值本身才是终极的目的；牺牲某一部分的人类价值以成就另一部分是不合理的，因为被舍弃的价值并不比其所换取的部分更无足轻重。[52]

伯林还将工具性政治的另一条准则——牺牲真实的当下，以成就一个可能存在的美好未来——与目的论、决定论的历史观联系在了一起。这也是伯林一生中主要攻击的对象之一。以“无法确证、人们知之甚少、仅作为某种宏大的形而上学思想构筑的产物而呈现的，某种模糊的幸福未来”为依据来打压个体，是“盲目”且“邪恶”的，因为“未来从不是定数”，且这一行为“违背了我们当下唯一确认的道德价值”。的确，“人类所能犯下的最为深重的罪孽之一，就是将自己理应承担的道德责任转移到无法预测的未来秩序之上”；这种让一切现实考量屈服于未来预期的做法，是“一项反对‘人’的生活的恶鬼契约”。[53]人们需要对“那些构成大规模屠杀理由的遥远目标”加以戒备，并将注意力集中在“相对更紧迫、更可预见”的结果上；因为与对“未来天堂”的无情追寻之旅相伴的，是“数以千计(或以百万计)的人的死亡，而真正的民众则没有从中得到任何收益”。[54]这种警告与反对同样强调了自由主义内部的危险倾向，告诫人们应对一切过激的进步信念保持警惕。

51　LTK 338—339.

52　See ‘Alexander Herzen’, 197; PGR 54.

53　HBIL 94—95; ‘Alexander Herzen’, 197—198.

54　Berlin to Herbert Elliston, 30 December 1952, E 351; cf. ‘The Pursuit of the Ideal’, 16.

5.2 怀疑的自由主义：对乌托邦主义与进步理论的批判

针对霸凌、犬儒主义以及无情的厌恶始终处于伯林道德与政治准则的核心地位："对我来说，对他者不择手段地侵犯与践踏，永远比卑鄙与平庸更令人不可接受[……]个体的权利永远比辉煌的成就更重要
121 [……]自由，乃至被动的半容忍态度也远胜过向着某一目的进行声势浩大的行军，无论这一目的看起来有多么崇高。"[55]但他的性格中还存在着其他矛盾的元素。他承认自己身上"存在一种倾向，为冷漠、尖锐、'强硬'的品质喝彩，而排斥混乱的理想主义，以及一般性的多愁善感与平易近人"；并认为后者比"思想乃至道德上的恶毒"更令人厌恶，因其"贬损了思想标准本身"。[56]这或许让伯林最终容忍了魏茨曼的犬儒主义、鲍勒的跋扈，以及丘吉尔的冷酷无情（尽管他在私下依旧对这些立场持批判态度）。诚然，伯林是一位厌恶残暴的自由派人文主义学者。但对强硬态度的欣赏也是他思想的一个重要组成部分——这影响了他日后的政治见解，也部分形成了他对乌托邦主义，以及被他称作"天真的政治理想主义"（naïve political idealism）的反对态度。

伯林对乌托邦主义与天真的理想主义提出了两点控诉，其一立足于二者本身的谬误，另一点则针对它们造成的结果。他强调人性中不同的良善品格之间存在冲突，并认为这会不可避免地导致实际生活中的缺陷与失败——这种思想在他后期的著作中无处不在。一个净化了一切冲突、挫折与不完美的理想社会，必然是与真实的道德经验相背离的。而

55 Berlin to Marion Frankfurter, 17 August 1950, E 188；参见他对于赫尔岑"从个人或制度性的霸凌下保护个人尊严、维护个人价值"这一信念的，带有自我揭示意味的描述（HBIL 87）。也参见 Annan, *The Dons*, 217, 231—232。

56 Berlin to Meyer Schapiro, 5 January 1953, E 418.

在20世纪50年代早期，伯林则更关注探讨过度理想主义与对抽象概念的痴迷如何扭曲了人们关于现实的看法，并最终将他们引向政治邪恶。[57]对抽象概念的痴迷构成了一种偶像崇拜，使血肉之躯牺牲在“那些可以激发狂热但事实上毫无意义的文字脚下”，将世界扯入“非人且不必要的屠杀”之中。“对观念的狂热崇拜与尊重他人的日益缺乏沆瀣一气，相辅相成。”[58]伯林攻击这类关于完美的理想，既批判它们可能导致的恶，也探讨这种思维本身背后的含义。如果一种单一、和谐、完美的社会模式真的能够实现，那么所有现存的异议与偏差都将不会有容身之地，自由的空间也将不复存在：“一旦完美被认为是既定事实，人们就不再需要在可能性之间做出选择[……]一切其后衍生的、哪怕是最基本的异见，也会变成谬误与邪恶。”[59]而对完美的幻想同样遮蔽了追随者的双眼，让他们对平衡的需求视而不见，无法意识到“在抵抗当下之恶的同时，人们也不能对单一原则的绝对胜利可能带来的危险闭目塞听”。[60] 122

伯林拒斥的不仅是完美，还有进步；他对决定论的批判不仅指向悲观的“现实主义者”，也面向“自信的理性主义者”以及启蒙运动的“使者与信徒”，后者认为一切邪恶皆应归咎于无知，并相信随着科学的进步，“终极目的与实现它的有效手段一定会被发现，人类必将获得更多的知识，从而变得更加智慧、良善与快乐”。[61]伯林同样指出，进步的观念将成功等同于正当，认为“一切出现的必然是合理的，因为它已经出现”。[62]

关于进步的争论是伯林所处时代的学术辩论的另一大焦点。人们开始拒绝进步信念，可以一直追溯到第一次世界大战带来的幻灭感；到

57　See e.g. ‘The Sense of Reality’, 28—39; ‘Realism in Politics’, 138—142.

58　HBIL 89.

59　PGR 75.

60　‘Introduction’, 44, 50.

61　HI 111.

62　‘Mr Carr’s Big Battalions’.

20世纪中期，“进步的思想（已经）失去了它的光泽”[63]；施克莱在战后写道：“到今天，没有任何一个理智健全的人会对任何进步的‘法则’抱有信心与希望。在被两次世界大战的硝烟、极权主义独裁政治与大屠杀的阴影所笼罩的岁月里，这种信仰只会被称作头脑简单的产物，或者更糟，一种卑劣的自鸣得意。”[64]许多自由主义者放弃进步信念时所表现出的愤懑态度，部分是出于进步思想在早期自由主义理论中的核心地位[65]；自由主义所表现出的强硬态度，部分是为了否定其先驱者的过度天真。[66]

然而，进步观念始终能在自由主义者、马克思主义者以及非马克思主义的社会主义者中间找到自己的拥趸。自由主义者通过价值实现、立场调和、自由、平等、自我实现以及社会关系整合等概念来构想进步。[67]共产主义相比之下则更缺乏调和的意向：他们将进步等同于对现存秩序的暴力颠覆，而不是修正。传统自由主义通过特定的价值来定义进步；马克思主义则用历史进步的结果定义价值。对许多反极权主义的自由主义者（与社会主义者）而言，前者无法令人信服，后者则让人难以接受。
123 奥威尔就坚持认为“每个时代都在变得越来越好”的想法是幼稚的；与伯林和波普尔类似，他将对进步的信仰与决定论联系起来，认为后者恰恰是通过将罪恶囊括进历史进步的必然趋势，来为那些（成功犯下的）罪

63 Mannheim, *Diagnosis of Our Time*, 121—122. Cf. Carr, *The New Society*, 1—19; Rubin Gotesky, ‘Liberalism in Crisis’, 231—233, 290; J. B. Bury, *The Idea of Progress*; Richard Overy, *The Twilight Years*.

64 *After Utopia*, vii.

65 See Freeden, *Liberalism Divided*, 9, 55, 117, 127, 141, 310; Hobhouse, *Morals in Evolution*; idem, *Social Evolution and Political Theory*; idem, *Development and Purpose*; John Maynard Keynes, ‘My Early Beliefs’, 447.

66 Schlesinger, VC 246. 与此同时，存在另一种截然不同的战后自由主义的“强硬化”倾向：“经济自由主义者”不再接纳20世纪早期自由主义者对“社会公正”的强调。伯林——往往会避开经济政策的相关讨论——并没有追随这一潮流；尼布尔、施莱辛格、施克莱等美国自由主义者也未对此表示赞同。

67 Morris Ginsberg, *Moral Progress*, 10—11; idem, *The Idea of Progress*, 70—71.

行开脱的："恶行接踵而至[……]但人不能抗拒进步——人们必须时刻准备着为发生在现实中的无赖行径鼓掌称快——因为以某种神秘主义视角来看，在上帝眼中，或者在马克思的眼中，这就是进步。"[68]

对进步概念的攻讦通常带有直接的政治色彩：阿瑟·施莱辛格就声称，"感情用事的进步信仰"是共产主义的党外支持者（fellow-travellers）"软弱且肤浅"的进步论所具有的核心特点。[69]对进步的概念加以抨击，使非共产主义左派的成员得以表明自己与党外支持者的不同之处；而它也同样回应了所谓"对自由民主的信念不过是逃避残酷现实"的指控。而对进步的质疑与反思也超越了政治博弈的范畴。它是一项更为宏大计划的一部分，致力于在广义上对思想进行再定位，强调偶发性，且认为一切具有断定性质的预言都在事实上与现实的无法预测性和自由的现状不可兼容。[70]坚持该观点的一位代表性人物就是尼布尔：他认识到，在将自己标榜为命运的唯一代言人之时，冷战双方就已各自陷入自我偶像崇拜（self-idolatry）的泥淖之中。[71]

自由主义对进步的批判往往分为两种：一种是**怀疑论**批判，攻击道德与政治进步的真实性或合理性；另一种是**人文主义**批判，关注进步哲学可能产生的恶的后果。伯林分别从这两个方面汲取思想，并在此基础上进一步引入了**多元主义**批判，主张道德进步的理念本身是无意义的。如果价值本身是多元、不可通约且在本质上无法调和的，那么将不存在单一的价值核心或价值之间的等级秩序，也不存在任何一套稳定、体系化的标准能够度量进步的程度，不会有一个真正实现了完美道德的理想未来指引着现实中的人们朝之努力。以某些价值为标准衡量

68　Quoted in Stromberg, *After Everything*, 9; cf. Shklar, *After Utopia*, 130.

69　VC 38—41.

70　See Mattson, *When America Was Great*, 63.

71　Niebuhr, *Faith and History*, 2—7, 94—95. Cf. Crossman, 'Towards a Philosophy of Socialism', *New Fabian Essays*, 8—11.

出的“进步”,则可能意味着在另一些价值层面上的退步。

但伯林并不是一位悲观主义者。在拒斥进步理论的同时,他也否认消极悲观的哲学视野,坦言:“我并不认为当下令人感到困扰与挫败的现状会成为我们存在本身无可避免的一部分;我本人依旧保有一种乐观,或近乎天真的态度,愿意相信现实的延展性与可塑性,认为人们有足够的能力鉴别招致灾祸的具体原因,并做出相应的防范措施。”[72]但是这种成功的防范绝不是板上钉钉的事实;一切的成果都有其诞生所
124 需要的环境与条件,且并非不可逆转。

由于当时的许多人坚信世界正遭受信仰危机,两次世界大战的间隔期与战后时期开始出现一种树立“新信仰”的呼吁——并为“现实主义者”与理想主义者双方所认同。卡尔认为,人们迫切地需要一种“坚定的信仰基础”来作为政治秩序的核心[73],并期待在将来的某一天“我们能再次相信我们自身,找到我们能够为之辩护、奋斗的理由与信条,确立起一个值得追寻的理想”;“而在那之前,我们首先需要一种信仰——或者至少是一种可以接受的崇拜对象”。[74]赫伯特·埃利斯顿,《华盛顿邮报》旗下的一位编辑,从一种截然不同的角度出发,写信给伯林说:“我感到我们需要一种新的信仰,一种新的处世之道[……]共产主义者无疑教会了我们这些。”[75]

战后时期人们对信仰的需求具体表现为宗教与宗教性思想的再度盛行;伯林发现这一趋势在1951年尤其显著。许多人将极权主义的兴起(以及民主社会中的疏离感,与社会中难以言表的萎靡氛围)归咎为宗教的没落(及一切基于宗教理论构建的自然法则的衰颓),认为人类

72 Berlin to Marion Frankfurter, 17 August 1950, E 187.

73 *The Soviet Impact on the Western World*, 87.

74 Quoted Haslam, *The Vices of Integrity*, 49.

75 Elliston to Berlin, 8 December 1952, MSB 131/196.

社会只有复兴宗教，方能树立起对抗极权主义的坚固壁垒。[76]在这类精神复兴的倡议者与世俗“信仰”的追随者之中，有许多人甚至开始抵触包容理念与民主机构本身。卡尔解释说，列宁拒斥包容与民主政治的选择是正确的，因为“绝对真理的信仰者必须为真理本身而战”[77]；尼古拉·别尔嘉耶夫（一位遭苏联流放的思想家）指责民主是“一种完全意义上的相对主义，对一切绝对理念予以否定”。[78]萨尔瓦多·德·马达里亚加，一位从佛朗哥独裁治下的西班牙自我流放的自由主义者，主张“信仰存在之处，包容就消失无踪[……]面对威胁其根本信仰的教条或行动，一个集体所采取的态度永远与容忍背道而驰”。[79] 125

面对此类构建“新信仰”的呼吁，伯林的回应中混杂着讽刺与义愤的态度。[80]在他看来，这种尝试首先是可笑且徒劳的——“没有比

76　See e.g. Nicolai Berdyaev, *The Fate of Man in the Modern World*; Emil Brunner, *Justice and Social Order*; idem, *Christianity and Civilization*; Christopher Dawson, *Religion and the Modern State*; idem, *Beyond Politics*; idem, *Religion and Culture*; idem, *Understanding Europe*; V. A. Demant, *Religion and the Decline of Capitalism*; T. S. Eliot, *After Strange Gods*; idem, *The Idea of a Christian Society*; J. H. Hallowell, *The Decline of Liberalism as an Ideology*; Eduard Heimann, *Freedom and Order*; Mannheim, *Freedom, Power, and Democratic Planning*; Jacques Maritain, *The Twilight of Civilisation*; Michael Polanyi, *The Logic of Liberty*; Leo Strauss, *Natural Right and History*. 这一观点更为极端的版本可以追溯至迈斯特，正是通过他的作品，伯林开始对战后时期产生兴趣（see FIB 131—156;‘The Hedgehog and the Fox’, 57—80）；关于迈斯特与战后时期的“宗教宿命论”，可参见Shklar, *After Utopia*, 18—24, 183—184, 207。

77　Carr, *Democracy in International Affairs*, 15—16.

78　Berdyaev, *The End of Our Time*, 174—175.

79　de Madariaga, *Anarchy or Hierarchy*, 121.

80　这反映在伯林的一次会议报告之中，该会议于1953年春在伦敦由福特基金会（Ford Foundation）组织进行。与会者被“要求展开讨论，探讨在我们所处时代的多种哲学观点之中，是否存在某种可作为一切之根本的基石”。伯林不情愿地参加了会议，并告知集会者“我无法对这一计划提出任何修改意见，因为我从原则上就无法对其表示赞同”。会议的低谷源于一位参与者的声明：“当下需要的是宣传，宣传以及更多的宣传[……]我们已经知晓了我们希望知晓的一切[……]现在的问题只是如何传播现有的（转下页）

不断重复信仰的重要性与不可或缺性更难以树立起一种‘信仰’的了”[81]——但与此同时，这一做法本身更是强有力且危险的。实际上，目前的“不信任”不是太多而是“太少”；人们以一种“非理性的狂热”与“对怀疑论的盲目拒绝”朝政治意识形态俯首，而后者源于“内部的不安与恐慌”，或是对某个“安全避难所”的极度渴望。通过“教条主义的宗教信仰，或是对社会或自然科学的顶礼膜拜”来寻求庇护“事实上并不存在本质上的分别”：二者都是通过赋予民众以某种信念来换取后者的服从。[82]与此相对地，伯林呼吁“一种更为深入的自我审查”，认为“无论某种理想听起来有多么伟大而高尚，人们都应尽可能避免对其进行缺乏组织的、仓促的、不加鉴别的追求，因为在这一过程中会有太多事物被践踏、牺牲，留给单一理论与复杂个别情况的自由空间亦过于狭小”。[83]伯林强调“怀疑论与讽刺态度”所具有的无法估量的价值。[84]正如他在《20世纪的政治观念》的结尾处所谈及的：

> 时代呼吁的并不（像我们通常被教导的那样）是更坚定的信仰、更强有力的领导，或更科学的组织方式。事实恰恰相反——我们需要更少的弥赛亚式热情、更为开明的怀疑论立场，以及对个人癖好的更多容忍［……］应对个人与少数群体所追求的私人目的时，给予更多包容［……］而更少全心全意地投身于某种普遍原理

（接上页）知识。”作为对这一言论的回应，托尼给出了“最精彩的发言”，他指出，“当宣传进入人们的视野之中，真理就不复存在。而人们则极少缅怀它的消失”。伯林将这次参会经历类比为“一次与维多利亚时代早期乌托邦主义者的对话，后者的认知依旧停留在一切都能被甜菜根治愈，或者人们必须永远抓紧数字‘3742’”（Berlin to Arthur Schlesinger, 30 May 1953; to Alice James, 6 June 1953, E 370 & n.2）。

81 Berlin to Elliston, 30 December 1952, E 349.

82 PITC 83, 86, 90.

83 To Henry Luce, 4 May 1950, E 180.

84 ‘The Intellectual Life of American Universities’, 750.

> 的奋斗事业之中，无论它看上去有多么理智与正当[……]因为我们无法保证某种解决方案必然完美无缺，世界上也不存在所谓最终发展趋势。因此，对无效率的行为给予最低限度的容忍，甚至在一定程度上纵容那些无用的谈话与好奇心，或在缺乏授权的情况下追求某个目标的行为[……]都将赋予个人更多自主发展的空间(而个人必须为此承担相应的责任)——这永远比最有序、最精 126
> 致的强制性社会模式具有更长远的价值。[85]

这种为怀疑论所做的辩护，以及对一切形式的教条主义——从“现实主义”与乌托邦主义、教条式的悲观主义与乐观主义，到冷战军事化趋势——的坚定反对，串联起了伯林的政治展望与哲学思考。[86]面对埃利斯顿“树立全新信仰”的呼吁，他写道：

> 我不认为应对残酷敌人的正确方式是树立起一种与其截然相反，但同样狂热、激进、好战的信仰，也不认为人们应该以暴制暴，用恶魔的武器来对抗恶魔[……]如果战争结束后，我们最终持有的信念仅仅是对方的镜像，而且暴虐与不理智的程度毫无缩减，那么这场胜利将是毫无意义的。

但伯林同样承认“怀疑本身并不构成任何问题的解决方案，人们也不能全然按照这一标准生活”。他推崇的“并非极端的怀疑”，而是

85　PITC 92.

86　伯林对哲学领域中的确定性与安全性的否认，展现在他1949年发表的提议中，他最初将主题拟定为“哲学中的安全与真理”与“哲学中对安全的错误追求”二者中的一个，并最终将主题更换为了“现象学还原”(Berlin to Arthur Szathmary, 3 March 1949, MSB 118/116—117; Szathmary to Berlin, 24 March 1949, ibid., 193; Berlin to Szathmary, 30 March 1949, ibid., 218)。

“一种审慎的经验主义”。这种温和的怀疑论立场并未使伯林被犬儒主义思想俘获；与之相反，这帮助他逃离了后者的掌控。伯林将讽刺与乐观倾向结合在了一起，这使得他在很大程度上对乌托邦的诱惑与犬儒主义对现实的被动接受都有所免疫。卡尔曾总结过他自己与伯林思想间的分别，但他的论断只有部分是准确的：他提出二人的分歧主要在于对黄金时代的不同态度，这是正确的；但他关于伯林理论中的黄金时代已是过去的假设，则是错误的。事实是，伯林从根本上拒斥黄金时代这一概念本身，并将自己的信念架构于另一种道德预设，即，人是自己的目的本身，其自由天性与理性选择的权利应得到尊重——他始终抱有一种希望，认为如果不同的信念之间能够保持一种恰当的“调和机制”，人类就能以相对和平、体面与自由的方式，生活在世界上。[87]

5.3 结论：调和折中

伯林对“现实主义”与乌托邦主义的双重拒绝，反映出了反极权主义自由派人士在时代冲突之中所面临的困境。一方面，盛行的怀疑论风气、对进步理念与人类理性的信心的丧失，加上历史主义的影响，催
127 生出一种对自身历史性有着清醒认识的悲观、务实的自由主义。而与此同时，对自由主义的软弱和相对主义倾向的批判以及对极权主义的声讨也引发了另一种呼声：人们期待出现一种更为强硬的自由主义，能以其确定性与难缠的敌人正面抗衡。在一些人看来，天平的两端分别是理智的实用主义与狂热的教条主义，孰优孰劣不言而喻；而对另一些人来说，为无可置疑的真理献身，则显然好过怯懦、犬儒主义的机会主义。有关自然法与普遍人权的呼吁再度盛行，人们重新开始强调“人格的绝对价值与尊严，认为其构成了一道政府权力无法僭越的边界”：自

87 Berlin to Elliston, 30 December 1952, E 349—351.

由主义的原则必须通过“超验标准与永恒真理加以确立，以防范不可靠的人类判断对其造成腐蚀”。[88]但与此同时，第二次世界大战后的自由主义者也攻击一切关于绝对真理的宣言，强调不确定性与偶发性。

这一哲学思想的分裂，具体反映在政治辞令与政策分歧上——例如，非共产主义左派内部就存在理念的争执，一方坚持将非共产主义自由主义或社会民主作为“值得为之战斗的信念”，另一方则认为，非共产主义左派立场的核心价值恰恰在于其追随者站在了此类“狂热式信念”的对立面。[89]和许多战后自由主义者一样，伯林希望在教条主义与相对主义之间寻找一条中庸之道；但他宁可选择过分怀疑的态度也要拒绝轻信的可能，并支持阿隆的观点主张，“如果宽容源于怀疑，那么我们应先教导所有人怀疑一切可能的社会模式与乌托邦构想，质疑一切自称能为人类带来救赎的先知，或是预见了末日图景的使者”。而他在另一点上也赞同阿隆，即“真正的自由主义者怀疑一切，并自始至终耐心地寻找真相。但他永远不会怀疑自己有关道德与智性的坚定信念”。[90]

伯林所坚持的自由主义是关于内在人性价值的信念与实用主义混合之下的产物，它会为所有被接纳的事物划定界限。这一观点同时站在“现实主义”与乌托邦主义的对立面，反映出伯林思想中根深蒂固的道德个人主义。伯林所关心的“既不是必然的历史进程、宇宙的运转方式，也不是黑格尔式上帝在人世间的庄严巡回之旅，而是渺小的男男女女所拥有的生活、自由与理想——后者经历的苦难，不是任何号称神圣、普世、和谐的宏大理想能够解释或救赎的”。他赞同赫尔岑的观点，认为“个人若向社会、人类、人性、理念等概念屈从，就构成了活人献祭在现代社会的延续［……］为了罪恶而让无辜者遭受苦难”，此外： 128

88　Michael Freeden, ‘Twentieth-Century Liberal Thought: Development or Transformation?’, 27, 29.

89　Schlesinger, VC 245; Crossman, ‘Towards a Philosophy of Socialism’, 20.

90　OI 324; ‘The Proper Use of Ideologies’, 14.

> 具体个人的具体目的是一切价值的最终归宿；践踏这种目的是一项罪行，因为这世间不存在任何高于个体目的的理念或价值，也因而不存在任何信条赋予某人施暴、侮辱、毁灭他人的权力——个体本身是一切原则与价值的唯一来源。

在这种情况下，无论是“对个体命运表露出的自私与冷漠”，还是“对以生命为代价开展社会实验的幼稚热情”，都是令人无法接受的。[91]

在伯林看来，“现实主义”与乌托邦主义都对真正有人性、“有尊严”的政治道德构成威胁。他进一步主张，“现实主义”与乌托邦主义这两种看似相去甚远的倾向，实际上却是紧密相连、相辅相成的关系。狂热的理想主义者对自己构想出的终极完美状态的奉献精神，可能导致他们在追寻目标时更倾向于采纳残忍的“现实主义”手段；而“现实主义者”则同样乐于参与到种种极端且不切实际的运动之中，希望能塑造出某种全新的单一信仰，作为夺取权力或达成“现实主义”目标——效率、力量、社会凝聚力与民众的驯化——的必要手段。伯林争论说，这两种过程在苏联的实践中都有所体现；而且也同样存在于管理主义、极端反共产主义与企图回归传统信仰的保守主义派系之中。

伯林的许多作品都采取了二分法的分析方式，揭示出两个极端理论各自的危险倾向的同时，也力图在这种进退维谷的局面中寻找出路：“除了指出双方存在的危险以外，我们无能为力；人们必须尽可能地在两种情况之间周旋。”人类面临的“现实主义”与极端理想主义之间的抉择正是如此。[92]这反映出他对一切极端主义思想的不赞同，以及对普遍原则的质疑，认为它们“常常向具体处境中的具体个人施加过度的压

91 ‘Vissarion Belinsky’, 169; HBIL 89, 112, 103.

92 HI 106n.1, 151.

力”。[93] 他由此呼吁人们“减少对信仰的依赖，多采纳依具体情况而定的经验主义”：“必须尽可能依据当前的状况评判特定事件本身，而不能不加辨别、毫无保留地投入到追求单一普遍原理的事业中去：首先必须更正具体的错误，然后必须视情况修正改进措施带来的不利影响，等等。”恰当的做法，意味着需要根据现状不断地调整既有的判断，从而避免滑向极端：

> 人们需要为少数投票，但当少数成为多数时，这种声援行为就可能变得致命[……]必须极力避免一切滑坡论证的开端：这就是说[……]你拒绝去做一件正确的事，是因为你害怕当这件事最终被推向极端时，你（或者其他人）不具备足够的道德勇气（或力量） 129
> 对它说不。最大的弱点与虚荣，就是对某种永远可靠的普遍原理的追求：即使是实用主义者也无法逃脱这种逻辑。我认为，人们必须有为无法论证其正当性的立场和观点献出生命的勇气，而非借助于对某个绝对性理念的幻想来增加自己的信心。

然而伯林始终对最终立场保持着警惕，在写完这一切后又立即补充道：“我担心这种解决问题的思路是否显得过于简单与乐观。”[94] 130

93　Berlin to Elliston, 30 December 1952, E 350.

94　Berlin to Myron Gilmore, 26 December 1949, E 152.

第六章

通往自由之路：伯林早期自由观念的形成

尽管伯林的观点很难被归结为单一的理论或概念，但我们依然可以肯定地说，自由是他的讨论中反复出现的一个主题。诚然，在很大程度上正是对自由可能遭受威胁的顾虑，最终促使伯林投身于政治讨论。自由的内容——无论是政治上、道德上，还是思想上——显著地贯穿于他第二次世界大战后的政治与文化作品以及他关于观念史与历史哲学的写作之中；自由也是他的思想始终致力于服务的一项事业。尽管伯林并非一位激进的思想家，也没有明确的党派倾向，但与他的朋友帕斯捷尔纳克一样，他有资格称自己为"一位为人类自由而战的士兵"。[1]

伯林关注自由事业的原因主要可归结为两点——其一为政治，其二为哲学。在他看来，他所处时代的重大事件已构成对个人自由的严重侵犯，而自由与服从之间的冲突则是政治层面"一切问题的核心"。[2]从哲学的视角出发，伯林主张自由是人类获取经验与构建身份过程中不可或缺的组成元素：自由是人性本身存在的必要条件。然而特殊之处在于，自由似乎从很早开始就已在伯林心中占据了重要的一席之地，

1 MWRW 228；这一说法最初来源于海涅。

2 FIB 5.

既先于他对人性理念的建构，又早于20世纪30—40年代政治创伤的影响。尽管如果缺乏这二者的作用，自由或许不会在伯林最终的思想图景中处于如此中心的地位，然而这也显示，自由对于伯林的重要性并不完全源于它们。而伯林在俄国革命时期的经历，同样不足以使自由理论从他的一干思想中脱颖而出。俄国的记忆让伯林保留了对暴力、残忍与狂热的极度嫌恶，也在一定程度上促使他在日后将自由界定为强力之下对个人的保护。[3]但必须看到，在为个人权利提供保障的同时，自由也不可避免地与开放性、风险，以及安全感的**缺乏**相联系。如此一来，继续维持这种不稳定的自由观似乎就不再是与革命性暴力抗衡的 131
最佳选择；伯林必须从其他思想源泉中汲取灵感——或提出自己的创见——来得出恰当的结论。

6.1　开端

伯林早期对自由观念的执着，从他现存最早的哲学论文中就可见一斑——伯林在1928年于圣保罗学校写成了这篇主题为自由的文章（并凭此获得了学校的特鲁罗奖）。与伯林的其他许多早期作品一样，这篇论文显示，伯林后期思想中的许多主题和概念方向在很早就已初现端倪——但这些初期的想法仍需经历时间的磨炼，不断更正与完善，才会最终成为伯林成熟思想的一部分。伯林将自由描述为奴役与放纵这两个极端的中间点，认为奴役属于从外部强加的暴政，而放纵则是内发的暴政，是人被自己的激情与恐惧所支配的产物。在他看来，构成“一切西方自由理念”基础的是这样一种观点：

> 上帝或宇宙总是有意识地朝着某种理想的、良好的状态行进，

3　Cf. Ian Harris, ‘Berlin and his Critics’, 351—352.

> 而人的最高自由就存在于自我对这一终极目标的认同之中：一个人越是让自己的目的与宇宙的目的靠拢，他就距离绝对良善的理想越近，从而变得越自由。因为在这一过程中他已然解放了他的灵魂。[4]

年轻的伯林认同了他在日后将会竭力反对的想法：他认可了建立在一元论形而上学基础上，由目的论与完美主义倾向组建而成的自由观。这篇学童时期的论文显示，伯林对目的论式一元论的认知，并非来源于他在20世纪30年代对马克思及其先驱所做的思想研究，而是在很大程度上受到了早年学校教育的影响。这些影响包括柏拉图与亚里士多德（二者都在伯林的文章中被提及）、英国唯心主义理论，以及可能是借由拉赫米列维奇传播的新康德主义与后康德主义德国哲学。

这篇特鲁罗奖获奖论文（与《两种自由概念》一样）将世界“划分为两个阵营”，认为两大阵营内部各自充斥着强烈的不安与不确定性，导致双方的支持者都迫切地希望能逃遁至一个安全、和谐的理想体系之中。其中一方集结于“平等与去个性化”的集体主义国家名下，反对个人自由，认为后者造成的社会后果将是扰乱性的。另一方则力求“保持精神上的自我”，即使这意味着“他们将不得不放弃自己的公民权利[……]并对现实中的困境中视而不见”；这样一来，即使身处枷锁之
132 中，他们也不会感受到枷锁带来的束缚感。通过该描述，我们已经能够在《文学与危机》中找到伯林观点的萌芽，以及他后期对斯多葛主义及其承袭者与战后宗教复兴的批判。[5]因此，早在18岁时，伯林就已经诊断出了作为自由对立面存在的对于思想稳定性的渴望，而这也是他在后期作品中致力于揭示与抗争的主题。

---

4 ‘Freedom’, 637, 631.

5 ‘Freedom’, 635, 637.

从特鲁罗奖获奖论文到《两种自由概念》，伯林以自由为标尺，对他所处时代面临的困境进行了描摹。这一做法的具体表现在于，他在关于政治理论的讨论中重新提出了自由与服从的问题，即，为什么一位独立的个体需要服从其他个人，并主张这才是政治理论的**真正**核心。[6]这种思路源于伯林本人的执着，以及牛津政治理论的思想传统与实践：后者最早起源于理想主义者对政治义务的强调，并经理想主义批评家之手得到传播（这些人保留了问题但对答案提出质疑），最终由最早的"分析"派倡导者所继承。普里查德针对T. H. 格林政治理论的调查始于一个问题，即，为什么政治主体有义务服从统治者（记录于伯林的讲座笔记中）[7]；约翰·普拉梅纳茨的第一本书关涉到"被统治者服从统治者的责任"[8]；T. D. 韦尔登声称，政治哲学的目标是寻找政府向其社会成员宣称权威的正当理由[9]；而在牛津学派之外，玛格丽特·麦克唐纳将服从界定为政治理论的核心问题。[10]

伯林援引了这一问题，并在之后转向对**自由**的概念本身，而非其义务与合理性的探讨；这就继承了此前思想对话的传统——并展现出伯林本人想要更改主题的意愿。这种更改主要是由于伯林个人的思想偏好，一种英国自由主义与唯意志论俄国民粹主义的综合。而这也反映出宏观层面上的发展潮流。逻辑实证主义与"价值中立"的社会科学的有力冲击，使政治服从基于道德义务的论证愈加站不住脚；与之相对地，政治服从开始被视作一种需要参照其他事实来解释的事实，诸如公民信仰、政府的权力垄断、社会经济结构以及被用来证明其合理性的学说。政治权威的最终落脚点变成了意愿或强力，而非原则或责任。这

6 FIB 1; TCL 168.

7 MSB 614/44; see Prichard, *Moral Obligation*, 54.

8 Plamenatz, Consent, *Freedom and Political Obligation*, vii, 1.

9 Weldon, *States and Morals*, 1.

10 Macdonald, 'The Language of Political Theory', 177—185.

133 一点(结合当时对理想主义的偏颇印象,认为其对政府权利与公民责任的强调是一种独裁主义的体现)不仅使理想主义的政治思想黯然失色,且在更广泛的层面上为一切政治责任理论化的尝试蒙上了阴影。[11]

在第二次世界大战结束后,质疑道德说教的干涉主义政治理论通过民主思想的复兴获得了新的力量,以对抗极权主义的恐怖。[12]19世纪晚期与20世纪早期的自由主义者试图重新定义自由主义,使之与社会改革、扩大的政府权力与社会凝聚力相匹配。许多战后的自由主义者转而接纳一种更为严格的最低限度的自由主义,致力于从政府的暴政之下保护社会,而又从社会的暴政之下保护个人。这一潮流不仅体现在古典自由主义(将在下文讨论)的回归上,也体现在凯恩斯、施莱辛格、波普尔等自由主义倡导者对福利国家可能性的展望之中。[13]自由主义的复兴出现在共产主义的支持者与反对者为自由的代言人身份争执不休的背景之下,并致力于在思想上与据称会导致极权主义式奴役的"对自由的恐惧",以及对确定性和权威的渴望做斗争。[14]

伯林关于自由的讨论的确反映出对这些主题的关切——但他同时又在某种程度上与主流的学术思潮有所不同。尽管《两种自由概念》看上去是一篇运用语言学方法对20世纪50年代政治理论进行剖析的典型文章,但它(以及伯林的其他早期作品)实际上指向了一些更为传统的政治理论,关涉诸如人性、道德本质、自我的观念等主题。此外,尽

11 See Harris, 'Political Thought and the State', 20—21.

12 Cf. David Ciepley, *Liberalism in the Shadow of Totalitarianism*.

13 关于凯恩斯,参见 Robert Skidelsky, *John Maynard Keynes: The Economist as Saviour*, 222—224; Wayne Parsons, 'Politics and Markets: Keynes and his Critics'。施莱辛格称赞古典自由主义"创立了自由概念围绕个人展开的先河",并支持新政改革(see VC 8)。关于波普尔与总体上的战后自由主义的精彩讨论,参见 Hacohen, *Karl Popper*, 495—496, 502—510, 514—517, 546—547。

14 See e.g. Peter Drucker, *The End of Economic Man*, 74—76; Eric Fromm, *The Fear of Freedom*; Hayek, *The Road to Serfdom*; Eric Hoffer, *The True Believer*.

管伯林提出了概念分析法(conceptual analysis)，但他有关自由的叙述主要还是从观念史角度展开的：这一思路帮助他提升了论点的深度和广度——也增添了其复杂程度。

6.2　《浪漫主义时代的政治观念》：起源与架构

《浪漫主义时代的政治观念》是一篇冗长且未完成的草稿，最初是伯林为布林莫尔学院1952年2月11日至3月17日间的玛丽·弗莱克斯纳讲座而准备的，且显然在其后又做了零碎的修改。[15]这篇未经打磨，134
甚至称得上有些笨拙的文章，显示出了伯林作品不同关注点之间的联系，也展现了他的思想观点从初期的不成熟过渡到后期的体系化阶段的发展脉络。在梳理观念史思路的同时，这篇文章也涉及对当代政治问题的分析。在伯林看来，文章讨论的话题并未过时，而是继续"组成我们今天生活所依赖的智识资本"：当代政治对话依旧建立在法国大革命前后数十年间诞生的"概念、语言、形象和隐喻"的基础上，"而彼时人们激烈辩论的主题，与现下轰动个人和国家的争论焦点并无不同"。[16]《浪漫主义时代的政治观念》中关于过去哲学与当下政治间联系的叙述十分复杂：伯林主张，许多彼此对立的政治立场实则从同一哲学根源中发展而来；他由此指出，历史上许多曾激烈交火的思想阵营，依据当代标准甚至往往可以归并到相同的意识形态类别之下。[17]

伯林一开始似乎并不确定该如何将这些立场归类。他首先列举了数种"分析社会与政治问题的基本视角"：功利主义、启蒙运动(分为理性与感性阵营)、独裁-反动、浪漫主义、技术官僚-科学，以及马克思主

15　See PIRA 266—277; Henry Hardy, 'Editor's Preface', x—xiii.

16　PIRA 1—2.

17　PIRA 1—5；更为细节性的讨论，参见Cherniss, 'Introduction', xxiv—xli, xlvi—li。

义。其他思路则包括自由主义-无政府主义等。[18]最终，伯林的讲座分门别类地讨论了自由所面临的不同威胁。[19]科学至上主义与技术官僚治国制（其兴起与启蒙运动和功利主义思潮密切相关）威胁要向社会施加严格的纪律。卢梭在某种意义上削弱了自由的价值，将其与自我实现等同起来，并要求个人服从于大自然的和谐秩序。浪漫主义将自由诠释为对某种理念全神贯注的投入；这源自康德的观点，即人的目的由其内部某个超越性的自我创造，唯有对此类超越性命令的服从才是终极自由的实现。浪漫主义的"伦理学即人性**塑造**"之观点，同样影响了后期"塑造"人类的尝试。而在吸纳了康德和休谟的观点，主张目的是被创造而非被发现的同时，浪漫主义也拥护能够催生自由的唯意志论。它因此与自由主义的观点不谋而合：在伯林看来，后者的理论基于对自然权利、自由与平等的相容性、人是自身的目的等命题所持有的信念。这种自由主义观念建立在认可个人自由选择价值的基础上，因此是"反剥削的，甚至是有'理性'影响力的"；这种观点认为，即使个人由于自
135 身的选择而走向谬误，也比以自由为代价换取的拯救更令人可以接受。这一思维因而蕴含着对一切"计划"的不赞同。伯林最初草拟的内容显示，他的目的是将自己关于各种哲学观点的叙述整合起来，呼吁（没有相关书面文字留存下来）人们采取一种折中主义的、怀疑论的、非教条的、能根据具体情况灵活变动的思路，关注每种立场的积极价值，同时避免任何一种思路走向极端，威胁到其最初致力于守护的自由。[20]

在讨论自由的不同概念及其发展时，伯林做出了（至少）两种区分方向。在概念上，他指出了"消极"与"积极"自由的区别。从历史的角度，他则将"自由主义"对自由概念的诠释（大体上与"消极"自由相

18 Letter to President Katherine E. McBride, 21 April 1950; quoted in Hardy, 'Preface' x; Notes, Harvard 1951, MSB 636/3.

19 MSB 636/3; MSB 570/23; Hardy, 'Editor's Preface', xi—xii; PIRA 266—278.

20 MSB 636/3—4.

同）与“浪漫主义”和“理性主义”并置比较。后二者都属于“积极”自由类别之下的分支，将自由首要定义为自我掌控或自我实现；但在这一共同基础上，它们反映出了截然不同的世界构想。尽管这两种思路导致的后果可能是自相矛盾乃至危险的，却没有哪一方在根本上与自由主义背道而驰：自由主义与浪漫主义的自由概念都可以在康德的道德哲学中找到源头；而一部分被伯林划归至“理性主义”阵营的人则同样属于自由主义者。

这些概念性与历史性的叙述往往彼此交叠，采用着多变的术语，而伯林本人则并未对此做出明确的区分。因而有必要对它们进行更为谨慎的剖析。

6.3　“历史”叙述

根据伯林的描述，“自由主义”对自由的诠释是“纯粹消极的”，将自由构想为“不受约束和阻碍，与一切带来压迫的权力进行对抗”。对自由主义者来说，自由是“如此神圣，以至于它的消亡或严重削弱，甚至比死亡更令人无法接受”。自由“几乎是良好生活的一项必要条件，而非某种可有可无的添加剂”。作为“不受干预的纯粹保证”，自由只有在受到威胁时才是理想的；一个完美的社会不需要对其抱有任何顾虑。但自由主义者——不同于那些“明显精神错乱的”无政府主义者——意识到，保护个体不受干涉的必要性事实上永远存在。[21]

伯林似乎对这一自由理念表示赞同[22]；他主要的忧虑对象在于其对立面。首先是**理性主义**的自由理论。在《自由及其背叛》——伯林以《浪漫主义时代的政治观念》为基础衍生的一系列广播讲座——的注释

21　PIRA 107, 161—166; cf. FIB 5, 50.

22　See PIRA 107.

136 中，他总结了启蒙运动（以及广义上的“理性主义”）的思想特征，即，（“大错特错地”[23]）假设人的目的是一项可以通过理性与经验发现的事实；一切好的事物与现象必然彼此相容；而人类作为自然物的一种，也和其他一切自然物一样能够被研究、理解与塑造。“理性主义者”认为，宇宙的运行遵循某种“内在”的法则（以自然**等级秩序**的形式展现），或是出于特定的目的，而人类则能够通过某种特殊的洞察力或“形而上学的直觉”发现背后的真相。同事实问题一样，道德问题永远能借助知识的力量加以解决；道德真理的发现将揭示出一条单一、普遍且不存在谬误的路径。而这一观点进一步延伸，最终就演化为：人类的欲望只能指向纯粹理性的事物，即，人类必须全盘接纳宇宙的秩序。期待事物以有别于其本质的形式存在，就是非理性；非理性意味着**不自由**，因为自由本质上等同于**欲望的满足**，而只有当欲望与必要性相契合时，这种满足才会成为可能。如此一来，自由就存在于“以普遍和谐为尺度的自我适应与调节过程”之中。理解事物的存在方式，就是理解事物以这种方式存在的必然原因，从而接纳它们；接纳自然道德秩序就是**遵从**法则。自由和“理性组织”因而得以彼此兼容；且二者都关涉对“其他选项的支配”。[24]但伯林反对说，恰恰是设计得如此精巧的逻辑必要性，在事实上使自由成为不可能：“如果逻辑上可能的选项本身被证实不过是一个假象[……]，那么自由[……]亦不过是另一个不复存在的假象而已。”除此以外的坚持行为则构成一种偷换概念的“把戏”，“将自由的内涵替换为其对立面”。[25]

“理性主义”的自由理论因而揉入了一元论、决定论与科学至上主义的内核。而且同样牵涉**目的论**思维，认为自由就是实现某种期望

23 MSB 594/1; cf. FIB 23—25.

24 PIRA 91, 94—96, 100—101, 107, 116—118, 190—191.

25 PIRA 186—188.

的目标、获得满足、没有挫折，以及“消除[……]奋斗与成就之间的沟壑”。自由因此被定义为对一切多余选项的清除，因为追寻后者的过程往往伴随着挫败与冲突，这阻碍了人类对真理的追求，不利于人们探寻那个能够实现“人类自然趋势”的“和谐模式”。[26]

伯林有关“理性主义”的叙述，与他对“适应”、服从“理性”、科学至上主义、历史决定论等思想的反对相互呼应。《浪漫主义时代的政治观念》很明确地显示出伯林的焦虑，他担忧个人遭到**人为改造**，担忧强加的单一模式会剥夺人们进行选择的余地——这还要加上伯林本人对“霸凌”的极端厌恶，因为在他眼中，命令个体屈从于必要性的行为，不外乎是一次思想上与道德上的霸凌。 137

在“理性主义”思想家的认知中，与自由概念相关的目的，主要包括安全、恰当的发展、“成就”等。此外，还有自我实现（这也同样是“浪漫主义”自由概念的核心）；这一主题与“自我掌控”或“自我管辖/自治”等自由概念密切相关，因此会在伯林的思想中占据不可忽视的一席之地。在他的后期作品中，伯林将它视作积极自由的一个重要组成部分（尽管积极自由的概念已经在《浪漫主义时代的政治观念》中被提及过）；这会在很大程度上帮助他解释“积极自由”究竟是如何沦为压迫的托词。[27]这种扭曲不应被归咎于将自由定义为自我掌控的行为本身，而是因为“自我”这一观念的根本转变；它“使自我掌控最终堕入专制，并导致个人自由迈向毁灭”。《两种自由概念》（正如伯林之后展现的）所“重点关注”的也正是这种转变的过程。[28]

自由即自我掌控的观点，在历史上曾以多种不同的形式出现。最早的就是“斯多葛主义”的个体应从无法控制的外部世界中独立的观

26　PIRA 91，94—95，99—100.

27　See e.g. TCL 178—185，‘Introduction’，36—37. 从伯林之后对这一立场的重申中可以看出，伯林将此视作“积极自由”的最佳定义（*Liberty*，283，325—327）。

28　Berlin to Walicki，10 April 1985；Walicki，*Russia, Poland, and Marxism*，148.

点。这种态度主张个体应控制（或消除）自身的激情，从而克服一切可能滋生依赖感与懊丧情绪的欲望。这是“一种战略性撤退，使我得以摆脱原则上所有可能脱离我的掌控、使我陷入险境的不利情况”。尽管将自由等同于对不稳定激情的掌控“好过”将其视作个体对必要性的屈从，但前一种定义依旧混淆了接纳限制与超越限制之间的区别。[29]“理性主义”与“斯多葛主义”理解中的积极自由，既代表着**烦扰的消除**，又意味着**个体的自治**或**独立**——远离一切**可能**被他人烦扰的境况。但这种将自由与脱离烦扰画上等号的行为，只是一种不着边际的妄想。不受干扰的唯一方式就是无欲无求："唯有完全意义上的灭亡才是完整的自由。"[30]

认为自由以克制欲望为前提的主张，涉及“真实”自我与虚假自我之间的区分。唯有“真正的”“理性的”“精神的”，或“本体的”自我才可能是自由的；因此自由存在于“更高尚”或“更真实”的自我对其余
138 低等或不真实自我的支配和掌控之中。[31]在“理性主义”传统中，这种“高尚的”自我不受非理性的冲动束缚，并自愿服从于自然法则。一切理性的意愿都最终会导向和谐：社会冲突恰恰说明了某些或全部的个体并没有恰如其分地运用自己的理性。[32]这种关于“真实”意愿的推断首先假定了一个先决条件，即，某些事物**理应**被期待，而个体**确实**如预期一般期待它们。让一个人依据他的最大利益行动自然不构成真正意义上的威胁——因为在理智引导之下行动原本就是个人追寻的目标。由此，自由就意味着：个体被引导着去做应该做的事。而如果某些人或

29 PIRA 90—92，166—169，182.

30 FIB 103; PIRA 168—169. Cf. TCL 186—187. 这种关于斯多葛主义自由观的叙述（以及批判）在阿尔贝·加缪的《反抗者》（*The Rebel*）中得到了回应，后者在伯林最初开始发展自由理论的时候（1951年）发表于法国（参见 *The Rebel*，26—27）。

31 PIRA 170—172.

32 PIRA 91，101，117—118.

某种学说被认定为获取了这种真理，那么对这些人或教条的服从就成了自由。在后一种情况下，自由不仅意味着对于理性指导的服从，还意味着对于理性之人的独裁专政的服从。[33]

在伯林看来，存在这样一些尤其狡猾的理论，它们不仅使压迫合法化，而且允许压迫者声称（甚至是发自内心地相信）他们并未在做一件需要自证、踌躇乃至自责的事。此外，这种学说还剥夺了个人所能保有的最后一点隐私，使人们再也无法做到泰然自若地声称他们比其他人更了解自己的意志。压迫之所以成为合理，并不是因为这种行为在“客观上”正确，而是由于其代表了受害者本人的“真实”意愿；这种为压迫辩白的行为，在实际上构成了“一种尤其令人反感的讽刺”，“一个怪诞而使人毛骨悚然的悖论”，“一项丑恶的言辞暴力”，即赋予“任何人或集体不受限制的权力，使后者感觉良好地认为自己统治他人的行为完全正当”。在伯林眼中，被强迫已经足够糟糕；而如果在遭遇强迫的同时被告知自己是自由的（尤其是在被强迫的个体最终接受了这种思想的情况下），则更令人无法接受。[34]

伯林驳斥了“一切［……］独裁主义学说”核心理论中的“真正自我”概念。[35]正如他在数十年后解释的那样，这一理念在实际上承认了那些“将‘真实’自我的‘真实’需求神圣化的专家”的权威，当权者因此得以“对民众关于爱、恨、需求、渴望等意愿的表达不闻不问，并将后者的一切言论统统划归为未开化的、‘低等’的自我的呓语”。[36]伯林对“真正自我”的攻讦，也是他反对极权主义以及更广义层面上的家长制 139
的一种副产物。

33　PIRA 120—124.

34　PIRA 124—125，140—143.

35　PIRA 142. 关于“真正自我”这一概念在伯林后期作品中的重要性，参见‘Introduction’，36—37；‘Final Retrospect’，327—328。

36　Berlin to Noel Annan，2 October 1978.

尽管“真正自我”的概念最初是从“理性主义”对自由的诠释中衍生而出的，但它也同样是“浪漫主义”式积极自由的一个核心组成部分。“浪漫主义”的诠释包含一系列不同但（理论上）互相关联的概念：**自我实现**、**自我肯定**、**创造性活动**，以及除却**内在自我**外对一切事物表现出的独立与不屈从。在所有这些方面，自由都是一个**积极**而非**消极**的概念，不需要借助机遇实现，是一种将意愿主动施加到某种媒介之上并以此改变世界的有目的的行为。[37]尽管“浪漫主义”的概念最初起源于康德和卢梭，但实际上在其发展过程中真正举足轻重的角色是费希特；后者在晚期作品中将“真正的自我”诠释为“无限的、创造一切的、理解一切的超级自我”，并主张个人只是这种超级自我的一种表现形式。依据这种**集体主义**对于真正自我的诠释，唯有通过**冲突**、通过将自身意愿**强加**到难以控制的事物之上，方能达成完全意义上的自我实现。这一自我肯定的理念预先假定了某种目标或计划；自由意味着“呼应这种‘内在’渴望”的目标或计划的实现。在此处，自由依然与必要性紧密相关，但这种必要性来源于内在。[38]

这种对自由的诠释，否认了一切无法像“伟大”个体一样推行自我意愿的个体的价值。它也同样忽视了信仰的真理：真正重要的并不在于个体为之奋斗的理想真实与否，而在于这一理想是否出自某人本身的意愿。这一方面引发了自由主义对个体正直诚实品质的尊重，另一方面则同样诞生了对“政治艺术家”（将其视野强加到世界头上的天才人物）的精英主义式英雄崇拜。浪漫主义思想推崇理性主义、对逆境的蔑视、真诚、个人的正直，以及“一种近乎残忍的无情，为了自己心中燃烧的激情能够不惜一切代价，即使这种代价可能是他人的生命与幸福”：从这种观点出发，其余的一切都不过是自我的至高意志行进之途

37 PIRA 192—193，197.

38 PIRA 172—173，176—186，188—192.

上需要被清除的绊脚石。[39]

这种将自由与自我肯定或自我实现相等同的想法，使得自我的本质变得愈加重要。如果自我被视为理性之存在，自由就是与理性相一致的活动。如果自我是一种精神实体(spiritual entity)，自由则将显现于这一精神人格指引下的行为举止之中。而如果自我的定义始终与更宏大的整体——宗教、国家、民族、种族、历史——相联系，那么个体自由的意义唯有通过整体目标的实现方能升华。最后一点与浪漫主义对自由的美学理解相结合，就催生了法西斯主义；与理性主义元素相融合，则启发了布尔什维克主义。然而，假如自我被认为是受时间所限 140
的、复杂的、分裂的与经验性的，那么自由将存在于个人实现自身目标的能力之中。[40]因此无法否认的是，浪漫主义对自由的诠释的确为自由主义理论的发展做出了不可忽视的贡献，但它同时也构成了伯林所处时代最不自由的意识形态的重要一环。

6.4　概念重述

至此，我们已经部分考察了伯林叙述中的概念复杂性。其中(相对直白的)"自由主义"自由观超越了传统的界定方式，将数种对"自由"的定义重新糅合到了一起：自由既意味着不受干扰的状态，也显现于个人追寻渴望目标的过程内部，还栖身于个人做出自主选择的能力之中。然而，真正的困难在于"积极"自由的概念界定。在"积极"自由的框架下，我们至少能辨别出两个迥然不同的定义分支：自由作为自我掌控，以及自由作为(受期待或可期待)目标的实现。而在这两种基础定义和它们之间的模糊地带，则衍生出更多的诠释可能。

39　PIRA 193—197，200—204.

40　PIRA 198.

伯林的一些未出版的论文对解开这些错综复杂的概念纠葛很有帮助。《浪漫主义时代的政治观念》的一些早期笔记列出了六个定义。[41]（1）首先是将自由界定为“不干涉”。余下的则都属于“积极自由”的范畴：（2）自由作为安全的保障，“树立起一座没有外部力量**能够**侵入的堡垒”，伯林将这一定义与斯多葛主义相联系；（3）自由作为“理性的自我肯定，即，符合**我的**规则”（伯林认为这与一元论密切相关：不同个体的自我肯定被认为必将汇合，因为它们实际上属于“**一体**”）；（4）“非理性的自我肯定”，存在于“对规则的反叛”之中，与“自主**意愿**”和艺术创造相关联；（5）“做什么对我来说是**好**的”，此处的好可以指代“人们**真正想要**的东西”（依据“经验主义”观点），或是“根据**理性推断**”他们**应该**想要什么[42]；以及，（6）“狂喜的自我专注”，以个人的超验体验形式展现——或是通过集体活动实现个体的自我超越。最后一点尤其容易引向自由与不自由的混同，即，认定“完美的自由”存在于对上帝的“忠诚”之中。伯林后期关于“积极自由”的叙述因此构成一种整合的尝试，力图将他自己早期总结的五个不同概念结合为一个连贯的整体。

这些笔记与《浪漫主义时代的政治观念》中对于积极自由的叙述，同
141 样反映出伯林所处时代的政治潮流与意识形态。自由即安全的观点是西方进步主义与技术官僚思想的一个显著特征——这种观点声称，政府行动以保障安全的方式赋予了公民自由。而这同样适用于极端反共产主义者对安全的狂热——他们力图采取一切必要措施，以防止“颠覆”。依据伯林的描述，政治家长制与强制道德主义往往倾向于将自由构想为对某人有益或使某人向特定规则靠拢的行为；而当这种对规则的服从或者“理性的自我肯定”，与“历史进程”和阶级意识相结合，它就成了一种反个人主义的核心理念。这种反个人主义式定义最显著的表现形式就是法西斯主义

41 MS 594，54. 这些笔记出现在一张哈佛明信片上，即它们可能写于1951年的秋季。

42 Cf. PIRA 120—122，124.

和纳粹主义，其目的是使个体自由臣服于更宏大的体系。伯林对自由的讨论因此始终蕴含了对极右派极权主义与“管理主义”的反思。

伯林对术语“积极自由”的应用，同样援引了他所处时代政治-理论的宏观对话，后者主张自由就是对积极目标的追求，强调自由的价值唯有在这些目标的实现之中方能得到体现。当缺乏追求目标的积极行为时，不受干涉的自由被认定是毫无价值的。这一价值判断基于一种“一元论”的假设，即，当不受干涉的自由不是最有价值的，或当它与其他价值发生冲突时，它就立刻变得一文不值。

在《浪漫主义时代的政治观念》中，伯林明确拒斥了“积极自由”的观念。但这并不是出于他对自我掌控或自我管辖行为本身价值的反对，也不意味着他否定了个人追寻渴望目标的能力——而是因为积极自由的观念抹去了一点重要的区分：自由究竟是个人进行方向选择的一项基本条件，还是(a)知晓个体**应当**追求某项目标的主动判断，以及(b)将目标转化为现实的行动力。[43]“积极自由”——将自由解释为自我掌控(或个体对必然性的接纳与适应)[44]——只不过是一种更为庞大的目的论自由观**体系**中的一个变体。它将自由界定为某种被向往的或者应该被向往的目标或状态，并由此得出结论：自由在于此种目标或状态的真正实现。这一观念蕴含的讯息是，自由首先与非挫败、满足或成就相关联，而且自由与非挫败都有赖于某个特定预期状态的实现。[45] 142

6.5 结论

伯林关于自由的叙述，始于对个人自由(包括不受干涉的自由和做

43 前述内容是我对伯林《浪漫主义时代的政治观念》中的模糊论点的个人诠释(PIRA 205—206；也参见Charles Taylor，‘What’s Wrong with Negative Liberty？’)。

44 PIRA 167.

45 See PIRA 168.

出自由选择的能力)所面临的威胁的讨论:一方面,社会与政治领域以集体的和谐、统一及效率为目标;另一方面,确定性、一致性、科学理性主义则成为思想领域首要推崇的对象;这两方面的时代追求都使当时的个人自由处于摇摇欲坠的艰难处境。在《浪漫主义时代的政治观念》和伯林的后续作品中,这一讨论由于多种变量的加入变得更加复杂:首先是时代潮流对卢梭、康德及其浪漫主义继承者的高度推崇;其次是对自由所包含的"非理性主义"潜在危险的担忧(这一点明确或隐晦地与纳粹主义相联系);最后是对将自由等同于"塑造出道德上值得尊敬的品质"的**一切**论断所表现出的极度焦虑。伯林针对道德完美主义自由理论的警惕态度,既源于他在大学本科阶段所接受的理想主义批判的影响,也是他本人关切的自然延伸:伯林敏锐地捕捉到当时的时代氛围中过度关注事物社会功用的压力,以及战后文化中兴起的对个性特质的打压。对伯林来说,自由的本质在于个体能够保持与众不同、自始至终为自己着想,能够提出异议或是做出异乎寻常的行为。因此,伯林始终对自由的种种定义保持怀疑,无论这些描述是对某种教条的全盘接纳、特定人格的塑造、社会和谐,还是小我为大我做出牺牲。

伯林的自由理论所展现出的模糊性,一方面源自其"积极自由"定义中的概念混淆(或省略);另一方面则源于他选取的材料的多样性——尽管伯林本人认为这些例证彼此之间相互联系。伯林给予的回应,既面向过去,也面向同时代的思想家;既面向政治观念史中最为成熟与智慧的头脑,也面向有政治倾向的辩论家以及他所处时代的通俗作家;既面向法西斯主义,也面向无政府主义与管理主义进步论;既面向西欧文化传统中最为家喻户晓的大家,也面向名不见经传的俄国理论家。想要完全理解伯林理论的发展及其重要性,我们必须更加仔细
143 地考察这些他在讨论中所选取的素材与对象。

第七章

构想自由：先驱、影响、同时代之人

20世纪50年代早期，很多政治理论家都提到了使用“自由”一词所遇到的最为根本的困难。很多人都认为自由是好东西，但他们使用这个词语的方式却很不一样；持完全相反看法的人们也会援引自由，还都把自己当作自由的捍卫者。鉴于当时处于不同哲学流派、政治立场的代表们关于如何定义和如何获得自由产生的争论，伯林强调了正确理解自由的重要性及错误的理解所带来的危险。如果人们不了解大背景下的辩论，也就难以完全理解伯林的论述及这些论述背后的目的。本章将介绍伯林所处时代下的关于自由观念的 部分历史，从而展现伯林定义并区分“积极”和“消极”自由的依据，同时还会将伯林关于自由的论述与其他战后理论家的思考进行比较。[1]

在分析有关自由的论述时所面临的一个主要挑战在于辩论的主题并不明确。本章中分析的很多论点看起来都像是(有时候也的确是)语义说明而已：用伯林的话来说，争论词语的使用和它们的含义并不能真

1　第二次世界大战后对自由的讨论还受到一大部分存在主义的影响，但本文中没有提及。虽然伯林对待自由与浪漫主义的方式明显与存在主义的要素相近，他本人似乎没有在描述我此处讨论的自由时特别严肃地考虑过存在主义。

正反映出现实或价值观中的分歧，换言之，人们在争论“关于词语的词语”而不是“关于某事物的词语”。[2]不过，这些关于自由的论点即使明显只是语义上的讨论，也仍然十分重要：首先，自由是有价值的、重要的政治目标；其次，“纠正”关于自由的理解对于政治有着非常重大的意义。在把事物和自由联系起来之前首先需要认可自由，然后才是提出
144 政治上的建议。辩论自由的**含义**背后显示的是人们在多个问题上的意见分歧：个体的生活中究竟应该需要或允许多少的干预？需要什么样的干预？在这些干预上需要添加怎样的限制？到底怎样才能证明这些干预是合理的？关于自由之定义的辩论通常会引发有关自由主义的意义、合法性以及可持续性的争论。

若要理解下文中涉及的作品和伯林对这些作品的回应，则首先要区分自由的**理论**（讨论在社会中建立或保存人类的自由需要怎样的社会状态、机构、实践等）与**自由的构想**（定义什么是自由，换句话说，究竟在哪些状态下可以算作“是自由的”）。虽然这两者常常密切相关，但仍然存在差异：通过近义词构想自由（例如：将自由定义为不存在干预）的思想家们也会在如何获得并维持自由、为什么自由具有价值等问题上得到不同的理论；主张相似自由理论的思想家们也可能以不同的方式定义自由；同时我们还应该把关于自由的构想与“处于自由的”**状态或条件**区分开来。这就是为什么人们需要区分自由的“消极”构想（将自由定义为免除干预）和处于“消极”自由的状态（在该状态下不受干预）。

最后，我们也应当区分自由的意义和**价值**。一些看起来纯粹是语义上的辩论所关注的并非构成自由的经验或条件，而是它们具有何种价值。不过，很多政治纷争源于在自由的意义上而非价值上产生的分歧。因此人们也许会认同，自由的价值在于它能够帮助人类走向繁荣

2　这种区分方式及后文中的多处内容都来自亨利·哈代。

或能够满足人们的欲望——一些思想家认为自由的定义中已经包含了这些内容，而其他人则认为自由是为了确保有机会进入这样有价值的状态（繁荣、欲望得到满足）而提供的不受干预的条件。这些看似是语义上的分歧，时常出现在自由主义政治理论的支持者，与偏离或违背了古典自由主义的政治理论的支持者之间的论辩中。

7.1 二分法的历史

在英语国家的政治思想领域中，使用“积极”和“消极”来描述自
由的两种对立的理解（或类型）是很常见的，在伯林于《两种自由概念》
（1958）中给出其著名的区分方式之前便是如此。即使在这些用语标
签还未出现的时候，与这些标签相关的自由的两种对立的定义就早已
存在了。虽然伯林没有引用这些早期的定义区分方式，但他也没有无 145
知、自大地宣称这是他自己的发明。伯林知道自己的区分方式与邦雅
曼·贡斯当提出的古代和现代自由的对比有着相似之处，而之后他又
表示自己对自由做出的区分来自康德或T. H. 格林。[3]他也曾引用过边
沁“消极”的自由观，但他并没有指出边沁似乎是第一个把积极-消极
的区分运用在自由概念里的人。1776年，边沁宣称“**自由**中不存在任何
积极的部分，它是完全消极的”，并进一步将自由定义为“不存在限制”
或“不存在**强制**”。[4]这种区分方式在康德的《实践理性批判》（1788）中
再次出现：“消极的自由”意味着独立于外界的决定，而“积极的自由”
代表着基于统一的道德律之上的个体自主承担的义务。[5]

3 Jahanbegloo, *Conversations with Isaiah Berlin*, 42; UD 134.

4 Bentham, letter to John Lind, 27—28 March—1 April 1776; quoted in D. G. Long, *Bentham on Liberty*, 54. 关于“消极”自由概念的阐述，反对将自由与自我立法（指一个人的激情受到“高级”功能的支配）相提并论，详见Lind's *Three Letters to Dr. Price*, 16—18。

5 Kant, *Critique of Practical Reason*, part 1, book 1, chapter 1, section 8, theorem 4.

边沁和康德对积极-消极自由所做的区分虽然不同,但他们都对伯林的观点产生了影响。二者也同样影响到了格林,后者主张自由的最佳理解不是将它仅看作“**摆脱**限制或强制行为的自由”,而是作为一种让“作为主体的公民充分发挥自己作用”的“积极的力量”。[6]“积极”自由具备的这种能力是保障“消极”自由主张的“唯一的理性基础”。虽然格林认识到了这二者的价值,但有时他仍会表示,积极自由应排在消极自由之前:如果人们为所欲为的自由损害到了“让人类发挥自己作用的一般权力”,即“人类实现社会和谐的力量”,那么就应该剥夺个体的这种自由。[7]

在格林之后,伯纳德·鲍桑葵区别了“消极的或法理学上的”自由与“积极的或政治学上的”自由:前者认为自由是“不受约束的状态”,是个体周围的、不受入侵者侵害的“空间”;而后者是指“行动自由”。[8]鲍桑葵的区分方式后来(于1938年)被伯林在万灵学院的同僚普拉梅纳茨所采纳。[9]意大利的唯心主义者圭多·德·拉吉罗的《欧洲自由主
146 义历史》(1925)中有一章题为“消极自由与积极自由”。拉吉罗与格林和鲍桑葵一样,把“消极自由”定义为“为所欲为的能力,选择的自由,**摆脱**的自由”。而“积极自由”是“个体自我决策的能力”,是“成为自己一切行动的唯一主宰者”,摆脱必然性,按照“道德律”行事。但这需要“持续不断地培养人的品德”,且国家也要“警惕地进行控制”,从而防止个体伤害自身。另外,积极自由受到道德法则的支配,且该法则是普遍统一的,因此包含了个体与他人的融合,而消极自由则会使个体

6 Green,‘Liberal Legislation and Freedom of Contract’,199.

7 Green, *Lectures on the Principles of Political Obligation*, sections 207—210, 233—235, 239—241.

8 Bosanquet, *The Philosophical Theory of the State*, 127, 124; see also ibid., 134—139, 142—145.

9 Plamenatz, *Consent, Freedom and Political Obligation*, 35.

与他人对立。[10]德·拉吉罗的作品受到了科林伍德的推崇，后者同样使用了消极–积极的二分法，不过仅是为了说明二者是同一概念的不同方面——自由从始至终不仅是摆脱束缚的自由，也是行动的自由。[11]

对于受到唯心主义传统影响的思想家而言，“积极”自由往往和自我规范或服从道德律息息相关。人类学家马林诺夫斯基解释了另一种“积极自由”，即有能力选择和追求目标并取得成果，因此自由也与**满足感**和“行动的**成功**”相关联。“真正的自由”总能“不断地提升控制力、效率以及支配个人和周围环境的能力”。这也需要接纳“知识上的科学定律”以及“对高效的合作来说不可或缺的关于人类行为的规范与法则”。全然“消极”的自由概念是“站不住脚的”，因为自由的内涵不仅是挣脱锁链，而且是“接受那些适合你的束缚”。[12]马林诺夫斯基的解释融合了大量当时的理论思潮，而伯林也将这些思想等同于“积极”自由：一、成功的行动或欲望的满足；二、实现这二者所需要的条件；三、服从法则。

论文集《自由：它的意义》(1940)简要介绍了第二次世界大战前的西方民主思潮对自由的讨论，其中一些作者就运用了消极/积极的区分。“消极自由”常常被定义为“摆脱的自由”，不存在任何障碍或干涉，而“积极”自由被定义为实施或实现期望中的行动计划的**能力**。[13] 147

10　*History of European Liberalism*, 350—352, 354—357; see also ibid., 370. 拉吉罗认为这种区别与贡斯当对古代和现代自由的区分存在联系。伯林有这本书的影印本(MSB 711/245—263)。

11　Collingwood, *The New Leviathan*, 91. 类似的论点目前在有关自由概念的文献中已经得到了充分的论证，感谢 G. C. MacCallum, ‘Negative and Positive Freedom’。

12　Malinowski, *Freedom and Civilization*, 19—40, 45—47, 56—57, 59—60, 67, 242.

13　Ralph Barton Perry, ‘Liberty in a Democratic State’, 265—266; Robert M. MacIver, ‘The Meaning of Liberty and its Perversions’, 280; Herbert W. Schneider, ‘The Liberties of Man’, 654—655. 其他作家虽然没有使用“积极/消极”的术语，但也提到了与这些定义相关的标签(e.g. Max Wertheimer, ‘A Story of Three Days’, 558)。拉斐尔·迪莫斯也谈到了“消极自由”和“积极自由”，不过运用了意志自由的概念来解释。“消极自由”是指一个未被预先决定的或必然的选择，而“积极自由”是通过代理人来做决定(‘Human Freedom—Positive and Negative’)。

大多数引用这种区分方式的人认为“消极自由”并不重要，他们倾向于站在积极的角度，把自由看作满足愿望或追求（并达成）目标所需的力量或能力。[14]自由也被等同于统一性，遵循理性（也就是自我管束）[15]，选择并完成应该做的事情[16]，自我决定，自行选择行动，具备有意义的、自主的、实现自我价值的创造能力。[17]很多人也把自由、平等和民主联系在一起，在他们看来，这三者不仅相互匹配，还相互依存。[18]

不是所有使用消极/积极自由这一区分方式的人都支持从“积极”的角度来解释自由。R. M. 麦基弗像伯林一样抨击卢梭、黑格尔以及当代反自由派对自由的“曲解”。麦基弗所提到的这几人认为，自由是服从人类的法则，做**应当**做的事情，渴望应当渴望的事情——或者说是提出这种观点的人认为其他人应该去做、去渴望的事情。麦基弗先于伯林把这种观点和“实在意志”联系在了一起（也就是“崇高的黑格尔式傲慢”，支持者们本应支持真实的一切，但实际上他们否认了自己不认同的现实）。麦基弗坚决反对这一点，他认为自由本身是“最基本的”，
148 它本身就具有价值，并不是因为与其他价值相关才具有价值。[19]

14 参见Wertheimer, ‘A Story of Three Days’; Schneider, ‘The Liberties of Man’; Perry, ‘Liberty in a Democratic State’。以及Kurt Riezler, ‘What is Freedom？’; Alfred North Whitehead, ‘Aspects of Freedom’。唯一的例外是Bertrand Russell, ‘Liberty and Government’, 251。

15 e.g., Riezler; Wertheimer; Jacques Maritain, ‘The Conquest of Freedom’; Etienne Gilson, ‘Medieval Universalism and its Present Value in the Concept of Freedom’; James T. Shotwell, ‘Freedom—Its History and Meaning’; John A. Ryan, ‘Religion as the Basis of the Postulates of Freedom’.

16 例如：“如果一个人能成为他应该成为的样子，那么他是自由的”（Riezler, ‘What is Freedom？’, 549—550）；“真正的自由是选择一个有价值的目的并实践”（Edgar Sheffield Brightman, ‘Freedom, Purpose, and Value’, 495）。

17 Paul Tillich, ‘Freedom in the Period of Transformation’, 124, 131—133.

18 Shotwell, 21—22.

19 MacIver, 286—287.

从《自由：它的意义》中可以看出，消极/积极的区分在当时十分普遍，大部分思想家都倾向于使用这种区分方式来解释“积极”自由及其背后的复杂性。同时，这些关于自由的观点引发了其所处氛围的变化。很多作者的出发点都是自由给学术和政治领域带来的危机，以及在当时社会中占主导地位的对于自由的抨击。[20]这种危机感影响了诸多有关自由的讨论，以及“积极自由”反对“消极自由”的争论（主要发生在第二次世界大战期间，以及战争结束之后的一小段时间内）。埃里克·弗罗姆在当时给出了一个极具影响力的观点，即现代自由主义带来的“消极自由”让现代的个体变得“孤立、焦虑、无力”。这是人们所无法忍受的，因此当时的人们认为，要么选择朝着积极自由不断发展，从而发挥出个体“学术、情感、感觉上的潜力”，要么就离开自由选择服从。可见，选择逃离自由是因为积极自由无法满足过度的消极自由。[21]弗罗姆运用“积极的”自由观来批评传统自由主义中空洞的、疏远人与人之间关系的“消极”自由，而身为自由派的施莱辛格则回应称，在当代社会中，自由意味着“不受外部制约，而不是专注于自我控制或某个目的”。但施莱辛格所说的这种自由的后果是“挫折而非成功”，如同克尔凯郭尔所说的“自由的眩晕”，无法承担重担的人最终选择放弃自由。[22]在第二次世界大战结束后，自由的“积极”描述与社会计划手段联系在了一起，而“消极”自由则开始为古典自由主义和放任主义做辩护。[23]

20　See e.g. Wertheimer, 555.

21　Fromm, *The Fear of Freedom*, x, 1, 28—30.

22　VC 51—52.

23　See Carr, *The Soviet Impact on the Western World*, 43; Edward S. Corwin, *Liberty Against Government*; Gotesky, ‘Liberalism in Crisis’, 239—243; Mannheim, ‘Planned Society and the Problem of Human Personality’, 259; Reginald Maudling, ‘Conservatives and Control’; Wootton, *Freedom Under Planning*, 14—15.

1947年，消极自由和积极自由之间的区分——也就是“摆脱限制的自由”和“去做某事的自由”的区别在介绍欧洲历史的课本上已十分常见。[24]二者的区分在当时的学术讨论中担任了重要角色。剑桥毕业生、以色列古典主义者哈伊姆·威尔斯布斯基在对比罗马国家中的**自由**时，将早期罗马君主制时期的**自由**看作**摆脱限制的**自由，并将罗马共和国时期的**自由**看作主权、民主政府以及个人权利与政治权利的平等。
149 虽然“消极”和“积极”自由“在概念上不同”，但它们“相互依存且互补”，因为这二者在不同方面代表了自由的本质意义，即奴隶制度的对立面——自由的意义不仅指**从束缚中解脱**，同时也在于它能够带来的**好处**。[25]

“分析”派的政治理论家T. D. 韦尔登在1953年研究“摆脱限制的自由”与“去做某事的自由”的区别时，得出了一个结论：“消极”和“积极”自由之间的区别被夸大了，两者不存在根本上的不同。对自由的不同定义的讨论真正反映的是自由放任派和国家干预派之间的冲突，在定义上进行区分是“误导人的，因为它有着更多政治宣传上的价值而非有效的信息价值”。但和伯林一样，韦尔登也反对把自由重新定义为“对必要性的认知”。这个定义源自斯宾诺莎和卢梭，且与家长制立法息息相关。[26]同年，毛里斯·克兰斯顿也提出“消极自由”与“积极自由”必然是统一的。政治上的自由和社会中的自由包含了不受约束的自由，因此看上去是消极的，但是这种消极自由也同样可以被看作满足愿望所需要的条件：个体有着**远离**不必要的东西的自由或**走近并获取**必要的东西的自由。同时自由不仅是脱离外部的约束，也是脱离内部的约束。克兰斯顿进一步区分了康德的“理性自由”和斯宾诺莎、

24 J. J. Saunders, *The Age of Revolution*, 10.

25 Wirszubski, *Libertas*, 1—5, 7—11.

26 Weldon, *The Vocabulary of Politics*, 70—72, 91—92.

卢梭、黑格尔以及英国黑格尔派提出的“**强制性的理性自由**”，前一种观点认为自由通过理性的自我存在于低等级的管理控制之中，后一种则认为理性的自律并非源于自我，而是源于他人。克兰斯顿坚决反对后一种说法，他对前一种说法虽“有所认同”，但也认为非强制的与强制的理性自由实际上都是关于自我而非关于自由的理论，这些理论都建立在认定自我能够分割成理性与非理性、真实和非真实部分的基础之上。[27]

这些不同的叙述展现了区分积极/消极自由的不同方式：(1)“不受限制”相对于“追求目标并达到目标的能力”，也就是“摆脱限制的自由”相对于“去做某事的自由”；(2)自由处于被动状态，相对于处于主动状态；(3)自由因其能够达成其他目标而具有价值的工具性观点(在这种情况下自由是“消极”的，因为它不具有积极价值)，相对于自由在本质上是一种有价值的存在状态的观点；(4)完全不受外部因素决定的自由，相对于自愿服从法则或认可必要性的自由。伯林叙述积极 150
自由的重点放在第四种区分方式上，但他也和其大多数同僚一样强调说："积极"的自由观认为，自由不仅等同于具有完成所需目标的力量，也等同于目标本身。[28]不过，虽然早期的作者们使用这种定义来拥护积极的自由观，但伯林则认为其中存在着问题。

7.2　积极自由：起源与目标

在上文中我们看到了关于自由的多种定义：(物质)权力[29]，追求及

27　Cranston, *Freedom: A New Analysis*, 4—5, 15—16, 21, 25—32, 39, 43, 52—53.

28　在第二次世界大战后的经济重建时期，这种力量等同于拥有物质资源：主张自由因此意味着保障所有人的物品。

29　参见弗兰克·海尼曼·奈特的主张，即自由“几乎是‘权力’的同义词”(*Risk, Uncertainty, and Profit*, 351)。

实现愿望的能力[30]，因愿望实现而获得的愉悦感，自治或克己，追求好的、值得期盼的事物[31]，受到良知或理性的管理，服从必要性。同时我们也谈到伯林是如何将这些定义和家长制作风的"管理主义"及极权政治相联系的。不过，他对"积极"自由的认知（和异议）从何而来？为什么伯林认为"积极"自由既相当重要又非常危险呢？

针对这些问题的第一种解答方式，是找出伯林在叙述"积极"自由时脑海中出现过的人物。上文已经介绍了曾经出现在伯林论述中的人物及早期倡导"积极自由"的思想家（虽然伯林从未明确提到过其中的大部分人），但我们需要更进一步确认到底是什么对伯林的论点产生了更为直接的影响，以及这些论点所针对的"对象"。伯林在积极自由的主题之下涵盖（或混合）了几个迥然不同的定义，因此我们能够预见到在他的叙述中可能存在着多重对象，且在某些时候这些对象彼此对立。

一个明显的论述重点是强有力地叙述了"积极"自由的两种变体的马克思主义。马克思主义中的"人文主义"担忧把"真正的自由"与克服个人和社会之间的冲突和分歧联系了起来。同时根据马克思主义中更"理性主义"要素的指导，自由是**服从必然性**，因此恩格斯把自由定义为"控制自我及基于自然的必然性之上的外在自然"。[32]普列汉诺
151 夫认为，自由存在于对自然的掌控之中，因此人们必须接受必然性（他同时主张，这个观点延续了黑格尔的自由论）。[33]

伯林关于黑格尔的解读深受普列汉诺夫的影响。[34]伯林也可能了解过普列汉诺夫对齐美尔的批评，后者断言"自由始终是摆脱某种限制

30 因此，马慕瑞主张，自由包含在运用权力达到人们所渴望的目的的可能性之中（'Freedom in the Personal Nexus'，185）。

31 See Knight，*Freedom and Reform*，10—13.

32 Engels，*Anti-Dühring*，chapter 11；quoted in Plekhanov，FPM 90. Cf. PIRA 91.

33 FPM 92—93；*For the Sixtieth Anniversary of Hegel's Death*，426—427.

34 FPM 146（cf. PIRA 93；TCL 197，190）.

而得到的自由，如果无法把自由看作束缚的对立面，那么自由是没有任何意义的"，但齐美尔所说的这种"微不足道的、最基本的事实"无法否定更为重大的真相——自由存在于对必然性的有意识的接受和"表达"之中。[35]毫无疑问，对于伯林而言，普列汉诺夫一直是"马克思主义"自由观最重要的代表，因此普列汉诺夫对于齐美尔"消极"自由观的描述及其"自由是在接受必然性的过程中获得的满足"的观点影响了伯林刻画消极自由与积极自由之冲突的方式。（齐美尔的以下观点也出现在了伯林的论述中：现代个人主义，或者说，自由主义，隐含了自由和平等这两条原则之间的冲突，但启蒙时期的思想家们并未发现这个问题。[36]）

英国的马克思主义者或支持马克思主义的学者频繁地解释为何自由意味着服从必然性。贝尔纳写道，在"协调统一的、有意识的社会"里，关于自由的自由主义观念"定会为'**自由是对必然性的理解**'所取代，因为'只要每个人都认识到自己在公共事业中有意识地承担起了确定的一部分，那么所有人都是自由的'"。[37]而弗朗茨·诺伊曼以更复杂的方式把自由分析为三个"构成元素"："消极的或司法上的"、"认知上的"以及"意志上的"。在诺伊曼看来，"司法上的"元素是"消极"的，因为它有所偏颇且不够充分；"意志上的"自由通过政治行动来行使意志；而"认知上的"自由包括对必然性的认知，把人从无知带来的恐慌中解放出来，让他们自由行动："一个人若了解所发生的事情及其发生的原因，那么他就是自由的。"[38]可见，诺伊曼反对的是大多数人采纳的消极自由观，而且不赞同这些人所认为的自由和接受必然性之间的对立，但伯林与诺伊曼的看法正好相反。[39] 152

35　FPM 144—145.

36　Simmel, *On Individuality and Social Forms*, 222.

37　Bernal, *The Social Function of Science*, 381.

38　Neumann, 'The Concept of Political Freedom', 162, 179—181, 184—186.

39　Neumann, 'Intellectual and Political Freedom, 201—202.

伯林不认为自由的定义是接受必然性、服从道德准则[40]，或追求所谓可取的、使人获得满足的目标。他将这种观点追溯到浪漫主义（尤其是费希特）和黑格尔主义，而他所主要反对的也正是这些思想家及其继承者。[41]不过，伯林还在他个人更为偏爱的英国唯心主义者的作品中找到了类似的学说，且早已有人提出伯林对积极自由的讨论主要来源于这些英国的唯心主义者。[42]要评价这个观点需要考虑三个相关问题：一、是否真的能够在英国唯心主义理论里找到这些内容要素；二、这些观点是否在伯林阅读唯心主义著作的过程中产生；三、伯林是否把英国唯心主义者作为讨论立场时使用的实例或阐述观点时的对象。

伯林将“积极自由”里的很多元素都追溯到了唯心主义传统，其中一种观点认为“道德自由”指的是自我的“真实”或理性的部分克服了内在的障碍和约束。这与自由的**目的论**，即自由是为实现自我所做出的行动也有所关联。另外一个**鼓吹公有制的**观点则把自由与公共利益、基于公益的行动和社会和谐联系在一起，并反对自私的、反社会的行动。[43]这两种观点确实曾出现在英国唯心主义者的思想之中。格林认为行动的真正目标，也就是自由，不是去满足易变的、常常令人迷惑的愿望，而是去实现真正的善。“积极意义上的自由”不是摆脱束缚，而是“平等地解放所有人的力量，让大家为公益做出贡献”。[44]“真正的自由”在于维护那些能够使人们把意志用于实现自身的目标，达成真正满足的法则。这种观点包含了自由的几个不同定义：自我掌控；运用自

40 See e.g. Sam Beer, *The City of Reason*, vii, 1—2; Maritain, ‘The Conquest of Freedom’, 218, 221.

41 See e.g. FIB 50—104; TCL 187—199.

42 参见 Quentin Skinner, ‘A Third Concept of Liberty’, 240—242（“如果伯林脑海中存在着一个哲学家，那么这个人必定是伯纳德·鲍桑葵”）。

43 PIRA 90, 101, 132.

44 ‘Liberal Legislation and Freedom of Contract’, 200.

己的意志；实现人们自己所想要达成的目标；实现"善的"或公益的目标；适应实现这种目标所需要的所有"法则"。所有这些都构成了伯林对"积极自由"的表述。[45] 153

格林进一步给出了自由的定义，他认为自由是"积极的权力；是指有能力完成或享受"对于自己和他人来说**都**值得完成或享受的事情，也是"部分公民作为一个整体**充分发挥自我**的能力"。自由是指"凭自己的意志做自己想做的事"，因此从这个意义上看，它确实是一种促进共同利益的、有价值的手段。[46]格林观点里宣扬公有制的部分对他的后辈产生了影响，即便到了20世纪，这种观念仍是英国社会思潮中的一部分。英国的唯心主义者们认为，国家和社会在逻辑上高于个体，并坚称个体之间相互联合的目标是为了追求公益而不是满足个体的私人愿望。正因如此，他们把"真正的自由"和"道德解放"等同于让个体遵从社会规则、社会目标以及全体的"意志"。[47]

鲍桑葵也赞同道德教化和提倡公有制的观点，他认为如果威胁有助于实现最佳生活方式，那么自由和威胁就是可调和的。他把自由定义为自我管理或自我决定，并试图论证这种自由等同于通过理性的、道德的、心系社会的行动来实现自我。联结二者的正是有关理性和"真实

45　'On the Different Senses of "Freedom"', 228—229, 239—242, 244—246.

46　Green, 'Liberal Legislation and Freedom of Contract', 199—200. See Richard Bellamy, 'Mill, Green and Berlin on Liberty and Liberalism', 35—40; Tom Baldwin, 'MacCallum and the Two Concepts of Freedom', 133.

47　Michael Freeden, 'The Coming of the Welfare State', 21—25; Harris, *Private Lives, Public Spirit*, 227—228, 245—246. 格林坚持认为自由始终意味着免于他人的强迫，并批评了柏拉图学派与斯多葛学派所认为的自由是对热情的掌控（see 'On the Different Senses of "Freedom"', 229—230）；他的政治理论支持了潜在的威权主义思想（see Bellamy, 'Mill, Green and Berlin on Liberty and Liberalism', 35），如同伯林所认知的那样（'Introduction', 41—42n, 53; TCL 180n and 196，其中提到了格林，并对他的自由概念进行了赞美和批评。在另一段落中，伯林将鲍桑葵与布拉德利和黑格尔联系在了一起）。

的”意志的理论。真正的自由存在于理性的自我决定之中，即让理性的、自律的自我战胜分裂的、他律的自我。[48]个体必须从“我们通常认为是自身的一部分的东西的约束中”解脱出来，才能达到“真正”的意志；“真正”的意志是理性的、统一的、始终如一的、无私的，且和他人的意志相匹配的。“普通的”（或经验上的）自我只有“作为一种走向更真实的、更完满的自我的方式”时才具备价值，而作为目标的“更真实、完满的自我”则处于“被称为自我的东西”之外。自由存在于这样一种法则和秩序体系之中，它约束着特殊的、私人的意志，并让后者服从于真实意志。为了达到这个目的，“我们不断努力地控制住存在于体内的东
154 西”——看起来似乎是他人将我们真正的意志**强加于**我们身上，但这其实是错误的。

在鲍桑葵的叙述中，受“真实意志”支配的大脑将作为一个整体运转，因此不会出现内部冲突或矛盾。这种和谐状态不仅出现在单独的个体之中，还出现在不同的个体之间：“我与他人在追求公益中实现的统一，正是我与我自己在追求我的利益时实现的统一。”自我和社会是统一的整体，这个整体处在“让每个个体都能够人尽其才的集体之中”；个体的真实意志可以通过对“公益”的渴望被找到。理性的自我会自觉听从（正义的）国家的指挥，因此不需要强制手段；但国家会对**不理性的**个体施加压力，因为“叛乱、懒惰、无能、无知”是国家要帮助个体克服的障碍。[49]对于鲍桑葵来说，自由是服从的权利；但对于伯林来说，自由是抵抗的权利。伯林认为自由在于拥有提出异议、不与社会保持步调一致，并因此无可避免地产生冲突的能力；但鲍桑葵坚信，自由存在于对社会有益的活动之中，也就是说，反社会的行动并不是自

---

48 Bosanquet, *The Philosophical Theory of the State*, 61, 66, 89, 99—100, 107, 124, 136—146, 187.

49 Bosanquet, *The Philosophical Theory of the State*, 145, 110, 81—82, 201—202, 234; see also 107—110, 117—118, 122—128, 146—149, 184, 187.

由，而是对自由的否定。[50]

虽然这种观点在第二次世界大战后遭到了年轻一代哲学家们的抨击，但晚期的唯心主义者仍在牛津继续倡导这种自由观。科林伍德言辞激烈地重申道，他把自由定义为自我施加的强制力，而获得这种自由则需要经历“由纪律和道德进步组成的人生”，让更高的自我，即自治的、统一的、道德的自我，来掌控低级的自我。[51]

我们能够清楚地看到，伯林关于“积极自由”的叙述的多个方面都能追溯到英国唯心主义者，但伯林的观点是否**起源于**这些人呢？答案虽是肯定的，但也只是部分而已。伯林获得特鲁罗奖的文章反映出他早在学生时代就已接受了唯心主义的观点；即使伯林并不熟知当时著名的英国唯心主义者的作品，这些人的观点也早已广泛地传播在当时的英国文化中，因此伯林显然会对此有所了解（他阅读了包括科林伍德 155
在内的晚期唯心主义者的作品[52]）。伯林在牛津读书时阅读了英国主要唯心主义者的作品并参加了有关课程，这些人显著影响了当时关于哲学思想的授课方式。[53]伯林针对卢梭和黑格尔的著作（可能也少量地包

50　Bosanquet, *The Philosophical Theory of the State*, 101—102, 127. 鲍桑葵的例子让关于积极/消极二分法的政治效价的传统理解变得复杂了：虽然鲍桑葵倾向于使用家长制的干预手段促进高尚品德的形成，但他仍然是经济管控的狂热反对者，并认为对经济的控制危害了社会本应促进的自立和竞争力带来的好处（*The Philosophical Theory of the State*, xii—xiii）。

51　Collingwood, *The Idea of History*, 317; letter to T. M. Knox, 2 November 1937, in *Essays in Political Philosophy*, 232; ‘Translator’s Preface’ to G. de Ruggiero, *The History of European Liberalism*, in ibid., 175; *The New Leviathan*, 84, 91.

52　Berlin to Shiela Grant Duff, 8 December 1932, F 44.

53　See Robert Wokler, ‘The Professoriate of Political Thought in England since 1914’; idem, ‘A Guide to Isaiah Berlin’s *Political Ideas in the Romantic Age*’. 伯林写道，“牛津”在政治理论领域内的传统受到积极自由信仰的主导，并指出了以下这些支持者，“格林、布拉德利、鲍桑葵、巴克、林赛、克罗斯曼。这些人都让我烦恼，而格林相对而言是最不让我烦心的那个”（To Bernard Crick, 29 March 1966, MSB 173/117）。

括柏拉图和康德的著作）的阅读，或许部分地“基于”经由鲍桑葵的作品才产生的关于这些思想家的理解。[54]虽然没有任何证据表明他曾深入地研究过鲍桑葵，但根据伯林学生的笔记可以了解到，伯林确实读过格林的《政治义务原理演讲录》，也曾参加了普里查德在1930—1932年间围绕这部作品每年开设的课程。[55]课程笔记中提到了格林的观点，即建立政治体制的目的在于让个体能够完善自我并关注公益。同时笔记还指出，伯林和普里查德都反对格林的下述观点：社会“优先于”个体，而个体只有作为追求公共利益的集体中的一员才享有权利。[56]

由此可见，反唯心主义政治思想的行动对伯林造成了直接的影响。在这一行动下的最为著名的产物，L. T. 霍布豪斯的《形而上学的国家论》和伯林后期的立场不谋而合。[57]在该书中，霍布豪斯抨击了多个伯林在之后批评“积极”自由时也同样反驳的观点——特别是社会整体论[58]以及与共同“自我”相关的，对于单一的、不变的“真实意志”的论述，而这种“意志”反过来又等同于所有道德正确的、理性的、对整个社会有益的事物。[59]霍布豪斯声称，这种反经验主义、反个人主义的观点不仅在学术上似是而非，而且在政治上是灾难性的。他和伯林一样抨

54 对比伯林(PIRA)与鲍桑葵(e.g. Bosanquet, *The Philosophical Theory of the State*, 88—93, 96, 99, 107—114, 238—243)。

55 OUG LX, 238, LXI, 243, LXII, 265.

56 MSB 614/19, 46—50, 34—43; cf. Prichard, ‘Green’s Principles of Political Obligation’, 62—63, 67—69, 75. 普里查德还抨击了格林叙述中的目的论本质(ibid., 58, 66, 74—76)。用布罗德的话来评价普里查德评论的影响:“时常被人认为是伟大思想家并在领域内有着巨大名声的人留下的痕迹几乎是无法去除的。”(‘Critical Notice of H. A. Prichard, *Moral Obligation*’, 557)

57 关于伯林和霍布豪斯，参见Ben Jackson, ‘Two Faces of Liberalism’; Skinner, ‘A Third Concept of Liberty’; Wokler, ‘A Guide to Isaiah Berlin’s *Political Ideas in the Romantic Age*’。

58 See e.g. MTS 26—29, 31, 50—51, 60—62, 94—95.

59 MTS 43—49.

击了黑格尔，因为后者拒绝了“消极”自由的观点，反而支持将自由理解为“某种积极的东西”——“自我决定”，也就是“遵从由个人所属的特定集体的伦理精神来阐释的法律和传统”。[60]针对黑格尔的这一看法，霍布豪斯坚称自由的“字面”意思就是不受限制，至少也不会和这一点相冲突。如果自由意味着自我决定，那么人们必须既要自我决定，也需要不受束缚才能获得自由；如果一个人受到限制，那么他便不可能是自由的。[61] 156

和伯林一样，霍布豪斯还抨击了对抽象概念及权力的盲目崇拜，他声称对这二者的推崇让人们忽略了本应构成政治思想目标的个体因素；同时他也将权力崇拜与“成为获胜方”的欲望及历史必然性理论联系在了一起。[62]霍布豪斯关于国家和政治伦理的“民主”理论和伯林的政治思想一样建立在道德个人主义之上，也就是说，“每一个作为目的而非工具来生活、思考、感受的个体”的幸福才是政治真正的目的所在。[63]霍布豪斯和伯林一样关注并回应了理解他人思想的问题[64]；他也强调了个体自由**选择**的重要性并坚称“自由的关键”在于它所允许做出的选择，而不是它最终获得的目的。[65]除此之外，霍布豪斯和伯林都对英国左翼内部的家长制和技术官僚治国制倾向持批评的态度。[66]

但是霍布豪斯和伯林的自由观在多个方面上都有所差异。霍布

60　MTS 31—33，39—40，43.

61　MTS 35，56 59—60.

62　See MTS 16—18.

63　MTS 134—137. See also MTS 19；Hobhouse，*Liberalism* 57—58，75—76，79；Peter Clarke，*Liberals and Social Democrats*，65—67.

64　MTS 52—54.

65　*Elements of Social Justice*，71；cf. *Liberalism*，65—66，70—71. 霍布豪斯与伯林的想法类似，他以安全的“内部城堡”来描述内在自由（*Liberalism*，13）。

66　Hobhouse，*Democracy and Reaction*，228—230.

豪斯认为消极自由因允许人们有意识地控制自己的冲动而具有价值[67]；并将政治自由与提供并维护有助于个体发展和积极公民身份的条件联系在了一起。[68]霍布豪斯早期的作品中有着和格林类似的主张，既然内在限制是自由的障碍，而外在的强制力量又能够消除这些障碍，那么冲
157 突也就不再存在，只留下强制性和自由之间的“相互需要”。[69]由此可见霍布豪斯坚定地相信进步与和谐，这与伯林的多元主义形成了鲜明对比。[70]

几乎没有证据表明伯林曾了解或曾受到霍布豪斯作品的影响[71]；尽管二者的自由观有着相似之处，但他们关注的方向完全不同。霍布豪斯把思考的重点放在经济问题和对正义的考量上，而伯林只把这两个问题作为自己的“副业”。另一方面，伯林所关心的内容都是他后期对英国唯心主义者的批评中出现的关键问题。其中包括普里查德的课程；伯林引用的多篇关于哲学历史的反唯心主义作品[72]；以及伯林的同僚普拉梅纳茨早期在普里查德指导下撰写的论文，该文重点研究以鲍

67 *Elements of Social Justice*, 47—50.

68 MTS 60—61.

69 *Liberalism*, 71.

70 参见 *Liberalism*, 13, 62—64; *Elements of Social Justice*, 51（“和谐存在的地方也必然存在着自由”）, 56—59, 64—65, 79—81, 85, 89—90; MTS, 36, 48—50, 117; Stefan Collini, *Liberalism and Sociology*, 125—129; Freeden, *Liberalism Divided*, 180, 224—225, 250, 277—278。即使是霍布豪斯早期的作品，也并不像看上去那样异于伯林的立场。霍布豪斯“名义上的”自由与伯林的“消极自由”之间的重要区别在于，“名义”自由意味着缺少法律上的约束，而消极自由意味着缺少一切来自社会的限制。对于“名义”自由，霍布豪斯评论道，经济控制在个体身上施加的限制可能与政府施加的法律一样对自由产生危害：法律限制与经济不平等都有可能允许强者去胁迫弱者（*Liberalism*, 68）。伯林认为，如果人为的经济调控干扰了个体选择与行动的自由，那么它侵犯了（消极）自由。

71 See ‘Isaiah Berlin in Conversation with Steven Lukes’, 91.

72 J. W. 高夫（Gough）写道：“黑格尔形而上学［……］把真实等同于理性，这使得任何现存国家的强制力都与真实的自由相等同。”（*The Social Contract: A Critical Study of its Development*, 163）

桑葵的观点为主要代表的唯心主义批判。[73]有人认为唯心主义政治思想“显然是荒谬的”且“仅仅是在直白地描述日常琐事”，但普拉梅纳茨（以及后期的伯林）反驳了这些观点。普拉梅纳茨在对鲍桑葵的“消极”和“积极”自由所做的评注中强调了伯林日后也将谈到的多个问题：受到“真”“善”支配的自由能够克服低级的情感；“真实意志”等同于理性，它对于每个个体来说都是相同的，且与集体意志完全吻合；因此国家威胁个体与集体意志保持一致，也就是在“强迫个体成为自由”。[74]
普拉梅纳茨提出了相反的观点，他将自由定义为**人们做自己想做的事**、 158
可以不受干扰地完成这件事的能力，以及“以个体自身愿望为动机的行动”；反过来说，非自由指的是不以个体自身愿望为动机的行动。对普拉梅纳茨来说，自由的“消极”定义，也就是不受约束，次于“积极”自由，而且前者是后者的衍生物。[75]普拉梅纳茨的作品体现了伯林青年时期在牛津大学盛行的针对唯心主义的批判，也反映出伯林的观点与这种早期的批判的不同之处。因此，伯林的观点也并非完全来源于这种批判。

由此可见，英国的唯心主义者和他们早期所写的批判为伯林的写作提供了灵感，但这些唯心主义者是不是伯林原本计划批判的对象呢？从伯林公开的作品和书信来看，几乎无法看出他在论述自由时曾考虑过这些英国的唯心主义者。[76]不过伯林将注意力放在了其他思想

73　无法确定这部作品究竟对伯林产生了怎样的影响，他对普拉梅纳茨的判断是复杂的。他认为普拉梅纳茨是一个“杰出的”“优秀的”男人，“非常通透、诚实，有着自己的真正目标”，“绝对真诚……在学术上一丝不苟，在道德上非常纯洁”，但是伯林也批评他的作品“不了解历史”且“很无聊”（Berlin to Charles Monteith, 30 November 1953; to Alan Bullock, 19 November 1953; to Irving Kristol, 28 September 1958）。

74　*Consent, Freedom and Obligation*, viii, 32, 35—39.

75　参见 *Consent, Freedom and Obligation*, 109—112, 122—123；一个略有不同的定义，也参见 ibid., 125。

76　证明英国的唯心主义者对伯林产生过影响的其中一个证据是，伯林在20世纪50年代关于政治理论的笔记中曾引用了格林有关政治义务的观点（MSB 630/1—5）。

家身上；他的学术观点受到了多方面的影响，其中有一部分在他自己看来是更为重要的，也是他倾注了更多心血反复讨论的。格林、布拉德利和鲍桑葵从未在《两种自由概念》一文之前伯林出版的（或重要的未出版）作品中出现过（他只是简单地提到过布拉德利[77]）。一种可能性是伯林在20世纪30年代到20世纪50年代后期的那段时间里确实研究过英国唯心主义者，但（因为某些原因）没有在作品中提到这些人；另一种可能性是直到他开始构思《两种自由概念》中的观点时，伯林才意识到了格林及其继承者们的重要地位。不过看起来最有可能的是，伯林之所以提及这些人，只是为了更好地表述“自由的两种概念”：“积极自由”的概念并不局限于意识形态上的（或字面意义上的）外国思想家，因为这个概念也影响了英国唯心主义。另一个相关目的则如《两种自由概念》的原稿开头所暗示的，伯林援引了英国的政治思想传统，其中就包括格林和布拉德利。[78]由此可见，伯林在作品中提到英国唯心主义者是为了把《两种自由概念》与英国本土的政治思想传统联系在一起（虽然
159 二者本身是内在关联的）。

伯林确实抨击了唯心主义自由理论带来的影响，他批评的主要对象是黑格尔。从20世纪30年代起，伯林一直认为以下这些观点源于黑格尔的思想：自由是发挥自我的潜力；自由和**义务**有所关联[79]；历史、自然和自我受规则支配，发挥自我的潜力意味着服从“个体遵守规则的本性”。[80]因此，对于唯心主义，即伯林和他的同代人所看到的黑格尔式唯心主义，正确的看法应是，既要看到它对伯林的论述产生的影响，也要看到它作为伯林的论述对象的一面（不管文中对于黑格尔观点的阐释

---

77 ‘Logical Translation’, 67—68, 72.

78 Berlin, ‘Two Concepts of Liberty’.

79 这种印象可能来自“我们有义务寻找到实在的本质，获得积极自由”（*Philosophy of Right*, Addition 149）。

80 KM 60.

有多少错误）。可见，相较于和善的英国唯心主义者而言[81]，黑格尔看起来是一个更合适的攻击对象，也正是通过对黑格尔的批评，伯林才能将其针对西方社会中出现的马克思主义[82]、强制性道德主义和社群主义的评论串联起来。

对伯林所持立场的理解与英国的唯心主义**是**有关的，伯林“通过”格林和鲍桑葵的作品以及他的老师和同僚所写的反唯心主义的批判文章，了解了其主要关注的早期思想家的观点。不过，虽然英国的唯心主义者影响了伯林对这场有关自由的论辩中出现的术语的理解，但这并不能证明这些人是伯林介入这场论辩的最初**动机**。为了找到伯林最深入关注的那些前辈先驱，我们需要了解俄国的思想[83]，探究伯林对在其文中直接讨论过的早期思想家们的思想的解释（无论这些解释有无用处），以及伯林那个时代关于自由的讨论。

伯林论点来源的多重性在探究“真实意志”这一概念的过程中已经有所体现。“真实意志”是唯心主义的核心要素，但伯林找到了这个概念背后的罪魁祸首：不仅有卢梭、康德、“黑格尔及其门徒”，还有未知姓名的“唯心主义哲学家”，以及罗伯斯庇尔、巴贝夫、索雷尔、墨索里尼和希特勒。[84]伯林给出了一个将“真实意志”运用在政治领域内的最重要的例子：雅各宾主义。用克兰·布林顿的话来说，雅各宾主义是
指“没有人在作恶时是自由的，所以让人不作恶就是让他自由”。[85]这 160
种看法和唯心主义者的观点很相似，但是伯林认为这种观点曾被用于为杀戮和暴政辩护，且进一步激发了它们，而不是仅仅带来了维多利亚

81　Cf. Adam Ulam, *Philosophical Foundations of English Socialism*, 19, 21, 28—31, 56.

82　伯林认为马克思主义既是科学主义的，又有着黑格尔的特征（see KM chapter 3）。

83　例如赫尔岑对黑格尔的批评，或者鲍里斯·契切林等俄国黑格尔主义者的自由理论。

84　PIRA 142—144；cf. FIB 146—149.

85　PIRA 140. 伯林对雅各宾主义的关注与其好友雅各布·塔尔蒙相似——虽然伯林此处的阐述引用的是布林顿1928年所写的文章。

时期那场温和的、家长式作风的社会变革。

虽然伯林认为“积极自由”最具危害性的概念部分来自费希特和黑格尔，但他在界定该概念时最注重的人物是卢梭和康德。[86]伯林在《浪漫主义时代的政治观念》一文中试图抨击的主要原则大多源自卢梭的自由观，其中包括：第一，客观的道德秩序是存在的，且容易受到指示性知识的影响；目的存在于自然界中，而且可以通过直觉被发现——但伯林声称这正是休谟曾揭示过的、站不住脚的谬见。第二，卢梭认为个体拥有高等和低等两种自我，“高等自我”通过道德“解放”来压制“低等自我”；而伯林认为这是因个体内在的冲突引发的挫折经历而导致的“虚构说法”，这种说法有着相当危险的政治意义。第三，卢梭认为现实是“连贯的、协调的整体”，“好的目标之间永不可能相互冲突，因为这些目标构成了自然和谐的一部分”；因此，“明显不可调和的价值之间的一切悲剧和冲突，都不可能是最为重要的或最具决定性的；这些悲剧和冲突都会在理性的框架下得到平息[……]一切矛盾最终都会是假象”。[87]

《浪漫主义时代的政治观念》一文中提到的“真正自我”并非独一无二的。无论是在第二次世界大战前还是第二次世界大战后，卢梭、康德和黑格尔都在牛津大学的政治学课程中占有一席之地。[88]当时作为本科生的伯林应该参与过E. F. 卡里特1932年的关于“集体意志”[89]的课程。根据卡里特在课上所说的，“集体意志”基于一个在经验上毫无根

86 马里奥·里恰尔迪声称康德是伯林的核心任务，而伯林自己后来曾表示卢梭是自己文章中的“敌人”(Ricciardi, ‘Berlin on Liberty’, 136—137; Berlin to Bernard Williams, 22 November 1981)。

87 PIRA 136—137.

88 See OUG LXII 752; LXIV 273; 77, 258, 580; 78, 975; 79, 291; 80, 290; 81, 290.

89 卡里特曾在1929年开设了有关“真实意志”的课程(OUG LIX, 484)。

据的、站不住脚的概念，即人类利益的基本和谐。[90]因此，在20世纪30年代中期之前，伯林就早已通过像卡里特这样的本土人物了解了对卢梭的批评，并产生了对卢梭的反对者欧文·白璧德的兴趣。[91]

甚至钦佩卢梭的译者也像伯林那样描述卢梭。G. D. H. 科尔在
当时不断重印、受到广泛阅读的《社会契约论》（伯林本人至少持有两 161
个版本[92]）的引言中写道，对于卢梭而言，“自由不仅仅是一个消极的概念”，不“只是不受约束”。科尔继续写道，对卢梭来说，“一个人只有当其整个个体统一地追求单一的目标时（这个目标内部不存在冲突），才能拥有自由”。同时，通过类比康德主张的“自治”观点——个体的低等本性受到“更高等、更真实且更理性的意志”的支配，这种意志旨在达到一个普遍的目的，是由所有理性个体共享的意志——科尔解释了卢梭的个体“被迫自由”的观点。[93]不过，科尔基本上赞同卢梭的立场，但伯林则认为卢梭的观点是危险的，且是值得批判的。

虽然科尔认为卢梭提出的“真正的自由”在第二次世界大战期间持续受到了政治写作者与战时统治者的广泛支持[94]，但在1950年左右，哲学家们普遍开始“怀疑”集体意志的概念。[95]包括普拉梅纳茨[96]、J. D. 马博特[97]、玛格丽特·麦克唐纳[98]以及韦尔登[99]在内的很多人都曾

90　Carritt, *Morals and Politics*, 64—70. 伯林购买了这本大概反映了卡里特之演讲的书（MSB 747/274—276）。

91　See Babbit, *Rousseau and Romanticism*.

92　根据编者的注释（参见PIRA 138n.1）。

93　Cole, ‘Introduction’ to *The Social Contract*, xxxvi, xxxiv, xxxviii.

94　Harris, ‘Political Thought and the State’, 18—19.

95　Bernard Mayo, ‘Is there a Case for the General Will?’, 92.

96　参见Plamenatz, *Consent, Freedom, and Political Obligation*, 27—34；普拉梅纳茨将“真实意志”的概念归因于黑格尔和鲍桑葵，而不是卢梭和格林。

97　Mabbott, *The State and the Citizen*, 148—149.

98　Macdonald, ‘The Language of Political Theory’, 167, 174, 179.

99　Weldon, *States and Morals*, 80, 127; *The Vocabulary of Politics*, 74.

言辞激烈地攻击过“高等”自我的观点。不过，尽管哲学学术圈内的人们对这个观点有所质疑，“高等”或“真实”的自我在政治论辩中，尤其是在那些思考战后重建的基督教学者之中，依旧发挥了重要作用[100]；而“真实”（理性的）自我与“实际”（经验的）自我之间的对立也出现在马克思主义理论中。但是伯林关注的重点不是共产主义意识形态，因为还有其他在地理上更接近英国，且在意识形态上与英国更相关的问题存在。

7.3 计划时代的自由（关于卡尔、拉斯基等人）

伯林显然把针对自由的写作重点放在了历史上，而这些作品也受
162 到了当时政治思潮的启发。若要探究伯林关于自由的论述所受到的影响，以及它所针对的对象，人们需要把目光转向20世纪早期及中期的思想家们，因为伯林对自由主义的诠释，包括其对自由的分析，都是对这些思想家做出的回应。因此接下来，我将就伯林同时代之人的思想展开讨论。

在伯林那个年代，讨论政治自由的一大背景是关于社会和经济政策的争论。我们先前提到，伯林在经济问题上保持缄默，但他至少应对当时关于经济政策的争论有所认知，且这些讨论之中无疑产生了与伯林所主张或抨击的内容极为相似的观点。最重要的是，“积极”自由观是计划手段针对政治纲领相关问题的普遍回应。很多自由派认为有必要采用计划手段，但不希望为此牺牲自由，因而他们试图证明自由和社会管制之间并不存在真正的冲突。这也就是为什么很多支持社会计划

100 沃尔特·莫伯利写道：“我们自己真实的，但迄今为止无意识和无效的意志”，及“更好的自我”（Matthew Grimley, ‘Civil Society and the Clerisy’, 245）。Cf. Coates, *A Common Faith*, 33—34, 53.

的作品中会出现伯林所说的“积极自由”的案例。[101]

计划手段的支持者们认为自由必然是为大家所共有的东西，他们也相信“个体与集体”之间能够实现“完美的和谐”——这是典型的唯心主义思想。其中的一部分支持者进一步主张，“人们能够拥有的、唯一的、真正的自由是选择主宰者的权力”，这些人甚至给出了数学上的例子以证明自由意味着学会遵从规律：“为了能够掌控这一科学的领域”，数学家们首先要“成为该领域的仆从”；“如果他要获得自由，那么他必须先选择服从”。同样地，一个公民“只有在遵从由国家制定的、用于管束人民的法律的情况下”才是自由的，“一个人在最遵守法律规定的情况下才是最自由的……我们只在追随自己所选择的主宰者时才是自由的”[102]——伯林将“积极自由”和这种观点联系在了一起（自由与数学之间的类比可能来源于普列汉诺夫）。不过，没有证据表明伯林接触过此处引用的这些作品，而且伯林看起来也不像接触过这些作品。伯林对积极自由的叙述并非源于支持或批评计划手段的人，而他的批评也不针对福利国家。尽管如此，伯林似乎确实从英国的战后政治思 163
想氛围中获得了一些灵感。

伯林可能对卡尔支持计划手段的观点有一定了解。根据卡尔的叙述，法国大革命使自由的意义产生了变化，自由的概念不断普及并逐渐与平等的概念关联了起来，之后又延伸到自由是指不受物质欲望和政治压迫的束缚。卡尔在此基础上更进一步，（重新）定义自由为“进行**创造性活动的时机**”；该定义隐含了应该“了解从事这种创造性活动所

101　See e.g. Ulam, *Philosophical Foundations of English Socialism*, 134. 这不仅限于政治左派：参见Maudling, ‘Conservatives and Control’，该文章否定了“消极自由”，并更喜好“作为某个有组织的群体中的一员的自由”，因为这种自由为文明个性的发展创造了条件。

102　Richards, *Planning for Freedom*, 39, 42, 61, 31—32.

需要具备的条件”，即“**对必然性的认识**”。[103]

支持渐进式改革的人们推翻了把自由等同于理性行为或善行的唯心主义传统，他们倾向于拥护另一种“积极的”自由观：自由是完成个人的目标所需要的能力及权力，因此如果要进入自由状态，则需要物质手段来保障权力的赋予。由此可以总结出，那些有着追求并实现目标的手段的人才是自由的人，无论这些人受到了怎样的限制。把自由看作权力是第二次世界大战后的政治思潮的一个特点，但它几乎不能算是这个时期的新思想。早在第二次世界大战前，社会主义和纳粹主义的支持者们[104]（其中包括约翰·斯特雷奇和奥斯瓦尔德·莫斯利）就曾拥护过这种思想；法西斯主义的理论家们使用“去做某事的自由”这一措辞来避免谈及“摆脱限制的自由”。[105]极权政体为公民提供了物质基础，因此该政体的辩护者们宣称，这些公民比自由民主政体下的公民享有更充分的自由。[106]

视自由为权力的观点与视自由为需求得到满足的观点是紧密相关的。无论是在第二次世界大战之前还是第二次世界大战之后，这两种观点都引起了自由民主人士及社会民主左派的关注。因此在1953年，罗伯特·达尔和查尔斯·林德布洛姆在“主观”自由和“客观”自由间做了区分：“主观”自由在于个体所经历过的、欲望或需求上的满足，而不在于个人实际所具有的选择的数量（也就是说，如果一个人几乎没有什么选择但并不因此而不满，那么他就没有缺失主观自由）；“客观”自由，换句话说就是个体有能力“做出选择从而满足自己的欲
164 望”。因此，在自由与社会组织或社会教化之间“并不总是”存在矛盾，

103 *The New Society*, 107—111, 118.

104 See e.g. Webbs, *Soviet Communism*, Volume 2, 1033—1035; Stephen Spender, *Forward From Liberalism*, 52.

105 Dorothy Fosdick, *What is Liberty?*, 74—77, 87—88.

106 See e.g. Carr, *The New Society* and *The Soviet Impact on the Western World*.

为了达成目标，这二者常常是有其必要性的。社会组织有赖于教化，而实现目标需要社会组织的参与。达尔和林德布洛姆总结道，如果自由在于实现目标，那么对自由而言教化是必要的，自由不会被教化所束缚，相反它会在教化之中得到发展。同样地，理性（达尔和林德布洛姆将理性等同于效率）对实现目标也是必要的，更强大的理性能够扩大自由。[107]由此，支持社会计划手段的人们提出了自由就是理性控制的观点。

最后，在福利国家的支持者之中出现了将自由与**安全**相关联的倾向，如罗斯福的“四大自由”中包括了“免于恐惧的自由”和“免于匮乏的自由”。这种观点也在第二次世界大战后广为流传，达尔和林德布洛姆写道：“安全和自由差不多是同样的，安全仅是自由的一个方面。一个处于自由状态的个体是安全的，一个处于安全状态的个体是自由的。如果一个人不能达成他的目标，那么他既不自由也不安全；而如果一个人能够达成其目标，那么他既自由又安全。”[108]

尽管当时社会中普遍流行的是左派知识分子所主张的、不同的“积极自由”，但伯林只重点关注了该时期主要的几位左派英国政治理论家，如科尔、H. J. 拉斯基以及R. H. 托尼。伯林认为自己的前辈、牛津大学政治与社会理论的教授科尔在品行上令人钦佩，但在学术上却较为薄弱；伯林赞赏科尔所做出的示范，但没有认可后者的观点。[109]伯林声称，虽然科尔认为自己重视自由，但实际上他真正重视的是“热心的、

107 Dahl and Lindblom, *Politics, Economics, and Welfare*, 31—34, 38—40.

108 Dahl and Lindblom, *Politics, Economics, and Welfare*, 49.

109 科尔“基本上是一个非常优秀的、诚挚的、友好的、未成熟的、孩子气的人”；“人们不太可能去讨厌他但是也很难把他当回事。从某种意义上说他非常幼稚：他是个二流的、世俗的、浅薄的人，而且傻得可爱，和E. H.卡尔这样的人不对盘”（Berlin to Schlesinger, 18—24 February 1951, E 221—222）。科尔认为“俄国人比我们，或者说在我们抛弃原子论并坚定地追求某个集体的，而不仅仅是个人的价值之前更为自由”，伯林对此不可能满意（Cole, ‘Plan for Living’, *Plan for Britain*, 11）。

予人温暖的事”，如爱情、平等、兄弟情义、合作，而这些都与自由存在冲突（因为自由完全不能“予人温暖”），也必然与自由不同。[110]

伯林看上去更加尊敬托尼（托尼较少受到苏联的影响[111]），他赞赏
165 托尼在道德上的纯洁以及他对决定论和残暴行径的反对，同时伯林也认同托尼从道德角度对自由放任主义的批评，并引用了他的措辞——“梭子鱼的自由就是小鱼的末日”。[112]伯林引用这句话来证明英国最主要的伦理社会主义者们已经意识到了自由和平等之间的冲突，但实际上，托尼的这句话只是对自由的一种**低级**理解；自由应被正确理解为与平等相互协调。[113]对托尼而言，自由**既**是摆脱专断权力的能力，又是具有在道德上进步的能力。这种自由不仅要“摆脱压迫”，还需要“自我组织或自我指导的机会”，另外，这种自由也与所有社会成员的共同目标有关。[114]因此托尼将自由和义务联系在了一起，并强调了团结在投身于共同目标的过程中的重要性。[115]托尼和伯林一样根据个体的“可选范围”，以及个体在这些选项中“按照个人喜好”做出选择的能力来定义自由。他们坚信自由与物质幸福之间存在差异，并坚决反对家长制。[116]伯林自己也认识到，当导致经济失调（或经济剥夺）的原因是蓄意的人类行动或人工产物，那它本身就是对自由的干涉，甚至违背了

---

110 Berlin to Stephen Spender, November 1958, E 656. 之后伯林给出了一个更宽容的说法，他声称科尔比起效率和组织更关心自由，也表示自己“暗中相信科尔的道德直觉”（To Arthur Lehning, 15 July 1974）。

111 Anthony Wright, *R. H. Tawney*, 57, 100; Ross Terrill, *R. H. Tawney and His Times*, 73, 76—77, 95—97, 238, 254, 256—258.

112 TCL 171, 215. 伯林宣称，“消极自由”是“更真实且更人道”的自由概念，这点与托尼的“更正义、更人性的生活方式”相似（Tawney, *Equality*, 225）。

113 Tawney, *Equality*, 225—226.

114 Tawney, *Equality*, 164—168, 171—173, 228; Wright, *R. H. Tawney*, 66—67, 159.

115 Wright, *R. H. Tawney*, 68, 87—88, 139—140, 145—147; Terrill, *R. H. Tawney and His Times*, 128.

116 *Equality*, 166—169, 229; Wright, *R. H. Tawney*, 51, 66.

自由。[117]

在伯林对自由的讨论之前，拉斯基对“摆脱限制的自由”和“去做某事的自由”所做的区分流传范围最广。但是伯林从未在自己的作品中提到过拉斯基对自由的阐述，这也许反映出了伯林对拉斯基的厌恶情绪。伯林曾公开赞扬拉斯基的《卡尔·马克思》（称“这是对马克思的成就最好的简介”）和《共产主义》（称“这是对共产主义运动和知识基础最好的分析”）。[118]但是私下里伯林批评拉斯基是一个只会“胡说八道”的、“肤浅的修辞学家”，且“对其门徒所产生的影响在于让他们误把文字当作思想，把关于文字的文字当作关于事物的文字”，而这一切就如同逻辑实证主义一般，扼杀了作为严肃话题的政治理论在英国大学内的发展。[119]

伯林谴责拉斯基向那些“仗势欺人者”致敬。[120]但饱受指责的拉
斯基也指控了伯林未能在描述丘吉尔时认识到并谴责其行为。虽然拉 166
斯基批评伯林的语气比较温和，但他认为伯林对丘吉尔的描述尽管“很出彩”，却缺乏真实性。[121]这样的评论出自自己所认定的权欲熏心的臆想狂，自然让伯林十分恼怒。不仅如此，相似的爱好、不同的观点以及共同的犹太人身份让伯林和拉斯基的关系更具竞争性。同时二者都是赫伯特·弗希尔和费利克斯·弗兰克福特的门生，因此在他们之间又有了兄弟争斗的意味。[122]无论是出于哪些原因，伯林确实很少在自己的出版作品中提到拉斯基，因此很难看出他的作品中究竟有多少回应

117　PIRA 158—160；cf. *Equality*，167.

118　KM，2nd edn.，278.

119　Berlin to Richard Crossman，11 February 1963.

120　LTK 343—344.

121　Laski to Berlin，26 February and 4 March 1950，MSB 122/177，194.

122　有关拉斯基的“竞争性”和“神话狂热”，参见 Isaac Kramnick and Barry Sheerman，*Harold Laski*，60，202—203；关于拉斯基对伯林的批评，参见 Schlesinger，*A Life in the Twentieth Century*，282。

拉斯基的部分。[123]但是鉴于二者兴趣相仿，且拉斯基确实称得上是当时英国最著名的政治理论家之一，如果说伯林真的丝毫不了解拉斯基在20世纪30—40年代的作品，未免太令人惊讶了。

拉斯基对自由的思考会随着时代而改变，因此常常出现前后不一致的情况。在1930年的《现代国家自由论》中，他将自由的"消极"定义解释为"不受约束"，同时抨击了卢梭"强迫人们自由"的观点以及黑格尔认为自由就是服从法则的观点。但即使在这本书中，拉斯基也没有将自由简单地定义为不施加限制，而是将其定义为不满情绪的缺失以及不"对保障个体幸福的必要社会状态加以限制"。[124]拉斯基在其他地方否定了消极的自由观，而倡导另一种自由观，即所有公民"永久地、最大限度地发挥自己的能力"。同时他进一步认为，自由和平等对道德的发展来说都必不可少，所以即使二者并不完全相同，至少也有所
167 关联。[125]拉斯基认同格林对自由的定义——自由是一种"有能力去完成或去享受对自己和他人来说都值得完成或享受之事的积极权力"，因此禁止那些对共同利益产生危害的行为并非侵犯自由。[126]拉斯基逐渐（前后矛盾地）[127]将自由描述为"一个积极的事物"，不仅是指不受约束，

123　一个少见的例外出现在《启蒙的三个批评者》中，伯林尖锐地批评了拉斯基对亚当·弗格森是个"半桶水的孟德斯鸠"的描述，"这样的描述让人看到了拉斯基的批评水平，他仅仅是在重复莱斯利·斯蒂芬的观点"（*Three Critics of the Enlightenment*, 173）。由此可见，伯林对拉斯基的《英国的政治思想：从洛克到边沁》应该非常熟悉。伯林还拥有拉斯基所写的《共产主义》和《信仰、理性和文明》，他对拉斯基的作品足够熟悉，因此能够区分他的早期著作和其后来的更多的马克思主义作品（Berlin to Crossman, 11 February 1963）。

124　*Liberty in the Modern State*, 11, 49.

125　*The Foundations of Sovereignty*, 88; *Authority in the Modern State*, 37; see also Herbert Deane, *The Political Ideas of Harold Laski*, 109; Laski, 'Choosing the Planners', 112—115.

126　*Authority and the Modern State*, 55.

127　See e.g. *Grammar of Politics* (2nd edn.), 3; *The Dangers of Obedience*, 29; *Liberty in the Modern State* (1937), 210—211.

同时也是“维护让人们有机会发挥自我能力的氛围”。[128]

在深入了解马克思主义的过程中，拉斯基不断引用遵循“**社会组织中的内在逻辑**”的自由观。在他看来，只要遵循这个逻辑，就能实现社会共同利益并让个体得到满足；既然个体的满足等同于自由，那么服从也同样等同于自由。当拉斯基在第二次世界大战期间回过头谈及积极自由和消极自由之间的区别时，他认为积极自由就是由国家采取行动使个体和社会的目标和谐一致，从而促进个性的自由生长与发展。同时他认为，积极自由是指认识到必要性的存在并接受社会团结所依赖的、特别商定过的前提条件。[129]

这一发展是在拉斯基否定自由主义之后发生的。[130]对自由主义的悲观，伴随着对共产主义的期待。在1930年，拉斯基写道，“苏联是新文明的先锋”，国家在精神和物质上都获得了巨大收益。[131]虽然他也提到了苏联的“愚蠢、错误和罪行”，但他仍坚持认为苏联代表了“未来每个政府都必须顺应的一系列观念”。共产主义严惩了那些试图逃脱“基本规则”的人，但这些规则奠定了一种体系的基础，该体系“为数百万人取得了发展空间并让其持有者能够确认自己的个性，而这就是自由的秘密”。在苏联，“社会中的自由已经开始在积极的平台上运转”。[132]
类似的观点肯定在很大程度上影响了伯林对拉斯基的态度，而这些观 168
点也反映出“积极自由”的思想是如何被用于证明共产主义政策的合理性，以及倡导社会计划的。

128　Laski, *A Grammar of Politics*, 142—145; *Socialism and Freedom*, 8.

129　*A Grammar of Politics*, 462; *Reflections on the Revolution of Our Time*, 297, 382—386, 390—391; see Deane, *The Political Ideas of Harold Laski*, 256—260.

130　Laski, *The Decline of Liberalism*, 3 and *passim*; Deane, *The Political Ideas of Harold Laski*, 186.

131　*Liberty in the Modern State*, 25—26.

132　*Reflections on the Revolution of Our Time*, quoted in Kramnick and Sheerman, *Harold Laski*, 468—469.

并非所有支持积极自由的人都明确地反对伯林，其中一个引人注目的例子是伯林在1950年8月所阅读的，由帕特里克·戈登·沃克所撰写的《自由的重述》(*Restatement of Liberty*)。[133]沃克原先是牛津大学的教授，之后成了杰出的工党政治家。他与伯林都曾在20世纪30年代参与过科尔的“粉色午餐”(Pink Lunch)讨论组，也因此相识。[134]沃克认识到了可能会威胁自由的两种思潮。一是相信有可能创造出“人间天堂”，为实现这个目标所动用的一切手段都是合理且必要的。这种想法会导致极端主义，蔑视“人类的现在与过去”并“倾向于使用暴力”。二是盲目地崇拜科学。如果人类只能作为科学研究的对象，那么他们“肯定会受到扭曲和逼迫并丧失人性。他们的欲望、喜好以及道德上的顾虑变成了无关的、棘手的特质，必然应该被忽略并消除”。[135]此类科学至上主义的、乌托邦式的思想因其“自信天命在握”而对支持者们充满了吸引力。这种观念否认了非工具性的道德的存在，而革命的福祉成了至高无上的法则。[136]这一切都与伯林的叙述惊人地相似，同时沃克对“笛卡尔主义”的描述也和伯林所介绍的启蒙科学主义非常相像。笛卡尔主义主张一切事物都可以通过永恒不变的、完全可理解的规律来解释，宇宙是和谐连贯的，人类的本性也是统一恒定的，所以人类的行为是可预测的。[137]和伯林一样，沃克否定了“任何问题都可以完全得到解答”的主张：任何将现实的复杂性简化为某种可理解的秩序的尝试都会歪曲原本的事实，因此应避免幻想确定性、全知和尽善尽美，要

133　这本书没有触动伯林，他写信给自己和沃克的一个共同好友说：“沃克只谈笛卡尔，但糟糕的是，他并没有详细地解释说明。”(to Herbert Hart，8 August 1950)

134　Jahanbegloo，*Conversations with Isaiah Berlin*，7；MSB 103/278.

135　*Restatement of Liberty*，21—23，27.

136　*Restatement of Liberty*，29，32，87，92.

137　*Restatement of Liberty*，49—53，71—72，80，109—110，114—115.

承认限制的存在。[138]

但是，沃克对自由的叙述有别于伯林。对于沃克来说，积极自由意味着选择的自由，消极自由则是**不受欲望支配的自由**。[139]行使自由是"对某个目标的艰苦追求"，它需要"发展出复杂的第二天性"，并取决 169
于对理性的使用。它不是天生具有的权利，而是需要争取才能够获得的。自由派个人主义者关于自由的概念注定也必须要替换为新的自由观。人们真正需要的是一个通过建立"属于更优秀的人类的道德新准则"来调和自由与权威、个体与社会关系的"新国家"。[140]虽然伯林和沃克对科学至上主义和乌托邦主义的批评让二人都主张民主政治而非极端主义和犬儒主义，但因二人在自由观上的差异，沃克反对传统的个人自由主义，也比伯林更接受社会主义。

7.4 极权政治年代中的自由
（阿伦特、塔尔蒙、茹弗内尔、熊彼特）

沃克提到，极权政治下的经历使人们产生了情感上的剧变，让他们重新投身于自由和人权。[141]这是一个非常普遍且重要的观察结论。就像伯林自己所说的，"我们在这个时代所目睹的人性的堕落"使人重新发现了传统的自由价值和不可剥夺的人权概念。[142]第二次世界大战后，自由主义置自己于极权政治的对立面，并不断设法打击将极权政治的意识形态列入自由名下的行为。

---

138 *Restatement of Liberty*, 49—53, 71—72, 80, 97—98, 104, 107—110, 114—115, 180—183, 301, 311.

139 *Restatement of Liberty*, 130.

140 *Restatement of Liberty*, 34, 47—48, 126—127, 368—370, 412.

141 *Restatement of Liberty*, 14.

142 'European Unity and its Vicissitudes'(1959), 205.

汉娜·阿伦特,最著名的极权政治分析家、自由概念理论家之一,但不是一个自由主义者。她主张自由的价值在于能够产生自发性和创造力,从而打击极权主义完全控制社会并消灭个性的企图。阿伦特认为自由是一种行为,或者说是能够通过与过去划清界限并引入新事物的方式来改造(公有的、公共的)人类世界的非工具性行动。这种自由观与她对古雅典城邦的理想化,使她认为自由就是参与民主的公民权利。[143]

170 阿伦特认为自由是人类产生自发性、创造力,以及开启新时代的能力,但伯林认为自由是人类设想选择并做出选择的能力。虽然伯林与阿伦特都反对决定论及任何宣称能够完全预测人类行为的意识形态,也共同否定了对自由的目的论解释[144],但二者在自由观上的差异让他们写出了极为不同的政治理论:一个是自由主义的理论,即认为自由很大程度上是保护人们不受社会生活要求的束缚,让人们远离特别行动导致的暴力冲突;另一个是存在主义的共和制理论,即自由就是投身社会生活并参与特别行动。

这两种截然不同的政治想象不仅源于相异的自由观,还源于相互对立的现代历史叙事。阿伦特认为欧洲沦入极权政治的原因是资产阶级的贪婪压倒了共和的公民精神,她对资产阶级自私、缺乏想象力且贪图物质享乐的谴责贯穿了她的所有作品。虽然伯林也同样批评了多种现代思潮,但他对观念史和当代政治的解释并未依赖于对阿伦特的观点产生影响的、对“现代性”的批判。这些差异(二人迥然不同的文化背景与学术风格,以及对犹太人大屠杀的相反的评判)可能促成了伯林

143 See Arendt, *The Human Condition*, 7, 9, 50—52, 175—179, 187, 191—192, 200—201, 231; ‘What is Freedom ?’, 145—146, 151—155, 159—160, 169—171; *On Revolution*, 21, 141, 150, 198, 206—208, 221; Ronald Beiner, ‘Action, Natality and Citizenship’; Dana R. Villa, *Politics, Philosophy, Terror*, 199—203.

144 See *Origins of Totalitarianism*, 466.

针对阿伦特的敌意。[145]

伯林的观点更接近他的好朋友雅各布·塔尔蒙。塔尔蒙认为，痴迷于共和德性（republican virtue）这一不合时宜的理想会导致雅各宾主义，并最后发展成为与现代自由主义相悖的极权政治。塔尔蒙在拉斯基的建议下与伯林在1947年见了面。伯林回忆道，同为自由主义者、犹太复国主义者以及东欧的犹太学者的两人一见面便立刻"意气相投"，当天剩下的时间里，他们一直在讨论《极权主义民主的起源》（*The Origins of Totalitarian Democracy*）中的核心主题。伯林认为塔尔蒙"非常有趣且在学术上令人愉悦"，他"充满想象力，热心且富于热情"，是个"完全正派"的人，他"关注着他人的权利和愿望，且尤其关注对人类之间合理正当关系的需求"。伯林还赞扬塔尔蒙自始至终都是一个"真正的、毫不动摇的自由主义者"，他对于犹太复国主义以及温和社会 171
主义（moderate socialism）的支持受到了英国古典自由论的影响。[146]

《极权主义民主的起源》为反极权政治的自由主义提供了知识储备，其中就包括该书书名所包含的用语，"极权主义民主"，该短语曾于1945年同时出现在卡尔和贝特朗·德·茹弗内尔的笔下。[147]卡尔曾使用这个术语为苏联辩护，他声称，苏联共产主义并非对民主的否定，相

145　阿伦特在《艾希曼在耶路撒冷》一书中认为犹太受害者未能够成功地抵抗纳粹，这种恶劣的观点与阿伦特对艾希曼的描述都得罪了伯林。同时伯林还反对阿伦特对她之前的老师海德格尔的对纳粹的狂热拥护的宽容（See *Enlightening* 430n.2；Jahanbegloo, *Conversations with Isaiah Berlin*, 81—85；UD 198）。伯林早些时候还写了一篇关于她的主要著作《人的境况》的充满咒骂的读者报告（Berlin to Morton White, 6 February 1959, E 676 & n.4）。

146　Berlin, 'A Tribute to My Friend', 1—4. 有关伯林和塔尔蒙关系的更完整说明，请参见 Arie Dubnov, 'A Tale of Trees and Crooked Timbers'。

147　See Jouvenel, *Du Pouvoir*, chapter 14. 卡尔对这个术语的使用，参见 *Democracy in International Affairs*, 9；*The Soviet Impact on the Western World*, 7。卡尔支持并影响了塔尔蒙。

反它所代表的是一种与众不同的新民主形式；而塔尔蒙的写作受到了莫斯科大审判的影响，因此他也借这个术语批判了共产主义。[148]塔尔蒙将苏联的意识形态追溯到了启蒙运动时期出现的“理性主义”。这种“理性主义”包括：(1)支持社会学决定论；(2)将美德等同于遵守自然的、理性的、和谐的本性；(3)把自由等同于美德和理性；(4)支持个人主义，对世袭优待和地位的否定；(5)相信存在由同类人组成的社会，“所有人都生活在同一个独特的层面”；(6)将社会效用提升成为一种至高无上的道德。因此不存在脱离社会活动的不可侵犯的私人领域，这就是塔尔蒙所说的“自由的核心”。[149]

从这些“18世纪的普遍观念”中产生出了两种民主形式——自由民主以及极权主义民主。这两者自18世纪开始便同时存在，它们之间的冲突是“我们的时代里最重要的问题”。[150]二者之间的差别首先在于对待政治的态度。自由主义认为政治会通往审判和错误，而极权主义认为“政治中存在着唯一的、独有的真理”，“人们无法抗拒地接近并注定会进入一种早已注定的、万物和谐完美的系统之内”。[151]极权主义民主的产生源于试图调和自由的“从根本上就相互对立的元素”之间的矛盾，并相信存在某个绝对的目标，该目标在某种思想信条之下能够满足人们的“真实利益”。[152]因此仅需考虑个体“在适当的条件下应该变
172 成且将会变成什么样子。如果这些人与绝对意志之间存在分歧，那么就应该无视这些个体，或威胁、逼迫他们服从绝对意志”。[153]

和伯林一样，塔尔曼的讨论也同样基于不同自由观之间的对

---

148 Talmon, *The Myth of the Nation and the Vision of Revolution*, 535.

149 Talmon, OTD 3—5, 12, 17.

150 OTD 1, 249.

151 OTD 1—2.

152 Yehoshua Arieli, ‘Jacob Talmon—An Intellectual Portrait’, 15.

153 OTD 2—3; see also OTD 47—48.

立——对塔尔曼来说，这种对立存在于强调自发性和非强制性的“自由主义”自由观与将自由看作“追求并达到某个绝对的共同目的”的“极权主义”自由观之间——这与伯林对“自由主义”自由和“浪漫主义”自由之间的区分有所类似，但塔尔曼的天平似乎倾向前者。同时塔尔曼也谈到了伯林日后所讨论的“真实意志”的观点：两人都认为卢梭是使“真实意志”观点得到发展的核心人物，因为他将启蒙时代的理性主义转变成了一种“强烈的信仰”，而这种信仰是极权主义民主得到发展的“推动力”。伯林和塔尔曼都将卢梭的作品描述为学术理性主义和个人狂热情绪的结合。[154]他们二人都认为极权政治应追溯到对确定性的渴望，而这种愿望容易让人“轻信获得拯救的消息”并对“终极的、完美的社会秩序”产生幻想。革命精英们，也就是疯狂的、“急于救人于水火之中的救世主们，下定决心要把他们幻想中的新人类置于人工构想出来的终极和谐社会之中”，他们认为自己有责任通过“全覆盖式再教育”(all-embracing re-education)来引导社会达成这个目标。[155]塔尔蒙和伯林通过主张实证主义来反驳这种做法，正如塔尔蒙所写的那样：“实证主义是自由的盟友，教条主义精神则是极权政治的伙伴。”[156]因此他们共同主张一种怀疑论式“消极自由”，尽管塔尔蒙对开放社会最终会实现和谐抱有更大的希望。[157]

伯林认为《极权主义民主的起源》“尽管大体内容非常正确，但在某几个方面仍有谬误”。[158]伯林和塔尔蒙之间的分歧反映了他们在分

154　OTD 2, 6, 46—48; cf. FIB 28—29, 31, 35—37, 39—45.

155　Talmon, *The Myth of the Nation and the Vision of Revolution*, 535; idem, *The Unique and the Universal*, 157—158, 551—552.

156　OTD 4.

157　See e.g. OTD 2.

158　Berlin to Elliston, 30 December 1952, E 349（伯林没有具体说明塔尔蒙作品中的“谬误”）。

析角度上，而非实质内容上的差异：塔尔蒙更关注引发群众运动的意识形态而非政治哲学的内容，他把更多的重点放在了社会结构及世俗化的宗教需求上。[159]但伯林会尽量避免使用这种从心理学角度分析问题
173 的方式。塔尔蒙很容易将他所探讨的对象描述为“无法适应环境的”甚至是“偏执的”，也会在分析中使用“集体精神官能症”“集体创伤经历”“狂暴”等术语。[160]伯林则认为，在将意见相左者描述为“受到迷惑”“精神失常”时应该谨慎一些（尽管他自己也是这么看待卢梭的）。虽然伯林讨论问题的角度很大程度上也与心理学相关，但他会更多地运用移情手段而非临床诊断的方式。因此，虽然伯林的很多历史叙述中蕴含尖刻的政治观点，但他的作品和塔尔蒙相比，读起来并不那么像起诉状。

伯林和塔尔蒙作品之间的相似点引人注目，这进而引出了一个问题：二人分别在何种程度上影响了对方？我们很难了解到这个问题的答案，因为伯林和塔尔蒙显然是通过交谈而不是写信来讨论他们的观点（且塔尔蒙的手稿现在不对公众开放）。塔尔蒙在《极权主义民主的起源》的卷首鸣谢中表达了对伯林、卡尔、拉斯基、托尼等人的感谢，而伯林在之后提到，他们两个是各自独立地走到了同一个立场，但他也记录道两人曾广泛探讨过各自的观点，所以可能确实存在一定的相互影响。[161]根据伯林在牛津的同僚所说，塔尔蒙对伯林政治思考产生的影响“被如何高估都不过分”。[162]塔尔蒙似乎至少在一件事情上改变了伯林的想法——他改变了伯林的用词。伯林曾在《民主、共产主义与个人》一文中互换使用了“民主”和“自由主义”，但在塔尔蒙的书籍出版之后，他开

159 See e.g. OTD 3—4, 8—13.

160 OTD 38—40; *The Myth of the Nation and the Vision of Revolution*, 536; Arieli, ‘Jacob Talmon—An Intellectual Portrait’, 9—10, 33.

161 OTD vii; ‘A Tribute to My Friend’, 1.

162 Z. A. Pelczynski, ‘Can Democracy be Totalitarian?’, 54.

始强调(尤其是在《两种自由概念》中)这两个词之间的区别。

这也反映出冷战中的自由主义所发生的巨大变化。虽然在大众讨论中，极权政治与民主仍旧处于相互对立的状态，但是塔尔蒙使人们把关注点转移到了民主和极权政治的相交点，进而注意到支持自由主义(而不是民主)的重要性所在。塔尔蒙重点关注了法国大革命和20世纪极权政治之间的相似性，而伯林在其20世纪50年代早期的历史叙述中也强调了这一点。塔尔蒙以此重新唤起了人们对诸如贡斯当、托克维尔等后法国大革命时期自由主义思想家的兴趣。

塔尔蒙并非唯一一个点到这层关系的人。在第二次世界大战期间，民主和自由曾紧密地联系在一起[163]，但战后思潮却以更加怀疑的态度来认知二者之间的关系。 174
马博特指出，一个民主政府也可以是独裁的，只要独裁者允许他的国民享有较高程度的自由——伯林在《两种自由概念》中也明确了这一观点。[164]“极权主义民主”一词由茹弗内尔提出，旨在让读者们想起“自由有着贵族政治的起源”并为他们揭示民粹主义带来的危险。茹弗内尔重述了贡斯当的主张，即重要的是国家权力的限度而不是权力的基础，也就是说，真正的关键在于要对权力有所限制，而不在于让权力回归到“正确”的地方。[165]与伯林一样，茹弗内尔强调了自由和安全之间的冲突，并把自由描述为防止权力侵入的保护措施。他还抨击了“一元论”(社会应该具有某个属于公众的、民主的利益或意志)，并相应地遣责了一切“特殊利益”，以及与这种利益相

163 See e.g. Ernest Barker, *Reflections on Government*, 3—4.

164 Mabbott, *The State and the Citizen*, 175—176; TCL, 176—178. 参照伯林指出的“民主派和自由派在启蒙运动阵营内部的争斗”，后者因“把自由置于幸福、和平与美德之上”而卓越(‘Montesquieu’, 159)。

165 Jouvenel, *On Power*, 8—12, 254—256, 264, 276, 278, 286—295, 300—301, 317—319; idem, *Sovereignty*, 239; see also Daniel J. Mahoney, *Bertrand de Jouvenel*, 31—35, 40—42.

关的附属团体。[166]

但茹弗内尔与伯林之间仍有很大的不同，有时从表达中就可看出，茹弗内尔赞同贵族政治，并对民主政治几乎是不屑一顾，同时他接受的自由观大体上是“积极”的。自由在于“人具有直接的、即刻的、实际控制自己的主权，这种权利允许**并催促**人们去展现自己的个性，从而掌控自己的命运并为其承担责任”。为了实现这样的自由必须自我主张、自我调节和自我约束，或是在自己身上强加能够超越自我意志的道德律。[167]茹弗内尔倡导培养严苛的美德，并拒绝自由派所坚决维护的、个体在其中不需要承担义务的私人空间，这些都更能让人想起古典传统和卢梭，而非现代自由主义。[168]茹弗内尔还相信与自然法则如出一辙的“社会法则”，即确保社会和谐的一系列操作。[169]

伯林没有以批判的眼光来评价茹弗内尔，他对后者的态度更多是
175 轻蔑。在1951年，他称赞了茹弗内尔所写的“极其智慧且发人深省的文章”[170]，但伯林在此之后很少再公开提及茹弗内尔。但在私下里他写道，茹弗内尔的《论权力》（*On Power*）“几乎没有办法阅读。我也不知道为什么……我觉得这本书挺有意思，也有很多人觉得这本书既有深度又相当杰出……这本书真的非常引人注目，是保守派地下党员写出的一流文章”。[171]而他和自己密友所说的是，这本书“没什么重要价值”。[172]伯林的态度可能受到茹弗内尔曾在战争期间当过通敌者的影响。在茹弗内尔获得剑桥国王学院研究奖金的候选资格时，伯林曾这样评论：“我无法

166 *On Power*，1—16，261—263，339—340，346—353，356—357.

167 *On Power*，317，255，319；cf. ibid.，256，318—319.

168 *On Power*，304. 此处茹弗内尔似乎合并了道德义务与政治压迫。

169 *On Power*，365—371，375—378.

170 ‘This Modern Age’.

171 Berlin to Irving Kristol，28 September 1957.

172 Berlin to Richard Wollheim，24 January 1958，E 610.

相信他的这种行径能够匹配其课题研究的学术操守。”[173]

伯林更欣赏约瑟夫·熊彼特的作品，他还曾在《两种自由概念》中引用过熊彼特的话。[174]熊彼特所主张的民主理论，是由民主在各方统治精英之中以和平的方式斡旋并做出选择；他反对“古典”民主理论，因为寻找共同利益以及“共同意志”是不切实际的。熊彼特认为，民主与自由之间的关系很“复杂”且常常是不和谐的，他也提到了效率与社会保障之间的矛盾以及二者与自由之间的矛盾。虽然熊彼特强调**社会**冲突源于当代的物质条件情况，而伯林则认为道德冲突源于人固有的多样性和开放性，以及现代思想的特殊性，但熊彼特对冲突的关注以及对信仰和谐的反对仍然吸引了伯林的注意力。[175]

第二次世界大战后，自由派内部大体上有两种调解民主和自由主义的途径：一是接受熊彼特的精英主义民主理论，**条件是**必须保护政治自由和公民自由来有效防止精英统治集团之间的暴力冲突。二是认为民主在其本身**定义**下就要承诺保障自由。波普尔的民主观和熊彼特的很相似，但他更关注规范的自由主义和平均主义，即认可统治者与公民在道德上是平等的，并承诺赋予人民反对统治者的权力。[176]同样地，阿
隆也引用了熊彼特的话来谈论民主[177]，即，民主在于尊重个体的目标、 176
保证法治，以及对统治者的权威进行制度上的审查。[178]虽然阿隆视自由高于民主，认为后者“是方法而非目的”，民主的价值在于“为保障自

173　Berlin to Noel Annan, 19 April 1951；伯林对茹弗内尔的反对，也可能反映了对后者的竞争对手，同时也是伯林自己的朋友——埃德加·温德的支持。

174　TCL 217.

175　Schumpeter, *Capitalism, Socialism, and Democracy*, 242—246, 271—272, 299, 302, 389. 此处的内容也参见Richard Bellamy, ‘Schumpeter: Capitalism, Liberalism and Democracy’。

176　See Popper, OSE (2nd edn.) I, 124; Hacohen, *Karl Popper*, 503, 506—507.

177　Aron, *An Essay on Freedom*, 102, 120.

178　*The Dawn of Universal History*, 175.

由提供最好的机会”，但他也进一步补充道，民主实际上是“合乎自由主义逻辑的结论”，因为民主限制了统治者的权力，而让个体**选择**由谁来进行管理。[179]

伯林在《民主、共产主义与个人》一文中强调了上述“自由主义的”、规范的民主理论，但在《两种自由概念》一文中，他转而提到一个更令人担忧的(大众型、民众投票型)民主。[180]促成这一转变的很可能是他与塔尔蒙、熊彼特以及其他早期自由主义思想家之间的联络。另一个可能对伯林产生影响的人是卡尔，他在1951年提出了只有少数人享有自由平等的“政治”(或自由)民主，与基于“人民主权和大众文明”假设的民主之间的对立。自由民主建立在自由主义、乐观主义以及理性主义的前提之上：第一，个人良知是做出正误判断的最终来源(此处卡尔几乎重述了伯林在《民主、共产主义与个人》一文中的内容)；第二，各方利益在根本上处于和谐；第三，决定采取何种行动的最佳方式是进行公开、理性的讨论，这是因为“任何给定问题的答案都能够通过理性来发现”(在这一点上，卡尔重申了熊彼特所描述的“古典”民主理论以及伯林描述的启蒙时期的理性主义)。[181]这些假设在过去的两个世纪逐渐不为人们所重视。这个时期的核心人物是卢梭，他认为民主代表着全体人民的统治权，是个体无权申诉的、以单一的“公共意志”为核心的国家纪律。雅各宾主义采纳了这种观点，并在欧洲留下了以人民主权为核心的民主观念。争论这些相互竞争的“民主”的优势在哪里是毫无意义的，自由主义民主是寡头政体所运用的过时的工具；大

179 *Essay on Freedom*, 87—88, 101.

180 Cf. Richard Bellamy, ‘The Advent of the Masses and the Making of the Modern Theory of Democracy’, 100—103; David Ciepley, *Liberalism in the Shadow of Totalitarianism*, 202—206.

181 Carr, *The New Society*, 61—62, 67.

众民主反映了现代社会的实际情况，所以是唯一可行的选项。[182]自由主义理论家们从为“民主”辩护到为“自由”或“自由社会”辩护的转 177 变，不仅能看出他们认为卡尔在道德上是错误的，同时也反映出这些人在担心卡尔的叙述可能是正确的。[183]

7.5　古典自由主义及其继承者（密尔、梅特兰、福斯迪克、哈耶克、欧克肖特、阿隆）

对民主的焦虑让人们重新开始关注19世纪的自由主义理论家。根据伯林所写，古典自由主义的核心在于相信个体权利的重要性并致力于保护个体不受威胁（或能产生与威胁相同效果的、足够强大的社会压力）干扰。比方说，J. S. 密尔的自由主义（用伯林的话说）是完全消极的，自由的价值与它所保护的对象相关，甚至可以说这二者是等同的——自我表达、私生活和私人关系，“人们的想象力、智力与情感得以最充分且自然地实现，甚至包括对发展个体怪异性的积极鼓励”。[184]伯林对想象力和怪异性之价值的重视则进一步表明，他谈及的19世纪自由主义与他第二次世界大战后的文化写作密切相关。[185]

伯林对自由的定义和F. W. 梅特兰早年对自由概念的叙述类似。梅特兰认为：“‘自由’一词最简单的含义就是不存在约束。对于政治哲

182　Carr, *The New Society*, 63—64, 75, 78, 98—101, 116. 卡尔在塔尔蒙之前就提出，苏俄曾宣称的“历史上存在先例”的大众民主，发源于卢梭，并经历了雅各宾时期（ibid., 64）。

183　从“民主”到“自由”的转变是反极权主义的标语，它同时也出现在美国的政治与法律体系中，参见Ciepley, *Liberalism in the Shadow of Totalitarianism*, 24, 237—238, 302—303。自由主义与共产主义的支持者关于“自由”之责任的争论，参见Furet, *The Passing of an Illusion*, 234—238, 355, 369, 413。

184　PIRA 160—161.

185　伯林认为J. S. 密尔与边沁是极具代表性的自由主义者（PIRA, 160—166）。

学家来说，'自由'意味着……人类行为不受外界约束。"更准确地说，**政治**自由意味着不存在任何由人类行为引起的约束。梅特兰对"应该由谁来统治"和"政府应该做什么"这两个问题做出了区分，他认为后者更加重要。正因如此，"自由是由民主政府进行统治"这个观点是错
178 误的。在民主统治之下，仍有权力被随心所欲地、压迫性地运用的可能(即使可能性相对更小)，因此民主不能够保障自由。[186]伯林在研究启蒙时期政治思想时曾查阅了梅特兰讨论自由的几卷论文[187]，但也有可能在他最早开始认真思考政治理论时就曾阅览过这些文章。[188]

如前文所说，伯林向早期的自由思想不断转变，也是第二次世界大战后的思想潮流中的一种较为主流的趋势。问题在于，伯林与他同时代之人对自由的叙述有着多大程度的相似性？如果确有相似，那么伯林叙述中的哪些部分可以追溯至这些人呢？

没有比多萝西·福斯迪克的《自由是什么？》(*What is Liberty ?*)一书更接近伯林对自由的分析了。这部作品和伯林的《两种自由概念》有着惊人的相似之处，不仅让人怀疑二者是否互相联系——尽管似乎没有证据表明伯林在撰写《浪漫主义时代的政治观念》一书以前曾对福斯迪克的作品有所了解。[189]福斯迪克认为当时的政治冲突反映出"自由"一词所附着的不同含义。她认为在这些含义背后有着一个关于

186 Maitland, 'A Historical Sketch of Liberty and Equality'.

187 MSB 615/133.

188 尽管伯林在1957年，甚至更早以前就已熟知梅特兰的作品，但他并没有采用拉斯基等多元论者从梅特兰的作品中衍生出来的自由与社区或企业的自治之间的联系(参见伯林关于梅特兰的笔记，MSB 635/17)。

189 伯林有可能知道福斯迪克这个从新政支持者转变为冷战斗士的人，后者曾受到尼布尔的影响，也是凯南在国家部门内的同事(Robert McG. Thomas, Jr., 'Dorothy Fosdick')。唯一一个指出伯林与福斯迪克观点间相似之处的人是戴维·斯皮茨('The Nature and Limits of Freedom', 79—82)，不过伯林并没有在他于《自由四论》一书中写给斯皮茨的回应里提到这一点。

自由的单独的、“核心”的含义，使其成为外部约束的对立面——“一切对自由的需求背后，都有着逃离某些令人讨厌的外部约束的欲望”以及对“被禁止做令自己愉悦之事”的愤恨。因此自由在本质上是指“人们在追求自己所渴望的东西时不会受到任何约束”；它存在于“个体不受限制地去做他有意愿、有能力且渴望去做的事情”的条件之中。[190] 自由并不意味着能够追求或实现某些人们所渴望达到的目标，因为达成目标的这些手段在没有自由的情况下仍然可以存在。除此之外，**自由的条件**要求存在多个行动选项供个体选择。自由不仅是指个体在实际做自己愿意做的事情时不受约束，还指个体在其**可能**愿意去做的事情上也不受任何约束，因此自由要求保持“选择的可能性是开放的”。由此 179
可见，自由是“消极的”——虽然自由的**条件**可能是积极的。[191]

福斯迪克的讨论重点在于自由的“伪装”。自由的“伪装”包括“拥有物品或权利”以及“完成某些目标的可能性”。她也提到了人们将自由等同于正义、平等、安全、渴望受人赞颂的人生以及自我实现——最后一项意味着每个个体作为独特的人格得以充分发展（这种观点源于拉斯基）；或由个体形成“好的自我”（源于爱比克泰德，康德及格林）；或遵守法则（源于卢梭、孟德斯鸠）；或通过进入某种“更伟大的整体”或“更高等的统一体”，如城邦、国家、种族、教会等，来实现自我（法西斯和纳粹；但也源于黑格尔、鲍桑葵）。这一系列观点基于人们相信自由意味着实现个体的真实本性，且有一系列原则能够表达这种本性，而一些群体对于这些原则有着权威性的认知。另一种可能性是人们相信自由是指具有创造力或达成自我实现，但要达到这种目标则必须要认同某些群体。[192]

190　Fosdick, *What is Liberty?* ,1—5,7—9,97; see also ibid.,16.

191　Fosdick, *What is Liberty?* ,11—12,152. 伯林对自由与自由的条件所做的区分，参见‘Introduction’,4,38—41,45—50; TCL 171—172。

192　See Fosdick, *What is Liberty?* ,28—31,36—70.

福斯迪克在论述中点明了伯林所讨论的积极自由的不同变体。她进一步讨论了这些类型下的亚变体，追溯了这些概念的起源，并将它们与政治倾向联系起来。福斯迪克认为，用自由来指代“不同个体之间的关系或不同欲望冲动之间的关系”在政治上会产生有害的后果——此举会贬低政治自由相对于“内在”自由的价值。[193]这种观点在伯林后期的作品中也有所提及。

在福斯迪克看来，另一个扭曲了关于自由的思考的错误假设是——所有个体共有一个与实现“真正自我”这一目标相符的、完全相同的基础本性，所有人都渴望同样的东西，因此“一切利益都是所有人共有的，是协调的”。[194]但问题在于“真正自我”并不存在；真正存在的只有经验的自我。个体的利益不可能完全协调，个体的欲望也不会完全一致。自由不是由（虚构的）“真正自我”决定的目标，而是“人们能够公开地选择去做在任何一个政府看来或‘善’或‘恶’的事情”。[195]
180 福斯迪克还重点提到了“多种自由”之间，以及自由和其他价值（尤其是与平等）之间的冲突，这在伯林后期的多元主义理论中也有所体现。任何试图展现以上这些价值相互兼容或相互依存的说法都是“诡辩”：自由只是“人类活动的许多有价值的条件中的一种，要衡量这些条件的价值则需要把它们与其他内容置于某种关系之中”。[196]

不过，对于福斯迪克而言，多元主义能够用于**反对**以下观点：每一种法律都意味着自由的减少（但是伯林支持该观点）。在福斯迪克看来，这个观点背后的假设在于，利益是相互协调的，所以根本不需要法律来

193 Fosdick, *What is Liberty?*, 97—108.

194 Fosdick, *What is Liberty?*, 109—112, 114. 福斯迪克在20世纪30年代晚期的写作主要关注法西斯主义（ibid., 128—130）。

195 Fosdick, *What is Liberty?*, 113—125, 130—131.

196 Fosdick, *What is Liberty?*, 79, 91—92, 94, 96, 162—164. 福斯迪克和伯林引用了托尼的话来解释这种关系：“梭子鱼的自由就是小鱼们的末日。”（ibid., 14）

平衡或调解不同的利益——即使不去干涉人们，和谐的局面也会自然而然地形成。但利益并非相互协调的，理性也不可能给出规定正确行为的准则。除此之外，虽然法律可能会侵犯某些“自由”类型，但它不会侵犯“自由本身”。如果法律禁止了无人渴望去做或打算做的事情，那么它并没有约束自由。如果一个人的目的与法律相吻合，那么法律甚至还能够让他自由。相反，伯林坚持认为，无论法律所禁止的是个体没有能力去做或不愿意去做的事情，还是为实现个体自身目的而想要去做的事情，它始终都是对自由的约束（尽管可能是合理的）。[197]但是，伯林也对“自然形成的秩序”以及利益的融合有所怀疑，这也使得他的政治观点与福斯迪克而非哈耶克或其他新古典自由主义者的观点更为一致。

伯林与哈耶克在思考有关自由的问题时都把极权主义作为自己的出发点。哈耶克写道，极权主义通过改变人们所信仰的价值的意义来笼络人心，而自由深受其害。哈耶克点明了两种对自由意义的误解。第一种是“混淆自由和权力”，即自由的意义从“摆脱强制性”转变为“摆脱必要性及限制我们所有人选择范围的强制性条件”。第二种误解是将自由重新定义为“多数人相对于个体的权利”，这“与之前在欧洲人们所理解的自由完全相悖”。[198]哈耶克着重强调了自由与安全之间的冲突[199]，并坚持主张要把自由置于个人选择中进行考虑，他（以及伯林）认为，“自由即选择”是道德的必要条件。[200]哈耶克把自由定义为 181
“独立于他人专制的意志”，摆脱不合理的胁迫，在某个受到保护的领域中有能力追求个体自己的目标，这与伯林的定义十分相似。[201]哈耶克

197　TCL 170n.3，193—195.

198　*The Road to Serfdom*，117—118，19.

199　*The Road to Serfdom*，89.

200　*The Road to Serfdom*，156—157.

201　Hayek，*The Constitution of Liberty*，12；Chandran Kukathas，*Hayek and Modern Liberalism*，132.

与伯林都明确地表示自由是一个政治概念，而不是某种内在的个人统治；自由指代人类关系，也只会受到人类行为的侵犯。

尽管如此，哈耶克和伯林的自由理论仍存在很多重要的区别，甚至超出了他们在财产权重要性的问题上所产生的分歧。[202]这些重要的区别体现在了哈耶克更为完善的政治理论中，他认为只有**独断**干预才会侵犯自由，而与“自然形成的”、人人平等的“一般抽象规则”相符合的干预措施不会侵犯自由。这些自然发展形成的规则是**理性的**，因此哈耶克提出了以下结论：个体受理性控制之时才是自由的，这种立场与“积极”自由观很接近。[203]

哈耶克还认为，自由能够**间接**帮助形成高效的社会秩序，而这种秩序对实现个体的物质充裕、幸福与发展是必要的。自由的系统是协调（或创造）知识的最佳途径，因而对人类福祉也很重要。这就是为什么对哈耶克定义的**进步**（“适应和学习的过程”）而言，自由是有价值的。[204]这种将自由与理性、社会秩序、知识进步联系起来的观点，和伯林的看法是对立的。

虽然人们通常认为迈克尔·欧克肖特是保守主义者，但他其实在多个方面都与第二次世界大战后自由主义的复兴保持一致。[205]和哈耶克一样，欧克肖特把自由和资本主义联系在一起，认为自由与“集体主义”“集中计划”“受到管理的社会”等存在根本的对立。他强调了对权力施加约束的重要性（尽管他就这条自由主义原则给出了一个与众不

202　哈耶克认为财产、自由与法律是“无法分割的三位一体”（*Law, Legislation and Liberty* I，107）；伯林在财产权上几乎完全保持沉默。

203　*Constitution of Liberty*, 5, 12, 19—21, 149—153; Kukathas, *Hayek and Modern Liberalism*, 131—132, 141, 153, 164.

204　*Constitution of Liberty*, 24, 30—33, 40—41, 76—77, 81, 156—157; Kukathas, *Hayek and Modern Liberalism*, 132—133, 205.

205　关于欧克肖特是自由主义者的叙述，参见 Paul Franco, *Michael Oakeshott*, 20—22。

同的、“保守主义的”看法，即赞成“权威应该存在于过去、现在以及未来”）。[206]或许这就是为什么人们认为他是“消极”自由而非“积极”自由的支持者。不过，欧克肖特受到了英国唯心主义者较大的影响，所以 182
他早年也曾支持卢梭的“公共意志”、黑格尔的“理性意志”和鲍桑葵的“真实意志”。但在他从早期的唯心主义（尤其是黑格尔）抽身之后的作品中可以看到，他尽可能地回避了个人主义，并称自由与法律、社会及道德控制是可以共存的。[207]比起欧克肖特，伯林更倾向于认为个人自由与普遍的社会规范是冲突的而非和谐的。

尽管如此，二者仍有很多共同之处。和伯林一样，欧克肖特也从叙述自由的“背叛”开始进入对自由的讨论，他声称在政治自由中，自由“自认的朋友们”比自由的敌人们“更加危险”。自由遭受背叛的关键点在于，人们把自由与权力、平等、“对必要性的认知”、声称“内在自由”的重要性以及“消极”和“积极”自由之别相等同。这样看来，欧克肖特的论述选择了伯林与“积极自由”相关的相同倾向作为其目标。因此，从这个角度来看，二者对自由的论述是极为相似的。但是欧克肖特最核心的不满与伯林不同：他认为，虽然自由的损“友”们坚称要通过“我们从未享受过的东西”来了解政治自由，但人们只能通过自由在某些既定的“生活方式”上的反映来了解自由的意义与价值。因此寻找自由的**概念**是很愚蠢的，因为要理解自由不是“定义一个词语”，而是“找到我们为何快乐的秘密”。[208]欧克肖特认为自由受到两类暴政的威胁：人的暴政，以及思想的暴政。[209]法律与自由市场保护自由免受第一类暴政的侵害；怀疑主义与对传统的依赖则能避免第二类暴政的威胁。欧克肖特似乎尤其关注后者，他写道：“摧毁个性的是理性而非权

206　*Rationalism in Politics*, 388; see also ibid., 390, 398—399.

207　Franco, *Michael Oakeshott*, 71, 146.

208　*Rationalism in Politics*, 386—387; see also ibid., 48—55, 397.

209　See Oakeshott, *Religion, Politics and the Moral Life*, 109.

威。”这是因为虽然权威规定了限制行为举止的一些条件，但理性会支配实质上的选择或行动。[210]

伯林对欧克肖特保守的反理性主义持有异议。[211]欧克肖特作为英
183 国传统的继承者，认为自由的价值在于享受不断发展的公共事业带来的好处；但作为外来移民的伯林深刻地意识到了政治迫害的问题，并因此呼吁自己的读者从缺失自由的惨痛经历中寻找自由的内涵。伯林反对欧克肖特论述中暗含的相对主义——后者认为，既然自由的内容建立在社会的实际经验上，那么每个社会都会给出不同的含义。或许伯林不认同欧克肖特的一部分原因在于他反对把苏联的问题合理地视作“俄罗斯的”自由。不过更广泛地说，尽管伯林对苏联学术圈中的道德唯心主义持怀疑态度，但他的确受到了这些观念的影响，所以相较于欧克肖特（如同约翰·格雷所说），伯林的确在从更“道德”的角度看待政治。[212]欧克肖特的大多数作品及他在各个方面取得的学术成果的背后的推动力，是黑格尔所渴望的与世界的和解。这是年轻时的欧克肖特反对休谟和康德（这些人以不同的方式影响了年轻时的伯林）却拥护黑格尔的原因，而正是这个原因，最终导致了欧克肖特的多元论与伯林更悲剧性的多元论之间的区别。[213]

210　引自 Franco, *Michael Oakeshott*, 158；也参见 Oakeshott, *On Human Conduct*, 157—158。

211　因此他写道：“18世纪的理性主义在经验上无知、幼稚、粗糙且危险，但是我尊敬它远胜过盲目的感受与政治美学主义，后者所代表的观念是罪恶的遮羞布。”（Berlin to Bernard Crick, 21 May 1963）

212　John Gray, ‘Berlin, Oakeshott and Enlightenment’. 这体现在他们反对“管理主义”和“社会工程”时所使用的不同理由上。欧克肖特反对从这种“理性主义的”角度切入，因为这种角度基于思想与认识对象之间的关系产生的谬误（see Robert Grant, *Oakeshott*, 50—54）；伯林虽然提出了类似的反对意见，但更强调把人当作物质后引发的道德危险。

213　我此处的阐释很大程度上来自与帕特里克·赖利（Patrick Riley）教授的讨论。

欧克肖特不怎么关注共产主义[214]，雷蒙·阿隆却从马克思对自由主义的批评开始论述自由。马克思对“形式”自由（即私生活的自由，政治自由）的充分性有所怀疑，因为他眼中的自由指的是人类对天性的充分掌握以及社会安排。这种“普罗米修斯式”的“幻想”导致了自由主义对不受约束的人类意志的怀疑。阿隆却反对这一点，他坚持认为“自由主义”的自由不是“幻想”，而是“阻止普罗米修斯式急躁或极权主义野心的不可或缺的保障”。马克思的以下主张是正确的：人类应控制并负责社会、经济上的安排，“形式的”自由并不总能满足“真正的自由”，但“真正的自由”仍需要在形式上维护“个体自治的领域”**以及**“自由的物质条件”。[215]此外，“真正的自由”（自由的主观经验）有异于作为个体之间关系特征的“自由本质”（freedom proper）。特定个体的
行为、总体的社会环境或单纯缺乏能力都会损害“真正的自由”，因此 184
与“真正的自由”对立的不是“非自由”，而是“能力的缺乏”。阿隆发现这种观点混淆了自由的本质与能力，但这件事对他而言不像对伯林而言那么糟糕。阿隆真正反对的是关于自由的第三种解释，即自由是“用于创造的共同力量”，因为这种解释与对必要性的认可、对等级制度的提倡，甚至对极权主义的推广都有所关联。[216]

阿隆受到了共和自由理念（公民自治）的影响，也亲眼看见了魏玛共和国的失败和法国对纳粹德国的抵抗，因此他视政治权利与政治参与为自由最重要的保障，甚至比伯林还更加重视这些。他不仅大力宣传“政治责任”理念，还强调说，政治安排在决定一个社会是享有自由还是失去自由上起到了关键性的作用。[217]在伯林的《两种自由概念》

214　See Franco, *Michael Oakeshott*, 8, 56; Grant, *Oakeshott*, 60—61.

215　Aron, ‘Tocqueville and Marx’, 179—183, 187, 192—195; EF 60, 78, 84, 90—91, 158—160.

216　EF 148—151.

217　See Hoffmann, ‘Raymond Aron’.

一文出版的几年之后，阿隆认为“积极自由”就是政治参与，而“消极”或“独立-自由”（independence-freedom）是指“**免受**”侵犯或他人独断意志的影响，也指存在“供人们自行主宰的私人领域”。[218]有时候一些消极自由（如反抗警察专制的侵犯或国家施加的普遍观念）优先于积极或政治自由，二者的重要性根据特定的社会发展状态而变化。但是，不论重要性如何变化，政治自由及物质能力对于实现更基本的消极自由而言是不可或缺的。[219]

阿隆“自由即自主”的观念不仅在于不受干涉，还在于人们积极地自我反省并为自己做决定。[220]在他看来，针对某种特定性格的培养（理性的、批判性的、独立的、坚定自我导向却仍尊重共同价值的）对于自由政体的正常运转，以及实现那些能够体现自由价值的目标来说是必
185 不可少的。[221]相较于伯林，阿隆更拥护共和政体与理性主义，他强调政治自由就是公民的自我管理，它与真理相互依存，但伯林不同意这种说法。不过阿隆也很谨慎地指出，虽然自由或许能够帮助形成好的性格，但自由并不等同于好的行为。[222]

第二次世界大战后的很多自由主义者并不支持严格意义上的“消极”自由观；即使接受这种自由观既不等于拥护古典自由主义，也不代

218 EF 96—98，145，152；Aron，‘La définition libérale de la liberté’，480—483；Daniel Mahoney，*The Liberal Political Science of Raymond Aron* 79，118—119.

219 EF 61，71—72，88；‘Tocqueville and Marx’，168—171. 阿隆赞同哈耶克（与孟德斯鸠），他们都强调在自由和法律之间存在的联系，而这种关系能够防止出现随意制定的规则。阿隆还与哈耶克一样注重经济与政治自由之间的联系，尽管他本人更支持使用大量的经济干预来保障自由所需要的“物质条件”。

220 See EF 59.

221 Aron，‘La définition libérale de la liberté’，485—486；EF 161；Mahoney，*The Liberal Political Science of Raymond Aron*，76，113，116—117.

222 ‘Tocqueville and Marx’，175，188；Mahoney，*The Liberal Political Science of Raymond Aron*，41.

表反对政府施加的经济干预。[223]

7.6　结论

伯林的自由论中呈现出的复杂性和显著的困惑反映了20世纪早期及中期关于自由的讨论。伯林所给出的与积极自由相关的各种定义，被许多不同的作家提出并视作自由的真正含义；他们中的有些人很有影响力，而另一些则可能相对没那么有名气，但他们都反映了伯林所处的时代（或者更早一些的时期）的学术倾向。许多思想家曾把这一系列定义与明确的"积极"自由相关联。虽然这些人定义自由的方式不同，但他们都通过批评古典自由主义和个人主义来探讨自己的定义。因此伯林对"积极自由"的论述反映了他同时代及早期思想家们谈论自由的方式与立场。虽然他关于某些思想家（如卢梭、黑格尔）的叙述时常不准确，但他确实指出了思考自由的多种方式。这些方式中的一部分已逐渐失去其影响力，而其他的一些也离过时不远了。伯林在关于自由的写作中主要针对的是那些为"以极权主义方式侵犯消极自由"做辩护的人——虽然他的讨论既针对西方温和派思想，又不免受其 186
影响。[224]

伯林的写作有别于其时代的主流趋势，但他的作品也对当时的风向产生了深远而独特的影响——比如，他是从偏向消极自由的角度出

223　威廉·贝弗里奇被广泛认为是英国福利国家的缔造者。他坚称在自己的提议中有着自由主义的一面：社会立法的目标在于让个体免受专制力量（不仅来自国家）的压迫，让他们能够追求他们自己所选择的目标而不是某个忽视个人欲望的、更符合集体的目标（Beveridge, *Why I am a Liberal* ）。尽管贝弗里奇（和凯恩斯）坚持（消极）自由概念，但在（消极）自由与社会经济效率之间的联系方面，他与伯林意见不同。此外，贝弗里奇还削弱了他自己对于（消极）个体自由重要性的断言，因为他坚持认为社会权利包含了为共同的善做出贡献（Bellamy，'The Liberal Democratic State：Defences'，750）。

224　See Berlin to Denis Paul，30 December 1952，E 352—353.

发来讨论积极/消极自由的二元性的。这一点直到《两种自由概念》一文才完全地显现出来；从伯林早期的作品中能看出，虽然他比同时代的其他人更坚定地拥护自由的消极定义，但他本人的实际立场比人们所
187 认识到的更为复杂。

第八章

内部的庇护所：伯林的自由观念

在回顾了伯林早期对自由的构想，以及他的前辈与同时代思想家关于自由之含义进行的讨论后，我们依旧面临一个问题：伯林本人究竟发展出了怎样的自由观念？他所提出的观点致力于达成何种政治性与思想性目的？

8.1 伯林的自由观念：积极还是消极？

伯林赞同“自由主义”的自由观，认为自由“最核心、最重要、最低限度”的定义是“不受束缚”。自由“首先是对立的自由；是从限制之下挣脱而出的自由”；“对自由的渴望”实际上是“对不被干预”的渴望。社会或政治自由意味着不受他人任何形式的“干涉与压迫，无论这种行为是否有意为之”。自由因此“从本质上来说始终是一个消极的概念”。为自由而奋斗，实际上是与“现存的、会为个体带来威胁的种种限制”进行对抗，是希望能在“外界压力”之外寻找一片不受压迫的“净土”，在其中，“一个人无论想做任何事都不会受到”他人的“干扰”，“无论实际上他是否能够做到”。这一过程或许**包含**，但并未**断言**，对于“相应的积极目标”的追求；这种追求并非不可或缺。反之，一旦消极自由的空间被挤占,"积极"的目标也将无从实现。[1]

实际情况比起上文描述的更为复杂。许多人主张：伯林对自由的界定在事实上已经超出了严格意义上的"消极"范畴。伯林常常将"不受干涉的自由"与"自行其是的自由"这两种概念合并——他在早期的作品中就曾将自由定义为"做自己想做之事的**能力**",或"自由意味着
188 一个人能够**确保**自己的愿望得到**满足**"(与人们被认为"理应"持有特定愿望的情况相反)[2]。此处,伯林将自由等同于**力量**与**成就**,尽管这二者依据他本人的定义应划归到"积极"自由的范畴之中。伯林随后将"自由主义的""常规的"自由界定为"按照自己的意愿塑造生活的权利",认为自由创造了这样一种环境,"在其中,人们得以尽可能地发展他们丰富多样乃至古怪异常的天性"。[3]这再次表明了伯林认为统一性和约束与自由背道而驰的观点。而这似乎也将自由等同于创造这种乐趣的**条件**,以及某种特定性格的发展。在这里,伯林与(某些)"积极"自由观的支持者的区别似乎仅仅在于,他将这些必要的"条件"视作防止干预的保护性措施而非积极的援助手段,并主张理想的发展依赖于多样性而非单一的公民道德或理性。

这种将自由与"根据自己的意愿塑造生活"的能力等同起来的观念,构成了伯林捍卫"自由主义"政治自由理论的基础。这种看待自由及维持其存在所需要的政治格局的方式,在很大程度上是"消极"的。但这一思路同样包括了"积极"自由的重要元素,即强调**自治**而非他治：自由不仅代表着不受干预,而且需要个体具备掌控自己行为的能

1 PIRA 88—90,155—156,158,160.

2 'Communism',13; PIRA 141,166. 伯林指出,这意味着"绝对意义上的自由就是一种个人意愿不会受到任何反对的状态,即,无所不能(omnipotent)的状态"。而这在实际上是不可能的;(政治)自由因此永远是一个相对的概念,只能做到更多或更少。

3 FIB 5.

力，并积极地为自己做出决定。[4]下面的这段声明或许是最能代表伯林完整自由观的一段话：

> 自由的本质永远在于一个人能够依照自己的愿望，做出自己想要的选择，而不被某些庞大的体系所强迫、欺凌与吞噬；自由存在于个体进行抵抗的、不受欢迎的权利之中，也存在于个体为自己的信念挺身而出的权利之中，而唯一支撑这些权利的理由，就是它们是你自己所拥有的信念。这才是真正的自由，除却它之外不存在任何形式的自由，或关于自由的幻想。[5]

这在整体上似乎符合“消极”自由（不受强迫与欺凌）的界定。但它同样也包含“积极”的要素：实现自身的愿望，**为自己**做选择，以个人的信念和经验引导生活。这一定义围绕选择、自我所有权与自我控制的概念展开。剥夺一个人的自由，就是“剥夺他表达**他自己的**观点，以 189
至于做人的权利；他是道德的代理人，是一切道德理念的源泉，他的权利赋予奋斗乃至死亡以意义；否认这种使他变得如此重要的品质，则是在诋毁他作为人的身份，贬损或毁灭他的人格”。[6]

伯林本人的立场因而在某些方面与康德与卢梭的理论相似。诚然，上述引用段落是一次对于卢梭立场的刻画，尽管它最终反映的是伯林对自己想法的诠释。伯林认为，卢梭怀有对自然、一元论道德秩序的信仰，一种纯善之心能够直接窥见的秩序体系，在其中所有真正的价值都能完美和谐地彼此相容——[7]而伯林的作品恰恰致力于驳斥这种假

4　TCL 183—184. 这段话——对康德的“积极”自由概念的描述——与他早期有关自己“深信之物”的表述十分类似，甚至连用语都高度重合（LTK 337，339）。

5　FIB 103—104.

6　PIRA 114—115.

7　See PIRA 109—112，114—118，128—129，133—136，144—145.

设。伯林理解下的卢梭是一位绝对主义者，一位激进分子，坚信非黑即白；伯林自己则是一名温和的多元主义者，一位信仰中庸之道的人。卢梭的那种“热情的浪漫主义式人文道德”[8]摒弃了完美状态以外的一切事物；伯林的道德——同样属于人文主义的范畴，受到浪漫主义的影响，并以其特有的方式洋溢着热情——则对完美的概念避之不及。但伯林实际上曾借卢梭之口表达了自己的观点：对卢梭而言为了自己的目的利用他人是“藐视圣灵的罪行”；自由是“人性的本质，更是生而为人的存在意义本身”，因此不自由就意味着个体成了“一名奴隶、一种物质、一块毫无历史价值的渣滓”，“不再是一个人，而仅仅是一个物件”。[9]

伯林将自由等同于做出**选择**的能力，这一点明确响应了自由派康德主义（liberal Kantian）对于“个体选择行为神圣性”的信仰。自由派康德主义认为自由“不论后果，是其本身的目的”，而社会控制“无论以多么良善与智慧的形式出现，一旦超过了维持社会所需要的最低限度”，就有可能损害“原本不受阻碍的、使对其他一切事物的追求变得有意义的个人意志”。这种观点主张自由与平等的价值高于安全、幸福与效率，反对“将人类视作幼童或驯顺的绵羊，就算这种态度或许能为他们带来幸福与和平也不行”，并坚持保留个体“远离正确道路的权利，即使这可能带来罪恶、痛苦与惩罚”。[10]伯林由此将其第二次世界大战后的作品中的思想源头追溯至康德：对家长制的反对、为个人尊严所做的辩护以及对功利主义思维方式的排斥，拒绝将自由视作通往快乐
190 之途。

伯林有关康德的讨论，也为他关于个人独立与自我决定的信念打

8 PIRA 111.

9 FIB 33；PIRA 110n.1；cf. LTK 340（伯林在其中采用了“藐视圣灵的罪行”一语），343；这种相似性也参见 Robert Wokler，‘Rousseau’s Two Concepts of Liberty’，76，98n.26。

10 PIRA 3—4.

下了基础。伯林始终警惕地避免将他的理论架构于“形而上学”的基础上，也从未给出任何关于价值本质的系统性叙述。但他的早期作品的确展示出了对“康德式”观点的强烈共鸣，即认为个人是“神圣的”，因为他们是“绝对价值的唯一发起者与源泉，所有存在或活动的目的——是他们的存在使一切有价值的行为富有价值”，因而他们是“世界上唯一绝对好的、绝对有价值的存在”。不同的个体在道德上处于平等地位，因为每个人都在同等意义上是价值的“创造者、传播者与实现者”；将个体视作达成目的的手段，而不是他们自由接受的目的，则是对这一道德真理的否定。有关“奴役及任何形式的[……]剥削行为不道德”的信仰，都以这种“人文式理想主义”为基础；后者提供了“19世纪民主学说关于伦理的全部内容”，即“反对任何形式的专制统治——无论其以多么慈善与理性的外表出现——不是因为专制减少了[……]人们的幸福感，而是因为专制本身是一种侮辱人格的行为”。[11]伯林早期的作品，从他关于第二次世界大战前的“浪漫主义革命者”的同情描述，到他后期对人格尊严的维护，都显示出对这一立场的认同。

伯林追随康德的脚步，主张道德的真正基础是个体做出自由选择的能力，道德理性根据具体欲望或个人考量有所区别，并认可道德价值的绝对性，即，道德的意义在于它本身，而不是其所实现的个人满足与幸福。[12]但伯林同时也批判了康德对卢梭观点的吸纳，认为后者对自由必然与道德秩序和美德相容的坚持是错误的，自由不应被定义为服从道德法则。的确，康德比卢梭走得更远，他主张“一切真实的事物必然普遍存在，且永远会以整体的形式呈现”，而自由则意味着对此类从“神秘的”本体自我中诞生的理性和普遍行为准则的绝对服从。[13]这

11　PIRA 151—152，154；cf. PGR 54，73.

12　PIRA 148—152.

13　PIRA 145—148. 153.

种一元论与理性主义倾向使得康德的“严重的个人主义”与反家长制思想极易被滥用，沦为替家长制以及极权主义手段辩护的帮凶。相应地，《两种自由概念》既对康德式的反家长制论证做出了富有表现力的诠释，同时也指出了康德学说（将自由等同于服从自愿接受的法则的做法）在“积极”自由的歪曲过程中扮演的不可或缺的角色。[14]为驳斥这一立场，伯林将自我决定定义为“经验性”自我（而非“本体性”自我）
191 在不受他人控制、威逼与强迫的境况下，有意识地做出决定的能力。然而，整体上来说（与对卢梭的批判截然相反），伯林一直在竭力控制自己不要对康德进行过于严苛的批判：他后期将康德“从他人意志之下独立”的观点描述为“一种好的意义上”的积极自由。[15]《两种自由概念》成文数年后，伯林在总结自己的观点时写道：

> 在某些方面我是一位明显的亲康德主义者，例如，他表述隐晦却具有划时代意义的自由意志学说、个人道德自治的观念、“人是自己的目的”以及“道德价值产生于人类对自身义务的承担”的主张［……］在这些重要问题的处理上我完全赞同康德的观点。[16]

伯林对于康德的矛盾态度在更广的层面上延伸到了积极自由的概念本身。与《两种自由概念》相比，这种摇摆心理在他的早期作品中更为突出，而《两种自由概念》常常被解读为捍卫“消极”自由而对“积极”自由展开的攻击。但伯林随后就急于澄清自己的立场：《两种自由概念》研究的是“无辜、有德性、带有解放性质的观点［……］为何容易（不是必然！）转向独裁与专制”，并试图探讨“当这些思想孤立无援且

14　TCL 198—200，183—184.

15　UD 134.

16　Berlin to Noel Annan，2 October 1978.

缺乏引导一意孤行的时候，是如何带来奴役与屠杀的”。[17]但伯林的论点并不仅仅是整体意义上的对一元论极端主义的反对：他更关注为什么某一些价值观念——他本人在学生时代曾经为之发声过的——尤其（违反直觉地）易于招致专制。通过其一系列关于自由的写作成果，伯林试图说明：**一方面**，积极自由是一种真实存在的内在价值，并不一定会与其他种类的自由彼此冲突；**另一方面**，这一概念中的某些元素使其尤其容易遭到歪曲。

伯林将“消极”与“积极”自由同“自由主义”与“浪漫主义”自由观联系起来的另一个重要方面，则围绕一个核心问题展开：自由的重要性究竟在于其本身拥有的价值，还是在于它是一种人们追寻其他内在价值的条件。依据他的叙述，“自由主义者”认为自由并不具备独一无二的内在价值；而卢梭、康德以及他们的继承者，则主张自由本身至高无上。[18]在《浪漫主义时代的政治观念》中，伯林表露出的立场似乎更为接近前一种“自由主义”观点：自由唯一的存在意义，是它在**追求**
其他有价值目标的过程中所扮演的推波助澜的角色。但他并未采纳自 192
由主义思想中的功利主义倾向，而是补充说自由本身的价值并不依赖其所产生的具体的、有价值的**结果**。[19]在其他方面，伯林对自由的价值则更加明显地表露出一种“浪漫主义”观点，主张自由是“绝对的目的，不需要其他任何目标加以证明，它本身就值得人们为之奋斗——而有些人甚至可以为之献出生命”。自由的价值独立于其在人类福祉的其他方面所做出的贡献；自由“赋予了人们做出选择的权利，使个体能够在限定的框架内自主地规划自己的生活”，这本身就是一个“神圣的目

17　Berlin to Popper, 16 March 1959. 伯林之后坚持说，他始终认为“不受外部力量掌控的进行自我决断的欲望”是“一切的基础，唯有当其被歪曲时，才会导向极权主义的恶劣后果”（to Steven Lukes, 4 April 1963）。

18　FIB 50—52；PIRA 156, 160—161, 163, 165—166.

19　PIRA 205.

标”。[20]再一次地，伯林似乎同时接纳了“浪漫主义”与“自由主义”双方的立场——他接受了自由主义对自由概念的定义，以及浪漫主义关于自由（内在）价值的观点。[21]

因此，伯林本人所持有的并非一种纯粹“消极”的自由观。在为自由下定义及分析其内在价值的过程中，伯林同时囊括了对“积极”与“消极”两种元素的讨论。

8.2 选择与“基础”自由

在他后期的作品中，伯林将积极自由与消极自由描述为“同宗族的”[22]，主张这二者不仅在表面上相似，且具有相同的根源。也就是“基础”或“本质”自由。“最狭义的自由”就是“在不同选项之间做出选择的自由：这一标准无法再降低”。[23]“基础”的自由，即个人在不受外力干预的情况下，对可见选项进行选择的能力：“自由的本质”（除却这一点之外“不存在任何形式的自由及对于自由的幻想”）即“做出与自己意愿相符的选择的能力，仅仅因为这是你所希望的”。尽管伯林本人偶尔也会如此，但这一基本自由并不应被等同于消极自由（即使后者中的某些部分的确为基础自由所必须）。因为它同样包含了“积极”自由中关于自我决定、自我所有（self-ownership）与自我表达的元素。[24]

“基础自由”的“基础”在于，它是任何自由理念中不可或缺的组成部分；它也因此成为伯林对不同自由观进行评估的思想标尺。当一种自由理论与“基础自由”的概念彼此兼容时，它就是成立的；但当某

20 PGR 54，73.

21 Cf. TCL 214.

22 ‘Final Retrospect’，326.

23 PIRA 187.

24 FIB 104；cf. ‘Introduction’，44，46.

种理论与“基础自由”相互冲突时——当它对自由状态的界定会使得个人选择能力遭到否认与废止——那么它就失去了应有的效力，正如 193
在“积极自由”的“歪曲”过程中所发生的那样。但对“基础自由”的需求，实际上就是对积极自由与消极自由双方的潜在需求。[25]

“基础”自由的概念，使得伯林一方面认可了积极自由与消极自由作为不同但真实的价值存在，而另一方面则继续将自由描述为一种**普遍绝对**的价值理念（而不是像与伯林同时代或比他更晚的思想家一样，更倾向于将“自由”的概念拆解为数种不同的“自由”）。[26]这同样使他得以为自由的内在价值（人类体面生活的基本条件）——以及消极自由作为基础自由的**一部分**所拥有的价值——辩护，而不是主张自由的唯一价值在于为其他价值（如幸福、美德或发展等）的实现创造条件。

“基础自由”的概念同样使得自由从所有价值中脱颖而出，赋予其以特殊的重要性。做出选择的可能性对人类极其重要：“拥有选择可能性的意识，无论这种可选择的余地是多么狭隘，是根本上将人与动物区别开来的评判标准之一。”[27]因此，“挤压个人的选择空间不仅在功利主义意义上，更是从本质上、从康德哲学的意义上给人带来了伤害”。选择构成了人性的基础：首先，它允许人们拥有个性，进而允许他们发展出他们自己的性格与生活方式。其次，它是构筑理性的过程中的一项不可或缺的组成要素，或者说，对目的性生物而言，它是“用于理解真实世界的一种正常能力”。[28]选择是反映人类生活的一个基本认知范畴；缺乏选择的思考将不再是可辨别的、独属于人的思考。人类通过可能性与选项构想世界。没有基本自由作为度量标准的生活不（纯粹）是坏

25　‘Introduction’，52—53.

26　See Beata Polanowska-Sygulska，‘The Twilight of “Liberty” as an Abstract Ideal？’

27　Letter to Chimen Abramsky，13 June 1969. 正如伯林所承认的，这反映出了康德的影响。

28　‘Introduction’，44；cf. Gray，Isaiah Berlin，14—15，66.

的生活，而是一种无法理解的生活——或者至少是一种无法**从人类角度**理解的生活。最后，在相互冲突的理念之间做选择的机会，是构建一段有意义的**道德**生活的必要条件。除非个人被认定"有能力通过有意识的选择行为追寻自己的目标，这是使高尚变得高尚，使牺牲成为牺牲的唯一条件"，否则，一切规范人类思考与行动的道德范畴都将毫无意义。"良善的可能性"出现的前提，是存在一种"个体可以自由选择的
194 境况[……]一旦个人做出选择的意愿不复存在，那么，个人的行为会因此失去一切道德价值，行为在他们眼中也就失去了（价值判断层面上的）重要性"。[29]

选择（在认知与实践的双重层面上，于不同选项之间构想并做出选择的能力）因此成为人类身份认同、理性、道德、尊严与自我意识的必要组成部分："做出选择，而非被选择的自由，是人之为人不可分割的一环"。[30]而伯林更进一步（或许比他论点中所提出的内容更进一步）坚持"人生中最有价值的对象之一就是作为选择而存在的选择，不是为某个好的结果做出的选择，而是选择本身"。[31]

伯林关于选择重要性的坚持，既可视作他经过深思熟虑后得出的哲学见解，也可视作一种情感上的回应。正如他给乔治·凯南的信中所写，纳粹罪行中真正"难以形容的恐怖"之处在于：

> 剥夺了人类的基本权利——包括知晓真相的权利、连死刑犯也能拥有的行动自由的权利，以及依凭自己的禀性以恐惧或勇气面对自身之毁灭的权利。剥夺了人们做出选择的权利，使他们屈从于一人的力量之下，根据某些人心血来潮的想法扭曲大部分

29 LTK 337，340.

30 'Introduction'，52.

31 FIB 25—26.

> 人的人格，毁灭他们的个性——这些都是绝对不能被容许存在的行为。[32]

此处，伯林再一次将自由选择、对家长制和操纵的反对，与自我决定、自我掌控的理念联系在了一起。

《犹太人的奴役与解放》是伯林有关自由价值与个人选择之联系的——以及这一思路是如何影响他对当代社会与政治事件的回应的——最为清晰的表述之一。这篇文章的灵感源自1950年春天的一次与阿瑟·库斯勒的采访，并在1951年的秋天发表于《犹太人纪事》(*The Jewish Chronicle*)上——这正是伯林发展其自由观念的时期。[33]这篇文章主要声讨了那些强迫犹太人以完全同化的方式融入社会，否则就移民以色列的人。后者试图“构建一个清晰的体系，消除其中[……]一切模糊的因素”并把每个人“按部就班地归类”(这是“极权主义体系主导之下的新时代”的典型特征)；作为应对，伯林提出了他关于自由 195
的定义，即个人有能力选择自己的生活方式、确定自己的身份、追求自己的命运。文章标题中的“奴役”不仅牵涉公民权益的缺失，还意味着丧失生活的选择：“犹太人的真正悲剧在于，他们不具备任何进行自主选择的机会。”以色列的创建所带来的“解放”，是为了使每位犹太人能够“为自己的生活方式做出决断”；从这一刻起，如何作为犹太人生活下去的问题就变成了“一个纯粹的个人问题，每位犹太人都能够自由地给出解答，而他为这一答案所承担的责任也是以独立个人而非民族成员的身份进行的”。在这一方面，以色列的创建“展现了**一切人类机构**

32　LTK 339.

33　关于这一文章得到发表的完整叙述，参见Ignatieff, *Isaiah Berlin: A Life*, 183—188。伯林有关选择价值的坚持，与他对现代犹太人经历的反思紧密相连，正如《犹太人的奴役与解放》以及他给凯南的信件所共同显示的。关于这一主题的更全面的探索，可参见Dubnov, *Isaiah Berlin*。

所能为个体提供的最好的支持"：让那里的人们有可能"作为个体选择自己生活的方式——他们拥有了**最基本的选择自由**，也就拥有了生存或死亡的权利，**能以自己的方式迈向好或坏的终点**；而没有这些，生活本身就是一种奴役"。[34]

对自由选择机会的重要性的强调基于一种主张，即，"人的信仰不在他们自己的掌控范围之内"；乍一看这种推导关系几乎是悖论式的。将规定的生活方式强加到个人头上，或者可供个人选择的选项被限定在过度受限的范围之内都是错误的，因为这么做是在强迫个人违背自己的性格、感受、信仰与需求。将"一种僵硬的'二选一'模式"强加到他人头上既是一种"暴君行为"，也是"一种令人无法忍受的霸凌"。应该允许个人留有"一定的弹性空间"，因为只有这样他们才能"依据自己的意愿完成自我实现"。[35]伯林关于选择机会重要性的强调，也关联到他的"反普洛克路斯忒斯主义"，即他对以违反个人意志与性格的方式塑造个人的做法表现出的焦虑。[36]这种"反普洛克路斯忒斯主义"在伯林学生时代以来的写作中反复出现，并在他20世纪50年代以来的许多作品里占据突出地位：因而其在伯林思想中的影响力或许高于"浪漫主义"的自我创造观念。[37]

伯林所担忧的是，达成某个正确**结果**的强烈渴望可能会威胁到人们对选择本身之价值的认同。这使得他将选择的重要性推至更为极端的地位，认为即使以幸福或满足为代价，个体的选择也是必要的。他的理想是"一个自由比幸福更重要的社会，在其中人们被迫自己做出选

34 JSE 179—182，184.

35 JSE 179—181.

36 See e.g. FIB 26.

37 Cf. Allen, Review of Berlin, *The Sense of Reality*. 此处我给出的解释与格雷不同。Gray, *Isaiah Berlin*, 31—33, 36, 66, 142—143（作为该观点的条件，也参见ibid., 73—74, 158—159）。

择，尽管主观上他们不一定情愿如此”。[38]伯林将此视作他的个人追求，且在政治理论方面并未深入到如此程度（强迫人们进行选择的理念似 196 乎使人更容易回忆起卢梭）。但他的确试图劝说他人像他一样坚信自由独立于——有时甚至高于——幸福的价值。伯林在20世纪50年代的政治写作不是冷静的分析，而更近似他用于游说读者的修辞性作品，目的是使他们认同一种道德、政治与社会理念，即尊重个性、多样性、自由选择，甚至冲突、不满、不确定与不完整状态，抵制大行其道的对于满足、确定性与安全的强烈欲望。作为这种努力的一部分，伯林写道：自由“并不一定给人带来温暖与惬意”[39]，尽管它可能“难以忍受”，但“屈服是更令人无法容忍的”。[40]

伯林对个人选择的**内在**重要性的强调，使他比起古典自由主义更接近于他所处时代的存在主义观点。伯林承认，他与当代存在主义中的某些方面比较亲密。尽管他认为萨特的小说“过于阴暗”，但他同样评价萨特是“一位非常富有智慧的人”，并写道“我认为我相信萨特道德哲学的四分之三”。萨特的存在主义中“最富有想象力的、大胆的、重要的”方面在于其坚持

> 一切关于生活与道德的理论［……］都是人为的托词［……］假装当下的意外与混乱是能够用某种有条理的、亲切的、简单的方式——为个人的虚弱、邪恶与不幸开脱的理性主义式借口——

38　Berlin to Elliston, 30 December 1952, Enlightening 351; cf. LTK 342.

39　Berlin to Spender, 18 November 1958, MSB 283/50—51. 这封信清晰地显示，伯林将选择的自由与幸福相对立的做法，与他的多元主义倾向密切相关。正是因为存在多种有时无法相容的价值，选择的自由才必将引发不满：一个受重视（且有价值）的选项的获得，必然以另一选项的损失为代价；真正的自由选择会指向任一方向，但最终只能让个人潜力的一部分得到展现或发展。因此，选择永远与不满和失去的危险相伴而行。

40　PITC 92.

> “说得通的”，以此来显示“最终”一切都会变好，我们不得不这样做[……]为了某种宏大的抽象概念——国家、上帝、人类、家庭、责任等——人们必须做出“牺牲”，违背我们的天性。而事实上这一切都不过是幻想；世界并不会被道德引导向任何一个终点；它就是它原本的样子，不好也不坏，仅仅是事件、人与物——我们可以为所欲为，在生理等方面的限制以外，我们是自由的[……]我们是自身的造物，马克思、弗洛伊德的理论都试图将我们视作被外力塑造的物质，但我们知道事实并非如此：我们做出选择，我们承担责任，我们向自己担保，而当我们不这么做时——当我们任由自己茫然地漂浮，或盲目接受他人管理的时候，我们知道是我们自己选择了被动。

伯林评论说，“这从总体上来说当然是正确的：‘我们是谁’这一问题的答案，始终由我们的感受、行为、计划与渴望决定”；个人道德经验的真正基础在于，个体愿意为自己生活中的价值承担责任，并保持真诚
197 的信念。[41]因此，伯林本人的立场与萨特的存在主义非常相近。

尽管伯林否认选择的价值源于其所带来的幸福感或道德的提升，但他同样强调基础自由被剥夺后，个人在幸福感与道德方面将遭遇的损失。虽然拥有选择的权利不一定能给个人带来快乐，但失去它则必

41 Berlin to Aline Halban, 3 January 1955, E 467—468. 伯林的信指出，他对萨特的认同是一项近期的、令人惊讶的发现——此前他曾一度被艾耶尔说服，认为萨特的学说不值得进行研究(ibid.; Ayer, ‘Jean-Paul Sartre’; see also Rogers, A. J. Ayer, 195—196, 375n.14)。在1952年，他评价萨特为一位“有天赋”但在个人与政治层面上“令人反感的”人物(to Alice James, 7 August 1952, E 310)，并且在更早的时期还声称自己“厌恶”萨特(to Meyer Schapiro, 14 November 1946)。使伯林持有这种态度的很大一部分原因，是萨特支持苏联并将其称作历史“胜利者”的做法(to Talmon, 30 December 1952, E 355)。这一点，以及伯林为《大英百科全书》进行考察时曾提及的与存在主义有关的内容表明，在1949—1952年间，伯林开始初步尝试论述自由理论时，他并未对存在主义表现出明显的接纳态度。

然会引发痛苦；尽管选择的自由不一定能使人过上有德性的生活，但没有了它道德将不复存在。伯林关于自由即选择的叙述还包括了关于平等主义的警告，这决定了他的理论依旧处于自由主义的框架之内。由此，他坚持每个人“都有权过他所选择的生活，**除非他的选择会为世界带来过多的痛苦与不公正**”；且每个人的自由必须受到限制，以保障存在对所有人而言“最低限度的正义、自由与福祉”。[42]

这就引出一个问题，即，伯林关于自由的“基础”定义，与他对**政治**自由的叙述究竟是什么关系。“基础”自由既是一个内部条件问题，又是一个社会-政治关系问题。他人的干预可能限制个人做出选择的能力，甚至将之废除。政治自由因而是保护并实现基础自由所必需的条件。但从概念上说，选择的能力本身实际上并不等同于保护选择空间的政治条件。如果“基础自由”指代的是在可能的选项间做出选择的能力，这一观念所描绘的似乎就更近似于一种**内部**状态，并对个人道德经验的塑造至关重要。[43]

借助伯林的叙述，我们得以区分如下几个概念：“基础自由”，一种能够不受限制地做出选择的状态，它是一切自由经验及其意义的本质；“最低限度的”（政治）自由的**含义**，即不受限制或强迫的情况[44]；以及人 198
们必须维持的“消极”自由的“最低”**限度**：这一底线的设置能够防止个人因“基础”自由被剥夺而最终遭受非人的待遇。[45]消极自由的概念因此构成了“最低限度的”**政治**自由。最低限度的消极政治自由因此成为“基础”自由的必要条件（尽管不一定是充分条件）；而“基础”自

42　JSE 179，181—182；see also ‘The Purpose of Philosophy’，10—11.

43　See e.g. PIRA 187. 伯林指出，维持基础自由的必要条件是存在一种“逻辑上可能进行选择的余地”——而不是实际上可实现的行动路线的选择空间。

44　PIRA 155；cf. TCL 207.

45　‘Introduction’，53；cf. PITC 69；TCL 169，171—174，207；JSMEL 236；‘Liberty’，286.

由则被确认为一切有效自由理论中的核心要素。

8.3 自由与“反普洛克路斯忒斯主义”

与伯林关于“基础”自由的论述紧密相关的，是他反对将任何“系统”或“计划”强加到个人思想与行为头上的立场。[46]他的政治作品源于一种恐惧，即，通过社会压力、文化管控与新的教化和控制技术，权威将会“使人变得顺服、统一与和谐，对周遭发生的一切失去好奇心”，剥夺人们“选择、创造、追寻个人目标的权力，以及一切我们称之为个人自由的东西”。这类“抹去”一切困惑与好奇心的尝试，无论是出于“集体的安全与幸福，[……]已建立的神圣传统，还是[……]某种牺牲个人生命成就的宏大、空洞的抽象概念”，都构成对“人类的根本利益、需求与渴望的切实压迫”。[47]在其作品中，他谴责“一切致力于阻碍人类自由的行为，反对将人类社会解剖为一个单一、连续、和谐的整体：在其中，成员被设计为不再具有任何意义上的个人主动性”。这样一个“严密、坚固的体系”或许能够给人们带来幸福——但这种幸福将是畸形与带有约束性质的；在任何情况下，“我们都不能明确地说[……]幸福是人类唯一追寻的价值”。[48]

伯林倾向于将“稳定、和平与满足”——而不仅仅是它们被强制施加到人们头上的情况——视作自由的对立面。[49]他认为对秩序和确定性的渴望往往会导致服从和驯顺，以及思想上的独裁主义。他尤其将

46　例如，他曾将“真正自我”的学说称作“一种被强制推行的僵硬的逻辑模式”，它是“如此绝对与不容置疑，以至于使所有处境中的所有个体都身陷囹圄之中”（PIRA 144；cf. PIRA 164）。

47　PGR 69，74.

48　FIB 26.

49　PGR 66—67.

此与“理性主义”自由观联系在一起：后者将自由定义为对(理性)原 199
则的服从。但伯林最终的批判对象囊括了广义上所有试图通过强加的秩序限制人类生活的行为，一切基于“内在确定性”的绝对权威，或打着“道德制高点”旗号的宣言。[50]危险既来源于那些自以为是、自命不凡的独裁者，也出自人们试图逃避不确定性——以及责任——而拱手让出自由的趋势。[51]

伯林坚信自由只存在于开放的环境之中，这促使他反对终结的概念本身。“如果存在一种最终的解决方案，一种管理社会的最终模式”，那么“自由将成为一种罪孽”，因为它将扰乱这种完美的状态。那些坚信“某个生活或思想的终点”可以企及的人，“最终都必然会在向乐土行进的旅途中压迫、毁灭人类，无论他们的愿望有多仁慈、心灵有多纯洁，无论他们的理想有多么高尚无私”。[52]终结的危险不仅在于它可能导致暴力：即使它以和平的方式实现，它也会限制自由。因为“失误和犯错的权利”对于“选择的能力”来说是不可或缺的。自由与不完美无法分割；人类生活将处于“永恒的不完美”、变化与不确定性之中，正是这一事实从根本上使自由选择成为可能。[53]

对终结的概念保持警惕，质疑一切有关知识所有权的言论，这二者构成了伯林为民主社会秩序辩护的基础：“因为没有人能保证某种解决方案必然会杜绝谬误，因此实际上不存在任何最终意义上的安排。这样一来，松散的架构与宽容的态度[……]永远比最为精密严谨的计划

50　PIRA 141；see also PIRA 185—188，250.

51　See e.g. HI 164.

52　PGR 75.

53　JSMEL 237，250. 其他理论家同样强调开放性是自由的一项基本特征；但与伯林不同，对他们来说开放性的主要价值在于它与进步、增长、创造性及转变(的潜力)之间的联系。

更富有价值。”[54]伯林关于“强加的计划和对确定性的追求与自由互不相容”的主张，同时具有知识与道德层面的双重考量。避免教条主义、墨守成规与思想僵化，对于个人真实道德（与情感）经验的获取、智识培育，以及对现实的充分感知都至关重要：因为“一切构建正统的尝试”，究其根本都不过是单一模式在其无法涵盖的、无法通约的复杂现实之中的错误应用。[55]

对教条主义的反对也与伯林本人的经验主义倾向紧密相关——后
200 者在他对自由的讨论中占据了关键地位。这首先就体现在他的论证技巧上：伯林援引了大量的当代经验事实与历史证据作为论据。而第二点则反映在伯林对自我概念的经验性理解，以及他评估个人愿望与需求时采用的经验主义方法之中：这是伯林反对从某个先验原则中推导个人意愿的基础。伯林的经验主义还表现在其他方面：他对有机论（organicist）与国家美学理论（aesthetic theories of the state）构想出的“隐喻”表示怀疑，且不赞同将政治独裁主义或家长制类比为儿童教育的做法。[56]伯林关于自由的写作因此始终致力于反对20世纪30年代哲学的“形而上学”趋势——这也展现出他本人持有的非教条主义的、常识性的经验主义立场。

伯林为政治自由所做的辩护，因而既与经验主义和思想上的“反普洛克路斯忒斯主义”不可分割，也与个人自治的道德论证紧密相连。反过来，这种知识上的反普洛克路斯忒斯主义也巩固了他在方法论上的多元主义立场。伯林的政治与道德思想，及他对人文科学的见解由此形成了一个复杂的、相互关联的整体——不是一个系统的理论，而是一套统一的世界观。[57]

---

54 PITC 92—93.

55 PGR 71；JSMEL 237.

56 See PIRA 126—127，这些“经验主义”元素在同一段落中得到了全面展示。

57 See e.g. ‘Alexander Herzen’，193. 同时，伯林很清楚，自由的价值并不依赖于其对思想与文化繁荣做出的贡献（see PGR 73）。

8.4　自由：人文主义与非人文主义

这一叙述——追随许多伯林所处时代关于自由的作品（伯林本人也曾回应了这些作品）——主要将注意力放在关于自由意义的争论上。然而，伯林早期的作品最终显示，自由理念上的分歧作为现代政治思想的标志，其源头并不是关于自由的不同定义（即“不做……的自由”与“做……的自由”的区分，或是“不受干涉”与“自我管辖”的分别），而是对自我与社会的不同理解，“生活的最终理想为何……人们想要什么，而与此同时又希望避免什么”。在《浪漫主义时代的政治观念》中，伯林选择从另一种二分法的角度总结他关于自由的讨论：他主张对自由、自我及生活目的的理解可以分为“人文主义”与“非人文主义”倾向。这一“难以逾越的鸿沟”主导了19世纪以来的政治，且远比个人主义与集体主义、唯心论与唯物论的区分更为重要。所有的自由理念都不可避免地偏向这两方中的某一方；自由主义者和民主人士，与沙文 201
主义者[58]、独裁者及极权主义者之间的巨大矛盾就反映出了这一根本性的理念冲突。[59]由此，伯林以一种反常规的方式定义了时代辩论与他本人的立场，并跨越了古典自由主义-社会主义的传统划分标准。这样来，他就将经济政策上的分歧排除在了讨论核心之外——支持接纳自

58　伯林将“民族主义”与非人文主义立场联系在一起，这就使人们对他本人的犹太复国主义倾向，以及他关于民族主义理论的同情式叙述产生疑惑。在他的作品中，伯林用“民族主义”一词指代两种不同的立场。其中一种是“自由主义的民族主义”（liberal nationalism），该观点认同自由主义框架之内的民族自决的价值，这有别于沙文主义与帝国主义，且对后二者持反对态度。另一种则是“病态的”或“过分激化的”民族主义，致力于压制民族内部少数群体与异见者的声音，并威胁外部的其他民族。伯林在谈及这些立场时所采用的术语并不连贯；但他的确在这两种立场之间做出了区分，并且给予了大相径庭的评价（cf. David Miller，‘Crooked Timber or Bent Twig？’）。

59　PIRA 207.

由主义因素，但不赞同完全意义上的自由放任主义，也不排斥社会民主的理念。

“非人文主义”则表现为与经验主义、个人主义的决裂，是自由主义“在完全意义上的镜像”。这种观点认为个人存在屈从于某种更为宏大的实体，是实体的组成部分或实现某项更高目标的方法与途径，而对个人意义的定义则取决于其在这一宏大体系中扮演的角色与功用。它将解放定义为“集体的自我牺牲”和“自我毁灭”，或某种伟大理想“祭台之上的自我献祭”——这种被认定为伟大的实体可能是一个社会阶层，是一种美学理想，是“国家、种族、宗教、历史，或是对权力本身的‘动态’追求”。[60]与之相对，“人文主义”观点一方面主张个体是“时空中的经验性存在者，可以出于任何原因追寻自己坚持的目的”，另一方面则采纳康德的理论，认为个人是“一切道德的唯一源泉，其存在本身就赋予行为以价值”——这二者合并得出的结论是，没有任何事物“能够在原则上值得个人为之牺牲”。[61]

比起“积极”与“消极”或是“浪漫主义”与“自由主义”的划分，这种人文主义/非人文主义的区分使我们得以更接近伯林自由观的真相。“积极”与“消极”自由不一定彼此冲突，二者各自的变体在与“基础”自由相容的前提下都可视作有效的自由观；对伯林来说，它们之间的区分并不是一个“非此即彼”、好与坏、对与错的问题（尽管他偶尔的表述好像表现出这样一种倾向）。相比之下，“自由主义”与“浪漫主义”自由观之间的对立似乎更为显著一些。但随着时间的推移，这两
202 种思路在不同程度上反复地彼此交汇而又产生分歧；伯林本人的观点对这两种理论都有所借鉴。但人文主义与非人文主义在伯林眼中则是

60　PIRA 203—204，207. 在非人文主义观点的变体中，伯林囊括了神权政治、黑格尔与法西斯主义的机体论、纳粹主义、尼采式利己主义，以及支持个人服从于传统的保守主义分支。

61　PIRA 206.

两个根本上互不相容的系统，前者为人的性格、价值与需求提供了正确的、人性化的解释，后者则是谬误的、危险的。

伯林的确将“人文主义”立场与自由主义、“消极”自由紧密联系在一起（即使这种立场受到浪漫主义影响，并包含“积极”自由的元素）。“人文主义”坚持以经验性方式理解个人，并肯定自我决定在道德上的重要意义；这二者的结合诞生了一种关于自由的新定义，即，个体“成为他想成为的样子”的能力。这近似于“自由主义”对自由的定义：让个人能够随心所欲地追求他自己的目标。而在政治上，“人文主义”立场更进一步地要求保留“一片受保护的、不会遭受他人侵害的领域”。因此对伯林而言，遵循“人文主义”自由观的政治理论，其核心必然是一套系统的自由主义方案，致力于保护公民自由、限制干预，并认可“特定私人生活空间的不可侵犯性”。[62]

8.5　伯林的自由政治理论

这就将我们引向伯林的自由政治理论，即，对保护社会自由所必需的制度性安排与政治准则的讨论。面对20世纪政治生活的残酷现实，伯林对自由主义进行了再阐释：个人是脆弱的，权威不可靠且始终具有潜在危险，政治永远充满冲突。这些假设又促使他更加强调从政治与社会权威（及政治本身）的压力下保护个人的必要性。同时他也意识到，公共与私人、政治生活与个人生活之界限的划分始终是一个有争议性的话题。[63]

一片受保护的私人“选择空间”是宝贵的，“在其中，个人犯下的错

62　PIRA 203—204，206.

63　See PIRA 206；TCL 171. 值得注意的是，伯林并未将此种“边界”（frontier）的设立与自涉/他涉行为，或政府/“公民社会”领域间的划分联系在一起。

误能够被宽容对待”。[64]在这一领域内，个人拥有“以自己的方式寻求救赎——或走向堕落——的权利：包括不受政府干预，以自己的方式潦倒的权利，无论这种干预是出于怎样的好意”；除非个人的自由选择权
203 利得到保证，否则人们“或许能够享受安全与繁荣，但绝不可能拥抱自由”。[65]特定的“边界”应被视作“神圣而不可侵犯的”，因为“对这些界限的跨越意味着极度的暴虐”；这些侵犯“边界”——此处的“边界”不仅指受保护的私人生活领域，而且指一切权威都不能逾越的道德与法律界限——的行为包括“有追溯效力的法律、对无辜者的责罚、合法但不公正的死刑判决、孩童提供的不利于父母的信息”。[66]这回应的是19世纪早期贡斯当等自由主义者的观点——尽管伯林写作时也同样联想到了纳粹的行径。

伯林通过援引选择的价值，来论证人们需要一片自由的空间，一段受保护的“边界”，在其所划定的范围之内一切都将是安全的。如果没有“最低限度的、保证不受任何侵犯的个人自由”，那么“个人将发现自己身陷囹圄，甚至无法保证自然天赋最低限度的发展：而正是后者使人们对各种良善、正义或神圣目标的追求乃至构想成为可能”。[67]或者，正如他在更早些的时候曾说过的（采用了目的论与完美主义倾向更少的语言），一些不受干扰的自由必须“在实践方面划定界限（理论上同样如此）”，即必须同时成为政治机构与信仰的特征，因为个人应被以“尽可能严肃的方式”作为目标本身加以对待，且应被允许追寻其自己的“愿望与理想”。保有一块个体不受限制的活动空间，既保障了人类的

64 PITC 91.

65 Berlin to Alan Dudley, early March 1948, E 45.

66 PITC 52—53.

67 TCL 171. 在此处，伯林——在描述“消极”自由概念的同时——认为自由的**价值**与其对目的性活动的贡献密不可分，因而也与个人能力的发展相关联；这一关于自由**价值**的论点本身，与格林等人的观点高度相似。

幸福（无论这种幸福指的是能力的发展，还是个人愿望的满足），又承认个人是道德上有自主权的目标。[68]

伯林强调“消极自由”的空间，也与他对社会效率的不信任息息相关。社会控制无法触及的“生活的偏僻角落”自有其存在的价值：它们能够有效地抵抗一体化与同质化的压力。因此，他对时代潮流的批判也包含对“个人与少数群体能有更多追求自己目标的**空间**”的呼吁，即使他们的行为或许看起来是无用的、有破坏性的乃至乖张的。[69] 204

伯林将这种有关受保护的私人空间的政治理论，与自由主义、“个人主义”（作为“有机论”和社群主义的对立面）对自我与社会的理解联系在了一起。[70]在援引**权利**的概念时，他同样采纳了古典自由主义的观点。但这种采纳是有选择性的，甚至是谨慎的：因为对自然的、内在的、不可分割的权利所持有的信念，在本质上与“试验性的经验主义”互不相容。[71]伯林最终采纳了一种更为松散的权利定义，即将权利界定为“防止某人将意志强加到他人头上的绝对屏障”——“一道反抗压迫者的壁垒”。这种关于权利的坚定信念，一方面基于一种“个人主义”的人性观，即，个性只有在个体亲自决定自己的人生，而非活在他人控制之下时才能实现；另一方面则源于一种对不受遏制的权威的自由主义

68　PIRA 206.

69　PITC 91—92.

70　‘Liberty’, 285—286. 伯林在这篇（写于1962年，修改于1993年的）论文中的关于“有机论”与“自由主义”或个人主义观点的对比，同他在《浪漫主义时代的政治观念》中提出的“人文主义”与“非人文主义”立场的对比展现出一种引人注目的相似性。

71　‘Equality’, 81—82;‘Introduction’, 65. 在这方面，伯林或许是在回应逻辑实证主义倡导者对（自然或道德）权利概念提出的质疑（see e.g. Macdonald, ‘Natural Rights’; Weldon, *The Vocabulary of Politics*, 15—16, 56—61）；而伯林对权利的援引——无论以一种多么无力与模糊的方式呈现——正预见了20世纪70年代约翰·罗尔斯、罗伯特·诺齐克、罗纳德·德沃金等思想家对权利概念的再一次毫无悔意的运用。

式反对，主张“唯有权利，而非权力，能被视作绝对的”。[72]伯林有时甚至声称，有些东西（例如思想自由）之所以归属于“自然权利”，是因为它们是“人类精神构成”的产物，反映出**人之为人**所必定具备的“根本利益、需求与渴望”。[73]但对伯林来说，权利的概念仅仅证明了存在这样一种界限，即人类可以正确地对他人做什么，并期望他人做什么，是有限制的；但它并没有提供证明这种界限的理论依据。[74]

伯林的自由政治理论，显示出了古典自由主义思想的核心特征，及其在第二次世界大战后的复兴趋势。像其他自由主义者一样，他始终致力于驳斥如下观点：拥有形式上的法律与政治权利而缺乏物质资源，并不意味着“真正的”自由——而为达成“真正的”自由，仅仅牺牲“形
205 式上”的自由是合理的。

但伯林并不希望他的自由理论成为自由放任主义的托词：那将引发极端的经济不平等，并最终导致痛苦。他承认，那些谈论“经济自由”的人所指出的是社会中“切实存在的缺陷”。声称那些缺乏资源运用自身自由的人“能够通过他们的经济自由获得利益，就如同声称坦塔罗斯（Tantalus）[……]能够自由地饮水，因为并没有明文规定禁止他这么做一样”。但伯林同样坚持，即使是在经济困顿的情况下，拥有政治权利也不是毫无意义的：“权利就是权利，自由仍是自由，无论个体是否具备使用它们的条件。”“在并无他人妨碍的情况下，缺乏运用某事物的能力”这一条件本身并不构成“不自由或‘奴役’”。不自由仅仅存在于以下情况中：个人被剥夺了其所必需的资源，或其他人阻碍了他对这些资源的获取。“经济自由”的相关言论的可信性源于一种概念，即，经

72 TCL 211；‘Introduction’ 38. Cf. TCL 175，‘The Birth of Greek Individualism’，318.

73 PGR 73—74.

74 伯林对权利概念的运用同样显示，他依旧遵循着自己理解之下的19世纪自由主义的核心原则，其中包括“不跨越个人权利的界限”（Berlin to Cressida Bonham-Carter，undated，F 273）。

济劣势是人为决定的，而非自然必要性（natural necessity）的结果。而这种理解“经济自由”的方式与“消极的”“自由主义的”自由观并非水火不容：

> “经济自由”这个词组中的“自由”之所以具有力量，不是因为它对一种缺失的行动能力提出了要求，而是因为它指出了某人剥夺了本属于其他人的东西［……］被剥夺的人由此就可以被描述为被干扰、被侵犯、被强迫，就像一位强者欺凌一位弱者，或一位劫匪强迫其受害者。

当物质困顿是可避免或可更改的人类行为的结果（有意或无意），而且导致了被剥夺者的挫败时，它的确代表了自由的缺失。这意味着要使“经济自由”一词变得有意义，自由不一定需要被定义为获取目标的积极能力。这也意味着即使在经济自由遭到剥夺的情况下，个人也依旧能够拥有政治自由。他人的行为可能使得穷人最终无法按照自己希望的方式生活。但是，在不存在政治压迫与法律劣势的条件下，他们在政治上和法律上依旧是自由的，且这种自由始终有着重要的意义。因此，在经济劣势的情况下，政治自由不存在、无意义或无价值的观点是错误的。[75] 206

8.6　《两种自由概念》：延续与修正

尽管早在1952年，伯林就已经提出了他所持自由观念的主要特征，但他政治思想最为典范的阐述依然是1958年的《两种自由概念》。[76]

75　PIRA 158—160; cf. TCL 169—170.

76　伯林在1958年8月拟定了讲座的草稿。

《两种自由概念》构成了“伯林对一切他所厌恶之物的猛烈抨击，对一切他支持的观点所做的辩论”[77]；以及对他早期作品中重要主题的总结（除却历史哲学，这一概念在《历史的必然性》中得到了比较详尽的阐释，并在伯林20世纪60年代早期的作品中再次出现）。《两种自由概念》的出版版本[78]一开始就重申了伯林对管理主义政治模式的攻击，后者试图用公共管理的技术科学来处理规范问题的分歧。这种政治模式倾向于向博士与工程师征询意见，并希望通过社会的极端变革，最终消除一切的“不协和音”。伯林将这一理想与马克思主义和理性主义进步论联系起来，并进一步引申至“乌托邦主义”，以及英美学术界所谓精明冷静的现实主义潮流。伯林再次强调了理念所蕴含的历史性力量，他既指出了“狂热”意识形态的不可取之处，又批评了因信仰理性的力量与科学进步而自鸣得意、忽视意识形态重要性的做法；在他看来，政治哲学的疏漏既源于这种自满心理，也出于将一切哲学追问等同于严密逻辑分析的冲动。[79]

因此，阅读《两种自由概念》的开头就代表着对上述观念史的一次回顾。文章接下去重复阐述了《浪漫主义时代的政治观念》中的许多内容与方法。再一次地，伯林首先以“服从与强迫”的问题为切入点构建政治理论，并归纳了他所处时代的意识形态斗争，而后转向讨论自由的意义问题，以及（许多种类中的）两种在历史上无比棘手、在政治上尤其有力的自由概念：消极与积极。[80]随后的叙述重申了伯林早期作品中的主要观点，以及其中令人困惑与模棱两可的地方。消极自由是不受其他行为主体妨碍的自由；其他阻止个人按照自己（可能的）意愿

77 Alan Ryan, ‘Isaiah Berlin: Political Theory and Liberal Culture’, 359.

78 我会提及一份先于讲座时间写成，内容与最终出版版本迥然不同的文稿（TS），同时也会引用伯林《两种自由概念》初稿的录音转换文字的版本（T1）。

79 TCL 166—167.

80 TCL 168—169.

行动的障碍，无论它们存在于行为主体外部的自然世界之中，还是产生 207
于行为主体内部的意识或动机，都不会否定消极自由是一种**政治**理想的观念。[81]这一消极自由的观点赞同自由主义为受保护的个人“空间”辩护，承认真正的价值之间存在冲突，并认可保护他人利益和在价值方面设限的必要性。尽管这种对价值多样性的认同构成了自由主义的基础，但它也同样使自由主义感到愧疚，提醒后者除却自由之外的其他目标（物质上的富足与社会平等）同样值得纳入考量范围，并指出作为副产物的痛苦与不公可能会先于自由的扩展出现。[82]

《两种自由概念》同样再现了积极自由概念中的歧义：积极自由一方面与自我治理的概念相联系；另一方面则被等同于“做某事的自由”和“遵循某种特定生活模式的自由”，并可追溯至对自我掌控的渴望。正是最后一类积极自由的衍生物，而非与消极自由“相去甚远的”积极自由本身，因其有关“真正自我”的“悖论”或者说“障眼法”，最终与自由主义对自由的定义产生了“直接冲突”。抛开格林的例子不论，伯林列举的有关自由之背叛者的历史例证与其在玛丽·弗莱克斯纳讲座中呈现的内容相仿，例如将积极自由等同于接受必要性的“理性主义”观念，以及自由存在于自我实现之中的主张（尽管在此处，伯林并没有如早期作品一样对“理性主义”与“非理性主义”关于自我实现的叙述做出清晰的区分）。[83]

再一次地，伯林援引了斯多葛主义将解放视作“消除欲望从而获得满足”的说法（他将其与“康德式”的自治概念区分开，并指出了二者的相关性，康德认为，自治是对自身欲望的抵制与控制，因此自由就

81　TCL 169—170.

82　TCL 170—175. 这一点（在《浪漫主义时代的政治观念》中并未被强调）在《平等》（‘Equality’）一文中得到了发展。

83　TCL 178—181，187—191，197—198.

是在服从自我订立的法则[84]）；伯林在此处运用了一个“医治”的隐喻，指出斯多葛式立场就像在采用截肢的方式去医治受伤的腿，而不是选择处理腿上的伤口，这就应和了他更早的言论：伯林曾提出，他所处的时代往往采取一种治疗式手段处理思想问题，力图像拔除“蛀牙”一样让这些问题消失。[85]这一思路将斯多葛主义与伯林对当代的关切联系在了一起，而与此同时，我们也能从中找到经由伯林诠释的“康德式”自治观念——反对家长制，将个人视作自己的目的与价值的源泉。[86]伯
208 林不仅用这种康德式人文主义对抗功利主义社会工程的概念，还用它反驳布哈林为压迫所做的辩护（为打磨“人类材料”所必需）；这就比《浪漫主义时代的政治观念》更清晰地展现出了伯林的关注对象。[87]但我们依旧发现，伯林所担忧的不只是法西斯主义，还包括帝国主义与技术官僚治国制（“专家的统治”）。[88]

伯林采用康德的反家长制观点驳斥布哈林的实例，显示出了他是如何援引“积极自由”的变体为自己的反极权主义思想服务的——并将这些积极自由的变体（在与自我的“经验主义”理解相结合时）与“自由派人文主义”联系在了一起。[89]而另一方面，尽管伯林在此前曾将自由主义与消极的自由观相联系，在《两种自由概念》中他却承认，“基于理性主义形而上学”（以及无政府主义）的自由主义思想的变体不能缺少对“积极”自由的承诺，以及在“积极”自由的歪曲中扮演了重要角色的，主张自由、理性与自愿共识（voluntary consensus）三者必然趋

84 TCL 181—183.

85 TCL 182；‘The Intellectual Life of American Universities’，758.

86 See TCL 183—184.

87 TCL 184 & n.1.

88 TCL 198. 对技术官僚政治的担忧，也明显地展现在伯林有关密尔的论文中（JSMEL 242n.4）。

89 伯林声称，“自由即自治”（liberty as autonomy）的概念至少与“消极”自由“以同样的深度进入了自由的个人主义传统”（TCL 185）。

于一致的信念。[90]在这一点上，《两种自由概念》所展现出的积极自由与消极自由、自由主义与反自由主义之间的关系比《浪漫主义时代的政治观念》更为复杂（也比许多读者所理解的更为复杂）。

《两种自由概念》的草稿，及其最终出版版本，也同样显示出某些积极自由与消极自由双方在地位与彼此关系上的不确定性。在初稿中，伯林曾指出，仅有一种自由观念但存在不同决定标准的说法是一种“混淆”：积极与消极的自由观念回答的是截然不同的问题，即使它们的答案可能有所重合。伯林在成稿中给出了几乎一样的答复，且这一次他将两种概念的基础描述为不同的冲动而非不同的问题：消极自由的支持者“希望扼杀权威本身”；积极自由的支持者则“致力于将这种权威归入自己麾下。这是最重要的问题”。因此，积极自由与消极自由“并不是单一概念的两种不同诠释，而是两种迥然不同、不可调和的对生活目标的态度”，二者都做出了“不可能被完全实现的绝对性发言”；二者“追寻的目标都属于终极价值的范畴，在历史与道德方面都应平等地被视为人类最深层次的利益；如果没有意识到这一点，那将是社会与道德理解的严重缺失”。[91]但伯林认为“消极”自由更为精准地捕捉 209
了**基本**、真实的自由内涵[92]，并令人难忘地总结说，消极自由比自由作为（**集体**）自我掌控的理想“更加真实且富有人性”[93]　同时**也**强调自由之幕（mantle of liberty）的包容性与开阔性，认为将自由永远等同于“消极”自由的看法是“肤浅”且盲目的。[94]

90　TCL 195. 伯林强调，关于目的之间有着自然和谐关系的假设，与自由主义对一个自发和谐社会的期待之间存在一种联系——正因如此，这种乐观自由主义观点与多元主义互不相容。

91　TCL 212.

92　TCL 207.

93　TCL 216.

94　TCL 205，207—208. 关于《两种自由概念》中描绘的，“消极”与“积极”自由相对于总体自由概念的地位的精彩分析讨论，参见Crowder，*Isaiah Berlin*，64—90。

伯林同样指出，积极自由与消极自由的区分不仅源于二者所持有的不同理想（自我掌控对应不受干涉）或面临的不同疑问（“谁执掌权力”对“掌权者拥有多少权力”）——并最终可以追溯至两种概念对自我或个性的不同理解。伯林大方地承认这两种相互冲突的自由概念所具有的相同分量（或无法比较）的有效性：“形而上学”与集体主义关于“真正自我”的概念含混不清且存在危险，而与自由主义自由观相联系的谦虚、经验性的自我概念则并非如此。在此处，伯林的模糊叙述同样包括了两种立场。一方面，他主张“真正”自我的学说导致了积极自由（而不是消极自由）内部的崩坏与堕落，这纯粹是历史偶然性的结果。但另一方面，伯林也指出这一过程从根本上受到自我掌控理念的驱动（尽管这种驱动并非必然的），它暗示了一种分裂的自我理解。[95]

类似的歧义也存在于《两种自由概念》中伯林对其早期理论的一处重要延伸：对“认可”或“地位”的渴望是如何与自由的概念混淆的。伯林将此与集体——尤其是民族——独立的概念相联系，尽管他很清楚，对认同的渴望也可能以更加个人主义的形式出现。而他同样强调，尽管（某些形式的）积极自由或许的确可能与自由本身的价值相关，但认可或地位始终是与严格意义上的自由概念不同——且往往有分歧的——的东西：“对地位与认可的渴望不能被简单地等同于个人自由，无论此处的个人自由指代的是‘消极’还是‘积极’意义上的自由。诚然，这种渴望同样为人类所迫切需要，并催促他们为之奋斗——
210 它是某种与自由接近的东西，而非自由本身。”尽管“对地位的渴求在某些方面的确与成为独立行为之主体的愿望非常接近”，并在对“谁是掌权者”这一问题的关注上与积极自由的理念相似，但地位或认可在实际上牵涉到更多方面；它们因而构成了一种“混合的”价值——以复杂的方式与自由相联系，但在追溯其本义时不能单纯用自由的概念加以

95 TCL 181.

界定。[96]

相比之下，伯林在初稿中表现出一种更为顺从的态度，承认尽管“[渴望认可]的真正内涵或许不是自由而是友爱”，但事实确实

> 如这些词语所描述的，这些个人与组织所要求的是自由。这是“积极”意义上由自我引导的自由，而这种自由定义的歪曲始于一个错误的类比：个人理性应该指导处于次要地位的情感，因此精英阶层同样有权对社会中“更下等”的成员进行专制统治——对这类推理谬误的解释必然基于一个假设，即，自我引导属于自由的意义范畴，无论这种引导是个人针对自己的行为，还是由组织施加在其成员的头上。仅仅这一点就使得人们可能倾向于呼吁一位领导者的出现，并将此作为解放的标志。[97]

因此，伯林一开始曾将“对地位的追寻”纳入积极自由的范畴；声称对认可的渴望与对自由的渴望并不相同的段落则是随后添加的。伯林似乎推翻了自己的观点——但他的态度并不坚决，始终是摇摆的。这种挣扎反映出了伯林讨论自由的方法中存在的张力：一方面他试图如实展现历史变化与日常运用过程中的复杂性（以及矛盾性），另一方面则力图在自由与其他价值之间划出清晰的界限。

《两种自由概念》不仅重点讨论了地位/认可，也涵盖了对“积极”自由概念之中的民主/共和变体的分析，这一分支将自由等同于民主自治。尽管在《民主、共产主义与个人》中，伯林主张民主是对自由主义

96 TCL 203，205—206；伯林声称自己“试图展现”的是，“民族与社会的自我引导激励了我们所处时代最有力、最具道德效力的公共运动”，而“对这种自我引导的呼吁”则源自“积极”自由的概念（TCL 214）。

97 T1. 尽管困难重重，但这种对地位/认可与自由之间关系的早期讨论，也强调了个人与国家的“谬误”类比在积极自由走向歪曲的过程中所扮演的重要角色。

价值与观点的承诺，但在撰写《两种自由概念》之前他就已经给出了民主（理想）的新定义："不依赖外界权威，由我和其他像我一样且与我有共同利益的人主导的治理与管辖，即我们本人——或至少是我们的代
211 表——对我们自身的管理。"[98]在这样的理解之下，民主的概念就与个人自由区别开来，二者间甚至存在潜在的分歧。[99]

我们几乎可以肯定，伯林对地位与认可的主题日益增长的关注，受到当代殖民地独立、民族解放运动等政治现象的影响。而他关于民主与自由的叙述同样反映出更宏观的政治发展趋势。伯林坚持自由与民族自决、民主自治的区别——同时也警告将自由等同于地位或主权可能带来的危险——他似乎预料到了日后的反帝国主义潮流与对参与式民主（participatory democracy）的呼声：这将成为《两种自由概念》出版之后的十年里的左翼运动的突出标志。而这些讨论重点的转变，也反映出近十年有关政治观念史的研究、写作与演讲。伯林的兴趣明显地开始转向赫尔德与浪漫主义者，即，地位与归属的概念。伯林的研究与授课也肯定使他更为清晰地意识到人民主权原则中民主的重要性。人民主权是对"谁应治理"这一问题的直接回答——是一种坚持自由即集体自治的理论；而雅各宾派对这一理论的采纳与滥用，则使自由主义者认识到了"消极"与"积极"自由之间存在的张力，以及后者可能为前者带来的政治危险。[100]

在更早的自由主义者之中，贡斯当对《两种自由概念》的影响尤其丰富，且可能意义重大。但贡斯当对伯林产生的影响的程度与本质却是难以确定的。贡斯当在伯林早期有关自由的作品中作用很小。伯林在《自由及其背叛》中将贡斯当定义为一位自由主义的代表（并引用了

98 T1.

99 See TCL 176—178，209.

100 TCL 208—210.

他的话）[101]——但在《浪漫主义时代的政治观念》中却从未提到过他，反而将密尔描述为“政治自由在现代最佳的辩护者”。[102]然而到了1958年，伯林却评价说贡斯当比同时代的其他政治理论家“更有才能、更富有原创性”，“远胜于”密尔——并将他称为《两种自由概念》背后的“灵感”之源[103]；此后他就将自己的观点与贡斯当联系在了一起。[104]对贡斯当来说，“强迫本身就是一种罪恶”（这不同于“积极”自由的追求者，因为他们主张如果强迫本身能帮助提升集体在其他集体中间的相对地位，或者如果强迫是成为理性国家的建构过程中不可避免的手段， 212
那么集体内部的强迫行为就可以被承认）。[105]在此处，伯林再一次将积极自由与民族主义、技术理性主义及共产主义（尤其是列宁主义）联系在一起。这进一步证明了伯林（与塔尔蒙和其他人相似）倾向于通过马克思-列宁主义理论与实践的视角来评判雅各宾主义，以及自由主义对其做出的回应，而伯林在构思《两种自由概念》时，对历史上的和当代的现象都有所思考。

如果伯林确实将贡斯当视为他创作《两种自由概念》时的“灵感”，那么极有可能是贡斯当关于“古代人的自由与现代人的自由之比较”的讲座使伯林发展了其（已经成形的）理论，即进一步拓展了两种自由之间广泛且深入的区别——或许甚至夸大了这种区别。痴迷于贡斯当优雅简明且极具洞察力的讲座，并被其与自己处于形成期的思想高度相似的论述所震撼，伯林可能将此视作了自己的范例——并将其与政治-理论对话中常见的“积极”与“消极”自由的分别，以及他本人对自由主义与反自由主义、理性主义与浪漫主义之间的历史冲突的兴

101　FIB 5，50—51.

102　PIRA 160.

103　To Gladwyn Jebb，1 September 1958，E 644.

104　See e.g. TCL 209—210；‘Introduction’ 3，38—39；‘Liberty’，283.

105　T1.

趣相融合。

贡斯当讲座所产生的影响，在其与传统的积极/消极二分法思维（以及伯林自己用二分法构建辩论的技巧，这同时也是他的弱点）相结合的情况下，可能从1951年起就已经存在：当时伯林从分辨出（至少）六种不同的自由概念，转向仅仅专注于讨论其中的两种。但如果伯林对贡斯当的敬仰之情迟于《浪漫主义时代的政治观念》的写作，这就无法解释伯林对“自由主义”与“浪漫主义”（或“消极”与“积极”）自由所做的区分。然而，贡斯当在“现代”自由（保护个人不受干预，因而与“消极”自由一致）与关注公民自治的“古代”自由（民主-共和的自由理想）之间做出的区别，似乎引导了伯林进一步强调“积极”自由概念下的这一分支——的确，伯林在后期始终倾向于主张“积极”自由**首要**与集体自治相联系。[106]即使贡斯当的作用仅仅是鼓励伯林持续关注积极自由的民主-共和变体，这也算得上是一点有力的影响。

对民主社会中的自由命运的焦虑，不仅反映出伯林关于自由作为主权或政治自治的讨论（无论此处的政治自治是被理解为人民主权，还
213 是一个政治集体从其他政治组织之下独立），还展现出伯林作为一位政治理论家构建的整体规划。这一点在《两种自由概念》的草稿内有着非常清晰的展现，伯林在其中警告说“自我治理不足以”保障自由：“历史上的政府都没有在强迫个体依照政府之意志行事的过程中遇到太多困难。”自由的守卫者们必须致力于培养出“一种开化的舆论氛围”；因为“如果舆论不起作用，专制君主就能轻而易举地对民众的力量表示效忠，一跃成为民意的代表，同时迫使民众保持缄默，以他们自己的名义击垮他们”。伯林本人的政治作品致力于向读者展现自由的价值及其脆弱性，并通过这一切进一步支持他对传统自由主义自由观的信念。这或许（部分）解释了伯林有关自由主题的写作中的重复性。因为伯林

106 See ‘Liberty’, 283—286.

呼吁：如果保护个人自由的不可侵犯的边界“被重复强调的次数足够多，那么即使是最糟糕的政府也难以公开反对它”。[107]

《两种自由概念》对伯林后期作品的预示，不仅表现在对民族主义的关注上，也体现在伯林对其（充分发展的）多元主义倾向的展现中。但伯林并非一直对多元主义表现出此种成熟的关注。《两种自由概念》的初稿，在讨论“古典英国哲学家”（霍布斯、边沁与密尔）的观点（即为了其他的益处，自由必须加以限制）时阐述了近似多元主义的理念。但在结论部分，伯林却更注重分析其他熟悉的主题。包括赫尔岑式主题，即，个人为抽象概念做出的牺牲是“终极的幸福……他们‘真实’的自我……一些关于自我实现的主张，如他们被召唤的命运，他们的历史任务，或在‘更高’层次上的‘自我超越’，民族、种族、阶级、传统、宗教，这些都是让个人为之牺牲的宏大祭坛……”当赫尔岑的个人主义人文观在《两种自由概念》初稿中得到充分展现时，伯林本人的多元主义在某种意义上则趋于静默。类似地，在一份精简的口述稿中，伯林强调，为了某种终极的、无所不包的善而采取残忍手段的做法“往往会导致不必要的残暴与不公正”，这使人回想起伯林长久以来对政治伦理的关注，以及他觉察到的道德极端主义与政治上的无情之间的联系。[108]伯林的初稿同样援引了“在不可调和的、同样具有绝对效力的选项间做出选择的能力”，将其描述为“使人之为人的特征之一”——他以此追溯至自己早期强调的观点，即，道德选择的权利是人类的本质特征。[109] 214

在《两种自由概念》中，这些方面被作为独立元素展开的讨论并不突出，因为伯林将更多注意力放在了多元主义的主题上。伯林现在尤其强调一元论在“自由、正义和理性的支配都是同源的”这一假设的形

107　T1.

108　这一主题在最终出版版本中也被保留了下来，参见 TCL 212，214—215。

109　伯林会换一种方式阐述这一内容，修改后的最终版本如下：“在绝对的要求之间做出选择的需要，是人类生存状况中一个无法回避的特征。”（TCL 213）

成过程中扮演的重要角色——如此一来，任何横亘于“实现公正合理的社会秩序”与“保护个人自由”这两种理念间的冲突与分歧就不复存在。该逻辑链源于伯林更早时期的论证；的确，一元论的主要特征最早可以追溯至《卡尔·马克思》。而在《两种自由概念》中，一元论被赋予了更为重要的地位，被定义为积极自由走向歪曲过程中的**致命一击**，且与“真正自我”的学说密不可分：被理智的、有德行的自我意志管束，就等于意愿正确的事物，因此，一切由理性自我主导的个体，即在这种意义上“自由”的人，必须自由地期待同一事物；这样一来，所有的冲突、离经叛道以及对强迫的需求都会消失。[110]

有关多元论的阐释，正如对于一元论的批判一样，并不新鲜：伯林在《历史的必然性》《马基雅维里的原创性》，以及《平等》中都表达了同样的观点。但如今他更进一步，力图将多元主义与自由主义联系起来。对“消极”自由的支持**可以**基于一种“理性主义”信念，即所有价值彼此相容，而不受约束的选择能够导向一切价值的最终实现。但它**同样**可以基于一种对多元价值有效性的确认，同时不避讳地承认追寻这些价值将引向分歧与冲突：保持高度的消极自由（受到法律限制，后者致力于追寻平等、正义等其他目标）**既**让人们能够追求价值多样性（如果无法做到最大化，则尽可能增加自己能够实现的价值），**又**允许个人为自己应追寻何种价值（以及用什么方式追寻）做出选择——尊重并保护他们作为“自由的（道德）行为主体”的地位。而另一方面，试图通过**专制**手段实现自我掌控的积极自由的做法，则否认了道德自主性与多元主义的关键假设（即，真正的价值之间存在分歧，而**同时**我们也应
215 该尽量尊重**一切**真正的价值对我们提出的要求）。[111]

即使是在多元主义占据了论述核心地位的成稿中，伯林早期作品

110 TCL 191—194，198—200.

111 TCL 216.

中的其他主题依旧是其论点不可或缺的组成部分。伯林对多元主义理论的构建，最终基于他所熟悉的常识性经验主义：他呼吁，要将“从人之为人的经验中获得的知识”与“对事实的尊重”构筑成一道坚实的壁垒，以反对通过援引“某种终极的、可实现的、能够调和一切的大综合”，而企图“用形而上学的表面遮掩自我欺瞒，或故意的伪善”的行为——对“我们日常接触的世界”的“经验性观察与日常生活中积累的知识”，就足以证明这是错误的。[112]伯林对无情心理和正义的压迫所展现出的敏感性，他对抽象理想与完美理念（意指统一与和谐）所蕴藏的力量的认识，以及他对“真正”自我这一道德理论背后的危险所表露出的特别关切，始终是其理论的核心元素——这在本质上依旧与其早期作品中的观点保持一致（尽管伯林进行了进一步阐释，并在新的方面产生了疑问与摇摆）。

8.7　结论

在其早期关于自由的作品中，伯林将“积极”与“消极”自由的区分逐一追溯至边沁、康德、从格林到科林伍德的英国唯心主义者、两次世界大战时期的作者，以及战后关于自由概念的分析性讨论。消极/积极二分法的内容不尽相同。有时它指代“不做……的自由”与“做……的自由”之间的分别；有时它指代不受干预的自由，以及自我掌控、满足或自我实现的自由之间的不同；有时它则标志着好的（“积极的”）与不充足的（“消极的”）自由理念之间的对立。伯林试图将前两种积极/消极二分法的解释融合起来，并驳斥第三种观点。他的理论也受到其他区分的影响（以及扰乱）：“形式上”或司法上的自由与“真正”自由的区分（在马克思主义作家中十分常见），贡斯当的“古代”与“现代”

112　TCL 200n.，213，216.

自由的区分，以及道德自由与政治自由的区分。

伯林关于“积极”自由的叙述，包括将自由定义为自决或自治（无论是个人自由，还是政治上的自我管理），以及达成（或实际达成）满意、满足或自我实现的能力。他也以不同的方式阐述了“消极”与“积极”

216 自由的关系，有时将它们描述为对不同问题的回答，有时则是不同思想传统或运动的特征。有时他分别将“消极”与“积极”自由定义为“不做……的自由”与“做……的自由”；有时则定义为“政治”与“道德”的自由；有时是工具性的自由，与本身具有内在价值的自由；或是与其条件相分离的自由，以及与条件相混合的自由。伯林并没有一贯地固守任何一种区分方式。这种多样性，乃至混乱，始于伯林在单一二分体系中力图融入多种与自由相关的（重复且令人困惑的）辩论和传统的尝试。

伯林从未真正地消除这些不同区分思路之间的张力。尽管他的这种自由主义理论缺乏连贯性，但伯林成功地做出了弥补，在妥善处理不可简化为精确概念的复杂现象的同时，也保留了谨慎、诚实的态度。将伯林的自由理论解释为一种有关单一定义或计划的学说的做法——正如许多作者（有时甚至包括伯林本人）尝试的那样——曲解了他的原初意图与洞见，也阻碍了我们恰当地理解他的真实立场。

伯林早期的政治写作显示，他最初批判“积极自由”的主要目标并不是自治或独立的自由理念。相对地，他反对的是将自由视作对必然性的接受，或将其与理性、道德行为相联系。对他来说，这种构想基于对自由的如下两种定义：(a) 满足或成就，且与一切失败和苦恼绝缘；或(b) 自我掌控或自我实现，能够成功地将本人的意志施加到激情或“低级的”自我之上，或是用其降服顽抗的“他者”。伯林对这些倾向的厌恶，促使他怀疑一切将自由定义为自我掌控或满足欲望的行为。但他自己对自由的阐释却不能与自我掌控和满足的观念完全割裂：一方面，伯林认为自由意指从他人之下独立，以及为自己的选择承担责任；

另一方面，自由体现在个体能够追求自己所选择的目标。“消极”与（未被败坏的）“积极”自由理念，都包含独立的、不受限制的选择，这是构成“基础”自由所需的元素，且对后者有着十分重要的意义。

伯林明确展现出的讨论思路遮蔽了他的完整立场，将注意力引导至“积极”与“消极”自由的区分上，并将他的理论表述为一种寻求自由正确定义的尝试。这种思路与伯林所处时代的哲学思潮相符合。但它并不符合伯林自己的关切——也与他的许多批判对象的论点有所差
别。许多关于“积极”自由的理论或许更应被视为对自由所具有的价 217
值，而非其意义的阐释。[113]与此相同，伯林也试图提供一种有关自由价值的理论。[114]伯林理论的基础包括：多元主义；对于依据人类经验进行选择的重要性的信念；对人类尊严与自我价值的强烈意识[115]；个体应拥有多方面的、开放的、不受限制的发展可能性；以及对防止不必要的人类苦难的关注。他的观点致力于避开目的论式思维模式，并超越功利主义有关自由价值的论断。伯林坚持，自由与幸福或美德并不相同，也并非因为与后二者的关联而被视为正当。幸福和美德可能会与自由产生冲突；而即使事实的确如此，自由依然应被评判为有价值的，并且或许比幸福或美德（或社会平等）更为宝贵。自由的价值在于拥有“自由选择的空间”，这对于个人的自我塑造、道德经验与思想发展都至关重要。[116]伯林主张，人们必须认可这种自由选择机会本身所具备的价值，而不是仅仅将其视作成就其他有价值之物的条件。[117]

在伯林阐述自由的积极价值的同时，他的政治思想中也充斥着有关自由之危险的忧虑。这种焦虑的、防范性的倾向反映在伯林所有关

113　See e.g. Taylor, ‘What’s Wrong with Negative Liberty ?’

114　这一观点也可参见 Gray, *Isaiah Berlin*, 21。

115　即，个人将生活经历视作自我决定与个性的一种表达方式的做法。

116　‘Introduction’, 53.

117　See e.g. PGR 73.

于自由的作品中，从他读书时期的习作，到他临近去世时对自己观点的最后一次重申。[118]他对自由的支持，源于他对自由之对立面的反对："奴役、残忍、压迫；个人遭遇的屈辱和堕落，被政府、被'人类灵魂的工程师'活体解剖[……]只为消除一切的不和谐与冲突，用统一取代多样化，用单一的普世规则取代个体的不同。"[119]伯林作品的最终归宿，是对自由最为原初、根本的体验，即，"不受束缚、囚禁与奴役的自由"，以及"不受**霸凌或控制**"。据此，自由主义政治应"致力于消除一切障碍[……]以扼杀干涉、剥削与奴役"。[120]此处的根本体验与基本目标都是消极的——痛苦与强迫的体验，以及为了消除它们而进行的
218 斗争。

因此，处于伯林政治思想核心的自由理念结合了积极与消极、政治与伦理、传统与当代的元素。伯林的学说强调一种人文主义理想，即能够自我决断、自我定义的个人对各式各样目标的追求——以及一种去人性化的、残酷的噩梦式构想，无论是通过摧毁性的统治，还是潜在的社会压力；他也坚持一种温和的政治理念，主张政治是个体追求美好生活的必要条件的保障——以及类似康德主义的选择与尊严的概念，和密尔式有关多样性与发展的主张；此外，伯林还关注19世纪"自由人文主义式的"理想主义——以及20世纪的焦虑与怀疑论。

伯林有关自由的讨论并非站在中立分析的角度展开：它们被用于传达一种政治讯息。伯林后来曾回忆说"马克思主义的欺瞒"令他极为"恼火"，因为前者有关"真正自由"的言论使得（消极）自由在苏联及其附属国的缺失被辩解为正当——或遭到否认。伯林指责这种言论"断送了无辜的生命"。[121]因此，他在自由及其"背叛"的叙述中

118 See 'Freedom'; 'Final Retrospect', 325—328.

119 PGR 73.

120 'Introduction', 48.

121 Lukes, 'Isaiah Berlin in Conversation with Steven Lukes', 92—93.

提及的许多特征，都是他与他同时代的思想者曾判断为马克思主义的特征：使个人屈从于阶级冲突或“历史”进程的倾向，以及将自由等同于权力，或是某种理想状态的最终成就的行为。正如我们已经了解到的，伯林在马克思主义的理论中发现了乌托邦与“管理主义”的元素；他关于自由价值的叙述则是对这二者的反驳。但他学说的批判对象不仅局限于共产主义。他强调个人必须能够为自己的生活做选择，不受任何以强迫、控制或“环境熏陶”之名施加的干预；这反映出一种忧虑，即警惕一切将自由等同于接受“正确”观点或是“最佳”生活模式的倾向。而后者实际上也涵盖了西方民主的主流政治与文化趋势——既包括管理主义进步论，又包括保守主义有关社会统一与回归正统的呼吁。而伯林的自由理论也对“非理性主义”自由概念给予了关注——这囊括了法西斯主义、纳粹主义，以及这二者的先驱。这些运动，接纳了“非人文主义”的自由理论，使个人从属于更为宏大的实体（宗教、种族、民族、伟人的精英意志），或是将个人置于“美学”政治理念的框架下，视政治统治者为铸造人类“材料”的艺术家，并因此响应了斯大林（更加理性主义、技术官僚式的）“人类灵魂的工程师”言论。[122]

伯林的自由理论，因此，始终与他对当代政治力量与态势给出的回应相切合，并为后者所塑造。但它或许并不应被归为通常意义上的政
治作品。伯林并未提出一套系统的政治理论，对制度性问题也基本不 219
抱什么兴趣。与此相对，他在第二次世界大战后的作品表现出一种对更广阔文化视野的展望，在这一图景中，“最多数量的个人能够被允许尽可能自由地追寻最大限度的目标”而不与他人的自由相冲突[123]，多样性与异见也得到了足够的尊重，因为“个体的禀性有别，而对共同规范

122　See PIRA 207.

123　Berlin to Elliston, 30 December 1952, Enlightening 350.

的过度热情则可能导致对个人内在生活的不宽容和漠视”。[124]这种视
角使伯林成为一位非常与众不同的政治理论家，而并非如他自己在早
220 期自述中所言，“不是一位十足的政治思想家”。

124 ‘Introduction’, 49.

结　论

一种思想及其时代

I

本书致力于归纳伯林政治思想的主要特征，并探索其思想发展与观点间的内在联系。尽管伯林作品的焦点、他最关注的问题以及他处理这些问题的方式都会随着时间的推移而转变，但总体来说，他的思想依旧展现出一种高度的连贯性。伯林后期成熟思想中的许多重要主题——政治暴力与无情，人与人之间的理解与交流，自由，自我与文化——在其童年与大学时期的作品中已经得到非常清晰的展现。我也试图探讨伯林的思想是如何融入他所处的政治与学术环境的，并将他的理论与其他观点类似的作者和作品进行比较。这种比较显示出伯林本人思想与他所处时代的思想潮流的共鸣。他主要的论点可以追溯到如此之早的时间点这一事实，也展示出伯林本人适应力极高的、独一无二的思想个性。

伯林早期的哲学与文化作品，以及他后期的政治思想，都表现出一种对简化趋势的反对，并致力于在彼此冲突的立场间寻求一种平衡状态。矛盾的是，此类特征伴随着一种以相互排斥的方式处理问题的倾向。的确，伯林闻名于世的是他用看似简单的二分法构想复杂问题的分析手法——积极自由与消极自由，多元主义与一元论，启蒙运动与反启蒙运动，“刺猬”与“狐狸”。这些区分通常服务于修辞意义上的目的——作为复杂论述之起点的、方便记忆的标记而存在——尽管在许多情况下，它们的确帮助组建了伯林思想内容的架构。然而，伯林真正的关注点始终在于反抗、削弱这些老套的二分法框架。

伯林对一切抽象化行为，以及对宏大的、纲要性的理论的追求保持警惕；这源于他的早期哲学作品，伯林在其中曾提倡经验主义以反对推崇先验原则与“形而上学”直觉的做法，同时也批判了经验主义的教条式变体，认为后者过分拔高了人类经验的复杂性。伯林后期的
221 作品对一切有关绝对真理的说法持怀疑态度，并赞同一种反对归纳概括与体系建构的“特殊主义”。[1]他对确定性、简明、统一、安定等概念的拒斥——以及对“解剖”现实以“适应”信仰、满足欲望的倾向的质疑——在政治层面具体表现为：支持怀疑论，采纳开放包容的态度，将多样性、反常行为与意见分歧视为思想与社会意义上的财富。他的作品诞生于并体现了一种厌恶终结的感性。[2]

伯林为“人文主义”做出辩护，认为其既属于一种道德-政治立场，也是一种方法论-认识论立场。他的道德-政治人文主义坚持真实存在的个人福祉与（得到表达的）意愿始终处于价值考量的首要位置，高于一切抽象原则与超个人的实体（国家、民族、宗教、阶级、意识形态）。他的方法论-认识论人文主义则致力于通过共情的视角深入理解具体的、存在于历史之中的人。相应地，这基于一种信念，即，理解他人并与之交流是可能的；人与人之间的确存在不同与分歧，但也依旧具有相同的

1 伯林的特殊主义缓和了他的怀疑论倾向，因为从特殊主义的角度看，获得关于具体事物的（可更正的）知识是可能的。

2 例如：“我并不希望宇宙成为一种整洁而井井有条的存在，不希望世界遵循一系列严格且可通约的规则，也不希望所有的法则和规定最终被发现是由少数或唯一前提衍生的产物——对我而言，统一的理论没有任何吸引力。”（To Morton White，4 February 1987）

特征，这其中就包括人际理解能力本身。对不同信仰、经验、生活理念之间的相互理解与沟通的关注，是伯林从20世纪30年代开始，一直到他去世前的道德、政治以及更加纯粹的"哲学"作品中的一个核心组成部分。

伯林始终密切关注自由，无论它是作为一种概念、一种政治价值，还是一种人类生活的根本条件。伯林对家长制与控制（或"霸凌"）发自肺腑的厌恶，他对选择的价值，以及允许个人按照自身意愿生活的道德必要性的坚持，使得他采纳了一种"消极"的自由观，以及一种自由主义的政治理论。然而，尽管他的政治思想抨击了他所处时代（及历史上）的"积极"自由观的许多特征，伯林却并未全盘否定"积极"自由的概念（只要这种"积极"自由认可"消极"自由的政治重要性，以及潜在的"基础"自由概念）。他的自由主义也并未坚持对自由的追求高于其他一切价值。 222

II

这就引出了一个问题，即，伯林在自由主义政治思想传统中究竟处于什么位置。尽管伯林对"自由主义"概念的定义较为宽泛，但被他主要纳入考量范围的是19世纪的改革派、个人主义者、反独裁主义思想家——贡斯当、斯达尔夫人、托克维尔以及密尔。[3]但伯林理解之下的自由主义同样包含一种独特的"俄国"特征。俄国自由主义既包含对现存权威与压迫（以及对非理性主义、沙文主义、斯拉夫派反个人主义的社群主义）的反对，又蕴藏着对革命极端主义的恐惧。在伯林看来，这

3　See e.g. FIB 5, 50; TCL 207, 211; JSMEL 218, 236; 'Introduction', 38; 'Liberty', 284. 他列举了一长串名字，参见KM, 2nd edn., 94; PITC 62, 84; PIRA 203; FIB 20; HBIL 87; TCL 175; Walicki, *Russia, Poland, and Marxism*, 78; UD 132。

种温和自由主义立场的典型代表是屠格涅夫。但伯林本人的自由主义同样被赫尔岑与民粹主义更为极端、更为平等主义的观点所影响，后者对不正义现状的抗议更少受到针对广泛变革的恐惧心理带来的限制。与赫尔岑，也与贡斯当、托克维尔（以及密尔）等后革命时期西方自由主义者一样，伯林的政治思想既关注文化与个体自我的命运，也担忧民主社会、哲学体系与政治意识形态中的一切有关思想与文化权威的声明为个人独立、尊严与隐私带来的威胁。[4]与许多俄国思想家一样——但不同于大部分西方自由主义先驱与伯林所处时代的其他思想家——伯林的"政治"思想将注意力放在个人道德身份、选择，以及文化价值的问题之上，相比之下较少关注公正的组织性价值及其在经济政策中的实现，而更侧重讨论政治与伦理层面上的理想与邪恶——自由、权威、压迫、尊重与野蛮——这些更多体现在个人经历与性格中。但必须指出，伯林对自由主义的独特构想的确反映出（尽管往往是通过间接的途径）对不平等的关注，以及对传统自由主义经济的拒斥。

伯林对自由主义给出了一种既熟悉又怪异的解释：这部分源于他的背景或个人禀性——另一部分则是他尝试将自己的观点融入他所处时代的自由主义的结果。伯林着重强调了早期自由主义者对进步、人类理性与良善的信念，以及对理性论证与教育功效的重视，力图以此实
223 现社会和谐与个人解放——而这一目标是伯林始终拒斥的。[5]他也指出，古典自由主义者认同自由放任主义，而对政府采取不信任态度；后期的自由主义者则转变立场，开始注意到社会立法扮演的积极角色。在这一转变趋势的影响下，自由主义与社会主义逐渐在彼此身上"投下阴影"；的确，伯林曾提到过"19世纪自由主义向20世纪社会主义的

4 Cf. Nancy Rosenblum, *Another Liberalism*, 74—77.

5 See e.g. KM, 2nd edn., 94; PITC 59, 62—63, 65, 67; PIRA 238.

转变”。[6]

伯林对这一转变表示支持：正如他之后所论述的，他本人反对“狂热的个人主义者——敌视一切计划的人，自由放任主义的支持者，哈耶克主义者[……]不仅是因为这些人将不干涉拔升到了如此至高无上的地位，从而无视了安全、公正、平等以及对根本人性的需求[……]也是因为他们没有意识到有些自由会给其他自由带来威胁”——或者，某些自由“会在缺乏社会规划的状况下走向灭亡”。[7]在另一方面，进步论者和干涉主义者的自由主义帮助滋生了家长制与管理主义，导致自由的意义走向浑浊乃至“歪曲”。[8]伯林致力于使自由主义远离这两种倾向：他在古典自由主义中见到的乐观与无情的混合，以及他在进步论中探测到的与自由主义的个人主义和反家长制核心原则的背离。这意味着让自由主义既接近一种对人类本性与政治行为预期的保守主义估计，又采纳社会民主的平等主义观念。与此同时伯林主张，自由主义在根本上不同于民主民粹主义（democratic populism），也有别于保守主义对过去的崇敬，以及它为根深蒂固的不平等现象所做的辩护。[9]这两点正面的攻击，在他对自己支持的自由主义分支的对立面的刻画中十分明显：他指出，无论是“支持自由放任主义、容忍工厂主奴役平民的自由主义者”，还是通过中央集权的国家权力机关“压迫群众的极端集体主义者”，二者都“对多样性、个人自由与个性发展抱有极大的敌意”，

6　PITC 65，68—69n.1.

7　Berlin to Bernard Crick，29 March 1966，MSB 173/116；伯林补充说：“出于一种清醒的良知，我同样选择为社会主义投票；并且现在也会这样做。”（Cf. Berlin to Denis Paul，30 December 1952，E 352）伯林拒斥新古典自由主义的观点，是出于他价值多元主义的立场，而不是因为他反对后者关于自由之意义的观念。因此可以看出，伯林的多元主义认同也将平等本身视作一种终极价值——这一点在《平等》一文以及他关于休谟的讲座中有所展现（c. 1936）。

8　PITC 79；‘Introduction’，41—42n.1.

9　See e.g. JSMEL 251n.1.

并致力于破坏“个人自发性与自由”。[10]

有关自由主义与社会民主关系的辩论，成了伯林政治思想形成的
224 重要背景。根据 W. B. 加利（在1949年）的说法，“自由主义的”自由是一种**消极**的条件，为每个人留下“自由决定如何运用自己的能力与财产”的空间，只要其行为不对其他人的自由构成侵犯。这一定义将个人视作自由**选择**的行为主体，并引入了个人美德的概念：自由意味着个体能够通过自己选择的行为“得到应得之物”。而“社会主义的”自由则指代“**成为**……的自由——这种决定本身自有其价值”；它意味着拥有“道德活动场所的自由，个体得以引导自己的生活”，并享受各式各样的理想成果。[11]

从这方面看，伯林似乎一直以来都在为“自由主义”的自由观辩护，而反对社会主义的理解。《两种自由概念》无疑曾被以这种角度加以解读。但伯林有关自由价值的解释，也包含了加利笔下对“社会主义”的描述：“活动场所的自由”与“引导自己生活”的概念。[12]伯林并未投向社会主义的怀抱，而是发展出一种崭新的、摆脱了自由放任主义倾向的自由主义观念。如此，他将自己最尊敬的古典自由主义思想家——贡斯当和密尔——与赫尔岑、俄国民粹主义者、早期社会主义者西斯蒙第等归纳在了一起，并将他们的愿景与福利国家的概念相联系。[13]自由主义的反面不是社会主义，而是统一与独裁主义：（自由主义）“人权第一位”的信仰原则做出了一项基本区分：

> 一方是多元主义，另一方则包括中央集权社会、福利国家、混

---

10 ‘Russian Populism’, 222.

11 Gallie, ‘Liberal Morality and Socialist Morality’, 324—325, 327—328.

12 伯林本人将他所偏好的观点称作“活动场所的自由”（elbow-room freedom）——但也将其与不相关的概念联系在一起（to Denis Paul, 30 December 1952, E 352）。

13 See e.g. ‘Russian Populism’, 214, 222.

> 合经济、“新政”政策、一党制政府、“封闭的”社会、“五年计划”，以及总体上来说，为超越不同组织与个人的单一目标而服务的生活模式。[14]

伯林相信保护个人自由是政府最为重要的职责之一，但并非唯一的任务；政府必须同时照管社会的健康、教育、公共秩序与公正，缓和现存的苦难、贫困，以及强者对弱者的剥削。此外，伯林认为社会的一项根本特征就是无法根除的冲突，而非自然的和谐状态，这使得他对自由市场所持的怀疑不亚于他对乌托邦的质疑。[15]他也因而支持“阿特利式福利国家”的“混合经济”（他将这段早年经历称作“我人生中所知的英国社会生活的最佳阶段”[16]），拒斥“市场原教旨主义”；与传统保守主义相比，他更能与左派思想产生共鸣，乐于将自由主义描述为“一种温和主义立场，比较接近于左派而非右派”。[17] 225

自由放任主义与自由主义的经济干预变体之间的冲突，构成了伯林的政治思想的发展环境之一。另一点则是自由主义理论家与被施莱辛格称为“官方自由主义从未认真关注过的、人性中情绪化与破坏性的冲动”的对峙。这又引向一种对“意志坚定的、负责任的自由主义”的呼吁，以反对被莱昂内尔·特里林驳斥为“错误、衰退的自由主义”的分支。[18]正如施莱辛格所写的：

> 一种关于人性的温和悲观主义的认知［……］使社会得以构筑起一座抵抗独裁主义的壁垒［……］我们清楚地知道当渺小的

14 ‘Russian Populism’, 231.

15 Berlin to unknown correspondent, MSB 228/249—250.

16 MI Tape 26.

17 Walicki, *Russia, Poland, and Marxism*, 42—43, 45.

18 Quoted in Mattson, *When America was Great*, 25.

> 人类声称自己如神明一般永无过失时会发生什么。专制最可怖的时候，就是它披上道义伪装的时刻：想表现为天使的人却在实际上与禽兽无异。[19]

第二次世界大战后的自由主义者对理性的力量并不抱有过分乐观的期待，也不相信人性本善，而是着重强调防范权力集中所必须采取的制度性保障措施。这种对权力分配与限制的关注基于一种观念，即，个人受到政府或集体的威胁（且在道德层次上先于后二者）。伯林曾明确表达过这一观点，他写道："公民个人的精神与生理状况比国家的权力更重要，因此如果——正如常常发生的那样——二者彼此对立，那么个体的权益与幸福必须排在第一位。"[20]

然而，第二次世界大战后的自由主义者倾向于主张：自由民主的幸存不仅有赖于公民社会的政治格局或制度安排，也源于对自由民主理想的信念。他们呼吁应培育出一种包容、温和的怀疑论品性，扼制强迫他人服从的激情，并拒斥为任何正义或美德的理念牺牲市民和平与个人生活的可能性。同时，这一**品质**倾向必须对自由主义理想抱有信念。它必须经受住为了权力抛弃原则的冲动，直面作为自由代价而诞
226 生的责任、不确定性与无条理性，并承担后者带来的焦虑。

对自由主义制度与自由主义**品质**的认同，最终交汇产生一种自由主义政治道德，其特征包括推崇妥协（施莱辛格将此描述为"民主的策略"）、游说与不受限制的质询，诉诸理性，以及对共识的依赖。[21]自由主义者也采纳一种讽刺的立场，承认有限性、模糊性与不确定性，寻求平衡与公正；以及被凯文·马特森称作"分析的伦理"的对谨慎、准确

---

19 Schlesinger, VC 169—170.

20 'Russian Populism', 230.

21 Schlesinger, VC 174, 245.

度与细微变化的强调。[22]最后，建立在局限性、不完美、妥协等概念基础之上的，是一种对包容态度与个性的不懈追求，致力于达成“最大限度的自我决定”，并扩展每个人的“选择与决断的空间”：在此处，个体的自由“等同于终极目标本身”。[23]

因此，伯林对怀疑论以及温和、讽刺与谦逊态度的支持，反映（并促成了）当时的思想潮流。但他本人尤其侧重强调战后自由主义观点中的特定方面。其中一点，如我们所知，就是（道德）个人主义。伯林拒绝将社会看作具有意愿与目标的有机整体，也不认为其存在意义能超越个人成员的目标。[24]这既表达了一种经验主义倾向，也体现出被他追溯至康德的、强烈的道德个人主义内核。尽管与许多更加“世界性的”自由主义者相比，伯林关于民族共同体的言论更加友好，但他始终认为集体的存在价值在于满足个人的需求与愿望，为个体提供归属感、陪伴，以及与他人相互理解的场合。[25]据此，伯林提出自由主义（以及“消极”的自由观）最终基于一种“个人主义的人性观”——即使他将此与经济个人主义的观点相区分。[26]

伯林个人主义的鲜明特征之一，是他对一切强加的约束与限制的反对，对所有“狭隘的”“匮乏的”“顽固守旧的”事物的拒斥。[27]伯林支持“独立性、多样性，以及个人禀赋的自由发挥”，希望“人的个性得到尽可能完善的发展”，而反对“盲从、怯懦、对残忍暴政或舆论压力的屈服、专横独断的暴力行为、不安的驯顺”，以及“强者对弱者的羞辱、宗

22　See Mattson, *When America was Great*, 7, 17—18, 28, 32—34, 43, 67.

23　Alan P. Grimes, ‘The Pragmatic Course of Liberalism’, 402—408.

24　PIRA 131—132, 138.

25　有关伯林与民族主义的最精彩的讨论，或许可参见Miller, ‘Crooked Timber or Bent Twig ?’; 以及Hampshire, ‘Nationalism’。

26　TCL 174—175, 199; JSMEL 236.

27　这些是密尔的表述；参见TCL 174, 215; JSMEL 238, 245。

227 派主义、庸俗化倾向、多数人的愤恨和嫉妒与少数人的无情和傲慢”。[28] 在讨论赫尔岑观点的论文中，伯林阐述了一种为保障“个人的绝对独立”而存在的自由主义，它既关注干涉与限制导致的直接伤害，也留意压迫带来的心理层面的创伤：“一方面是侮辱，另一方面则是卑躬屈膝”对人格尊严施加的破坏——伯林曾亲眼看见俄国知识界遭遇迫害，因此尤其意识到了此种恶。[29]

对自由与个性所面临的政治威胁展现出的焦虑心理，反映出伯林政治思想的另一个显著特征——他对广义的文化所蕴含的力量的关注。此处，伯林的观点再一次回归至密尔、赫尔岑等先驱思想家，并与同时代的汉普希尔、特里林、丹尼尔·贝尔等人的观念相类似——而与波普尔、哈耶克等更少围绕文化展开讨论的战后自由主义者区别开来。伯林的不安、担忧与嫌恶不仅指向明确存在的政治危险，也指向文化生活中更加难以捉摸的趋势，而后者从一开始就是他转向政治研究的重要动机。他的作品尤其关注文化发展——以及信仰与感受的思潮，具体理论与运动背后的深层次设想——且关注度胜过大部分与他同时代的政治理论家。

伯林自由主义的另一个显著特征，是其对原创与反常之重要性的认同，他认为它们是“一个文明的生命之源”。[30] 与密尔（以及“与他同时代的自由主义者”）一样，伯林致力于追求

> 人类想象力、智力与情感最为完满与自然的发展，甚至积极鼓励个人的反常行为，只要这不会越过设定的界限，不会阻碍或侵犯他人，且在带来丰富经验的同时能够助长原创性、个人禀性与天赋，

28 HBIL 87，104.

29 HBIL 104，82，87；‘Alexander Herzen’，197.

30 PIRA 256.

令个人得到最大限度的发展。[31]

但伯林始终不愿接纳密尔自由主义中的完美主义倾向。这意味着他仅仅强调密尔自由主义观的某些方面，而舍弃了其余的部分。这也意味着伯林是在吸收、挪用密尔——以及其他人——的观点来论证他本人的多元主义伦理观。 228

III

多元主义曾为伯林时代的许多思想家所采纳；但这个词往往被用于指代不同的事物。许多第二次世界大战后的自由主义者都认识到，并且关注了多元主义的现实；但他们的关注对象主要是一种基于利益或组织的多元主义，而非价值的多元性。[32]这在某些情况下（例如在施莱辛格的理论中）与对分歧和争论的积极评价相关：这部分来源于密尔的自由主义与威廉·詹姆斯的多元主义。阿伦特也曾强调人类的**多元性**——在她看来，一个不可避免的事实是，“存活于世的是具体的个人，而非统一的关于‘人’的集成概念”。[33]然而阿伦特并没有由此联系到人类价值或意向方面的多元主义；但她的确依据多元性的现实状况强调了政治与公共领域的价值首要性，认为其是唯一能够将这种多元性付诸实践的人类活动。

战后思想中同样存在价值多元主义的先例。W. B. 加利曾发现，当代世界中有许多关于相互冲突的道德观念的讨论；并就道德冲突的

31　PIRA 160—161.

32　“利益多元主义”尤其显著地体现在施莱辛格20世纪40年代后期与50年代的作品中；参见Mattson, *When America was Great*, 98—99。关于“组织导向型”多元主义，参见Robert Dahl, *Who Governs?* and *Polyarchy*。

33　*The Human Condition*, 37.

经验提及了数种回应。第一种是“直到20世纪仍几乎被每一位道德哲学家所支持”的“君主制”立场；这近似于伯林称作“一元论”的观点。第二种是“多头政治的”回应，主张存在“数目不定”的“有效道德标准”，具体表现为“无法彼此兼容”或比较的不同道德准则；这就更接近伯林的多元主义。第三种是相对主义，它与多元主义观点相接近，但将道德最终追溯至物质因素；一个典例就是马克思主义。最后则是“理想主义的”回应，这一观点认为道德是唯一、绝对且永恒的，但“它将自己区分为极端矛盾的形式或阶段”；尽管这一观点具有极大的吸引力，但它“在当下”仅为“少数富有洞察力的思想家”所接受。加利的叙述清晰地展示出伯林同时代的思想家是如何看待这些伯林力图用价值多元主义回应的问题的。但不同于伯林，加利更关注**道德**而非价值之间的冲突，着重讨论对**同一**价值的不同**阐释**。[34]

正如我们所见，伯林多元主义观点的前身早在他20世纪30年代的阅读与写作中就已展露无遗——但他并未就多元主义价值本身给
229 出清晰的解释。伯林真正明确地以多元主义之名展开论述是在《两种自由概念》中，尽管其中的思想元素在《民主、共产主义与个人》《历史的必然性》《马基雅维里的原创性》等作品中已经初露端倪。[35]但最为核心的论述实际上出现在《浪漫主义时代的政治观念》之中。伯林在玛丽·弗莱克斯纳讲座的笔记中对一元论观点给出了明确的解释：一元论坚信“所有正面的事物都将彼此兼容”，所以一切压迫都是管理不当的后果，并提供了有关“无摩擦世界”的“迷思”。[36]《浪漫主义时代的政治观念》将对价值统一性的信仰，与科学至上主义（基于一种对自然规则与方法之统一性的信仰），以及在一个“科学”管理下的社会中

---

34 Gallie, ‘Liberal Morality and Socialist Morality’, 318—322, 332—334.

35 See ‘The Originality of Machiavelli’, 67—72, 76—79.

36 MSB 636/3.

“所有个人与社会生活所产生的摩擦与不和都应被彻底清除”的理念相联系。这些观点又被进一步推导至其他理念，如，“幸福只有在一切社会功用都得到充分发展、所有扰乱性趋势都得到抑制的情况下才能达成”，“最出色的人[……]是那些与社会模式最契合的人”，“反常、怪异和与众不同”都是“适应社会失败”的标志。[37]伯林在更早的时候就已发现这些趋势。但在《浪漫主义时代的政治观念》中他明确地点出了前者的源头，即，一种对“可达到的和谐状态”的信念，主张“所有人的愿望在原则上是可结合的”，且“所有宏观问题的答案都会[……]彼此保持一致”，因为“现实是一个和谐的整体”，所以“没有哪种真正良善的事物会自始至终与其他价值互不相容；事实上所有价值必然彼此关涉”。无论这类假设的传播有多广泛，看起来多么不具危害性，它都与“实际经验的声音”不符；它只是一种宗教信仰的遗留物，并不具备任何现实依据。[38]

因此，伯林将一元论与科学至上主义，以及对自由的威胁相联系；他最早对“一元论”正面表露出的拒斥态度之一出现在有关自由的讨论中。他谴责了关于自然和谐的信念——更具体地说，是自由与纪律和社会统一之兼容性的信念——伯林将这一信念归于卢梭，并将其描述为一种“乐观而[……]无事实根据的假想”。在伯林看来，这种观点在思想与道德两方面都具有冒犯的性质：思想上，它基于一种教条式的先验主张，而拒绝正视经验现实；道德上，它则试图将“所有的悲剧”归咎于错误，过分乐观地坚持“一切最终都会变好[……]世界上所有的痛苦与恶都只不过是一个短暂的阶段，一场会在真正的黎明到来之 230

37　PIRA 54.

38　PIRA 54—55；cf. PIRA 77—78. 这反映出伯林作品的一个显著修辞特征，尤其在《浪漫主义时代的政治观念》中得到体现：将一元论类比为宗教迷信。这响应了逻辑实证主义核心思想中的反教权主义倾向——并将“迷信”这一批判应用于科学至上主义与理性主义。

前消散的邪恶梦境”。这一立场否认了痛苦的严肃性与永恒意义；它通过将“悲剧与灾难”归为单纯的谬误而贬低了它们的意义，使后者在重要性方面屈从于“真正现实的完美胜利”：这就夺走了“人类经验与理想的一切尊严”。[39]

伯林的多元主义立场使得他的自由主义发生了转变，并与先驱及同时代思想家的自由主义区别开来。这一点从他对待孟德斯鸠的态度中就可见一斑。孟德斯鸠在第二次世界大战后再度得到重视：一方面，他将专制描述为建立在恐惧基础之上的政体，这令当时的许多自由主义者产生了共鸣；另一方面，在一个狂热研究社会科学的时代，其社会学开创者的身份也引起了人们强烈的历史兴趣。[40]伯林1955年的论文承认了孟德斯鸠作为一名原初社会学家的重要性，并提及了后者的宪政主义——但与其他阐释者相比，伯林对这些方面的强调更少。与此相对，他更强调孟德斯鸠“谨慎的经验主义”、温和的立场、对速度与暴力的厌恶，以及对“肆意压迫与欺凌”的压倒一切的恐惧。[41]这种温和的立场源于一种对具体细节、特定事实与个人特性的赞赏态度，以及对多样性与差异性的强调。伯林尤其指出，孟德斯鸠清醒地认识到了简明、普遍、最终的解决方案不可能存在；因此不同于极端改革者与“乐观主义的计划制订者”，他将自由与“一种更加宽松的社会结构，一种更缓慢的节奏”联系在一起。[42]伯林笔下的孟德斯鸠是一位“多元主义者”，而他“最符合其自我的时刻”，就是追求“自由主义目的”、抵制将

---

39 PIRA 136—137.

40 孟德斯鸠作品的第一版英文翻译出版于1949年。在战后自由主义者中，阿隆、施克莱与哈耶克尤其受到孟德斯鸠的影响（参见Aron, *Main Currents of Sociological Thought*; Hayek, *The Constitution of Liberty*, 193—194; *Law, Legislation and Liberty*, Vol. I, 4, 85; Shklar, *Montesquieu*）。

41 ‘Montesquieu’, 155, 160.

42 ‘Montesquieu’, 147, 149, 159, and *passim*；这显示出，伯林已将启蒙思想家与他所处时代的“计划者”与“管理者”联系在了一起。

统一与“正统”施加到个体头上的时刻，以及在专制的残忍面前为个人抗辩的时刻。[43]孟德斯鸠认识到“个人追求的目标往往千差万别，且互不相容”，并以赞赏的目光看待“个别事件的纷繁复杂之处”，这最终促使他得出结论：致力于强制推行某种统一体系或普遍解决方案的做法 231

> 最终必将导致个人自由遭到迫害与剥夺[……]只有处于“焦虑”状态与不稳定均势之中的社会才是政治自由的；唯有这种社会中的成员能够不受限制地追求——有余地地选择——各种各样的目标[……]比起强迫个人持有正确的观点，允许人们自由地犯错更加重要。[44]

只要将这种对孟德斯鸠的解读与其他战后自由主义者的解读相比较，很容易就能看出伦理与认识论多元主义在伯林自由主义中占据的核心地位。这并不是说伯林的自由主义全然基于，或主要有赖于多元主义。如我们所见，其他观念同样在塑造、支撑伯林自由主义体系的过程中扮演了重要的角色；而许多观念早在他阐释清自己的多元主义立场之前就已在他的思想架构中出现。伯林自由主义与多元主义之关联的重要性，并不在于其中一方为另一方提供了证明其存在的逻辑基础。相反，真正值得关注的地方在于他的多元主义倾向如何塑造了自由主义理论的架构，使后者转而基于一种对有效的人类愿望的多元性的认同[45]——同理，他的自由主义倾向也影响了他运用（或拒绝运用）多元主义的方式。

---

43 'Montesquieu', 157, 159. 伯林的讨论反映出了方法论上的特殊主义、对差异的欣赏，以及自由概念这三者在他心中的联系：“对他来说，一旦整体原则取代了鉴别个人差异的能力，邪恶就由此滋生。引发他同情的范围非常广阔。”（'Montesquieu', 158）

44 'Montesquieu', 158, 161.

45 See PIRA 256; DCI *passim*.

伯林自由主义的主要特征包括：支持道德个人主义与平等主义；将自由的价值诠释为不受限制的选择、自我引导、现实生活的多种可能、人的个性（甚至是反常性）；并赞同中庸、平衡、妥协与政治“宽容”的理念。在他看来，这些主张始终处于他所处时代潮流的对立面。伯林政治思想中的很大一部分观点因此往往通过消极的、批判性的措辞加以陈述，尤其致力于反对那些他认为广泛传播且危险的倾向：集体主义与组织主义；对一致性的渴望，对异见与混乱的憎恶；对确定性的期待与对一切质疑的不容忍；教条主义与狂热态度；家长制与支配的欲望；无情与犬儒主义；以及更加残忍的、自我标榜为在道德上正当且在历史上不可避免的行为。

这些支持或反感的观点都并非伯林原创的成果。伯林的真正贡献在于，他通过特殊的综合方式，将不同元素在其思想中——也在他所处时代的总体思想生活中——编织成了一个体系，并以著者的笔触传达出了其他权威的声音。伯林发展出了一种与众不同的自由主义：他激烈地反对政治的残酷与不人道，对一切充满自信的观念保持怀疑论式警惕态度，并在此基础上最终采纳了一种温和的政治立场——坚持
232 个人自决的道德重要性，以及坚持**政治**自由的“消极”理论。他为自由主义理论强调个人选择、不再以“全面”或“完美”之词证明自身正当性的发展趋势做出了贡献——同时也通过一种心理学意义上的张力，以及对时代危机与创伤的持续关注，极大地丰富了自由主义理论体系的内容。这些观点并未被也无法被广泛地复制（尽管它们可能被模仿）。因为它们是独一无二且同样卓越的一种思想及其时代的碰撞
233 结果。

参考文献

1. 未出版/档案文献

1. A. 伯林的文章

所有来自Department of Special Collections and Western Manuscripts, Bodleian Library, Oxford（简称"MSB"）的文献资料，均以箱号和页码标识（除非另有说明），具体格式为"MSB［箱号］/［页码］"。

所有没有使用"MSB［箱号］/［页码］"标识的伯林信件，都由伯林的编辑和文学受托人亨利·哈代所有，并得到了以赛亚·伯林文学信托基金会的许可。

此外，我还利用了以下未发表的资料：

Catalogue of Berlin's personal library, currently housed with Henry Hardy, Wolfson College, Oxford (cited in the text as 'LC').

'Communism', undated talk, late 1940s, MSB 599/12–14.

'The Development of Social and Political Ideas in Russia (1825–1925)' (course of lectures delivered at Harvard [1952?]), Berlin Papers, Bodleian Library, Oxford, not yet catalogued).

'The History of Russian Revolutionary Ideas' (course of lectures, Harvard 1949), Berlin Papers, Bodleian Library, Oxford, not yet catalogued.

Karl Marx: His Life and Environment, original (manuscript) draft (a transcript of the first edition, with cuts made therein restored by Simon Toubeau), available at <http://berlin.wolf.ox.ac.uk/published_works/km/uncut/index.html>.

'Marxist Versus Non-Marxist Ideas in Soviet Policy' (1952), MSB 569/98–149.

1. B. 采访和谈话的记录

Arthur M. Schlesinger, Jr., Interview with author, New York, July 2004.

'Conversations for Tomorrow', discussion between Berlin, J. B. Priestley, and A. J. Ayer, recorded on 26 March 1964 and broadcast on BBC television; transcript in the Isaiah Berlin Virtual Library, <http://berlin.wolf.ox.ac.uk/lists/nachlass/conversa.pdf>.

'I'm Going to Tamper With Your Beliefs a Little', dialogue between Berlin and Stuart Hampshire, 1972; transcript in the Isaiah Berlin Virtual Library, <http://berlin.wolf.ox.ac.uk/lists/nachlass/imgoing.pdf>.

Isaiah Berlin, dictation of draft of 'Two Concepts of Liberty'; recording in the possession of Henry Hardy; transcription (by Joshua Cherniss (cited as 'T1')). Quoted with the permission of the Isaiah Berlin Literary Trust.

Isaiah Berlin, interviewed by Michael Ignatieff, transcripts in the possession of Henry Hardy, Wolfson College, Oxford; quoted with the permission of the Isaiah Berlin Literary Trust.

Sir Stuart Hampshire, interview with author, Oxford, July 2001.

1. C. 未出版的文章

Allen, Jonathan, 'Isaiah Berlin's Anti-Procrustean Liberalism: Ideas, Circumstances, and the Protean Individual' (paper prepared for presentation at the annual meeting of the American Political Science Association, 28–31 August 2003, Philadelphia, PA).

Reed, Jamie, 'Imperfect Reason: A Study in the Thought of Isaiah Berlin' (Ph.D. thesis, University of Birmingham).

2. 已出版的书籍和文章

1. A. 伯林的著作

'"A Sense of Reality" about Russia', *New York Times Book Review*, 8 January 1950, 1, 25.

Against the Current, ed. Henry Hardy (Princeton: Princeton University Press, 2001 [1979]).

'Alexander Herzen' (1956), in *Russian Thinkers*, 186–209.

'The Anglo-American Predicament', *The Listener*, 42 (1949), 518–19, 538.

'The Apotheosis of the Romantic Will: The Revolt against the Myth of an Ideal

World' (1975), in *The Proper Study of Mankind*, 553–80.
'The Artificial Dialectic: Generalissimo Stalin and the Art of Government' (1951), in *The Soviet Mind*, 98–118.
'Artistic Commitment: A Russian Legacy' (1962), in *The Sense of Reality*, 194–231.
'The Arts in Russia Under Stalin' (1945), in *The Soviet Mind*, 1–27.
'Attitude on Marxism Stated: Dr Berlin Amplifies his Remarks Made at Mount Holyoke', *New York Times*, 8 July 1949, 18, available at <http://berlin.wolf.ox.ac.uk/published_works/singles/attitude.pdf>.
'Calling America to Greatness', review of Adlai Stevenson, *Call to Greatness*, *Sunday Times*, 5 December 1954, 6.
'The Concept of Scientific History' (1960), in *Concepts and Categories*, 103–42.
Concepts and Categories, ed. Henry Hardy (London: Penguin, 1979 [1978]).
The Crooked Timber of Humanity, ed. Henry Hardy (Princeton: Princeton University Press, 1997 [1990]).
'Democracy, Communism and the Individual', summary by Berlin of his talk at Mount Holyoke College, 1949, posted online at <http://berlin.wolf.ox.ac.uk/lists/nachlass/demcomind.pdf>.
'The Divorce Between the Sciences and the Humanities' (1974), in *Against the Current*, 80–110.
'Does Political Theory Still Exist?' (1961), in *Concepts and Categories*, 143–72.
'Empirical Propositions and Hypothetical Statements' (1950), in *Concepts and Categories*, 32–55.
'Equality' (1955), in *Concepts and Categories*, 81–102.
'Error', unpublished paper from the 1930s, available at <http://berlin.wolf.ox.ac.uk/lists/nachlass/error.pdf>.
'European Unity and its Vicissitudes' (1959), in *The Crooked Timber of Humanity*, 175–206.
'The Father of Russian Marxism' (1956), in *The Power of Ideas*, 126–33.
'Fathers and Children: Turgenev and the Liberal Predicament' (1972), in *Russian Thinkers*, 261–305.
'Final Retrospect' (1996), in *Liberty*, 322–8.
Flourishing: Letters 1928–1946, ed. Henry Hardy (London: Chatto & Windus, 2004).
'Frageboden' [Responses to Marcel Proust Questionnaire], *Frankfurter Allgemeine Magazin*, 22 January 1993, 27.
'Freedom' (The Truro Prize Essay, 1928), in *Flourishing*, 631–7.
Freedom and its Betrayal (1952), ed. Henry Hardy (London: Chatto & Windus, 2002).

'The Hedgehog and the Fox' (1951, enlarged 1953), in *Russian Thinkers*, 22–81.
'Herzen and Bakunin on Individual Liberty' (1955), in *Russian Thinkers*, 82–113.
'Historical Inevitability' (1953), in *Liberty*, 93–165.
'Impressionist Philosophy', review of Henri Bergson, *The Two Sources of Morality and Religion*, trans. R. A. Andra and C. Brereton, *London Mercury*, 32 (1935), 489–90.
'Induction and Hypothesis', *Proceedings of the Aristotelian Society*, supplementary vol. 16 (1937), 63–102.
'The Intellectual Life of American Universities' (1949), in *Enlightening*, 749–60.
'Introduction' (1969), in *Liberty*, 3–52.
'Jewish Slavery and Emancipation' (1951), in *The Power of Ideas*, 162–85.
'J. L. Austin and the Early Beginnings of Oxford Philosophy' (1973), in *Personal Impressions*, 130–46.
'John Stuart Mill and the Ends of Life' (1959), in *Liberty*, 218–51.
'Kant as an Unfamiliar Source of Nationalism' (1972), in *The Sense of Reality*, 232–49.
Karl Marx: His Life and Environment (London: Thornton Butterworth, 1939; 2nd edn., Oxford: Oxford University Press, 1948).
'A Letter to George Kennan' (1950), in *Liberty*, 336–44.
'Liberty' (1962/1995), in *Liberty*, 283–6.
Liberty, ed. Henry Hardy (Oxford: Oxford University Press, 2002 [incorporating *Four Essays on Liberty* [1969]).
'Literature and the Crisis' (1935), *Times Literary Supplement*, 27 July 2001, 11–12.
'Logical Translation' (1949–50), in *Concepts and Categories*, 56–80.
'Malraux, the Russians of the Thirties, and Many Other Things' (interview with Martine de Courcel), *Partisan Review*, 43 (1976), 384–93.
'Marxism and the International in the Nineteenth Century' (1964), in *The Sense of Reality*, 116–67.
'Maurice Bowra' (1971), in *Personal Impressions*, 154–9.
'Meetings with Russian Writers in 1945 and 1956' (1980), in *Personal Impressions*, 198–254.
'Memories of Virginia Woolf' (1989), in *Personal Impressions*, 168–71.
'Montesquieu' (1955), in *Against the Current*, 130–61.
'Mr. C. E. Bohlen: Close Study of Soviet Leaders', *The Times*, 11 January 1974, 16.
'Mr. Carr's Big Battalions', *New Statesman*, 63 (1962), 15–16.
'My Intellectual Path' (1998), in *The Power of Ideas*, 1–23.
'Nationalism: Past Neglect and Present Power' (1978), in *The Proper Study of*

Mankind, 581–604.
'Nineteen Fifty: A Survey of Politico-Cultural Trends of the Year', in *1951 Britannica Book of the Year* (Chicago etc.: Encyclopaedia Britannica, 1951), xxii–xxvii.
'Nineteen Fifty-One: A Survey of Cultural Trends of the Year', in *Britannica Book of the Year 1952* (Chicago etc.: Encyclopaedia Britannica, 1952), xxii–xxxi.
'The Originality of Machiavelli' (initially drafted 1953, first published 1971), in *Against the Current*, 25–79.
'Pelican s'en va-t-en guerre: A Tale of War and Peace', *Pelican Record*, 19 (1929), 34.
Personal Impressions, ed. Henry Hardy, 2nd edn. (Princeton: Princeton University Press, 2001 [1998; first edition 1980]).
[with Anthony Quinton, Stuart Hampshire, and Iris Murdoch], 'Philosophy and Beliefs', *Twentieth Century*, 157 (1955), 495–521.
'Philosophy and Government Repression' (*c.*1954), in *The Sense of Reality*, 54–76.
'The Philosophy of Karl Marx' (1960), in *The Power of Ideas*, 115–25.
'Plamenatz, John Petrov (1912–1975)' (1986), rev., *Oxford Dictionary of National Biography*, Oxford University Press, 2004, <http://www.oxforddnb.com/view/article/31552>, accessed 18 October 2007.
Political Ideas in the Romantic Age (1951–2), ed. Henry Hardy (London: Chatto & Windus, 2006).
'Political Ideas in the Twentieth Century' (1949–50), in *Liberty*, 55–93.
The Power of Ideas, ed. Henry Hardy (Princeton: Princeton University Press, 2000).
The Proper Study of Mankind, ed. Henry Hardy and Roger Hausheer (New York: Farrar, Straus and Giroux, 1997).
'The Purpose Justifies the Ways' (1921), in *Liberty*, 331–5.
'The Purpose of Philosophy' (1964), in *The Power of Ideas*, 24–35.
'The Pursuit of the Ideal' (1988), in *The Crooked Timber of Humanity*, 1–19.
'Realism in Politics' (1954), in *The Power of Ideas*, 134–42.
Review of Benedetto Croce, *My Philosophy*, *Mind*, 61 (1952), 574–8.
Review of E. H. Carr, *Studies in Revolution*, *International Affairs*, 27 (1951), 470–1.
Review of G. V. Plekhanov, *In Defence of Materialism*, trans. Andrew Rothstein, *Slavonic Review*, 28 (1949–50), 257–62, 607–10.
Review of Havelock Ellis, *Views and Reviews: First Series*, *Criterion*, 12 (1933), 295–8.
Review of Julius Weinberg, *An Examination of Logical Positivism*, *Criterion*, 17 (1937), 174–82.
Review of Leonard Woolf, *After the Deluge*, *Oxford Outlook*, 12 (1932), 68–70.

Russian Thinkers, ed. Henry Hardy and Aileen Kelly (London: Penguin, 1994 [1978]).
(With others), 'S. A. Boycott', letter to the editor, *Isis*, 11 May 1960, 19.
'The Sense of Reality' (1953), in *The Sense of Reality*, 1–39.
The Sense of Reality: Studies in Ideas and their History, ed. Henry Hardy (New York: Farrar, Straus and Giroux, 1996).
'Socialism and Socialist Theories' (1950), in *The Sense of Reality*, 77–115.
'Some Procrustations', *Oxford Outlook*, 10 (1930), 491–502.
'Soviet Beginnings', review of Carr, *A History of Soviet Russia*, vol. 1: *The Bolshevik Revolution 1917–1923*, *Sunday Times*, 10 December 1950, 3.
The Soviet Mind, ed. Henry Hardy (Washington, DC: Brookings Institution Press, 2004).
'This Modern Age', review of Hans Kohn, *The Twentieth Century*, *Jewish Chronicle*, 10 August 1951, 10.
Three Critics of the Enlightenment, ed. Henry Hardy (Princeton: Princeton University Press, 2000).
'The Three Strands in My Life' (1979), in *Personal Impressions*, 255–60.
'Tolstoy and Enlightenment' (1960), in *Russian Thinkers*, 238–60.
'The Trends of Culture', contribution to 'The Year 1949 in Historical Perspective', in *1950 Britannica Book of the Year* (Chicago etc.: Encyclopaedia Britannica, 1950), xxii–xxxi <http://berlin.wolf.ox.ac.uk/published_works/singles/trends1949.pdf>.
'A Tribute to My Friend', *Forum*, 38 (1980), 1–4.
'Two Concepts of Liberty' (1969 [1958]), in *Liberty*, 166–217.
(with Beata Polanowska-Sygulska) *Unfinished Dialogue* (Amherst, NY: Prometheus Books, 2006).
'Utilitarianism', unpublished paper (1937?), available at <http://berlin.wolf.ox.ac.uk/lists/nachlass/utilitarianism.pdf>.
'Verification' (1938–9), in *Concepts and Categories*, 12–31.
'Vissarion Belinsky' (1955), in *Russian Thinkers*, 150–85.
'Why the Soviet Union Chooses to Insulate Itself' (1946), in *The Soviet Mind*, 90–7.
'Winston Churchill in 1940' (1949), in *Personal Impressions*, 1–23.

2. B. 其他人的著作

Addison, Paul, *The Road to 1945: British Politics and the Second World War* (London: Quartet Books, 1982).
Allen, Jonathan, Review of *The Sense of Reality, South African Journal of Philosophy*, 17:2 (1998), 173–7.
Annan, Noel, *Our Age* (New York: Random House, 1990).

——*The Dons: Mentors, Eccentrics and Geniuses* (Chicago: University of Chicago Press, 1999).
——'Introduction', in Berlin, *Personal Impressions*, xv–xxxii.
Anonymous, 'Mr Berlin', *Evening Standard*, 3 October 1949, 4.
Anshen, Ruth Nanda (ed.), *Freedom: Its Meaning* (New York: Harcourt, Brace and Company, 1940).
Arendt, Hannah, *On Revolution* (New York: Viking Press, 1963).
——*The Origins of Totalitarianism* (1951) (New York: Harcourt, Brace Jovanovich, 1973).
——'What is Freedom?', in Arendt, *Between Past and Future* (New York: Penguin, 1993 [1961]).
——*The Human Condition* (1958) (Chicago: University of Chicago Press, 1998).
Arieli, Yehoshua, 'Jacob Talmon—An Intellectual Portrait', in idem and Nathan Rostenreich (eds.), *Totalitarian Democracy and After* (London: Frank Cass, 2002), 1–36.
Armytage, W. H. G., *The Rise of the Technocrats: A Social History* (London: Routledge & Kegan Paul, 1965).
Aron, Raymond, 'Transatlantic Relations', in Lewis Galantiere (ed.), *America and the Mind of Europe* (London: Hamish Hamilton, 1951), 18–29.
——*The Century of Total War* (London: Derek Verschoyle, 1954).
——*The Opium of the Intellectuals* (1955), trans. Terence Kilmartin (London: Secker & Warburg, 1957).
——*Main Currents in Sociological Thought*, trans. Richard Howard and Helen Weaver (London: Weidenfeld & Nicolson, 1965).
——*An Essay on Freedom*, trans. Helen Weaver (New York: World Publishing Company, 1970).
——'On the Proper Use of Ideologies', in Joseph Ben-David and Terry Nichols Clark (eds.), *Culture and its Creators: Essays in Honor of Edward Shils* (Chicago: University of Chicago Press, 1977), 1–14.
——*War and Industrial Society: The Auguste Comte Memorial Lecture*, 1957 (Westport, CT: Greenwood, 1980).
——*The Committed Observer* (Chicago: Regnery, 1983).
——'Tocqueville and Marx', in *History, Truth, Liberty: Selected Writings of Raymond Aron*, ed. Franciszek Draus (Chicago: University of Chicago Press, 1985).
——'La définition libérale de la liberté' (1964), in Pierre Manent (ed.), *Les Libéraux*, Vol. II (Paris: Hachette, 1986), 457–88.
——*Thinking Politically: A Liberal in the Age of Ideology* (London: Transaction, 1997).

——*The Dawn of Universal History: Selected Essays from a Witness of the Twentieth Century*, trans. Barbara Bray, ed. Yair Reiner (New York: Basic Books, 2002).
——'The Future of Secular Religions' (1944), in idem, *The Dawn of Universal History: Selected Essays from a Witness of the Twentieth Century*, trans. Barbara Bray, ed. Yair Reiner (New York: Basic Books, 2002), 177–204.
Austin, John Langshaw, 'A Plea for Excuses' (1956), in idem, *Philosophical Papers*, ed. J. O. Urmson and G. J. Warnock (Oxford: Oxford University Press, 1961), 175–204.
——*Sense and Sensibilia*, ed. G. J. Warnock (Oxford: Oxford University Press, 1964).
Ayer, A. J., 'Jean-Paul Sartre', *Horizon*, 12:67–8 (1945), 12–26, 101–10.
——*Language, Truth and Logic* (Harmondsworth: Penguin, 1971 [1936]).
——*Part of My Life* (London: William Collins, 1977).
Babbitt, Irving, *Rousseau and Romanticism* (Boston: Houghton Mifflin, 1919).
Baldwin, Thomas, 'MacCallum and the Two Concepts of Freedom', *Ratio*, 26 (1984), 125–42.
——(ed.), *The Cambridge History of Philosophy, 1870–1945* (Cambridge: Cambridge University Press, 2003).
——'Logic and Philosophical Analysis', in idem (ed.), *The Cambridge History of Philosophy, 1870–1945*, 417–23.
Ball, Terence, and Richard Bellamy (eds.), *The Cambridge History of Twentieth-Century Political Thought* (Cambridge: Cambridge University Press, 2003).
Barker, Ernest, *Reflections on Government* (London: Oxford University Press, 1942).
Barker, Rodney, *Political Ideas in Modern Britain* (London: Methuen, 1978).
Beer, Samuel, *The City of Reason* (Cambridge, MA: Harvard University Press, 1949).
Beiner, Ronald, 'Action, Natality, and Citizenship: Hannah Arendt's Concept of Freedom', in Z. Pelczynski and J. Gray (eds.), *Conceptions of Liberty in Political Philosophy* (New York: St Martin's Press, 1984), 349–75.
Bell, Daniel, *The End of Ideology: On the Exhaustion of Political Ideas in the Fifties* (Glencoe, IL: The Free Press, 1960).
Bellamy, Richard, 'Mill, Green and Berlin on Liberty and Liberalism', in idem, *Rethinking Liberalism* (London: Continuum, 2000), 22–46.
——'Schumpeter: Capitalism, Liberalism and Democracy', in idem, *Rethinking Liberalism* (London: Continuum, 2000), 91–107.
——'The Advent of the Masses and the Making of the Modern Theory of Democracy', in Terence Ball and Richard Bellamy (eds.), *The Cambridge History of Twentieth-Century Political Thought* (Cambridge: Cambridge Uni-

versity Press, 2003), 70–103.
——'The Liberal Democratic State: Defences and Developments', in Tom Baldwin (ed.), *The Cambridge History of Philosophy, 1870–1945* (Cambridge: Cambridge University Press, 2003), 744–54.
Berdyaev, Nicolai, *The End of Our Time*, trans. D. Attwater (London: Sheed & Ward, 1933).
——*The Fate of Man in the Modern World*, trans. D. A. Lowrie (London: Student Christian Movement Press, 1935).
Bernal, J. D., *The World, the Flesh, and the Devil: An Enquiry into the Future of the Three Enemies of the Rational Soul* (London: Kegan Paul, Trench, Trubner & Co, 1929).
——*The Social Function of Science* (London: G. Routledge and Sons, 1939).
Beveridge, William, *The Pillars of Security* (London: Allen & Unwin, 1943).
——*Why I am a Liberal* (London: Herbert Jenkins, 1945).
Blok, Alexander A., 'Stikhiya i kul'tura' (1908), in idem, *Sobranie sochinenii v vos'mi tomakh*, ed. V. N. Orlov, A. A. Surkov, and K. I. Chukovsky (Moscow/Leningrad: Gosudarstvennoe izdatel'stvo khudozhestvennoi literatury 1960–3), vol. 5 (1962), 350–1.
Boas, Franz, 'Liberty among Primitive People', in Ruth Nanda Anshen (ed.), *Freedom: Its Meaning* (New York: Harcourt, Brace and Company, 1940), 375–80.
Bohlen, Charles E., *Witness to History,1929–1969* (New York: Norton, 1973).
Boothby, Robert et al., *Industry and the State* (London: Macmillan, 1927).
Bosanquet, Bernard, *The Philosophical Theory of the State* (London: Macmillan, 1910 [1899]).
Bowle, John, *Politics and Opinion in the Nineteenth Century* (London: Jonathan Cape, 1954).
Bowra, C. M., *Memories* (London: Weidenfeld and Nicolson, 1966).
Bracher, K. D., *The Age of Ideologies* (London: Weidenfeld and Nicolson, 1984).
Bradley, F. H., *Appearance and Reality*, 2nd edn. (Oxford: Oxford University press, 1897).
Brewer, Susan A., *To Win the Peace: British Propaganda in the United States During World War II* (Ithaca, NY: Cornell University Press, 1997).
Brightman, Edgar Sheffield, 'Freedom, Purpose, and Value', in Ruth Nanda Anshen (ed.), *Freedom: Its Meaning* (New York: Harcourt, Brace and Company, 1940), 485–506.
Broad, C. D., *Five Types of Ethical Theory* (London: Routledge & Kegan Paul, 1930).
——'Critical Notice of H. A. Prichard, *Moral Obligation*', *Mind*, New Series, 59

(1950), 555–66.
Brogan, A. P., 'Objective Pluralism in the Theory of Value', *International Journal of Ethics*, 41:3 (1931), 287–95.
Brunner, Emil, *Justice and Social Order*, trans. M. Hottinger (London: Lutterworth Press, 1945).
——*Christianity and Civilization* (London: Nisbet, 1949).
Burnham, James, *The Managerial Revolution* (London: Putnam, 1942 [1941]).
——*The Machiavellians: Defenders of Freedom* (London: Putnam, 1943).
Calder, Angus, *The People's War: Britain 1939–45* (London: Pimlico, 1992).
Camus, Albert, *The Rebel: An Essay on Man in Revolt* (1951), trans. Anthony Bower (New York: Vintage Books, 1953).
Carnap, Rudolf, 'On the Character of Philosophical Problems' (1934), reprinted in Richard Rorty (ed.), *The Linguistic Turn* (Chicago: University of Chicago Press, 1967), 54–62.
Carr, E. H., *Democracy in International Affairs* (Nottingham: Cust Foundation Lecture, University College, Nottingham, 1945).
——*The Soviet Impact on the Western World* (London: Macmillan, 1946).
——'The New Scepticism' (unsigned article), *The Times Literary Supplement*, 9 June 1950, 357.
——*A History of Soviet Russia: The Bolshevik Revolution, 1917–1923*, 3 vols. (London: Macmillan, 1950–53).
——*The New Society* (London: Macmillan, 1951).
——*What is History?* (1961), 2nd edn. (London: Penguin, 1990).
——'Fifty Years On' (1967), in Ferdinand Mount (ed.), *Communism: A TLS Companion* (Chicago: University of Chicago Press, 1992), 120–9.
Carritt, E. F., *The Theory of Morals* (Oxford: Oxford University Press, 1928).
——*Morals and Politics* (Oxford: Clarendon Press, 1935).
——*Ethical and Political Thinking* (Oxford: Clarendon Press, 1947).
——'Professor H. A. Prichard: Personal Recollections', *Mind* New Series, 54:226 (1948), 146–8.
——'Reply' (to T. M. Knox, 'Hegel and Prussianism') (1940), in Walter Kaufman (ed.), *Hegel's Political Philosophy* (New York: Atherton Press, 1970), 30–43.
Cherniss, Joshua, 'Introduction: Isaiah Berlin's Political Ideas: From the Twentieth Century to the Romantic Age', in Berlin, *Political Ideas in the Romantic Age*, xxi–liv.
Ciepley, David, *Liberalism in the Shadow of Totalitarianism* (Cambridge, MA: Harvard University Press, 2007).
Clarke, Peter, *Liberals and Social Democrats* (Cambridge: Cambridge University

Press, 1978).
Coates, J. B., *A Common Faith or Synthesis* (London: Allen & Unwin, 1942).
Cole, G. D. H., 'Introduction' to Rousseau, *The Social Contract* (London: Dent, 1932 [1913]), vii–xli.
——*Fabian Socialism* (London: Frank Cass & Co, 1943).
——et al. (eds.), *Plan for Britain* (London: Labour Book Service, 1943).
Coleman, Peter, *The Liberal Conspiracy* (London: Macmillan, 1989).
Collingwood, R. G., *An Autobiography* (Oxford: Oxford University Press, 1983 [1939]).
——*Essays in Political Philosophy*, ed. David Boucher (Oxford: Clarendon Press, 1989).
——*The Idea of History* (1946), revised edition, ed. J. van Dussen (Oxford: Oxford University Press, 1994).
——*The New Leviathan; or Man, Society, Civilization, and Barbarism* (1942), revised edition, ed. David Boucher (Oxford: Clarendon Press, 1999).
Collini, Stefan, *Liberalism and Sociology: L. T. Hobhouse and Political Argument in England, 1880–1914* (Cambridge: Cambridge University Press, 1979).
Comte, Auguste, *Early Essays on Social Philosophy*, trans. H. D. Hutton (London: New Universal Library, 1911).
Constant de Rebeque, Benjamin, 'The Liberty of the Ancients Compared to that of the Moderns' (1819), in *Benjamin Constant: Political Writings*, ed. Biancamaria Fontana (Cambridge: Cambridge University Press, 1988), 309–28.
Corwin, Edward S., *Liberty Against Government* (Baton Rouge, LA: Louisiana State University Press, 1948).
Cracraft, James, 'A Berlin for Historians', *History and Theory*, 41:3 (2002), 277–300.
Cranston, Maurice, *Freedom: A New Analysis* (London: Longmans, Green, 1953).
Croce, Benedetto, *My Philosophy: And Other Essays on the Moral and Political Problems of Our Time*, selected by Raymond Klibansky, trans. E. F. Carritt (London: Allen & Unwin, 1949).
Crossman, Richard, 'Toward a Philosophy of Socialism', in idem. (ed.), *New Fabian Essays* (London: Turnstile Press, 1952), 1–32.
Crowder, George, *Isaiah Berlin: Liberty and Pluralism* (Cambridge: Polity Press, 2004).
——and Henry Hardy (eds.), *The One and the Many: Reading Isaiah Berlin* (Amherst, NY: Prometheus Books, 2007).
Dahl, Robert A., *Who Governs? Democracy and Power in an American City* (New Haven: Yale University Press, 1961).
——*Polyarchy: Participation and Opposition* (New Haven: Yale University Press,

1971).
——and Charles Lindblom, *Politics, Economics, and Welfare: Planning and Politico-Economic Systems Resolved into Basic Social Processes* (New York: Harper, 1953).
Dancy, Jonathan, 'From Intuitionism to Emotivism', in Tom Baldwin (ed.), *The Cambridge History of Philosophy, 1870–1945* (Cambridge: Cambridge University Press, 2003), 695–705.
Dawson, Christopher, *Religion and the Modern State* (London: Sheed & Ward, 1935).
——*Beyond Politics* (London: Sheed & Ward, 1939).
——*Religion and Culture* (London: Sheed & Ward, 1948).
——*Understanding Europe* (London: Sheed & Ward, 1952).
Deane, Herbert A., *The Political Ideas of Harold J. Laski* (New York: Columbia University Press, 1955).
Demant, V. A., *Religion and the Decline of Capitalism* (London: Faber and Faber, 1952).
Demos, Raphael, 'Human Freedom—Positive and Negative', in Ruth Nanda Anshen (ed.), *Freedom: Its Meaning* (New York: Harcourt, Brace and Company, 1940), 590–611.
Dewey, John, 'The Virtues', in idem and John H. Tufts, *Ethics* (New York: Henry Holt and Company, 1908), 399–424.
——*German Philosophy and Politics* (New York: Holt, 1915).
——'The Crisis in Human History', *Commentary*, 1:1 (1945–6), 1–9.
Diggins, John Patrick, *The Proud Decades: America in War and Peace, 1941–1960* (New York: Norton, 1988).
Dondo, M. M., *The French Faust, Henri de Saint-Simon* (New York: Philosophical Library, 1955).
Drucker, Peter, *The End of Economic Man* (London: Heinemann, 1939).
Dubnov, Arie, 'Between Liberalism and Jewish Nationalism: Young Isaiah Berlin on the Road towards Diaspora Zionism', *Modern Intellectual History*, 4:2 (2007), 303–26.
——'A Tale of Trees and Crooked Timbers: Jacob Talmon and Isaiah Berlin on the Question of Jewish Nationalism', in idem (ed.), *Jacob Talmon and Totalitarianism Today: Legacy and Revision, History of European Ideas*, 34:2 (2008), 220–38.
——*Isaiah Berlin: The Journey of a Jewish Liberal* (Basingstoke: Palgrave Macmillan, 2012).
Dworkin, Ronald, Mark Lilla, and Robert B. Silvers (eds.), *The Legacy of Isaiah Berlin* (New York: New York Review of Books, 2001).

Eliot, Thomas Stearns, *The Sacred Wood* (London: Methuen, 1928).
——*After Strange Gods* (London: Faber & Faber, 1934).
——*The Idea of a Christian Society* (London: Faber and Faber, 1940).
——'The Function of Criticism' (1923), in *Selected Prose of T. S. Eliot*, ed. Frank Kermode (New York: Harvest Books, 1975), 68–76.
——'The Humanism of Irving Babbit' (1928), in *Selected Prose of T. S. Eliot*, ed. Frank Kermode (New York: Harvest Books, 1975), 277–84.
Engerman, David C., *Know Your Enemy: The Rise and Fall of America's Soviet Experts* (Oxford: Oxford University Press, 2009).
Fenton, John F., 'Study of Marxism Backed at Parley', *New York Times* (City Edition), 29 June 1949, 20.
Fisher, H. A. L., *A History of Europe* (London: Arnold, 1936 [1935]).
Floud, Jean, *Function, Purposes and Powers in Education* (Swansea: University College of Swansea, 1978).
Fosdick, Dorothy, *What is Liberty?* (New York: Harper & Brothers, 1938).
Franco, Paul, *Michael Oakeshott: An Introduction* (New Haven: Yale University Press, 2004).
Frank, Waldo, 'The Central Problem of Modern Man', *Commentary*, 1 (1945–6), 51–7.
Freeden, Michael, *The New Liberalism: An Ideology of Social Reform* (Oxford: Clarendon Press, 1978).
——*Liberalism Divided: A Study in British Political Thought, 1914–1939* (Oxford: Oxford University Press, 1986).
——'Twentieth-Century Liberal Thought: Development or Transformation?', in Mark Evans (ed.), *The Edinburgh Companion to Contemporary Liberalism* (Edinburgh: Edinburgh University Press, 2001), 21–34.
——'The Coming of the Welfare State', in Terence Ball and Richard Bellamy (eds.), *The Cambridge History of Twentieth-Century Political Thought* (Cambridge: Cambridge University Press, 2003), 7–44.
Fromm, Erich, *The Fear of Freedom* (London: Kegan Paul, Trench, Trubner & Co, 1942).
Furet, François, *The Passing of an Illusion: The Idea of Communism in the Twentieth Century*, trans. Deborah Furet (Chicago: University of Chicago Press, 1999).
Gaddis, John Lewis, *George Kennan: An American Life* (New York: Penguin, 2011).
Gallie, W. B., 'Liberal Morality and Socialist Morality', *Philosophy*, 24:91 (1949), 318–34.
Garrard, Graeme, 'The Counter-Enlightenment Liberalism of Isaiah Berlin',

Journal of Political Ideologies, 2 (1997), 281–96.

——'Strange Reversals: Berlin on the Enlightenment and the Counter-Enlightenment', in George Crowder and Henry Hardy (eds.), *The One and the Many: Reading Isaiah Berlin* (Amherst, NY: Prometheus Books, 2007), 141–57.

Gilson, Etienne, 'Medieval Universalism and its Present Value in the Concept of Freedom', in Ruth Nanda Anshen (ed.), *Freedom: Its Meaning* (New York: Harcourt, Brace and Company, 1940), 152–70.

Ginsberg, Morris, *Moral Progress* (Glasgow: Jackson, Son and Co, 1944).

——*The Idea of Progress: A Revaluation* (London: Methuen, 1953).

Gleason, Abbot, *Totalitarianism: The Inner History of the Cold War* (Oxford: Oxford University Press, 1995).

Gotesky, Rubin, 'Liberalism in Crisis', in Feliks Gross (ed.), *European Ideologies: A Survey of 20th Century Political Ideas* (New York: Philosophical Library, 1948), 229–305.

Gough, J. W., *The Social Contract: A Critical Study of its Development* (Oxford: Clarendon Press, 1936).

Grant, Robert, *Oakeshott* (London: Claridge Press, 1990).

Grant Duff, Shiela, *The Parting of Ways: A Personal Account of the Thirties* (London: Peter Owen, 1982).

Gray, Alexander, *The Socialist Tradition: Moses to Lenin* (London: Longmans, Green, 1946).

Gray, John, *Isaiah Berlin* (Princeton: Princeton University Press, 1996 [1995]).

——'Berlin, Oakeshott and Enlightenment', in idem, *Endgames: Questions in Late Modern Political Thought* (Cambridge: Polity Press, 1997), 84–96.

——'The Case for Decency', *New York Review of Books*, 13 July 2003, 20–2.

Green, Thomas Hill, *Lectures on the Principles of Political Obligation* (London: Longmans, Green, 1941 [1882]).

——'Liberal Legislation and Freedom of Contract' (1881), in *Lectures on the Principles of Political Obligation and Other Writings*, ed. Paul Harris and John Morrow (Cambridge: Cambridge University Press, 1986), 194–212.

——'On the Different Senses of "Freedom" as Applied to Will and to the Moral Progress of Man' (1879), in idem, *Lectures on the Principles of Political Obligation and Other Writings*, ed. Paul Harris and John Morrow (Cambridge: Cambridge University Press, 1986), 228–49.

Greenleaf, W. H., *The British Political Tradition: Volume II, The Ideological Heritage* (London: Methuen, 1983).

Grimes, Alan P., 'The Pragmatic Course of Liberalism', in W. J. Stankiewicz (ed.), *Political Thought Since World War II* (New York: The Free Press, 1964), 401–9.

Grimley, Matthew, 'Civil Society and the Clerisy: Christian Elites and National Culture *c.*1930–1950', in Jose Harris (ed.), *Civil Society in British History: Ideas, Identities, Institutions* (Oxford: Oxford University Press, 2003), 231–48.
Gross, Feliks (ed.), *European Ideologies: A Survey of 20th Century Political Ideas* (New York: Philosophical Library, 1948).
——'The Mechanics of European Politics', in idem (ed.), *European Ideologies: A Survey of 20th Century Political Ideas* (New York: Philosophical Library, 1948), 1–46.
Hacohen, Malachi Haim, *Karl Popper: The Formative Years, 1902–1945: Politics and Philosophy in Inter-War Vienna* (Cambridge: Cambridge University Press, 2000).
Hallowell, John H., *The Decline of Liberalism as an Ideology* (London: Kegan Paul, Trench, Trubner & Co, 1946).
Hamburg, Gary M., 'Closed Societies, Open Minds: Anrzej Walicki, Isaiah Berlin, and the Writing of Russian History during the Cold War', *Dialogue and Universalism*, 16:1–2 (2006), 7–72.
Hampshire, Stuart, *Innocence and Experience* (Cambridge, MA: Harvard University Press, 1989).
——'Nationalism', in Edna Ullmann-Margalit and Avishai Margalit (eds.), *Isaiah Berlin: A Celebration* (London: Hogarth Press, 1991), 127–34.
——'The Man of Feeling', in Bernard Williams et al., 'Three Faces of Isaiah Berlin', *Times Literary Supplement*, 29 May 1998, 19–20; reprinted in Isaiah Berlin, *The First and the Last* (New York: New York Review of Books, 1999), 95–104.
Hanley, Ryan Patrick, 'Political Science and Political Understanding: Isaiah Berlin on the Nature of Political Inquiry', *American Political Science Review*, 98 (2004), 327–39.
Hardy, Henry (ed.), *The Book of Isaiah: Personal Impressions of Isaiah Berlin* (Woodbridge, Suffolk: Boydell Press, 2009).
——'Editor's Preface', in Berlin, *Political Ideas in the Romantic Age*, ix–xx.
Harrington, William, and Peter Young, *The 1945 Revolution* (London: Davis-Poynter, 1978).
Harris, Ian, 'Berlin and His Critics', in Berlin, *Liberty*, 349–64.
Harris, Jose, 'Political Ideas and the Debate on State Welfare, 1940–45', in Harold L. Smith (ed.), *War and Social Change* (Manchester: Manchester University Press, 1986), 233–63.
——'Political Thought and the Welfare State, 1870–1940: An Intellectual Framework for British Social Policy', *Past and Present*, 135 (1992), 116–41.
——*Private Lives, Public Spirit: Britain 1870–1914* (London: Penguin, 1994).

——'Political Thought and the State', in S. J. D. Green and R. C. Whiting (eds.), *The Boundaries of the State in Modern Britain* (Cambridge: Cambridge University Press, 1996), 15–28.
——(ed.), *Civil Society in British History: Ideas, Identities, Institutions* (Oxford: Oxford University Press, 2003).
Harrison, Brian, 'Politics', in idem (ed.), *The History of the University of Oxford*, Volume VIII: *The Twentieth Century* (Oxford: Oxford University Press, 1994), 377–412.
Hart, H. L. A., 'Between Utility and Rights' (1973), in idem, *Essays in Jurisprudence and Philosophy* (Oxford: Clarendon Press, 1983), 198–222.
——'Utilitarianism and Natural Rights' (1978), in idem, *Essays in Jurisprudence and Philosophy* (Oxford: Clarendon Press, 1983), 181–97.
Hart, Jenifer, *Ask Me No More: An Autobiography* (London: Peter Halban, 1998).
Haslam, Jonathan, *The Vices of Integrity: E. H. Carr, 1892–1982* (London: Verso, 1999).
Hayek, F. A., *The Road to Serfdom* (London: Routledge & Kegan Paul, 1944).
——*Individualism and Economic Order: Essays* (London: Routledge & Kegan Paul, 1949).
——*The Counter-Revolution of Science: Studies on the Abuse of Reason* (Glencoe, Il: The Free Press, 1952).
——*The Constitution of Liberty* (London: University of Chicago Press, 1979 [1960]).
——*Law, Legislation and Liberty: A New Statement of the Liberal Principles of Justice and Political Economy*, 3 vols. (London: Routledge & Kegan Paul, 1982 [1973–79]).
Hegel, G.W.F., *The Philosophy of Right*, trans. S. W. Dyde (London: G. Bell and Sons, 1896).
——*Aesthetics*, trans. T. M. Knox (Oxford: Clarendon Press, 1974).
Heimann, Eduard, *Freedom and Order: Lessons from the War* (New York: Scribner's, 1947).
Hobhouse, Leonard Trelawney, *Democracy and Reaction* (London: T. F. Unwin, 1904).
——*Morals in Evolution* (London: Chapman and Hall, 1906).
——*Social Evolution and Political Theory* (New York: Columbia University Press, 1911).
——*Development and Purpose: An Essay Towards a Philosophy of Evolution* (London: Macmillan, 1913).
——*The Metaphysical Theory of the State* (London: Allen & Unwin, 1918).
——*The Elements of Social Justice* (London: Allen & Unwin, 1922).

——*Liberalism and Other Writings*, ed. James Meadowcroft (Cambridge: Cambridge University Press, 1994).
Hobsbawm, Eric, *Interesting Times: A Twentieth-Century Life* (London: Allen Lane, 2002).
Hoffer, Eric, *The True Believer* (New York: Harper & Row, 1951).
Hoffmann, Stanley, 'Raymond Aron (1905–1983)', *New York Review of Books* 30:19 (8 December 1983), 6–14.
Huxley, Aldous, *Brave New World* (1932) (Harmondsworth: Penguin, 1946).
Huxley, Julian, 'The Growth of Group-Mind in Britain Under the Influence of War', *The Hibbert Journal*, 39 (1941), 337–50.
Hylton, Peter, *Russell, Idealism, and the Emergence of Analytic Philosophy* (Oxford: Clarendon Press, 1992).
Ignatieff, Michael, *Isaiah Berlin: A Life* (New York: Metropolitan Books, 1998).
Jackson, Ben, 'Two Faces of Liberalism: Leonard Hobhouse and Isaiah Berlin', *Pelican Record*, 41:4 (2003), 38–49.
——'The Uses of Utilitarianism: Social Justice, Welfare Economics and British Socialism, 1931–48', *History of Political Thought*, 25:3 (2004), 508–35.
Jahanbegloo, Ramin, *Conversations with Isaiah Berlin* (New York: Scribner's, 1992).
James, Clive, 'Guest from the future', *Times Literary Supplement*, 3 September 2004, 3–8.
James, William, *Talks to Teachers on Psychology: And to Students on Some of Life's Ideals* (New York: Henry Holt and Company, 1915 [1899]).
Jay, Douglas, *The Socialist Case* (London: Faber and Faber, 1937).
Joad, C. E. M., 'Monism in the Light of Recent Developments in Philosophy', *Proceedings of the Aristotelian Society* (New Series), 17 (1916–1917), 95–116.
de Jouvenel, Bertrand, *On Power: Its Nature and the History of its Growth* (1945), trans. J. F. Huntington (New York: Viking, 1949).
——*Sovereignty: An Inquiry into the Political Good* (1955), trans. J. F. Huntington (Indianapolis, IN: Liberty Fund, 1997 [1957]).
Judis, John B., *Grand Illusion: Critics and Champions of the American Century* (New York: Farrar, Straus and Giroux, 1992).
Judt, Tony, *The Burden of Responsibility: Blum, Camus, Aron and the French Twentieth Century* (Chicago: University of Chicago Press, 1998).
Kant, Immanuel, *The Critique of Practical Reason* (1788), trans. Lewis White Beck (New York: Macmillan, 1985 [1956]).
Karpovich, Michael, 'Historical Background of Soviet Thought Control', in Waldemar Gurian (ed.), *The Soviet Union: Background, Ideology, Reality* (Notre Dame, IN: Notre Dame University Press, 1951), 16–31.

Kelly, Aileen. 'Introduction: A Complex Vision', in Berlin, *Russian Thinkers*, xiii–xxiv.
Kelly, Duncan. 'The Political Thought of Isaiah Berlin', *British Journal of Politics and International Relations*, 4:1 (2002), 25–48.
Kennan, George F., 'Long Telegram', dispatched from Moscow 22 February 1946, available at <http://www.gwu.edu/~nsarchiv/coldwar/documents/episode-1/kennan.htm>, accessed 23 June 2005.
Kenny, Michael, 'Isaiah Berlin's Contribution to Modern Political Theory', *Political Studies*, 48 (2000), 1026–39.
Keynes, John Maynard, 'My Early Beliefs', in idem, *Essays in Biography* (London: Macmillan, 1972), 433–50.
von Klemperer, Klemens (ed.), *A Noble Combat: The Letters of Shiela Grant Duff and Adam von Trott zu Solz, 1932–9* (Oxford: Oxford University Press, 1988).
Knight, Frank H., *Risk, Uncertainty, and Profit* (New York: Houghton Mifflin, 1921).
——*The Ethics of Competition* (London: Allen & Unwin, 1935).
——*Freedom and Reform* (New York: Harper, 1947).
Koestler, Arthur, 'The Crisis of Our Times', *Commentary* 1 (1945–6), 1–3.
——et al., *The God that Failed: Six Studies in Communism* (London: Hamish Hamilton, 1950).
Kramnick, Isaac, and Barry Sheerman, *Harold Laski: A Life on the Left* (London: Hamish Hamilton, 1993).
Krauze, Enrique, 'An Interview with Isaiah Berlin', *Partisan Review*, 50 (1983), 7–28.
Kukathas, Chandran, *Hayek and Modern Liberalism* (Oxford: Clarendon Press, 1989).
Kumar, Krishan, *Utopia and Anti-Utopia in Modern Times* (Oxford: Blackwell, 1987).
Lamprecht, Sterling P., 'The Need for a Pluralistic Emphasis in Ethics', *Journal of Philosophy, Psychology and Scientific Methods*, 17 (1920), 561–72.
——'Some Political Implications of Ethical Pluralism', *Journal of Philosophy*, 18 (1921), 225–44.
Laski, Harold J., *Authority in the Modern State* (New Haven: Yale University Press, 1919).
——*The Foundations of Sovereignty and Other Essays* (London: Allen & Unwin, 1922).
——*A Grammar of Politics* (London: Allen & Unwin, 1925).
——*Socialism and Freedom* (Fabian Tract No. 216) (London: The Fabian Society, 1925).

——*Communism* (London: Williams and Norgate, 1927; 2nd edn., London: Allen & Unwin, 1930).
——*The Dangers of Obedience and Other Essays* (New York: Harper and Brothers, 1930).
——*Liberty in the Modern State* (London: Faber and Faber, 1930; 2nd edn., Harmondsworth: Penguin Books, 1937).
——*The Decline of Liberalism* (London: Oxford University Press, 1940).
——*The Rights of Man* (London: Macmillan, 1940).
——*Reflections on the Revolution of Our Time* (London: Allen & Unwin, 1943).
——*Will Planning Restrict Freedom?* (Cheam: The Architectural Press, 1944).
——'Choosing the Planners', in G. D. H. Cole et al. (eds.), *Plan for Britain* (London: Labour Book Service, 1943), 101–27.
Laslett, Peter (ed.), *Philosophy, Politics and Society*, First Series (Oxford: Basil Blackwell, 1970 [1956]).
Lenin, V. I., *What is to be Done?* (London: Lawrence & Wishart, 1937).
Lepenies, Wolf, *Between Literature and Science: The Rise of Sociology* (Cambridge: Cambridge University Press, 1988).
Levy, Paul, *Moore: G. E. Moore and the Cambridge Apostles* (New York: Oxford University Press, 1981).
Lewis, Clarence Irving, *Mind and the World Order: An Outline of a Theory of Knowledge* (New York: Charles Scribner's Sons, 1929).
Lind, John, *Three Letters to Dr. Price Containing Remarks on his Observations on the Nature of Civil Liberty, the Principles of Government, and the Justice and Policy of the War with America* (London: T. Payne, 1776).
Lippmann, Walter, *Public Opinion* (New York: Macmillan, 1922).
——*The Phantom Public* (New York: Harcourt, Brace & Company, 1925).
——*U.S. Foreign Policy: Shield of the Republic* (Boston: Little, Brown, 1943).
Long, D. G., *Bentham on Liberty* (Toronto: University of Toronto Press, 1977).
Lukes, Steven, *Marxism and Morality* (Oxford: Oxford University Press, 1985).
——'Isaiah Berlin in Conversation with Steven Lukes', *Salmagundi*, 120 (1998), 52–134.
Mabbott, J. D., *The State and the Citizen* (London: Hutchinson, 1948).
MacCallum, Gerald C., Jr., 'Negative and Positive Freedom', *Philosophical Review*, 76 (1967), 312–34.
Macdonald, Margaret, 'Natural Rights', *Proceedings of the Aristotelian Society*, New Series 47 (1946–7), 225–50.
——'The Language of Political Theory', in A. Flew (ed.), *Logic and Language*, First Series (Oxford: Blackwell, 1951), 167–86.
MacGilvray, Eric, *The Invention of Market Freedom* (Cambridge: Cambridge

University Press, 2011).
McGovern, W. H., *From Luther to Hitler* (Boston: Houghton Mifflin, 1941).
MacIver, Robert, ''The Meaning of Liberty and its Perversions', in Ruth Nanda Anshen (ed.), *Freedom: Its Meaning* (New York: Harcourt, Brace and Company, 1940), 278–87.
——'Introduction', in Feliks Gross (ed.), *European Ideologies: A Survey of 20th Century Political Ideas* (New York: Philosophical Library, 1948), xi–xv.
Macmillan, Harold, *Reconstruction: A Plea for National Policy* (London: Macmillan, 1933).
——*The Middle Way: A Study of the Problem of Economic and Social Progress in a Free and Democratic Society* (London: Macmillan 1938).
Macmurray, John, 'Freedom in the Personal Nexus' in Ruth Nanda Anshen (ed.), *Freedom: Its Meaning* (New York: Harcourt, Brace and Company, 1940), 507–24.
de Madariaga, Salvador, *Anarchy or Hierarchy* (London: Allen & Unwin, 1937).
Mahoney, Daniel J., *The Liberal Political Science of Raymond Aron* (Lanham, MD: Rowman & Littlefield, 1992).
——*Bertrand de Jouvenel: The Conservative Liberal and the Illusions of Modernity* (Wilmington, DE: ISI Books, 2005).
Maitland, F. W., 'A Historical Sketch of Liberty and Equality, as Ideals of English Political Philosophy from the Time of Hobbes to the Time of Coleridge' (1875), in *The Collected Papers of Frederick William Maitland*, ed. H. A. L. Fisher (Cambridge: Cambridge University Press, 1911); available at <http://oll.libertyfund.org/?option=com_staticxt&staticfile=show.php%3Ftitle=871&chapter=70223&layout=html&Itemid=27>, accessed 1 November 2012.
Malinowski, Bronislaw, *Freedom and Civilization* (London: Allen & Unwin, 1947).
Mannheim, Karl, *Rational and Irrational Elements in Contemporary Society* (London: Oxford University Press, 1934).
——*Diagnosis of Our Time: Wartime Essays of a Sociologist* (London: Kegan Paul, Trench, Trubner & Co, 1943).
——*Freedom, Power, and Democratic Planning*, ed. H. H. Gerth and E. K. Bramstedt (London: Routledge & Kegan Paul, 1951).
——'Planned Society and the Problem of Human Personality: A Sociological Analysis' (1938), in idem, *Essays in Sociology and Social Psychology* (London: Routledge & Kegan Paul, 1953), 255–310.
Manuel, Frank E., *The New World of Henri Saint-Simon* (Cambridge, MA: Harvard University Press, 1956).

Marion, Mathieu, 'Oxford Realism: Knowledge and Perception', *British Journal for the History of Philosophy*, 8 (2000), 299–338 and 485–519.

Maritain, Jacques, *The Twilight of Civilisation*, trans. L. Landry (London: Sheed & Ward, 1945).

——'The Conquest of Freedom', in Ruth Nanda Anshen (ed.), *Freedom: Its Meaning* (New York: Harcourt, Brace and Company, 1940), 631–49.

Markham, F. H. M., *Henri Comte de Saint-Simon: Selected Writings* (Oxford: Basil Blackwell, 1952).

Materer, Timothy, 'T. S. Eliot's Critical Program', in A. David Moody (ed.), *The Cambridge Companion to T. S. Eliot* (Cambridge: Cambridge University Press 1994), 48–59.

Mattson, Kevin, *When America Was Great: The Fighting Faith of Postwar Liberalism* (New York: Routledge, 2004).

Maudling, Reginald, 'Conservatives and Control', *The Spectator*, 12 November 1943, reprinted in idem, *Memoirs* (London: Sidgwick & Jackson, 1978), 257–60.

Mayo, Bernard, 'Is there a Case for the General Will?'(1950), in Peter Laslett (ed.), *Philosophy, Politics and Society*, First Series (Oxford: Basil Blackwell, 1970 [1956]), 92–7.

Meadowcroft, James, *Conceptualising the State: Innovation and Dispute in British Political Thought, 1880–1914* (Oxford: Clarendon Press, 1995).

Mehta, Ved, *Fly and the Fly Bottle: Encounters with British Intellectuals* (New York: Columbia University Press, 1983 [1963]).

Merleau-Ponty, Maurice, *Humanism and Terror: An Essay on the Communist Problem* (1947), trans. John O'Neill (Boston: Beacon Press, 1969).

Miller, David, 'Crooked Timber or Bent Twig? Isaiah Berlin's Nationalism', *Political Studies*, 53 (2005), 100–23.

Montefiore, Alan, in conversation with Ian Rankin, 'Lunching with Isaiah', in Henry Hardy (ed.), *The Book of Isaiah: Personal Impressions of Isaiah Berlin* (Woodbridge, Suffolk: The Boydell Press, 2009), 103–8.

Montesquieu, Charles de Secondat, Baron de, *The Spirit of the Laws*, trans. Thomas Nugent, ed. Franz Neumann (New York: Hafner Publishing Company, 1949).

Moore, G. E. *Principia Ethica*, revised edition, ed. T. Baldwin (Cambridge: Cambridge University Press, 1993).

Morrice, David, *Philosophy, Science and Ideology in Political Thought* (Basingstoke: Macmillan, 1996).

Morrisson, Herbert, *Looking Ahead: War-Time Speeches* (London: Hodder & Stoughton, 1943).

Mosely, Philip E., Martin E. Malia, William Henry Chamberlain, and Dimitri von Mohrenschildt, 'Michael Karpovich, 1888–1959', *Russian Review*, 19:1 (1960), 56–76.

Muirhead, J. H., *Rule and End in Morals* (London: Oxford University Press, 1932).

Needham, Joseph, *Integrative Levels: A Revaluation of the Idea of Progress* (Oxford: Clarendon Press, 1937).

Neumann, Franz, 'The Concept of Political Freedom' (1953), in idem, *The Democratic and the Authoritarian State* (New York: The Free Press, 1957), 160–200.

——'Intellectual and Political Freedom', in idem, *The Democratic and the Authoritarian State* (New York: The Free Press, 1957), 201–15.

Nicholas, H. G., *Washington Dispatches, 1941–45: Weekly Political Reports from the British Embassy* (London: Weidenfeld & Nicolson, 1981).

Niebuhr, Reinhold, *Faith and History* (London: Nisbet and Co, 1949).

—— *The Children of Light and the Children of Darkness: A Vindication of Democracy and a Critique of its Traditional Defense* (1944) (New York: Scribner's, 1972).

Oakeshott, Michael, *Rationalism in Politics, and Other Essays*, 2nd edn. (Indianapolis: Liberty Press, 1991).

——*Religion, Politics and the Moral Life*, ed. Timothy Fuller (New Haven: Yale University Press, 1993).

O'Brien, Conor Cruise, *The Great Melody: A Thematic Biography of Edmund Burke* (Chicago: University of Chicago Press, 1992).

Ogden, C. K., and I. A. Richards, *The Meaning of Meaning: A Study of the Influence of Language upon Thought and of the Science of Symbolism* (London: Kegan Paul, Trench, Trubner & Co., 1923).

Orwell, George, 'Second Thoughts on James Burnham', *Polemic*, 3 (1946), in idem, *Smothered Under Journalism: 1946*, ed. Peter Davison (London: Secker & Warburg, 2001), 268–82.

O'Sullivan, Noel, 'Visions of Freedom: The Response to Totalitarianism', in Jack Hayward, Brian Barry, and Archie Brown (eds.), *The British Study of Politics in the Twentieth Century* (Oxford: Oxford University Press/The British Academy, 1999), 63–88.

Overy, Richard, *The Twilight Years: The Paradox of Britain Between the Wars* (New York: Penguin Books, 2009).

Oxford University Gazette (Oxford: University of Oxford).

Parsons, Wayne, 'Politics and Markets: Keynes and his Critics', in Terence Ball and Richard Bellamy (eds.), *The Cambridge History of Twentieth-Century*

Political Thought (Cambridge: Cambridge University Press, 2003), 45–58.

Patrick, James, *The Magdalen Metaphysicals: Idealism and Orthodoxy at Oxford, 1901–1945* (Macon, GA: Mercer University Press, 1985).

Pears, David, 'Philosophy and the History of Philosophy', in Edna Ullmann-Margalit and Avishai Margalit (eds.), *Isaiah Berlin: A Celebration* (London: Hogarth Press, 1991), 31–9.

Pelczynski, Z. A., 'Can Democracy be Totalitarian?' (1954), in W. J. Stankiewicz (ed.), *Political Thought Since World War II* (New York: The Free Press, 1964), 53–8.

Perry, Ralph Barton, 'Liberty in a Democratic State', in Ruth Nanda Anshen (ed.), *Freedom: Its Meaning* (New York: Harcourt, Brace and Company, 1940), 265–78.

Plamenatz, John Petrov, *From Marx to Stalin* (London: The Batchworth Press, 1953).

——*German Marxism and Russian Communism* (London: Longmans, Green, 1954).

——*Consent, Freedom and Political Obligation* (Oxford: Oxford University Press, 1968 [1938]).

Plekhanov, G. V., *Essays in the History of Materialism* (1896), trans. Ralph Fox (London: Bodley Head, 1934).

——*In Defense of Materialism: The Development of the Monist View of History* (1895), trans. Andrew Rothstein (London: Lawrence & Wishart, 1947).

——*For the Sixtieth Anniversary of Hegel's Death*, in idem, *Selected Philosophical Works* (London: Lawrence & Wishart, 1961).

——*Fundamental Problems of Marxism* (1908; with idem, *The Materialist Conception of History*, 1897, and *The Role of the Individual in History*, 1898), trans. Julius Katzer (London: Lawrence & Wishart, 1969).

Pogge, Thomas, *John Rawls: His Life and Theory of Justice* (Oxford: Oxford University Press, 2007).

Polanowska-Sygulska, Beata, 'The End of Liberty as an Abstract Ideal?', in Berlin and Polanowska-Sygulska, *Unfinished Dialogue*, 253–64.

Polanyi, Michael, *The Contempt of Freedom* (London: Watts and Company, 1940).

——*The Logic of Liberty* (London: Routledge & Kegan Paul, 1951).

Popper, Karl, *The Open Society and its Enemies* (1945), 3rd edn. (London: Routledge & Kegan Paul, 1957).

——*Conjectures and Refutations* (1963) (London: Routledge, 1989).

——*In Search of a Better World* (London: Routledge, 1994).

——*The Poverty of Historicism* (1957), 2nd edn. (London: Routledge, 2002).

——*Unended Quest: An Intellectual Autobiography* (1976) (London: Routledge, 2002).

Price, H. H., 'The Permanent Significance of Hume's Philosophy', *Philosophy*, 15:57 (1940), 7–37.

Prichard, H. A., 'Does Moral Philosophy Rest on a Mistake?', *Mind*, New Series 21:81 (1912), 21–37.

——'Green's Principles of Political Obligation' (1935–7), in idem, *Moral Obligation*, ed. W. D. Ross (Oxford: Oxford University Press, 1968 [1949]), 54–86.

——*Moral Obligation*, ed. W. D. Ross (Oxford: Oxford University Press, 1968 [1949]).

——'Duty and Interest' (1928), in idem, *Moral Writings*, ed. Jim MacAdam (Oxford: Oxford University Press, 2002), 21–49.

Read, Herbert, *English Prose Style* (London: Bell, 1928).

Reed, Jamie, 'From Logical Positivism to Metaphysical Rationalism: Isaiah Berlin on The Fallacy of Reduction', *History of Political Thought*, 29:1 (2008), 109–18.

Ricciardi, Mario, 'Berlin on Liberty', in George Crowder and Henry Hardy (eds.), *The One and the Many: Reading Isaiah Berlin* (Amherst, NY: Prometheus Books, 2007), 119–39.

Rich, Paul, 'E. H. Carr and the Quest for Moral Revolution in International Relations', in Michael Cox (ed.), *E. H. Carr: A Critical Appraisal* (Basingstoke: Palgrave Macmillan, 2000), 198–216.

Richards, Leyton, *Planning for Freedom* (London: Allen & Unwin, 1943).

Richardson, Alan, 'The Scientific World Conception of Logical Positivism', in Tom Baldwin (ed.), *The Cambridge History of Philosophy, 1870–1945* (Cambridge: Cambridge University Press, 2003), 391–400.

Riesman, David, with Nathan Glazer and Reuel Denney, *The Lonely Crowd* (New Haven: Yale University Press, 1953).

Riezler, Kurt, 'What is Freedom?', in Ruth Nanda Anshen (ed.), *Freedom: Its Meaning* (New York: Harcourt, Brace and Company, 1940), 538–54.

Robbins, Lionel, *An Essay on the Nature and Significance of Economic Science* (London: Macmillan, 1932).

——'Interpersonal Comparisons of Utility: A Comment', *Economic Journal*, 48 (1938), 635–41.

Rogers, Ben, *A. J. Ayer: A Life* (London: Chatto & Windus, 1999).

Rosenblum, Nancy L. *Another Liberalism: Romanticism and the Reconstruction of Liberal Thought* (Cambridge, MA: Harvard University Press, 1987).

Ross, Irwin. 'Liberalism's Enemies', *Commentary*, 8 (1949), 400–2.

Ross, W. D., *The Right and the Good* (1930) revised edition, ed. P. Stratton-Lake (Oxford: Clarendon Press, 2002).
Ruddy, T. Michael, *The Cautious Diplomat: Charles E. Bohlen and the Soviet Union, 1929–69* (Kent, OH: Kent State University Press, 1986).
de Ruggiero, Guido, *The History of European Liberalism*, trans. R. G. Collingwood (London: Oxford University Press, 1927).
Russell, Bertrand, *Authority and the Individual* (London: Allen & Unwin, 1949).
——'Liberty and Government', in Ruth Nanda Anshen (ed.), *Freedom: Its Meaning* (New York: Harcourt, Brace and Company, 1940), 249–64.
Ryan, Alan, 'Isaiah Berlin: Political Theory and Liberal Culture', *Annual Review of Political Science* 2 (1999), 345–62.
Ryan, John A., 'Religion as the Basis of the Postulates of Freedom', in Ruth Nanda Anshen (ed.), *Freedom: Its Meaning* (New York: Harcourt, Brace and Company, 1940), 475–84.
Ryle, Gilbert, 'Fifty Years of Philosophy and Philosophers', *Philosophy*, 51:198 (1976), 381–9.
Salvemini, Gaetano, 'Democracy Reconsidered', in Ruth Nanda Anshen (ed.), *Freedom: Its Meaning* (New York: Harcourt, Brace and Company, 1940), 329–48.
Saunders, J. J., *The Age of Revolution: A Survey of European History Since 1815* (London: Hutchinson, 1947).
Schlesinger, Arthur M., Jr., 'Not Right, Not Left, But a Vital Center', *New York Times Magazine*, 4 April 1948, section 6.
——*The Vital Center* (Boston: Houghton Mifflin, 1949).
——*A Life in the Twentieth Century. Innocent Beginnings, 1917–1950* (Boston: Houghton Mifflin, 2000).
Schneider, Herbert W., 'The Liberties of Man', in Ruth Nanda Anshen (ed.), *Freedom: Its Meaning* (New York: Harcourt, Brace and Company, 1940), 653–72.
Schumpeter, Joseph A., *Capitalism, Socialism and Democracy* (New York: Harper Perennial 1962 [1942]).
Scott, Peter Dale, 'The Social Critic and his Discontents', in A. David Moody (ed.), *The Cambridge Companion to T. S. Eliot* (Cambridge: Cambridge University Press 1994), 60–76.
Sherry, Vincent, *The Great War and the Language of Modernism* (Oxford: Oxford University Press, 2003).
Shils, Edward, 'Letter from Milan: The End of Ideology?' *Encounter*, 5:5 (1955), 53–8.
Shklar, Judith N. *After Utopia* (Princeton: Princeton University Press, 1957).

——*Montesquieu* (Oxford: Oxford University Press, 1987).
——'A Life of Learning', in Bernard Yack (ed.), *Liberalism without Illusions: Essays on Liberal Theory and the Political Vision of Judith N. Shklar* (Chicago: University of Chicago Press, 1996), 263–79.
Shotwell, James T., 'Freedom—Its History and Meaning', in Ruth Nanda Anshen (ed.), *Freedom: Its Meaning* (New York: Harcourt, Brace and Company, 1940), 11–23.
Sifton, Elizabeth, *The Serenity Prayer: Faith and Politics in Times of Peace and War* (New York: W. W. Norton, 2003).
Simmel, Georg, *On Individuality and Social Forms: Selected Writings*, ed. Donald Levine (Chicago: University of Chicago Press, 1971).
Skagestad, Peter, 'Collingwood and Berlin: A Comparison', *Journal of the History of Ideas*, 66:1 (2005), 99–112.
Skidelsky, Robert, *John Maynard Keynes: The Economist as Saviour 1920–1937* (Basingstoke: Macmillan, 1992).
Skinner, B. F., *Walden Two* (New York: Macmillan, 1946).
Skinner, Quentin R. D., 'A Third Concept of Liberty', *Proceedings of the British Academy*, 117 (2002), 237–68.
Socialist Union, *Socialism: A New Statement of Principles* (London: Lincolns-Prager, 1952).
——*Twentieth-Century Socialism* (Harmondsworth: Penguin, 1956).
Spender, Stephen, *Forward from Liberalism* (London: Gollancz, 1937).
——'British Intellectuals in the Welfare State', *Commentary*, 12 (1951), 425–30.
Spitz, David, 'The Nature and Limits of Freedom', *Dissent*, 8:1 (1961), 78–85.
Stalin, Joseph (attrib.), *The History of the Communist Party of the Soviet Union* (New York: International Publishers, 1939).
Stears, Marc, *Progressives, Pluralists, and the Problems of the State* (Oxford: Oxford University Press, 2002).
Stevenson, John, 'Has Planning a Future?', in J. C. D. Clark et al., *Ideas and Politics in Modern Britain* (London: Macmillan, 1990), 233–45.
Stonor Saunders, Jennifer, *Who Paid the Piper? The CIA and the Cultural Cold War* (London: Granta Books, 2000 [1999]).
Strachey, John, *The Coming Struggle for Power* (London: Gollancz, 1932).
Strauss, Leo, *Natural Right and History* (Chicago: University of Chicago Press, 1953).
——'Relativism' (1961), in idem, *The Rebirth of Classical Political Rationalism*, ed. Thomas Pangle (Chicago: University of Chicago Press, 1989), 13–26.
——'What is Political Philosophy?' (1954–5), in idem, *An Introduction to Political Philosophy: Ten Essays*, ed. Hilail Gildin (Detroit, MI: Wayne State Uni-

versity Press, 1989), 3–57.
——*On Tyranny* (1948), revised edition, ed. Victor Gourevitch and Michael S. Roth (Chicago: University of Chicago Press, 2000).
Strawson, P. F., 'Ethical Intuitionism', *Philosophy*, 24 (1949), 23–33.
Stromberg, Roland, *After Everything* (New York: St. Martin's Press, 1975).
Sutherland, John, *Stephen Spender* (London: Viking, 2004).
Talmon, Jacob Leib, *The Origins of Totalitarian Democracy* (London: Secker & Warburg, 1952).
——*The Unique and the Universal* (London: Secker & Warburg, 1965).
——*The Myth of the Nation and the Vision of Revolution: The Origins of Ideological Polarisation in the Twentieth Century* (London: Secker and Warburg, 1981).
Tawney, Richard Henry, *Equality* (London: Allen & Unwin, 1964 [1931]).
Taylor, A. J. P., *English History 1914–1945* (Oxford: Oxford University Press, 1965).
Taylor, Charles, 'What's Wrong with Negative Liberty?', in Alan Ryan (ed.), *The Idea of Freedom: Essays in Honour of Isaiah Berlin* (Oxford: Oxford University Press, 1979), 175–94.
Terrill, Ross, *R. H. Tawney and His Times: Socialism as Fellowship* (Cambridge, MA: Harvard University Press, 1973).
Thomas, Robert McG., Jr., 'Dorothy Fosdick, 83, Adviser On International Policy, Dies', *New York Times*, 10 February 1997, B9.
Tillich, Paul, 'Freedom in the Period of Transformation', in Ruth Nanda Anshen (ed.), *Freedom: Its Meaning* (New York: Harcourt, Brace and Company, 1940), 123–44.
Toynbee, Philip, *Friends Apart* (1954) (London: Sidgwick & Jackson, 1980).
Trilling, Lionel, *The Liberal Imagination: Essays on Literature and Society* (London: Secker & Warburg, 1951 [1950]).
Turgenev, I. S., *Fathers and Sons*, trans. Rosemary Edmonds (London: Penguin, 1975).
Ulam, Adam B., *Philosophical Foundations of English Socialism* (Cambridge, MA: Harvard University Press, 1951).
Ullmann-Margalit, Edna, and Avishai Margalit (eds.), *Isaiah Berlin: A Celebration* (London: Hogarth Press, 1991).
Villa, Dana R., *Politics, Philosophy, Terror: Essays on the Thought of Hannah Arendt* (Princeton: Princeton University Press, 1999).
Walicki, Andrzej, *The Controversy over Capitalism: Studies in the Social Philosophy of the Russian Populists* (Notre Dame, IN: University of Notre Dame Press, 1989 [1969]).
——*Russia, Poland, and Marxism: Isaiah Berlin to Andrzej Walicki*, special issue of

Dialogue and Universalism, 15: 9–10 (2005).
——'Berlin and the Russian Intelligentsia', in George Crowder and Henry Hardy (eds.), *The One and the Many: Reading Isaiah Berlin* (Amherst, NY: Prometheus Books, 2007), 47–71.
Wall, Bernard, 'Britain and the Crisis', *Review of Politics*, 10 (1948), 61–75.
Walzer, Michael, *Just and Unjust Wars: A Moral Argument with Historical Illustrations* (1977) (London: Penguin, 1980).
——'Ought We to Reclaim Political Utopianism?', *European Journal of Political Theory*, 12:1 (2013), 24–30.
Warnock, G. J. *Contemporary Moral Philosophy* (London: Macmillan, 1967).
Warnock, Mary, *Ethics Since 1900* (Oxford: Oxford University Press, 1966 [1960]).
Watson, George, *Politics and Literature in Modern Britain* (London: Macmillan, 1977).
Webb, Sydney, and Beatrice Webb, *Soviet Communism: A New Civilisation?* (London: Longmans, Green, 1935).
Weinstein, David, and Avihu Zakai, 'Exile and Interpretation: Popper's Re-invention of the History of Political Thought', *Journal of Political Ideologies*, 11:2 (2006), 185–209.
Weldon, T. D., *States and Morals: A Study in Political Conflicts* (London: John Murray, 1946).
——*The Vocabulary of Politics* (London: Penguin Books, 1953).
Wertheimer, Max, 'A Story of Three Days', in Ruth Nanda Anshen (ed.), *Freedom: Its Meaning* (New York: Harcourt, Brace and Company, 1940), 555–69.
White, Morton, *A Philosopher's Story* (University Park, PA: Pennsylvania State University Press, 1999).
Whitehead, Alfred North, 'Aspects of Freedom', in Ruth Nanda Anshen (ed.), *Freedom: Its Meaning* (New York: Harcourt, Brace and Company, 1940), 42–67.
Williams, C. Dickerman, Letter to the Editor, *New York Times* 26 February 1950, BR 19.
Williams, Philip M., *Hugh Gaitskell: A Political Biography* (London: Jonathan Cape, 1979).
Wilson, John Cook, *Statement and Inference with other Philosophical Papers*, ed. A. S. L. Farquharson (Bristol: Thoemmes Press, 2002 [1926]).
Wirszubski, Chaim, *Libertas* (Cambridge: Cambridge University Press, 1950).
Wokler, Robert, 'Rousseau's Two Concepts of Liberty', in George Feaver and Frederick Rosen (eds.), *Lives, Liberties and the Public Good: New Essays in*

Political Theory for Maurice Cranston (Basingstoke: Macmillan in association with the London School of Economics and Political Science, 1987), 61–100.
——'The Professoriate of Political Thought in England since 1914: A Tale of Three Chairs', in Dario Castiglione and Iain Hamsher-Monk (eds.), *The History of Political Thought in National Context* (Cambridge: Cambridge University Press, 2001), 134–58.
——'A Guide to Isaiah Berlin's *Political Ideas in the Romantic Age*', *History of Political Thought*, 29:2 (2008), 344–69.
Wood, Neal, *Communism and British Intellectuals* (London: Gollancz, 1959).
Woodcock, George, *Dawn and the Darkest Hour: A Study of Aldous Huxley* (London: Faber, 1972).
Wootton, Barbara, *Freedom Under Planning* (London: Allen & Unwin, 1945).
——*Testament for Social Science: An Essay in the Application of Scientific Method to Human Problems* (London: Allen & Unwin, 1951).
Wright, Anthony, *R. H. Tawney* (Manchester: Manchester University Press, 1987).

索 引

（条目后的数字为原书页码，见本书边码，数字后的n指该页脚注）

Acton, Harry Burrows 哈利·伯罗斯·阿克顿 75
Acton, John Dalberg-Acton, Baron 约翰·达尔伯格-阿克顿勋爵 69
Akhmatova, Anna Andreevna (née Gorenko) 安娜·安德烈耶夫娜·阿赫玛托娃(原名戈连科) 59, 60—61
Alexander I, Tsar 沙皇亚历山大一世 41
Alsop, Joseph Wright 约瑟夫·艾尔索普 76
Annan, Noel Gilroy 诺埃尔·安南 58
Anshen, Ruth Nanda 露丝·南达·安申 147—148
Aragon, Louis 路易·阿拉贡 65
Arendt, Hannah 汉娜·阿伦特 59, 170—171, 229
Aristotle 亚里士多德 3, 7, 18, 45, 132
Armstrong, Hamilton Fish 汉密尔顿·费什·阿姆斯特朗 76, 78n.66
Aron, Raymond 雷蒙·阿隆 68, 72—74, 87, 93n.30, 105n.80, 107n.91, 108, 114, 128, 176—177, 184—186, 231n.40
Ascoli, Max 马克斯·阿斯科利 76
Atlee, Clement Richard 克莱门特·理查德·艾德礼 225
Auden, Wystan Hugh 威斯坦·休·奥登 21, 24, 63, 66
Austin, John Langshaw 约翰·朗肖·奥斯汀 3n.16, 7, 9, 10, 21, 55n.10
Ayer, Alfred Jules 阿尔弗雷德·朱勒斯·艾耶尔 5, 6, 11, 21, 75, 198n.41

Babbitt, Irving 欧文·白璧德 19n.96, 161
Babeuf, François-Noël 格拉克斯·巴贝夫 160
Bacon, Francis 弗朗西斯·培根 28
Barker, Ernest 厄奈斯特·巴克

156n.53
Beauvoir, Simone de 西蒙·波伏娃 65
Beaverbrook, Max Aitken, Lord 威廉·马克斯韦尔·艾特肯,第一代比弗布鲁克男爵 16
Beer, Samuel Hutchison 塞缪尔·比尔 153n.40
Belinsky, Vissarion Grigor'evich 维萨里昂·格里戈里耶维奇·别林斯基 54
Bell, Daniel 丹尼尔·贝尔 228
Benda, Julien 朱利安·班达 19n.96, 65
Bentham, Jeremy 杰里米·边沁 49, 146, 178n.185, 214, 216
Berdyaev, Nikolay 尼古拉·别尔嘉耶夫 66, 125
Bergson, Henri-Louis 亨利·柏格森 19, 51
Berkeley, George 乔治·贝克莱 55n.10
Berlin, Isaiah 以赛亚·伯林 vii—x, 1—232 也参见其他相关主题与事件
Berlin, Leo 列奥·伯林 60
Bernal, John Desmond 约翰·戴斯蒙德·贝尔纳 28, 152
Beveridge, William Henry 威廉·贝弗里奇 186n.223
Bevin, Ernest 欧内斯特·贝文 75
Blok, Aleksandr Aleksandrovich 亚历山大·亚历山德罗维奇·勃洛克 25
Bloomsbury Group 布鲁姆斯伯里文化圈 16—17
Bohlen, Charles Eustis 查尔斯·尤斯蒂斯·波伦 62, 67, 76, 82
Bowra, Cecil Maurice 鲍勒 9, 16—17, 21, 122
Bosanquet, Bernard 伯纳德·鲍桑葵 146—147, 153, 154—155, 156, 158, 159, 160, 180, 183
Bradley, Francis Herbert 弗兰西斯·赫伯特·布拉德利 3, 4, 154n.47, 156n.53, 159
Brinton, Clarence Crane 克拉伦斯·克兰·布林顿 160
Broad, Charlie Dunbar 查利·邓巴·布罗德 2n.3, 47, 48, 49
Brogan, Albert Perley 艾伯特·珀利·布罗根 51
Buber, Martin 马丁·布伯 66
Buckley, William Frank, Jr 小威廉·法兰克·巴克利 66
Bukharin, Nikolay Ivanovich 尼古拉·伊万诺维奇·布哈林 208—209
Bullock, Alan 艾伦·布洛克 55n.10
Burnham, James 詹姆斯·伯纳姆 114—115, 120
Butler, Joseph 约瑟夫·巴特勒 3, 45
Butterfield, Herbert 赫伯特·巴特菲尔德 66

Camus, Albert 阿尔贝·加缪 65, 138n.30
Carr, Edward Hallet 爱德华·霍列

特·卡尔 80 n. 74,91,106,113,114—118,120,125,127,164,172,174,177—178
Carritt,E. F. 卡里特 4n.19,47,119n.42,161
Central Intelligence Agency(CIA) 美国中央情报局 74,75
Chicherin,Boris Nikolayevich 鲍里斯·尼古拉耶维奇·契切林 160n.83
choice,freedom of 选择的自由 也参见 liberty,basic
Churchill,Winston 温斯顿·丘吉尔 16,17,122,167
Claudel,Paul 保罗·克洛岱尔 65
Cold War 冷战 viii,ix,30,63,67—87,120,124,127,174,179n.189
Cole,George Douglas Howard 乔治·道格拉斯·霍华德·科尔 22,23,54n.5,55n.10,162,165,169
Collingwood,Robin George 罗宾·乔治·科林伍德 2,8,147,155,156,216
communication 沟通 viii,9,12,14,83,96—97,113,221,222
Comte,Isidore Auguste Marie François Xavier 奥古斯特·孔德 62,92—93,106
Condorcet,Marie Jean Antoine Nicolas de Caritat,marquis de 马奎斯·孔多塞 55n.10
Congress for Cultural Freedom 文化自由代表大会 68n.6,74—75,94
Constant,Benjamin 邦雅曼·贡斯当 146,147n.10,174,175,204,212—213,216,223,225
Cranston,Maurice 毛里斯·克兰斯顿 150
Croce,Benedetto 贝内德托·克罗齐 2
Crossman,Richard 理查德·克罗斯曼 75,156n.53
Crowder,George 乔治·克劳德 viiin.4,210n.94

Dahl,Robert Alan 罗伯特·艾伦·达尔 164—165
Day Lewis,Cecil 塞西尔·戴·刘易斯 24
democracy 民主 14,22,26,36,37,69,70—71,72,76n.54,80,90,91,92,96,104,109,113,117,124,125,148,157,172—178,179,191,202,211—212,213—214,223,224
Demos,Raphael 拉斐尔·迪莫斯 148n.13
Descartes,René 勒内·笛卡尔 169
determinism 决定论 106—108,112—113,114,119n.42,120,123,124,137,165,171,172 也参见 history,philosophy of
Dewey,John 约翰·杜威 51,119n.42
Dostoevsky,Fedor Mikhailovich 费奥多尔·米哈伊洛维奇·陀思妥耶夫斯基 39,66
Dworkin,Ronald 罗纳德·德沃金

205n.71
Durbin, Evan 埃文·德宾 22

Eliot, Thomas Stearns 托马斯·斯特尔那斯·艾略特 15,19—20,65,66
Elliston, Herbert 赫伯特·埃利斯顿 125,127
Engels, Friedrich 弗里德里希·恩格斯 151
enlightenment 启蒙(运动)vii,27—28,30,31,32,40,41,43,74,109,135,136—137,152,169,172,173,175n.164,177,179,221
Epictetus 爱比克泰德 180
equality 平等 49,72,101,118,123,132,135,148,149,152,164,165,166,167,176,180,181,183,190,198,206,208,215,218,223,224,225,232
ethics, of political action 政治行动伦理 viii,ix,28—29,30,33—35,77,112—130,214,216,221,232
existentialism 存在主义 65,66,69,144n.1,171,197—198

Fabianism 费边主义 89
Fascism 法西斯主义 29,71,108,115n.13,119,132,140,142,143,164,180,202n.60,209,219
Faulkner, William 威廉·福克纳 66
Ferguson, Adam 亚当·弗格森 167n.123
Feuerbach, Ludwig Andreas 路德维希·安德列斯·费尔巴哈 2
Fichte, Johann Gottlieb 约翰·戈特利布·费希特 140,153,161
Fisher, H. A. L. 费希尔 23,39,167
Fosdick, Dorothy 多萝西·福斯迪克 179—181
Franco, Francisco 弗朗西斯科·佛朗哥 125
Frankfurter, Felix 费利克斯·弗兰克福特 57,76n.53,167
free will 自由意志 也参见 determinism; liberty, basic
Freud 弗洛伊德 197
Fromm, Erich 埃里克·弗罗姆 149

Gaitskell, Hugh Todd Naylor 休·托德·内勒·盖茨克尔 15,22,23,75
Gallie, Walter Bryce 沃尔特·布莱斯·加利 225,229
Gollancz, Victor 维克多·格兰茨 58n.23
Gordon Walker, Patrick 帕特里克·戈登·沃克 169—170
Graham, Philip Leslie 菲尔·格雷厄姆 76
Gray, John Nicholas 约翰·尼古拉斯·格雷 184,196n.37
Green, Thomas Hill 托马斯·希尔·格林 2,133,146—147,153—154,156,157,160,162n.96,167,180,204n.67,208,216

Greene, Henry Graham 亨利·格雷厄姆·格林 66

Halifax, Edward Frederick Lindley Wood, Earl of 爱德华·弗雷德里克·林德利·伍德,哈利法克斯伯爵 57
Hampshire, Stuart 斯图尔特·汉普希尔 21,52n.267,55n.10,75,228
Hardie, William Francis Ross ('Frank')弗兰克·哈迪 7,18
Hardy, Henry Robert Dugdale 亨利·罗伯特·杜格达尔·哈代 144n.2
Hart, Herbert Lionel Adolphus 赫伯特·赖尼尔·阿道弗斯·哈特 54n.6
Hartmann, Nicolai 尼古拉·哈特曼 9n.56
Hayek, Friedrich August von 弗里德里希·奥古斯特·冯·哈耶克 11,75,90n.10,95,108,110,114,119n.42,181—182,185n.219,224,228,231n.48
Hayter, William Goodenough 威廉·古德努夫·海特 75
Hegel, Georg Wilhelm Friedrich 格奥尔格·威廉·弗里德里希·黑格尔 2,12n.70,31,38,41—43,55n.10,106,118—119,120,128,148,150,152,153,154n.47,156,157,158,160,161,162n.96,202n.60
Heidegger, Martin 马丁·海德格尔 65,66
Henderson, Hubert Douglas 休伯特·道格拉斯·亨德森 11n.63
Herder, Johann Gottfried 约翰·戈特弗里德·赫尔德 31,45,110,212
Herzen, Alexander Ivanovich 亚历山大·伊万诺维奇·赫尔岑 33—36,55n.10,69,122n.55,128,160n.83,214,223,225,228
Hill, Christopher 克里斯托弗·希尔 21
historical inevitability 历史的必然性 也参见determinism
'Historical Inevitability'(Berlin)《历史的必然性》(伯林)207,215,230
history, philosophy of 历史哲学 viii,2,4,23,35—36,38,40,43,83—84,106—108,113,115,119—121,123,131,207
history of ideas 观念史 ix,1,8,14,30,31,39,44,54,131,134,135,136—141,171
Hitler, Adolf 阿道夫·希特勒 29,58,160
Hobbes,Thomas 托马斯·霍布斯 214
Hobhouse, Leonard Trelawney 伦纳德·特里劳尼·霍布豪斯 119n.42,156—158
Holocaust 大屠杀 57—59
humanism 人文主义 191,201—202,208,214,219,222,227—228,231—232 也参见individualism,

moral
Hume, David 大卫・休谟 1n.3, 8, 11, 12, 14, 45n.233, 47—49, 98, 135, 161, 184, 224n.7
Huxley, Aldous Leonard 阿道司・伦纳德・赫胥黎 94
Huxley, Julian Sorell 朱利安・索雷尔・赫胥黎 28

Idealism, philosophical 哲学唯心主义 viii, 1—2, 34, 89, 132, 133—134, 143, 146—147, 150, 153—156, 158, 159, 160, 164, 216, 229
Imperialism 帝国主义 56, 202n.58, 209, 212 也参见 paternalism
individualism, moral 个人主义(道德层面)34, 38, 44, 91, 94, 95, 96, 97, 111, 116, 117, 121—122, 126—127, 128—129, 157, 172, 177, 186, 190—191, 214, 223, 224, 227—228, 231—232 也参见 Humanism
intelligentsia, Russian 俄国知识界 viii—ix, 24—25, 32—33, 37, 53, 55n.10, 77, 87, 184, 223, 228
intuitionism, ethical 道德直觉主义 47—50

Jacobins, Jacobinism 雅各宾, 雅各宾主义 160, 171, 177, 178n.182, 213
James, William 威廉・詹姆斯 50—51, 229
Jaspers, Karl 卡尔・雅斯贝斯 65, 66
Jay, Douglas Patrick Thomas 道格拉斯・帕特里克・托马斯・杰伊 10—11
Jebb, Gladwyn 格拉德温・杰布 75
Jews, Jewishness, Judaism 犹太人, 犹太特质, 犹太主义 x, 16, 20, 22n.118, 56—58, 110, 171, 195—196
Jouvenel des Ursins, Betrand de 贝特朗・德・茹弗内尔 74, 172, 175—176

Kahn, R. F. 卡恩 11n.63
Kant, Immanuel 伊曼努尔・康德 7n.44, 8, 9, 12n.69, 32n.161, 38, 48n.251, 54n.6, 101, 109, 120, 135, 136, 140, 143, 146, 150, 156, 160, 161, 162, 184, 189n.4, 190—192, 194n.27, 202, 208, 209, 216, 219, 227
Kantianism 康德主义 34, 101, 109, 120, 190, 191, 192, 194, 202, 208, 209, 219 也参见 neo-Kantianism
Karpovich, Michael 迈克尔・卡尔波维奇 80—81
Kennan, George 乔治・凯南 58—59, 76, 81—82, 86, 99—100, 179n.189, 195
Keynes, John Maynard 约翰・梅纳德・凯恩斯 55n.10, 134, 186n.223
Kierkegaard, Søren 索伦・克尔凯郭尔 66, 149
Knight, Frank Hyneman 弗兰克・海尼曼・奈特 11, 151n.29

Koestler, Arthur 阿瑟·库斯勒 63, 64,75,87,115,120,195—196

Lamprecht, Sterling 斯特林·兰普雷克特 51
Laski, Harold Joseph 哈罗德·约瑟夫· 拉斯基 115,119n.42,165, 166—169,174,179n.188,180
Lasky, Melvin 梅尔文·拉斯基 75
Laslett, Peter 彼得·拉斯利特 105n.81
Lavrov, Pyotr Lavrovich 彼得·拉夫罗维奇·拉夫罗夫 38—39,87
Levi, Primo 普里莫·莱维 59
Lewis, C. I. 刘易斯 3n.14,8—9,51
Lewis, C. S. 刘易斯 66
Lewis, Percy Wyndham 柏西·温德姆·路易斯 18
liberalism 自由主义 5,20,22—23, 37,44,55,90,91,93,94,117, 121,122,133,134,145,159,163, 172,202,203,205,208,209,212, 219,222—227,228,229,231—233; and anti-Communism 自由主义与反共产主义 ix,67—74,76, 79n.70,81,87,205; attacks on 对自由主义的攻击 25,26,27,91, 118,149,168,170,177—178; Berlin and 伯林与自由主义 5,14, 17,21—23,25,33,35,36,37,49, 77,80,110—111,128,177,189, 192—193,200,209,217—219, 222—225,227,228,231—233; Classical 古典自由主义 17,33,39, 109,134,145,149,172,178,181, 192,197,202,204,205,224,225; and liberty 自由主义与自由 134—136,141,152,171,173,176,188—190,192—193,202—203,205—206,208,209,210,213,222,225; and pluralism 自由主义与多元主义 215,231—232; post-war 战后的自由主义 67—74,105,114, 120,123—124,127—128,134, 144,163,170,174—175,176—178,182,186,223,226—227,228, 229,232; and progress 自由主义与进步 123—124,223; Russian 俄国自由主义 33,116,223
liberty (freedom) 自由 20,25—26, 42—43,49—51,58,69,88,90,93, 94,101,107,108,111,116,117, 119n.42,121—124,131—228, 230—233; 'basic' 基础自由 193—195,198—199,202,210,214—215,222; humanistic and anti-humanistic conceptions of 人文主义及反人文主义观念 201—203; negative 消极自由 vii,ix,51,136, 141,144—151,157,159,164—165,167—168,182,185—189, 192—194,199,201—204,206—210,212—213,215—217,219, 222,225,227,232—233; positive 积极自由 vii,ix,36,42,89,136, 138,141—165,167—170,180,

182, 185—190, 192—194, 201—203, 206—213, 215—217, 219, 221—222; 'rationalist' conception of 理性主义自由观念 136—139, 199—200, 208, 213; 'romantic' conception of 浪漫主义自由观念 136, 138, 140—141, 192—193, 202—203, 213

Lind, John 约翰·林德 146n.4

Lindblom, Charles Edward 查尔斯·爱德华·林德布洛姆 164—165

Lindsay, Alexander Dunlop 亚历山大·邓洛普·林赛 43, 156n.53

linguistic philosophy 语言哲学 5, 7—8, 54, 134 也参见philosophy

Lippmann, Walter 沃尔特·李普曼 57

Logical Positivism 逻辑实证主义 viii, 5—6, 7, 9, 11, 41, 53, 105, 133, 166, 230n.38

Luce, Claire Booth 克莱尔·布思·鲁斯 56

Lukács, György 格奥尔格·卢卡奇 65

McCarthy, Joseph, McCarthyism 约瑟夫·麦卡锡, 麦卡锡主义 68—69

MacDonald, Margaret 玛格丽特·麦克唐纳 133, 162, 205n.71

MacIver, Robert Morrison 罗伯特·莫里森·麦基弗 148

McTaggart, John McTaggart Ellis 约翰·麦克塔加特·埃利斯·麦克塔加特 4

Mabbott, J. D. 马博特 162, 175

Machiavelli, Niccolo 尼科洛·马基雅维里 45

Macmurray, John 马慕瑞 151n.30

Madariaga, Salvador de 萨尔瓦多·德·马达里亚加 125

Maistre, Joseph de 约瑟夫·德·迈斯特 55n.10, 125n.76

Maitland, Frederic William 弗雷德里克·威廉·梅特兰 178—179

Malebranche, Nicolas 尼古拉·马勒伯朗士 48

Malinowski, Bronisław Kasper 布罗尼斯拉夫·卡斯帕·马林诺夫斯基 147

Managerialism 管理主义 ix, 39, 87—90, 93—95, 101, 103, 114, 129, 142, 151, 184n.212, 207, 219, 224, 231n.42 也参见paternalism; scientism; technocracy

Mannheim, Karl 卡尔·曼海姆 91—92

Maritain, Jacques 雅克·马利丹 66, 153n.40

Marschak, Jacob 雅各布·马尔沙克 11n.63

Marshall Plan 马歇尔计划 81

Marx, Karl 卡尔·马克思 22, 55n.10, 30, 34, 35, 39—40, 42—44, 51—52, 79, 83, 118, 124, 132, 160, 166, 184, 197

Mattson, Kevin 凯文·马特森 227

Mauriac, François 弗朗索瓦·莫里亚克 65,66
Meade, James 詹姆斯·米德 11n.63, 23
Mikhailovsky, N. K. 米哈伊洛夫斯基 37—38,87
Mill, John Stuart 约翰·斯图尔特·密尔 55n.10, 178, 209n.88, 212, 214, 219, 223, 225, 227n.27, 228, 229
Miller, David 戴维·米勒 227n.25
Moberly, Walter 沃尔特·莫伯利 162n.100
moderation 调和 72, 78, 80, 127, 129—130, 231—232
monism 一元论 31, 39, 41, 44, 45n.231, 46, 50, 101, 107, 109, 132, 137, 141, 175, 190—192, 209n.90, 229—230
Montesquieu 孟德斯鸠 49n. 252, 167n. 123, 180, 185n.219, 231
Moore, George Edward 乔治·爱德华·摩尔 1, 2n.3, 3, 4, 5, 6—7, 45, 46, 47, 55n.10
Mosley, Oswald Ernald 奥斯瓦尔德·厄纳尔德·莫斯利 164
Mussolini, Benito 贝尼托·墨索里尼 29, 160

Nabokov, Nicolas 尼古拉斯·纳博科夫 76
Nationalism 民族主义 110, 202n.58, 210, 211n.96, 211—214, 227 也参见Zionism
Nazis, Nazism 纳粹, 纳粹主义 25n.132, 57—59, 100—101, 118, 119n.42, 120, 142, 164, 171, 180, 185, 195, 202n.60, 204, 219
Needham, Noel Joseph Terence Montgomery 李约瑟 27
neo-Kantianism 新康德主义 ix—x, 38, 132 也参见Kant; Kantianism
Neumann, Franz Leopold 弗朗茨·利奥波德·诺伊曼 152
Nicolson, Ben 本·尼科尔森 21
Niebuhr, Reinhold 雷茵霍尔德·尼布尔 66, 69—71, 72, 81, 87, 123n.66, 124, 179n.189
Nietzsche 尼采 34, 202n.60
Nozick, Robert 罗伯特·诺齐克 205n.71

Oakeshott, Michael 迈克尔·欧克肖特 182—184
Orwell, George 乔治·奥威尔 63—65, 87, 90, 115n.14, 123—124
Oxford, University of 牛津大学 1, 3—5, 9, 15, 20n.102, 21, 40, 46, 50, 53, 58—62, 67, 76 n. 53, 80, 133, 155—156, 159, 161, 165, 174 也参见Realism, Oxford

Pareto, Vilfredo 维尔弗雷多·帕累托 115n.13
Pasternak, Boris 鲍里斯·帕斯捷尔纳克 59, 60—61, 78n.66, 131

paternalism 家长制 ix, 38—39, 56—57, 85, 87, 95—96, 98—99, 101—102, 110—111, 142, 150—151, 155n.50, 157, 166, 190—191, 195, 201, 208—209, 222, 224 也参见 imperialism; managerialism; scientism; technocracy
Perry, Ralph Barton 拉尔夫·巴顿·佩里 148n.13
philosophy 哲学 1—10, 14, 33, 38, 40, 45, 50, 53—54, 104—105, 133, 201 也参见 history, philosophy of; Idealism, philosophical; intuitionism, ethical; linguistic philosophy; Logical Positivism; Realism, Oxford
Plamenatz, John Petrov 约翰·彼得罗夫·普拉梅纳茨 30, 92—93, 133, 146, 158—159, 162
planning, social 社会计划 88—92, 93n.24, 95, 98—99, 101n.63, 104, 136, 163—165, 182, 224, 231
Plato, Platonism 柏拉图, 柏拉图主义 4, 132, 154n.47, 156
Plekhanov, Georgi Valentinovich 格奥尔基·瓦连廷诺维奇·普列汉诺夫 30—31, 36—37, 39, 104, 151—152, 163
pluralism, ethical (or value) 道德(或价值)多元主义 viii, 9, 12n.68, 14, 17, 32, 44—52, 105, 107, 109, 111, 124, 180—181, 183—184, 190, 197n.39, 201, 208, 209n.90, 214—216, 218, 228, 229—232; and liberalism 与自由主义 215, 231—232
Polanyi, Michael 迈克尔·波兰尼 74—75
'Political Ideas in the Romantic Age' (Berlin)《浪漫主义时代的政治观念》(伯林) 134—136, 138, 141—143, 161, 179, 192, 201, 207, 209, 212—213, 230
'Political Ideas in the Twentieth Century' (Berlin)《20世纪的政治观念》(伯林) 74—75, 98—99
Popper, Karl 卡尔·波普尔 69, 87, 108—110, 114, 119n.42, 120, 124, 134, 176, 228
Prichard, H. A. 普里查德 1n.3, 3, 4, 7, 47, 49, 133, 156, 158
privacy, private life 隐私, 私人生活 viii, 18—19, 25, 29, 66, 77, 139, 154, 172, 175, 178, 184—185, 203—204, 208, 223
progress, idea of 进步观 11, 23, 26—28, 41—42, 117—118, 120—121, 123—124, 127, 158, 182, 223

Quine, W. V. O. 奎因 53

Rachmilevich, Solomon 所罗门·拉赫米列维奇 32, 132
Rawls, John 约翰·罗尔斯 55n.10, 104, 205n.71
Read, Herbert 赫伯特·里德 17

Realism, Oxford 牛津实在论 1—4, 6—7, 9, 18, 45—48, 49—50
realism, political 政治现实主义 112—120, 123, 125, 127—129
relativism 相对主义 112—114, 117, 125, 128—229
religion, religious revival 宗教复兴 19—20, 32, 65—66, 125, 133, 173, 230
Ricciardi, Mario 马里奥·里恰尔迪 161n.86
Rickert, Heinrich John 海因里希·约翰·李凯尔特 38n.199
Rights 权利 18, 36, 60, 121, 128, 132, 135, 149, 155—156, 170—171, 182, 185, 186n.223, 189—190, 193, 195—196, 198, 200, 203, 205—206, 225—226
Robbins, Lionel 莱昂内尔·罗宾斯 10—11
Robespierre, Maximilien François Marie Isidore de 马克西米连·弗朗索瓦·马里·伊西多·德·罗伯斯庇尔 160
Robinson, Joan 琼·罗宾逊 11n. 63
romanticism 浪漫主义 7, 17, 19, 31—32, 33n.167, 41, 48, 110, 135—136, 140, 143, 152, 190, 203, 212
Roosevelt, Franklin Delano 富兰克林·德拉诺·罗斯福 54, 165
Ross, W. D. 罗斯 1n.3, 3, 5n.26, 10n.59, 46—47, 49
Rousseau, Jean-Jacques 让-雅克·卢梭 12n.69, 49n.252, 55n.10, 73n.36, 135, 140, 143, 148, 150, 156, 160, 161—162, 173, 174, 175, 177, 178n.182, 180, 182, 186, 190, 191, 192, 197, 230
Ruggiero, Guido de 圭多·德·拉吉罗 146—147
Russell, Bertrand Arthur William 伯特兰·阿瑟·威廉·罗素 1, 3n.9, 4, 90, 148n.14
Russia, Russian thought 俄国, 俄国思想 viii, 1, 21, 24—25, 29—30, 41, 54, 79—81, 87, 99, 116—117, 125, 160, 169n.109, 168, 184, 223
Russian Revolution 俄国革命 1, 21, 25n.130, 79, 85, 118n.40, 131

Saint-Simon 圣西门 55n.10, 73n.36, 92
Salvemini, Gaetano 加埃塔诺·萨尔韦米尼 70
Sartre, Jean-Paul 让-保罗·萨特 65, 197—198
Scheler, Max 马克斯·舍勒 9n.56
Schlesinger, Arthur Meier, Jr 小亚瑟·施莱辛格 63, 67—69, 71—72, 76, 80n.74, 81, 87, 123n.66, 124, 134, 149, 226, 229
Schopenhauer 叔本华 9n.56
Schumpeter, Joseph Alois约瑟夫·阿洛伊斯·熊彼特 176—177
Scientism 科学主义 ix, 27—28, 39, 41—42, 87, 88—93, 95—97, 99,

102—106,110,113,115,126,137,160n.82,169—170,230 也参见determinism;managerialism;technocracy
Second World War 第二次世界大战 21,29,53,56—57,119n.42,147,161,164
self,'real'(also 'real will')"真实的"自我("真实的意志")135,138—140,150—151,154—156,158,160—162,173,180,199n.46,201,208,210,214—215,217
Sheffer,H. M. 谢费尔 53
Shklar,Judith Nisse 朱迪丝·尼西·施克莱 63,94,104,123,231n.40
Silone,Ignazio 伊尼亚齐奥·西洛内 64
Simmel,Georg 格奥尔格·齐美尔 31—32,152
Sismondi,Jean Charles Léonard Simonde de 让·沙尔·列奥纳尔·西蒙·德·西斯蒙第 225
Smith,Adam 亚当·斯密 12
Socialist Union 社会主义联盟 90
Sorel,Georges 乔治·索雷尔 160
Soviet Union,Soviets 苏维埃社会主义共和国联盟 1,22,27,29,30,58—63,65n.58,68,70,75,78,81—86,92,94,97—100,104,109,115—118,125,129,142,165,168,172,178n.82,184,195,198n.41,204,219
Spender,Stephen 斯蒂芬·斯彭德 15,21,24,68,74,75
Spengler,Oswald 奥斯瓦尔德·斯宾格勒 18,106
Spinoza,Baruch 巴鲁赫·斯宾诺莎 150
Spitz,David 戴维·斯皮茨 179n.189
Staël,Anne Louise Germaine de 斯达尔夫人 223
Stalin,Josef Vissarionovich 约瑟夫·维萨里奥诺维奇·斯大林 27,29,58,62—63,80,83,85—86,93—94,98,219
Stephen,Leslie 莱斯利·斯蒂芬 167n.123
Stevenson,Adlai Ewing II 阿德莱·史蒂文森二世 76—77
Strachey,John 约翰·斯特雷奇 164
Strauss,Leo 列奥·施特劳斯 87
Stoicism 斯多葛主义 133,138,141,154n.47,208
sympathy 同情 12—13 也参见communication

Talmon,Jacob 雅各布·塔尔蒙 160n.85,171—174,177,178n.182
Tawney,Richard Henry 理查德·亨利·托尼 22—23,90,126n.80,165—166,174,181n.196
Taylor,Charles Margrave 查尔斯·马格雷夫·泰勒 90n.8
technocracy 技术官僚治国 ix,27—28,39,41—42,87,88,89,90,92—

93, 95, 96, 97, 98, 99, 101, 109, 135, 142, 157, 209, 213, 219 也参见managerialism; paternalism; scientism
teleology 目的论 132, 137, 141, 142, 153, 218
Tocqueville 托克维尔 174, 223
Tolstoy 托尔斯泰 18
Toscannini, Arturo 阿尔图罗·托斯卡尼尼 17
Totalitarianism 极权主义 ix, 71—72, 91, 94, 96, 99—100, 111, 112, 114—115, 119—120, 123, 125, 134, 151, 164, 170—175, 178, 181, 184—191, 192n.17, 195, 198n.41, 202, 209
Toynbee, Arnold Joseph 阿诺德·约瑟夫·汤因比 65, 66, 106
Tree, Marietta 玛丽埃塔·特里 76
Treitschke, Heinrich von 海因里希·冯·特赖奇克 115n.13
Trilling, Lionel 莱昂内尔·特里林 69, 94, 226, 228
Trott zu Solz, Adam von 亚当·冯·特罗特·祖·索尔兹 57
Truman, Harry S. 哈里·S. 杜鲁门 67n.6, 76
Turgenev, Ivan Sergeyevich 伊凡·谢尔盖耶维奇·屠格涅夫 33, 223
'Two Concepts of Liberty' (Berlin)《两种自由概念》(伯林) 109, 132—134, 138, 145, 159, 168 n. 129, 174—177, 179, 192, 207—216, 225, 230

Values 价值 10—12, 14, 28, 34, 38, 42, 44, 45n.233, 47—51, 91, 93, 95, 97—180, 4, 106, 108—109, 121, 123—124, 129, 144, 161, 181, 191—192, 194, 208, 215, 229—230 也参见Pluralism
Variety 多样性 ix, 32, 39, 45, 69, 72, 86, 91, 95, 111, 189, 197, 218—219, 222, 224, 227—228, 231—232

Vico, Giambattista 詹巴蒂斯塔·维柯 31, 45

Waddington, Conrad Hal 康拉德·哈尔·沃丁顿 93
Waismann, Fredriech 弗里德里希·魏斯曼 55n.10
Walicki, Andrzej 安杰伊·瓦利茨基 33
Wallace, Henry Agard 亨利·阿加德·华莱士 67n.6, 68
Webb, Sidney 悉尼·韦伯 89, 90
Webb, Beatrice 比阿特丽丝·韦伯 90
Weil, Simone 西蒙娜·韦伊 65
Weizmann, Chaim 哈伊姆·魏茨曼 122
Weldon, T. D. 韦尔登 133, 150, 162
welfare state 福利国家 39, 55, 68, 134, 163, 165, 186n.223, 225—226
Wells, Herbert George 赫伯特·乔治·威尔斯 28

Williams, Jenifer 珍妮弗·威廉斯 22n.115
Wilson, John Cook 约翰·库克·威尔逊 1,3
Wirszubski, Chaim 哈伊姆·威尔斯布斯基 149
Woolf, Leonard Sidney 伦纳德·西德尼·伍尔夫 16n.83,23
Woolf, Virginia 弗吉尼亚·伍尔夫 16

Zionism 犹太复国主义 x,56—57,61,75,171—172,202n.58

人文与社会译丛

第一批书目

1.《政治自由主义》(增订版),[美]J. 罗尔斯著,万俊人译 118.00 元
2.《文化的解释》,[美]C. 格尔茨著,韩莉译 89.00 元
3.《技术与时间:1. 爱比米修斯的过失》,[法]B. 斯蒂格勒著,裴程译 62.00 元
4.《依附性积累与不发达》,[德]A. G. 弗兰克著,高铦等译 13.60 元
5.《身处欧美的波兰农民》,[美]F. 兹纳涅茨基、W. I. 托马斯著,张友云译 9.20 元
6.《现代性的后果》,[英]A. 吉登斯著,田禾译 45.00 元
7.《消费文化与后现代主义》,[英]M. 费瑟斯通著,刘精明译 14.20 元
8.《英国工人阶级的形成》(上、下册),[英]E. P. 汤普森著,钱乘旦等译 168.00 元
9.《知识人的社会角色》,[美]F. 兹纳涅茨基著,郏斌祥译 49.00 元

第二批书目

10.《文化生产:媒体与都市艺术》,[美]D. 克兰著,赵国新译 49.00 元
11.《现代社会中的法律》,[美]R. M. 昂格尔著,吴玉章等译 39.00 元
12.《后形而上学思想》,[德]J. 哈贝马斯著,曹卫东等译 58.00 元
13.《自由主义与正义的局限》,[美]M. 桑德尔著,万俊人等译 30.00 元

14.《临床医学的诞生》,[法]M. 福柯著,刘北成译 55.00 元
15.《农民的道义经济学》,[美]J. C. 斯科特著,程立显等译 42.00 元
16.《俄国思想家》,[英]I. 伯林著,彭淮栋译 35.00 元
17.《自我的根源:现代认同的形成》,[加]C. 泰勒著,韩震等译 128.00 元
18.《霍布斯的政治哲学》,[美]L. 施特劳斯著,申彤译 49.00 元
19.《现代性与大屠杀》,[英]Z. 鲍曼著,杨渝东等译 59.00 元

第三批书目

20.《新功能主义及其后》,[美]J. C. 亚历山大著,彭牧等译 15.80 元
21.《自由史论》,[英]J. 阿克顿著,胡传胜等译 89.00 元
22.《伯林谈话录》,[伊朗]R. 贾汉贝格鲁等著,杨祯钦译 48.00 元
23.《阶级斗争》,[法]R. 阿隆著,周以光译 13.50 元
24.《正义诸领域:为多元主义与平等一辩》,[美]M. 沃尔泽著,褚松燕等译 24.80 元
25.《大萧条的孩子们》,[美]G. H. 埃尔德著,田禾等译 27.30 元
26.《黑格尔》,[加]C. 泰勒著,张国清等译 135.00 元
27.《反潮流》,[英]I. 伯林著,冯克利译 48.00 元
28.《统治阶级》,[意]G. 莫斯卡著,贾鹤鹏译 98.00 元
29.《现代性的哲学话语》,[德]J. 哈贝马斯著,曹卫东等译 78.00 元

第四批书目

30.《自由论》(修订版),[英]I. 伯林著,胡传胜译 69.00 元
31.《保守主义》,[德]K. 曼海姆著,李朝晖、牟建君译 58.00 元
32.《科学的反革命》(修订版),[英]F. 哈耶克著,冯克利译 58.00 元

33.《实践感》,[法]P. 布迪厄著,蒋梓骅译 75.00 元
34.《风险社会:新的现代性之路》,[德]U. 贝克著,张文杰等译 58.00 元
35.《社会行动的结构》,[美]T. 帕森斯著,彭刚等译 80.00 元
36.《个体的社会》,[德]N. 埃利亚斯著,翟三江、陆兴华译 15.30 元
37.《传统的发明》,[英]E. 霍布斯鲍姆等著,顾杭、庞冠群译 68.00 元
38.《关于马基雅维里的思考》,[美]L. 施特劳斯著,申彤译 78.00 元
39.《追寻美德》,[美]A. 麦金太尔著,宋继杰译 68.00 元

第五批书目

40.《现实感》,[英]I. 伯林著,潘荣荣、林茂、魏钊凌译 78.00 元
41.《启蒙的时代》,[英]I. 伯林著,孙尚扬、杨深译 35.00 元
42.《元史学》,[美]H. 怀特著,陈新译 89.00 元
43.《意识形态与现代文化》,[英]J. B. 汤普森著,高铦等译 68.00 元
44.《美国大城市的死与生》,[加]J. 雅各布斯著,金衡山译 78.00 元
45.《社会理论和社会结构》,[美]R. K. 默顿著,唐少杰等译 128.00 元
46.《黑皮肤,白面具》,[法]F. 法农著,万冰译 58.00 元
47.《德国的历史观》,[美]G. 伊格尔斯著,彭刚、顾杭译 58.00 元
48.《全世界受苦的人》,[法]F. 法农著,万冰译 17.80 元
49.《知识分子的鸦片》,[法]R. 阿隆著,吕一民、顾杭译 59.00 元

第六批书目

50.《驯化君主》,[美]H. C. 曼斯菲尔德著,冯克利译 68.00 元
51.《黑格尔导读》,[法]A. 科耶夫著,姜志辉译 98.00 元
52.《象征交换与死亡》,[法]J. 波德里亚著,车槿山译 68.00 元
53.《自由及其背叛》,[英]I. 伯林著,赵国新译 48.00 元

54.《启蒙的三个批评者》,[英]I. 伯林著,马寅卯、郑想译 48.00 元
55.《运动中的力量》,[美]S. 塔罗著,吴庆宏译 23.50 元
56.《斗争的动力》,[美]D. 麦克亚当、S. 塔罗、C. 蒂利著,李义中等译 31.50 元
57.《善的脆弱性》,[美]M. 纳斯鲍姆著,徐向东、陆萌译 55.00 元
58.《弱者的武器》,[美]J. C. 斯科特著,郑广怀等译 82.00 元
59.《图绘》,[美]S. 弗里德曼著,陈丽译 49.00 元

第七批书目

60.《现代悲剧》,[英]R. 威廉斯著,丁尔苏译 45.00 元
61.《论革命》,[美]H. 阿伦特著,陈周旺译 59.00 元
62.《美国精神的封闭》,[美]A. 布卢姆著,战旭英译,冯克利校 68.00 元
63.《浪漫主义的根源》,[英]I. 伯林著,吕梁等译 49.00 元
64.《扭曲的人性之材》,[英]I. 伯林著,岳秀坤译 22.00 元
65.《民族主义思想与殖民地世界》,[美]P. 查特吉著,范慕尤、杨曦译 18.00 元
66.《现代性社会学》,[法]D. 马尔图切利著,姜志辉译 32.00 元
67.《社会政治理论的重构》,[美]R. J. 伯恩斯坦著,黄瑞祺译 72.00 元
68.《以色列与启示》,[美]E. 沃格林著,霍伟岸、叶颖译 128.00 元
69.《城邦的世界》,[美]E. 沃格林著,陈周旺译 85.00 元
70.《历史主义的兴起》,[德]F. 梅尼克著,陆月宏译 48.00 元

第八批书目

71.《环境与历史》,[英]W. 贝纳特、P. 科茨著,包茂红译 25.00 元
72.《人类与自然世界》,[英]K. 托马斯著,宋丽丽译 35.00 元

73.《卢梭问题》,[德]E. 卡西勒著,王春华译　39.00 元
74.《男性气概》,[美]H. C. 曼斯菲尔德著,刘玮译　28.00 元
75.《战争与和平的权利》,[美]R. 塔克著,罗炯等译　25.00 元
76.《谁统治美国》,[美]W. 多姆霍夫著,吕鹏、闻翔译　35.00 元
77.《健康与社会》,[法]M. 德吕勒著,王鲲译　35.00 元
78.《读柏拉图》,[德]T. A. 斯勒扎克著,程炜译　68.00 元
79.《苏联的心灵》,[英]I. 伯林著,潘永强、刘北成译　59.00 元
80.《个人印象》,[英]I. 伯林著,覃学岚译　88.00 元

第九批书目

81.《技术与时间:2. 迷失方向》,[法]B. 斯蒂格勒著,
赵和平、印螺译　59.00 元
82.《抗争政治》,[美]C. 蒂利、S. 塔罗著,李义中译　28.00 元
83.《亚当·斯密的政治学》,[英]D. 温奇著,褚平译　21.00 元
84.《怀旧的未来》,[美]S. 博伊姆著,杨德友译　85.00 元
85.《妇女在经济发展中的角色》,[丹]E. 博斯拉普著,陈慧平译　30.00 元
86.《风景与认同》,[美]W. J. 达比著,张箭飞、赵红英译　68.00 元
87.《过去与未来之间》,[美]H. 阿伦特著,王寅丽、张立立译　58.00 元
88.《大西洋的跨越》,[美]D. T. 罗杰斯著,吴万伟译　108.00 元
89.《资本主义的新精神》,[法]L. 博尔坦斯基、E. 希亚佩洛著,
高铦译　58.00 元
90.《比较的幽灵》,[美]B. 安德森著,甘会斌译　79.00 元

第十批书目

91.《灾异手记》,[美]E. 科尔伯特著,何恬译　25.00 元

92.《技术与时间:3. 电影的时间与存在之痛的问题》,
[法]B. 斯蒂格勒著,方尔平译 65.00 元
93.《马克思主义与历史学》,[英]S. H. 里格比著,吴英译 78.00 元
94.《学做工》,[英]P. 威利斯著,秘舒、凌旻华译 68.00 元
95.《哲学与治术:1572—1651》,[美]R. 塔克著,韩潮译 45.00 元
96.《认同伦理学》,[美]K. A. 阿皮亚著,张容南译 45.00 元
97.《风景与记忆》,[英]S. 沙玛著,胡淑陈、冯樨译 78.00 元
98.《马基雅维里时刻》,[英]J. G. A. 波考克著,冯克利、傅乾译 108.00 元
99.《未完的对话》,[英]I. 伯林、[波]B. P. -塞古尔斯卡著,
杨德友译 65.00 元
100.《后殖民理性批判》,[印]G. C. 斯皮瓦克著,严蓓雯译 79.00 元

第十一批书目

101.《现代社会想象》,[加]C. 泰勒著,林曼红译 45.00 元
102.《柏拉图与亚里士多德》,[美]E. 沃格林著,刘曙辉译 78.00 元
103.《论个体主义》,[法]L. 迪蒙著,桂裕芳译 30.00 元
104.《根本恶》,[美]R. J. 伯恩斯坦著,王钦、朱康译 78.00 元
105.《这受难的国度》,[美]D. G. 福斯特著,孙宏哲、张聚国译 39.00 元
106.《公民的激情》,[美]S. 克劳斯著,谭安奎译 49.00 元
107.《美国生活中的同化》,[美]M. M. 戈登著,马戎译 58.00 元
108.《风景与权力》,[美]W. J. T. 米切尔著,杨丽、万信琼译 78.00 元
109.《第二人称观点》,[美]S. 达沃尔著,章晟译 69.00 元
110.《性的起源》,[英] F. 达伯霍瓦拉著,杨朗译 85.00 元

第十二批书目

111.《希腊民主的问题》,[法]J. 罗米伊著,高煜译 48.00 元
112.《论人权》,[英]J. 格里芬著,徐向东、刘明译 75.00 元
113.《柏拉图的伦理学》,[英]T. 埃尔文著,陈玮、刘玮译 118.00 元
114.《自由主义与荣誉》,[美]S. 克劳斯著,林垚译 62.00 元
115.《法国大革命的文化起源》,[法]R. 夏蒂埃著,洪庆明译 38.00 元
116.《对知识的恐惧》,[美]P. 博格西昂著,刘鹏博译 38.00 元
117.《修辞术的诞生》,[英]R. 沃迪著,何博超译 48.00 元
118.《历史表现中的真理、意义和指称》,[荷]F. 安克斯密特著,周建漳译 58.00 元
119.《天下时代》,[美]E. 沃格林著,叶颖译 78.00 元
120.《求索秩序》,[美]E. 沃格林著,徐志跃译 48.00 元

第十三批书目

121.《美德伦理学》,[新西兰]R. 赫斯特豪斯著,李义天译 68.00 元
122.《同情的启蒙》,[美]M. 弗雷泽著,胡靖译 48.00 元
123.《图绘暹罗》,[美]T. 威尼差恭著,袁剑译 58.00 元
124.《道德的演化》,[新西兰]R. 乔伊斯著,刘鹏博、黄素珍译 65.00 元
125.《大屠杀与集体记忆》,[美]P. 诺维克著,王志华译 78.00 元
126.《帝国之眼》,[美]M. L. 普拉特著,方杰、方宸译 68.00 元
127.《帝国之河》,[美]D. 沃斯特著,侯深译 76.00 元
128.《从道德到美德》,[美]M. 斯洛特著,周亮译 58.00 元
129.《源自动机的道德》,[美]M. 斯洛特著,韩辰锴译 58.00 元
130.《理解海德格尔:范式的转变》,[美]T. 希恩著,邓定译 89.00 元

第十四批书目

131.《城邦与灵魂：费拉里〈理想国〉论集》，[美]G. R. F. 费拉里著，刘玮编译 58.00 元
132.《人民主权与德国宪法危机》，[美]P. C. 考威尔著，曹晗蓉、虞维华译 58.00 元
133.《16 和 17 世纪英格兰大众信仰研究》，[英]K. 托马斯著，芮传明、梅剑华译 168.00 元
134.《民族认同》，[英]A. D. 史密斯著，王娟译 55.00 元
135.《世俗主义之乐：我们当下如何生活》，[英]G. 莱文编，赵元译 58.00 元
136.《国王或人民》，[美]R. 本迪克斯著，褚平译(即出)
137.《自由意志、能动性与生命的意义》，[美]D. 佩里布姆著，张可译 68.00 元
138.《自由与多元论：以赛亚·伯林思想研究》，[英]G. 克劳德著，应奇等译 58.00 元
139.《暴力：思无所限》，[美]R. J. 伯恩斯坦著，李元来译 59.00 元
140.《中心与边缘：宏观社会学论集》，[美]E. 希尔斯著，甘会斌、余昕译 88.00 元

第十五批书目

141.《自足的世俗社会》，[美]P. 朱克曼著，杨靖译 58.00 元
142.《历史与记忆》，[英]G. 丘比特著，王晨凤译 59.00 元
143.《媒体、国家与民族》，[英]P. 施莱辛格著，林玮译 68.00 元
144.《道德错误论：历史、批判、辩护》，

［瑞典］J. 奥尔松著，周奕李译　58.00 元

145.《废墟上的未来：联合国教科文组织、世界遗产与和平之梦》，［澳］L. 梅斯克尔著，王丹阳、胡牧译　88.00 元

146.《为历史而战》，［法］L. 费弗尔著，高煜译　98.00 元

147.《语言动物：人类语言能力概览》，［加］C. 泰勒著，赵清丽译（即出）

148.《我们中的我：承认理论研究》，［德］A. 霍耐特著，张曦、孙逸凡译　62.00 元

149.《人文学科与公共生活》，［美］P. 布鲁克斯、H. 杰维特编，余婉卉译　52.00 元

150.《美国生活中的反智主义》，［美］R. 霍夫施塔特著，何博超译　68.00 元

第十六批书目

151.《关怀伦理与移情》，［美］M. 斯洛特著，韩玉胜译　48.00 元

152.《形象与象征》，［罗］M. 伊利亚德著，沈珂译　48.00 元

153.《艾希曼审判》，［美］D. 利普斯塔特著，刘颖洁译　49.00 元

154.《现代主义观念论：黑格尔式变奏》，［美］R. B. 皮平著，郭东辉译（即出）

155.《文化绝望的政治：日耳曼意识形态崛起研究》，［美］F. R. 斯特恩著，杨靖译　98.00 元

156.《作为文化现实的未来：全球现状论集》，［印］A. 阿帕杜拉伊著，周云水、马建福译（即出）

157.《一种思想及其时代：以赛亚・伯林政治思想的发展》，［美］J. L. 彻尼斯著，寿天艺、宋文佳译　88.00 元

158.《人类的领土性：理论与历史》，［美］R. B. 萨克著，袁剑译（即出）

159.《理想的暴政：多元社会中的正义》，[美]G. 高斯著，范震亚译（即出）

160.《荒原：一部历史》，[美]V. D. 帕尔马著，梅雪芹译（即出）

有关"人文与社会译丛"及本社其他资讯，欢迎点击 www. yilin. com 浏览，对本丛书的意见和建议请反馈至新浪微博@译林人文社科。